Hoher Besuch und starke Worte
Zwei Jahrhunderte politischer Reden auf dem Hambacher Schloss

Sara Anil
Hans Berkessel
Kai-Michael Sprenger
Sarah Traub (Bearb.)

Impressum

320 Seiten mit 97 Abbildungen
Titelabbildung: Hambacher Schloss, © Stiftung Hambacher Schloss/Foto: Charlotte Dietz.
Abbildung Umschlag hinten: Historischer Festzug auf das Hambacher Schloss am 27. Mai 1832; Federlithographie, koloriert (© Historisches Museum der Pfalz, Speyer); Textzitat: Mailied des Hambacher Festes (Wirth 1832).

Bibliografische Information der Deutschen Nationalbibliothek
Die Deutsche Nationalbibliothek verzeichnet diese Publikation in der Deutschen Nationalbibliografie; detaillierte bibliografische Daten sind im Internet unter http://dnb.dnb.de abrufbar.

© 2022 by Nünnerich-Asmus Verlag & Media GmbH, Oppenheim am Rhein
ISBN: 978-3-96176-126-5

Bearbeitung: Sara Anil, Hans Berkessel, Kai-Michael Sprenger, Sarah Traub
Redaktion: Sara Anil, Hans Berkessel, Hedwig Brüchert, Henrik Drechsler

Lektorat: Tina Sieber, Laura Kuddes
Gestaltung des Titelbildes: hjwiehr, Mainz
Gestaltung: hjwiehr, Mainz
Druck: Schleunungdruck GmbH, Marktheidenfeld
Buchbindung. Hubert & Co. GmbH & Co. KG Buchpartner, Göttingen

Printed in Germany by Nünnerich-Asmus Verlag & Media Weitere Titel aus unserem Verlagsprogramm finden Sie unter: www.na-verlag.de

Inhalt

Vorwort der Herausgeber der Reihe Beiträge zur Demokratiegeschichte in Rheinland-Pfalz 7
Grußwort der rheinland-pfälzischen Bildungsministerin Dr. Stefanie Hubig 10
Grußwort des Neustadter Oberbürgermeisters Marc Weigel 11
Grußwort des Vorsitzenden des Bezirkstags der Pfalz Theo Wieder 12
Grußwort des Direktors der Landeszentrale für politische Bildung Bernhard Kukatzki 13

I Historische Einführung

Vaterland – Volkshoheit – Völkerbund hoch!
Das Hambacher Fest 1832

16

- Kurpfalz – Département du Mont-Tonnerre – bayerischer Rheinkreis:
  die Pfalz nach der Französischen Revolution 18
- „Täglich greift der Geist der Unruhe und Umwälzung weiter um sich" –
  Vorgeschichte und Verlauf des Hambacher Festes am 27. Mai 1832 22
- Die „entschlossene Handhabung der Gesetze" –
  die Folgen des Hambacher Festes 33
- Das Hambacher Fest im Spiegel der geschichtswissenschaftlichen
  Forschung und Publizistik 35
- Das Hambacher Fest als Erinnerungsort deutscher und europäischer Demokratiegeschichte –
  eine Entwicklungsgeschichte 39
- Der Bedeutungswandel 1832 bis heute – ein Überblick 46

Zwischenspiele

- „Und es erscheinet bald ein schöner Mai, wo Deutsche, Polen, jauchzen: wir sind frei" –
  polnische Teilnehmer am Hambacher Fest 27
- „Unter diesen Umständen wurden die Soldaten genötigt Gebrauch von der
  blanken Waffe zu machen" – der erste Jahrestag des Hambacher Festes 1833 41
- „Ein Proletariat gab es noch nicht" – Wilhelm Liebknechts Besuch
  auf dem Hambacher Schloss 1897 50
- „Die rote Fahne weht auf dem Hambacher Schloss" –
  Wilhelm Herzberg und die „Hambacher Gedenkfeste" 53
- „Deutsche Freiheit, heil'ges Erbe!" – die Verfassungsfeier des Reichsbanners
  Schwarz-Rot-Gold auf dem Hambacher Schloss im August 1925 56
- „Das jüdisch vermanschte Demokratengewäsch" –
  Hambacher Fest und Nationalsozialismus 61
- Das demokratische Erbe von Hambach - der „Hambacher Aufruf" aus dem Jahr 1982 70
- Das Hambacher Manifest – die Gründung der AG Orte der Demokratiegeschichte 75

II Ausgewählte Reden zum Hambacher Fest

27. Mai 1832	Hambacher Fest 1832 | Philipp Jakob Siebenpfeiffer	84
27. Mai 1832	Hambacher Fest 1832 | Lucien Rey (Frankreich)	97
27. Mai 1832	Hambacher Fest 1832 | Johann Philipp Becker	104
27. Mai 1872	40. Festjubiläum | Eduard Witter (Buchhändler)	113
25. Mai 1922	90. Festjubiläum | Katha Thoma (DDP)	126
28. Mai 1932	100. Festjubiläum | Theodor Heuss (MdR) und Emil Dofivat (Professor für Zeitungswissenschaft und Allgemeine Publizistik)	136
24. Mai 1952	120. Festjubiläum | Hugo Brand (Pfarrer)	149
26. Mai 1957	125. Festjubiläum | Carlo Schmid (Vizepräsident des dt. Bundestages)	161
16./18. Mai 1982	150. Festjubiläum | Willy Brandt (ehem. Bundeskanzler) und Bernhard Vogel (Ministerpräsident RLP)	174
5./6. Mai 1985	„Fest für den Frieden" | Oskar Lafontaine (Ministerpräsident Saarland) und Ronald Reagan (US-Präsident)	195
1. Oktober 2000	10 Jahre Deutsche Einheit | Hans-Dietrich Genscher (Bundesaußenminister)	216
26. Mai 2007	175. Festjubiläum | Richard von Weizsäcker (Bundespräsident a. D.)	227
25. Mai 2012	180. Festjubiläum | Martin Schulz (EU-Parlamentspräsident)	238
24. Sept. 2016	200 Jahre Bezirkstag Pfalz | Norbert Lammert (Bundestagspräsident)	248
14. Sept. 2018	HAMBACH! Demokratiefestival | Malu Dreyer (Ministerpräsidentin RLP)	259
28./29. Mai 2022	Neustadter Demokratie-Fest und Hambacher Freiheitspreis 2022 – (Preisrede Bundespräsident a. D. Joachim Gauck und Laudatio Dorothee Wüst, Kirchenpräsidentin der Ev. Kirche der Pfalz) – Interview Utz Kastenholz/SWR mit Bundespräsident Dr. Frank-Walter Steinmeier aus dem Film „Das Hambacher Schloss – Kampf um die Erinnerung" (SWR-Reihe: „Bekannt im Land", 29.05.2022)	266

III Essay

Jürgen Wilke
Hambacher Reden: Historische Vorläufer und rhetorische Tradition   282

Anhang

Literaturverzeichnis	304
Abbildungsnachweis	317
Kurzbiografien der Herausgeber:innen und Bearbeiter:innen	320

Vorwort der Herausgeber der Reihe
Beiträge zur Demokratiegeschichte in Rheinland-Pfalz

Mit dem zweiten Band „*Hoher Besuch und starke Worte. Zwei Jahrhunderte politischer Reden auf dem Hambacher Schloss*" setzt das Institut für Geschichtliche Landeskunde Rheinland-Pfalz seine Reihe „*Mainzer Beiträge zur Demokratiegeschichte*" fort, die 2016 mit der Publikation „*Die Mainzer Republik und ihre Bedeutung für die parlamentarische Demokratie in Deutschland*" erfolgreich und auch überregional viel beachtet gestartet war. Mit diesem Band wird der Reihentitel – auch mit dem Blick auf die neue bundesweit sich abzeichnende Entwicklung – stärker landes- und regionalgeschichtlich fokussiert lauten*: „Beiträge zur Demokratiegeschichte in Rheinland-Pfalz*".

Auch im bundesweiten erinnerungspolitischen Diskurs wird zunehmend wahrgenommen und vertreten, dass die Geschichte der Demokratie in Deutschland mit Blick auf Frühformen, ihre Genese und Wurzeln über die Zeit der Weimarer Republik und der 1848er Revolution hinaus betrachtet und verstanden werden muss, eine Auffassung, die nicht zuletzt auch durch Aufnahme der Demokratiegeschichte als wichtiges Thema in den aktuellen Koalitionsvertrag der Bundesregierung eine bemerkenswerte Resonanz erfahren hat. Die 2017 gegründet Arbeitsgemeinschaft „Erinnerungsorte der Demokratiegeschichte" mit dem Ziel, die Wahrnehmung der deutschen Demokratie- und Freiheitsgeschichte lokal, regional und deutschlandweit zu fördern sowie schon bekannte oder bisher weniger bekannte Orte und Ereignisse im öffentlichen Gedenken zu verankern und als Lernorte weiter zu entwickeln, hat diesen Debatten in den letzten Jahren wichtige Impulse vermitteln können. Neben der Mainzer Republik hat diese Arbeitsgemeinschaft auch das Hambacher Schloss als Ort des Hambacher Festes vom Mai 1832 als einen solchen auch überregional bedeutenden Erinnerungsort der frühen deutschen Demokratiegeschichte aufgenommen. Auch die Errichtung der bundesweiten „Stiftung Orte der deutschen Demokratiegeschichte" mit Sitz in Frankfurt am Main, die am 9. Juni 2021 vom Deutschen Bundestag beschlossen wurde und deren Stiftungsrat im September 2022 seine Arbeit aufgenommen hat, ist ein wegweisender Schritt bei diesen Bemühungen, Orten und Stätten in Deutschland, die mit dem Ringen um Rechtsstaatlichkeit, Freiheit und Menschenrechte verbunden sind, noch nachhaltiger in der kollektiven gesamtgesellschaftlichen Erinnerungskultur zu verankern und hierdurch zu betonen, dass Demokratie eine Geschichte in Deutschland vor 1919 hat, eine Geschichte, die auch heute noch nachwirkt und für unser aktuelles Demokratieverständnis und unsere demokratische Kultur von hoher Relevanz ist bzw. sein sollte.

Das Institut für Geschichtliche Landeskunde Rheinland-Pfalz e. V. (bis Juni noch mit dem Namen Institut für Geschichtliche Landeskunde an der Universität Mainz e. V.) hat diesen Forschungen zur Demokratiegeschichte in den letzten Jahren auf verschiedenen Ebenen und in unterschiedlichen Vermittlungsformaten verstärkt Aufmerksamkeit geschenkt, beginnend etwa 2008 mit der Erarbeitung der Konzeption der Dauerausstellung auf dem Hambacher Schloss, die ebenfalls unter der wissenschaftlichen Begleitung des Instituts 2021/22 vollständig überarbeitet wurde. Auch mit Vortragsveranstaltungen und einer Ausstellung zur Mainzer Republik, ferner mit der Idee und Initiierung eines Ein-Mann-Theater-Stückes zur Geschichte der Mainzer Republik mit dem Schauspieler Tino Leo wurde das Thema popularisiert. Und es konnte in diversen wissenschaftlichen und auch personellen Kooperationen vertieft werden, etwa mit der Mainzer Stiftung „Haus des Erinnerns – für Demokratie und Akzeptanz" sowie der 2021 gegründeten „Gesellschaft zur Erforschung der Demokratiegeschichte e. V." mit Sitz in Mainz und Weimar, mit der in einem länderübergreifenden rheinland-pfälzisch-thüringischen Projekt die Wanderausstellung *„Auf dem Weg zur modernen Demokratie. Die deutschen Freiheitsbewegungen von der Französischen Revolution bis zur Mitte des 19. Jahrhunderts"* erarbeitet werden konnte, die seit ihrer Eröffnung im Mai 2022 in verschiedenen Städten in Deutschland gezeigt wird.

Das Thema des ersten 2019 erschienenen und in der 1. Auflage bereits vergriffenen Tagungsbandes *„Die Mainzer Republik von 1792/93 und ihre Bedeutung für die parlamentarische Demokratie in Deutschland"* – war hierbei durchaus programmatisch gewählt, nicht zuletzt vor dem Hintergrund unverändert aktueller, kontroverser Debatten zur Verortung der kurzlebigen, neun Monate währenden Mainzer Republik und des Rheinisch-Deutsche Nationalkonvents von 1793 in der deutschen bzw. europäischen Demokratiegeschichte.

Mit dem zweiten Band der Reihe liegt der Schwerpunkt auf dem Hambacher Schloss bzw. Hambacher Fest, das als Erinnerungsort in seiner historischen Darstellung wie in seiner Rezeptionsgeschichte kontrovers beurteilt wurde. Vereinigte der erste Band wissenschaftlich Beiträge, die einzelne thematische Aspekte in den Blick nahmen, so erfolgt der Zugang zum Erinnerungsort Hambacher Schloss nun über einen anderen Weg. Der Band unter dem Titel *„Hoher Besuch und starke Worte – Zwei Jahrhunderte politischer Reden auf dem Hambacher Schloss"* stellt politische Reden aus 200 Jahren in den Fokus, die auf dem Hambacher Schloss selbst und somit am authentischen Ort zu unterschiedlichen Anlässen gehalten wurden, und die insbesondere im Kontext der Jubiläumsfeiern auf das Hambacher Fest von 1832 Bezug nahmen. Damit ist der hier vorgelegte Band einerseits eine in Vielfalt und Breite einmalige und repräsentative Quellenedition: zugleich aber ein gewichtiger Beitrag zu einer facettenreichen und heterogenen Rezeption des Hambacher Festes und seiner Verortung, Kontextualisierung und bisweilen eben auch zu den widersprüchlichen Versuchen einer kultur- und gesellschaftspolitischen Vereinnahmung.

Die Antworten auf die Frage, aus welchem spezifischen Erinnerungsbedürfnis oder -interesse an ein tatsächliches oder vermeintlich historisches Ereignis erinnert wird und in welchen Kontexten authentische Erinnerungsorte als Bühne solcher öffentlichen Erinnerungen inszeniert werden, sagen dabei oft mehr aus über unsere eigenen Befindlichkeiten und Sehnsüchte als über den eigentlichen Gegenstand aus. Die Auseinandersetzung mit Vorgängen der Geschichte und den sogenannten Erinnerungsorten bzw. den konkreten authentischen Orten wie etwa dem Hambacher Schloss ist somit immer auch Teil dessen, was nach Reinhart Koselleck als Konstruktion der Geschichte verstanden werden muss; sie erweisen sich stets als zeit- und standortbezogen und entwickeln sich somit zwangläufig in Abhängigkeit von aktuellen politischen gesellschaftlichen oder kulturellen Interessen und Trends.

So stellt die Rezeptionsgeschichte daher auch methodisch stets eine besondere Herausforderung dar, diese oft in erheblichem Abstand zu den eigentlichen historischen Ereignissen und Personen ahistorisch konstruierten Bezüge und Geschichtsbilder sowie deren Wirkungen von dem historischen Kern des jeweiligen Erinnerungsortes zu filtern, womit der Historiker das weite Feld der Wahrnehmungs- und Wirkungsgeschichte betritt. Für diese grundsätzlichen Schwierigkeiten wie auch für den damit verbundenen Mehrwert der Rezeptionsgeschichte mit Blick auf die Entstehungszeit und -kontexte der jeweiligen Kontextualisierungen historischer Ereignisse bieten gerade die auf dem Hambacher Schloss seit dem Hambacher Fest von 1832 bis heute gehaltenen politischen Reden mit ihren zum Teil sehr widersprüchlichen Bildern, Interpretationen und Verortungen des Hambacher Festes ein faszinierendes Beobachtungs- und Experimentierfeld. Sie belegen die zunächst vielleicht widersprüchlich erscheinende Tatsache, dass auch Fiktionen durch ihre Wirkung Fakten schaffen können, wenn man denn die konkreten Wirkungen solcher mehr oder weniger historischen Verortungen, Bezugnahmen und eben auch Vereinnahmungen als Fakten verstehen möchte. Diese Um- und Abwege der historischen Rezeption haben dann mit den ursprünglichen historischen Kontexten nur noch wenig gemeinsam und degradieren Geschichte zu einem beliebig nutzbaren Bauchladen, der in ahistorischen oder gar amputierten Geschichtsverzerrungen münden kann, etwa wenn das Hambacher Schloss und das Hambacher Fest zu Orientierungspunkten anti-europäischer und geradezu völkisch-national anmutender Manifestationen werden, die ein Siebenpfeiffer oder Wirth wohl kaum verstanden hätten.

So ist bei all diesen Einordnungen aus rezeptionshistorischer Perspektive die Art und Weise bzw. die konkrete, oft anlassbezogene Motivation entscheidend, wie und unter welchen Vorzeichen an das Hambacher Fest in diesen Reden erinnert wurde und wie die Rednerinnen und Redner den Erinnerungsort „Hambacher Fest" in Bezug zu ihrer eigenen Lebenswirklichkeit setzten. Eine umfassende Rezeptionsgeschichte des Hambacher Festes ist nach wie vor ein Desiderat der Geschichtswissenschaft, das der hier vorliegende Band keinesfalls ersetzen kann und möchte. Vielmehr soll er als Auftakt und Baustein zu einer fortgeschriebenen Rezeptionsgeschichte des Erinnerungsortes „Hambacher Schloss" bzw. „Hambacher Fest" verstanden werden.

Wir danken allen, die an diesem Werk mitgewirkt und es gestaltet haben: den lebenden und den verstorbenen Rednerinnen und Rednern aus 200 Jahren, den Bearbeiterinnen und Bearbeitern der Reden, Herrn Prof. Wilke für seinen ergänzenden Beitrag zur politischen Rede, den Archiven, die uns die Abbildungen und Quellen zur Verfügung gestellt haben, und nicht zuletzt dem Nünnerich-Asmus-Verlag und seinen Mitarbeiterinnen, die keine Mühe gescheut haben, diese Publikation auch durch eine aufwendige Gestaltung und Bebilderung für eine breite interessierte Leserschaft attraktiv zu machen.

Unser Dank gilt auch allen Institutionen, die durch ihre finanzielle Unterstützung den Druck des zweiten Bandes unserer neuen Reihe ermöglicht haben: der Stiftung Rheinland-Pfalz für Kultur, dem Bildungsministerium Rheinland-Pfalz, der Landeszentrale für politische Bildung, dem Bezirksverband der Pfalz, der Stadt Neustadt und der Kulturstiftung Speyer.
Allen Verantwortlichen sei hiermit herzlich gedankt.

Für das Institut für Geschichtliche Landeskunde
Rheinland-Pfalz e. V.

Hans Berkessel, Michael Matheus, Kai-Michael Sprenger

Grußwort der rheinland-pfälzischen Bildungsministerin Dr. Stefanie Hubig

Das Hambacher Fest markiert einen zentralen Meilenstein in der deutschen und europäischen Demokratiegeschichte. Mit ihrem Fest als Protest setzten am 27. Mai 1832 zehntausende Bürgerinnen und Bürger ein wichtiges Zeichen für ihre Forderungen nach Presse- und Meinungsfreiheit, Volkssouveränität und Völkerfreundschaft.

Carlo Schmid bringt als einer der Väter des Grundgesetzes den emanzipatorischen Bedeutungskern des Hambacher Festes anlässlich des 125-jährigen Jubiläums am 26. Mai 1957 auf den Punkt: *„Die Erkenntnis, dass die Einheit der Nation ihren Sinn darin findet, dass sie allen die Freiheit bringt, nämlich ein selbstgestaltetes und selbstverantwortetes Dasein, das des Menschen würdig ist."*

Die Ziele des Freiheitsfestes und dessen Visionen für umfassende politische und gesellschaftliche Reformen ebenso wie die Umwege und Katastrophen deutscher Geschichte seither sind Gegenstand historiographischer Deutung. Dabei rücken die geschichts- und erinnerungskulturelle Bedeutung des Ereignisses und seine Repräsentationen im kollektiven Gedächtnis vermehrt in den Fokus entsprechender Diskurse, die auch nicht unbeeinflusst sind von Versuchen, die Hambacher Bewegung als Legitimation für heutige rechtsnationale Irrwege zu vereinnahmen.

Das Freiheitsfest erfährt demnach eine vielgestaltige Rezeption und Instrumentalisierung und wird – gerade im Kontext von Jubiläen – genutzt, Standpunkte und damit Interpretationen zu lancieren, Zeitansagen zu formulieren und auch Prinzipien unseres demokratischen Miteinanders zu markieren.

Diese Vielfalt spiegelt sich in der profund kommentierten Redenauswahl des vorliegenden Bandes. Ebenso aufschlussreich sind die zuvor beleuchteten Beispiele diverser Deutungsversuche über die verschiedenen Zeitläufte hinweg, besonders hilfreich die Informationen zu Forschungsstand und Hintergrund.

Die kompetent gerahmten Reden sind im besten Sinne beredte Zeugnisse ihrer Zeit, und sie weisen zugleich über diese hinaus. Sie eignen sich in hervorragender Weise für den Unterricht in den Fächern Deutsch und Geschichte sowie weiteren gesellschaftswissenschaftlichen Disziplinen, gerade wenn es um die – auch multiperspektivische Positionen und kontroverse Urteile berücksichtigende – Auseinandersetzung mit demokratiegeschichtlichen Wegmarken und ihrer Relevanz für die Gegenwart geht. Mein herzlicher Dank gilt den Bearbeiterinnen und Bearbeitern des Bandes für dieses vielschichtige Werk. Allen Leserinnen und Lesern wünsche ich viele Anstöße zum Weiterdenken und Anregungen für die Bildungsarbeit.

Dr. Stefanie Hubig

Grußwort des Neustadter Oberbürgermeisters Marc Weigel

 *„Im Anfang war das Wort"* heißt es im Johannesevangelium, um zu betonten, dass alles durch Gottes Wort geschaffen sei. Aber auch in der weltlichen Geschichte kann das gesprochene Wort mächtig sein und eine herausragende Wirkung entfalten. In diesem Band der *Beiträge zur Demokratiegeschichte in Rheinland-Pfalz* versammeln sich ausgewählte Reden großer Persönlichkeiten, die in den vergangenen 190 Jahren gehalten wurden – von den Initiatoren des Hambacher Festes bis hin zu Bundespräsidenten und Kanzlern, von kirchlichen Würdenträgern bis hin zu Wissenschaftlern. Kriterium der Auswahl waren jeweils *Hoher Besuch und starke Worte* auf dem Hambacher Schloss.

Allen Rednern diente das Schloss als Bühne und als Resonanzraum. Die ausgewählten Reden lassen sich daher nicht vom Ort trennen, an dem sie gehalten wurden. Somit sind sie immer auch Interpretation der Geschichte des Hambacher Schlosses und des Hambacher Festes. Sie spiegeln die Forderungen nach nationaler Einheit, Freiheit, Demokratie und Völkerverständigung mit jeweils unterschiedlicher politischer und inhaltlicher Schwerpunktsetzung wider. Was ursprünglich als Protest gegen die bayerische Herrschaft und Regierung begann, wurde zum Meilenstein der demokratischen Bewegungen in Europa und gilt heute zurecht als Wiege der deutschen Demokratie. Dies lässt sich in den Reden ablesen.

Es ist das große Verdienst der hier vorliegenden Publikation, *„Zwei Jahrhunderte politischer Reden auf dem Hambacher Schloss"* erschlossen, zusammengestellt, wissenschaftlich kommentiert und herausgegeben zu haben. Dadurch werden wichtige historische und zeitgenössische Zeugnisse zugänglich gemacht und eine wissenschaftliche Lücke in der Rezeptionsgeschichte des Hambacher Festes geschlossen. Die Geschichte des Hambacher Schlosses als demokratischer Lern- und Erinnerungsort wird hierdurch gleichsam weitergeschrieben.

Das Hambacher Schloss ist mit der Stadt Neustadt an der Weinstraße untrennbar verbunden. Als bedeutender Ort der deutschen Demokratiegeschichte neben der *Frankfurter Paulskirche* und dem *Deutschen Nationaltheater* in Weimar stellt dies für uns heute ebenso eine Verpflichtung dar, die Demokratie und die kritische Auseinandersetzung mit der eigenen Geschichte zu fördern, zivilgesellschaftliches Engagement und gesellschaftliche Verantwortungsbereitschaft zu unterstützen und die Gegner der Demokratie in die Schranken zu weisen. Dieser Band der *Beiträge zur Demokratiegeschichte in Rheinland-Pfalz* leistet hierzu einen wichtigen Beitrag.

Marc Weigel

Grußwort des Vorsitzenden des Bezirkstags der Pfalz Theo Wieder

 Das vorliegende Buch legt eindrucksvoll Zeugnis ab, welch bedeutende Stätte der Demokratie das Hambacher Schloss ist. Die Liste der Redner, die es besuchten, liest sich wie ein Who's Who politischer Köpfe der vergangenen 200 Jahre. Zahlreiche Staatsoberhäupter ließen es sich nicht nehmen, am Ort der ersten Massenkundgebung für demokratische Rechte zu sprechen.

Das Hambacher Fest hat eine besondere Bedeutung für die deutsche, ja europäische Demokratiegeschichte. Seine wichtigsten Redner waren Philipp Jakob Siebenpfeiffer und Johann Georg August Wirth, die für ihre politische Gesinnung ins Gefängnis gingen; auch nahmen Gäste aus Frankreich und Polen teil. Zu den Forderungen nach Vereinigung der deutschen Länder, nach Freiheit und europäischer Zusammenarbeit kam auch eine gewisse Gleichstellung der Frauen hinzu – alles sehr fortschrittliche Ziele im 19. Jahrhundert, die erst lange Zeit später Wirklichkeit werden sollen.

Seit dem Ereignis von 1832 ist das Hambacher Schloss gewohnt, hohen Besuch zu bekommen. Unter anderem war Theodor Heuss, damals noch Reichstagsabgeordneter und noch kein Bundespräsident, 1932 vor Ort, um bei der Hundertjahrfeier zu sprechen. 1957 nahm einer der Väter des Grundgesetzes und des Godesberger Programms der SPD, der renommierte Staatsrechtler Carlo Schmid, an den Feierlichkeiten zur Erinnerung an das Hambacher Fest 125 Jahre zuvor teil. Und 1982, zur 200-Jahr-Feier, besuchte der ehemalige Bundeskanzler Willy Brandt diesen historischen Ort. Drei Jahre später weilte US-Präsident Ronald Reagan anlässlich der Landung der Alliierten in der Normandie 40 Jahre zuvor in Deutschland und stattete auch dem Hambacher Schloss einen Besuch ab. Der 87-jährige ehemalige Bundespräsident Richard von Weizsäcker hielt 2007 bei der 175-Jahr-Feier eine Rede und EU-Parlamentspräsident Martin Schulz nahm am 180. Festjubiläum 2012 teil.

Am 24. September 2016 übernahm der Präsident des Deutschen Bundestags, Prof. Dr. Norbert Lammert, die Festansprache anlässlich des 200-jährigen Bestehens des Bezirkstags Pfalz, der zu den geschichtsträchtigsten politischen Gremien Deutschlands gehört und Instrument regionaler Selbstverwaltung ist. In seiner Rede „Der Anfang parlamentarischer und demokratischer Strukturen" widmete er sich einem Thema, das wie kein anderes an diesen Ort passt.

Ich wünsche diesem spannenden und wichtigen Buch eine gute Aufnahme und eine interessierte Leserschaft.

Theo Wieder

Grußwort des Direktors der Landeszentrale für politische Bildung Bernhard Kukatzki

*„Politische Bildung ist mehr als Extremismusprävention. Sie ist der Grundstein da-
für, dass unsere Demokratie funktioniert. Politische Bildung ist keine ‚gesellschafts-
politische Feuerwehr'. Jede neue Generation muss die Demokratie und demokratisches Verhalten neu erlernen und einüben."* Das ist eine der Grundaussagen des
Ende 2020 vom Bundeskabinett verabschiedeten 16. Kinder- und Jugendberichts.
So sehr die politische Bildung dabei Gegenwart und Zukunft im Blick hat, so sehr
gehört dazu aber unbedingt auch der Blick zurück, auf das, was die frühen Frei-
heits- und Demokratiebewegungen bewegt und erreicht, auch was sie an Rückschlägen erlitten haben. Von daher legt die Landeszentrale für politische Bildung
in ihrer Arbeit auch großen Wert auf die Beschäftigung mit den im 18. und 19.
Jahrhundert sich entwickelnden demokratischen Bewegungen. Sie verfolgt u. a. das Ziel, das Bewusstsein in unserer Bevölkerung für die gerade in unserem Bundesland reich vorhanden demokratischen Traditionen – die Bergzaberner Republik, die Mainzer Republik von 1792/93, das
Hambacher Fest 1832 und die demokratische Revolution von 1848/49 – zu schärfen und an diesen
demokratiegeschichtlichen Wegmarken eben auch Gegenwarts- und Zukunftsfragen zu diskutieren.

Und wo könnte das besser gelingen als an den authentischen Orten? So ist die Landeszentrale
(LpB) gerne mit ihren Angeboten wie seit langem schon mit dem „Hambacher Disput" oder seit
2009 bis heute mit den gemeinsam mit Partnern organisierten „Hambacher Gesprächen" auf dem
Hambacher Schloss, diesem geradezu mythischen Ort deutscher Demokratiegeschichte, vertre-
ten. Im Literaturangebot der LpB finden sich mehrere Titel zum Hambacher Fest, die kostenlos
an Interessierte abgegeben werden. Als Herausgeber von Publikationen rund um das Hambacher
Fest hat sich die Landeszentrale ebenfalls betätigt, zu nennen sind eine bereits 1985 erschienene
Handreichung und ein 2009 mit 416 Seiten umfangreiches Werk „Freiheit, Einheit und Europa".

Gute politische Bildung lebt von den neuesten Ergebnissen der Politikdidaktik, sie lebt von Forschung und Fakten. Mit dem vorliegenden Band steht nicht nur für die LpB eine weitere wichtige
Quelle für unsere Arbeit zur Verfügung. Dafür sind wir den Herausgebern dankbar und haben
die Publikation auch gerne finanziell unterstützt. Im vorliegenden Werk werden sowohl in den
Überblicksartikeln als auch in den Reden die europäischen Bezüge des Hambacher Festes immer
wieder deutlich. Und hier schließt sich wieder der Kreis zum oben erwähnten Bericht: *„Politische
Bildung wird zu häufig allein in nationalstaatlichen Kategorien gedacht, es sollten mehr transnationale Bildungserfahrungen ermöglicht werden. Das gilt insbesondere mit Blick auf Europa.
Dabei gilt es, die Stärken und Vorteile der europäischen Einigung zu würdigen und die Herausforderungen kritisch zu diskutieren."* Auch dafür ist der vorliegende Band bestens geeignet.

Bernhard Kukatzki

Frauen und Mädchen

Zur Unterstützung der

Einlage

I.
Historische Einführung

Vaterland – Volkshoheit – Völkerbund hoch!
Das Hambacher Fest 1832

„*D*as Fest, das erste Volksfest, das seit Jahrhunderten in Deutschland gefeiert wurde, war beendigt. [...] Das Fest selbst wird in der Geschichte Epoche machen [...]. Das Fest gab den Deutschen eine Fahne, die Fahne des Aufruhrs mag sie der Fürstenknecht nennen, die Fahne der Freiheit, die Fahne Deutschlands nennt sie der deutsche Vaterlandsfreund, um die sich, so oft sie weht, die glühendsten Vertheidiger der Volksfreiheit, des Vaterlandes reihen werden. Das Fest sprach den Namen der Republik aus u. nannte die Zukunft Deutschlands und Europas.*" [Venedey 1832, 40–52 RS, zit. nach: Bublies-Godau 2018].

„*Aus den übereinstimmenden Nachrichten [...] hat man mit tiefer Entrüstung vernehmen müssen, wie freventlich Übelwollende das Vertrauen der Behörden [...] getäuscht haben; [...] wie in Reden, Liedern, Trinksprüchen und Flugschriften mit einem an Wahnsinn gränzenden Fanatismus zum Umsturze der bestehenden Landes-Verfassung und der jetzigen deutschen Bundes-Verhältnisse aufgefordert, die Majestät des Königs angetastet, auswärtige Regierungen geschmäht und bedroht, wie zum Hohne der bestehenden Staatsordnung die Abzeichen ungesetzlicher Verbrüderungen und die Symbole strafbarer Auflehnung öffentlich zur Schau gestellt und allenthalben verbreitet [...] worden.*" [Erklärung des Königlichen Gesammtstaatsministeriums. In: Amts- und Intelligenzblatt des Königlich Bayerischen Rhein-Kreises Nr. 37 vom 6. Juni 1832, S. 368f.].

Das Ereignis, über das die bayerische Regierung im amtlichen Mittelungsblatt im Gegensatz zum Teilnehmer Jakob Venedey einen Monat später ein kritisches Urteil fällte, ist das am 27. Mai 1832 begangene Hambacher Fest. Eine Veranstaltung mit dem Ziel der Auflehnung gegen die bestehende Ordnung? Oder ein Fest der Hoffnung auf politische Einheit und Volksfreiheit? Die Bewertung der Ereignisse unter den Zeitgenossen war umstritten und abhängig von der jeweiligen politischen Perspektive. Die bayerische Regierung um König Ludwig I. verfiel angesichts der erstarkten liberalen Opposition in eine massive Revolutionsfurcht und sah in den Forderungen der Teilnehmerinnen und Teilnehmer des Festes Vorboten eines Umsturzversuches. Und wie wurden die Hambacher Ereignisse später beurteilt? Noch das ganze 19. und bis weit ins 20. Jahrhundert hinein sollte das Ringen um die politische und gesellschaftliche Anerkennung der Bedeutung des Hambacher Festes für die deutsche und europäische Demokratiegeschichte andauern. Aber Jakob Venedeys Prognose war letztlich zutreffend: Die Ereignisse des Jahres 1832 machten tatsächlich Epoche in der Geschichte. Heute gilt das Hambacher Fest vom 27. Mai 1832 weithin als Wiege der Demokratie in Deutschland, und seine große Bedeutung für die Geschichte und Entwicklung der demokratischen Ideen als zweifellos erwiesen.

Zehntausende Bürgerinnen und Bürger zogen damals hinauf zum Schloss und sangen während des Festzugs ein von Siebenpfeiffer gedichtetes Lied, dessen erste Zeile „Hinauf, Patrioten! zum Schloß, zum Schloß!" sich zu einer Art Losungsformel

für das Hambacher Fest entwickelt hat (Abb. 1). Mit sich führten sie schwarz-rotgoldene Fahnen und Kokarden. Mit sich führten sie auch die Forderungen nach Presse- und Meinungsfreiheit, Volkssouveränität und Völkerfreundschaft. Erstmals erreichte die liberale politische Opposition mit dieser neuen Protestform eines politischen Volksfestes eine vergleichsweise breite Basis in der Bevölkerung. War man auch von der Aufstellung eines konkreten politischen Programms

Abb. 1: Stahlstich vom Zug auf das Hambacher Schloss anlässlich des Festes „Der Deutschen Mai" am 27. Mai 1832. Die Zeichnung weicht in einigen Details von motivgleichen Festzugsdarstellungen ab. So ist beispielsweise die Fahne im Vordergrund mit der Aufschrift „Landau" versehen und die polnischen Teilnehmer sind durch auffälligere rote Kappen hervorgehoben.

noch weit entfernt, so wurden die Forderungen der Hambacher nach Einheit und Freiheit zum Markstein der liberalen und (früh-)demokratischen Bewegung des 19. und frühen 20. Jahrhunderts [vgl. Scherer 1998, S. 21; Treml 1977, S. 219].

Kurpfalz – Département du Mont-Tonnerre – bayerischer Rheinkreis: die Pfalz nach der Französischen Revolution

Die Könige und Fürsten im absolutistischen Europa beobachteten 1789 die Ereignisse in Frankreich mit großer Besorgnis. Denn dort erhob sich das Volk wegen der bestehenden Unzufriedenheit mit den politischen, sozialen und wirtschaftlichen Verhältnissen unter der Parole „Freiheit, Gleichheit, Brüderlichkeit" gegen ihren Monarchen. Es war der Beginn der Französischen Revolution [vgl. Grewenig 1998, S. 36f.]. Um zu verhindern, dass sich die Revolution auch auf die anderen europäischen Nachbarstaaten ausbreitete, schloss sich eine militärische Allianz aus Österreich, Preußen und kleineren Staaten im sogenannten Ersten Koalitionskrieg (1792–1797) zusammen. Sie konnten aber deren Ausbreitung letztlich nicht verhindern, sodass mit den überall gepflanzten Freiheitsbäumen die Zeichen der Hoffnung auf eine radikale Umwälzung der politischen und gesellschaftlichen Verhältnisse unübersehbar waren (Abb. 2).

Im weiteren Verlauf kam es in mehreren Kriegen mit Frankreich zu zahlreichen militärischen Auseinandersetzungen um die linksrheinischen deutschen Gebiete. Nach dem Frieden von Lunéville im Jahr

1801 erhielt Frankreich das von ihm besetzte linksrheinische Gebiet endgültig zugesprochen, und der Rhein wurde die neue Grenze zwischen Frankreich und den deutschen Ländern [vgl. Haan 1977, S. 12]. Das Gebiet der Pfalz wurde nun in das neu gegründete Département du Mont-Tonnerre eingegliedert (Abb. 3). Nach der staatsrechtlichen Annexion begann die Anpassung auf politischer Ebene. 1804 wurde in ganz Frankreich Napoleons „Code

Abb. 2: Flugblatt aus dem Jahr 1793 mit der Aufschrift „Freyheit, Gleichheit, Bruder-Liebe, Einheit, Unzertrennlichkeit der Francken Republick, frey leben oder sterben". In der Mitte ist eine rote Jakobinermütze auf einer Säule thronend zu sehen, die auch den vielen Sympathisantinnen und Sympathisanten in den deutschen Staaten als revolutionäres Symbol und Sinnbild der Freiheit galt. Hinter der Säule ist eine Waage und im Vordergrund ein Lorbeerkranz mit Schärpe in den französischen Nationalfarben abgebildet.

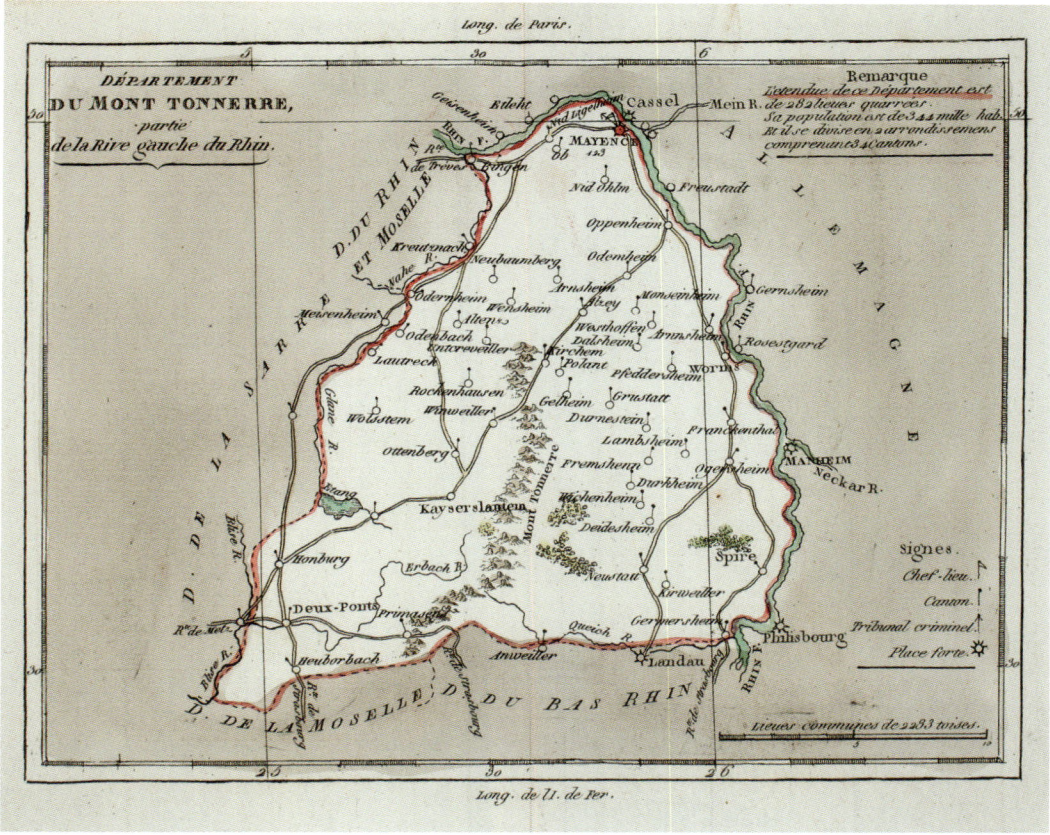

Abb. 3: Kupferstichkarte des Départements du Mont Tonnerre um 1802.

Civil" eingeführt (Abb. 4, S. 20). Dieses erste bürgerliche Gesetzbuch prägte ein völlig neues Verständnis der Menschen- und Bürgerrechte: Es schaffte u. a. die Zünfte ab, führte Gewerbefreiheit, Meinungs- und Pressefreiheit ein sowie die Freiheit und rechtliche Gleichstellung aller Bürgerinnen und Bürger. Diese Neuerungen erlangten auch für die linksrheinischen Gebiete Geltungskraft, wodurch deren Bevölkerung mit einem politischen System in Berührung kam, das sich gänzlich von der absolutistisch und monarchisch geprägten Herrschaft in den deutschen Fürstentümern unterschied [vgl. Becker 1991, S. 26].

Allerdings kam die Pfalz nach den Befreiungskriegen und den Gebietsneuordnungen des Wiener Kongresses 1814/15 wieder unter deutsche Herrschaft, sodass die Bewohnerinnen und Bewohner um den Erhalt der fortschrittlichen französischen Gesetze und Einrichtungen bangen mussten, die sie unbedingt bewahren wollten [vgl. Scherer 1998, S. 10]. Als Ausgleich für eine Gebietsabtretung an Österreich fiel die Region mit dem Vertrag von München vom

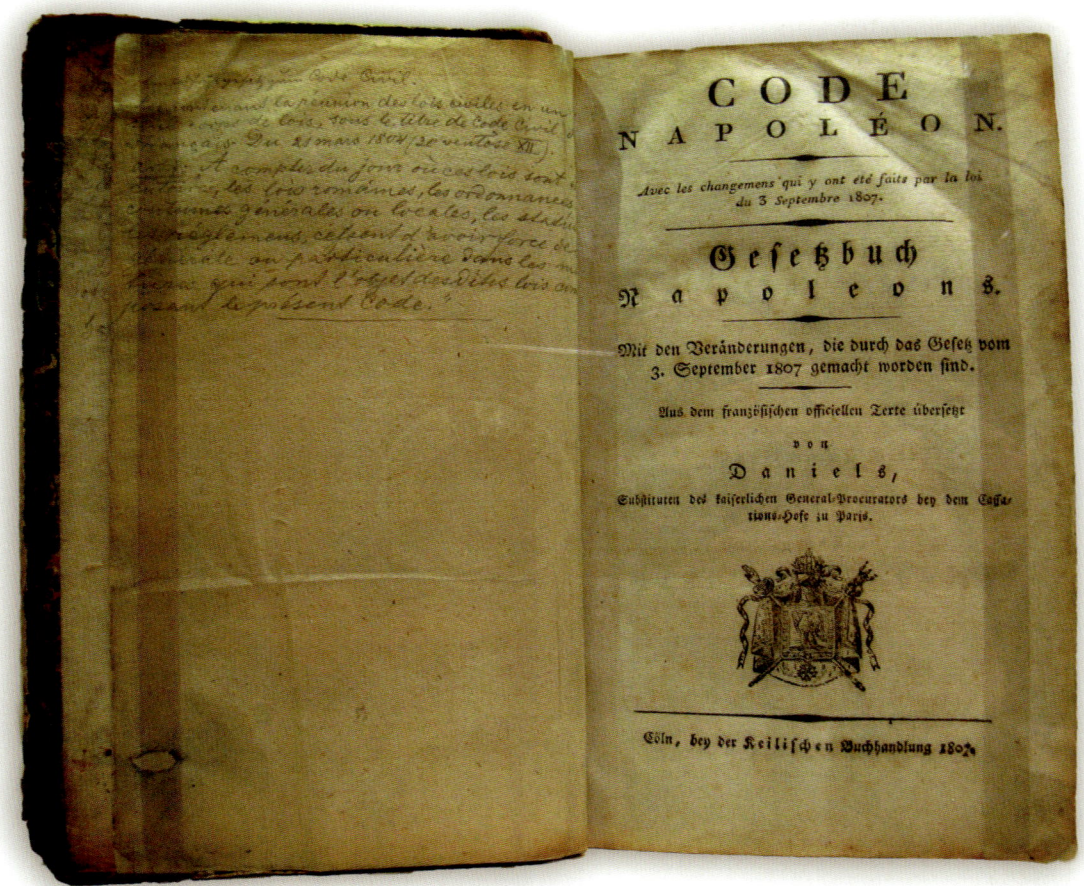

Abb. 4: Das französische Gesetzbuch des Zivilrechts, der „Code Civil" oder auch „Code Napoléon" genannt, trat am 21. März 1804 in Kraft und hatte auch nach dem Ende der napoleonischen Herrschaft in den linksrheinischen deutschen Gebieten weiterhin Gültigkeit. Die auf dem Foto zu sehende Leihgabe der Pfälzischen Landesbibliothek Speyer ist in der Dauerausstellung auf dem Hambacher Schloss zu sehen.

14. April 1816 an das Königreich Bayern und trug ab dem 1. Mai 1816 den Titel: „Das königlich-bayrische Gebiet auf dem linken Rheinufer" – seit 1817 „bayerischer Rheinkreis" [vgl. Fenske 2006, S. 51] (Abb. 5). Die nun bayerische Pfalz war jedoch nicht nur geografisch vom „Hauptstaat" Bayern getrennt, da es keine Landbrücke gab. Sie hatte auch eine völlig andere politische Entwicklung hinter sich. Bereits unmittelbar nach der Angliederung setzte man sich in der Pfalz für den Erhalt jener „Rheini-

schen Institutionen" ein, wie die freiheitlich französischen Gesetzesneuerungen hier genannt wurden. Größtenteils gelang dies auch und bescherte der Region damit über Jahrzehnte hinweg einen singulären rechtlichen Sonderstatus [vgl. ebd., S. 52].

Der folgenreiche Einfluss der Französischen Revolution, die tiefgreifende neue und freiheitliche Gesetzgebung während der Zugehörigkeit zu Frankreich sowie die besonderen politischen und sozialen

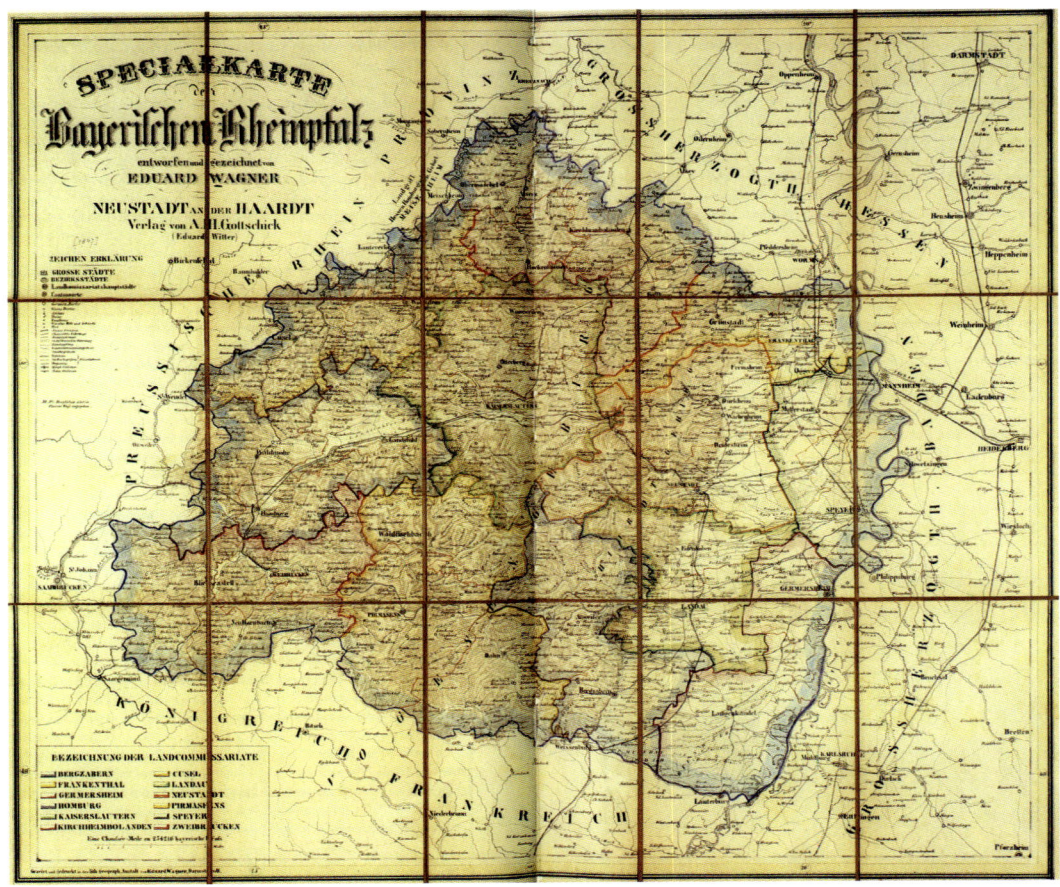

Abb. 5: Spezialkarte der bayerischen Rheinpfalz, entworfen und gezeichnet von Eduard Wagner. Die Grenzen der Landkommissariate sind durch eine abgestimmte Farbgebung herausgehoben.

Verhältnisse, aber auch die problematische wirtschaftliche Lage in der Region, verursacht durch hohe Zoll- und Steuerabgaben und steigende Preise [vgl. Kreutz 2016, S. 16], – all diese Faktoren führten dazu, dass sich die Pfalz und auch Rheinhessen im 19. Jahrhundert zu Hochburgen des Liberalismus in den deutschen Ländern entwickelten. Gerade hier entfaltete sich eine blühende liberale Presselandschaft. Zahlreiche liberale Journalisten und Publizisten siedelten sich an, darunter auch der spätere Hauptorganisator des Hambacher Festes, Johann Georg August Wirth (1798–1848). Darüber hinaus entwickelten sich auch die pfälzischen Abgeordneten im bayerischen Landtag zu einer einflussreichen Gruppe in der liberalen Opposition. Anlässlich ihrer Rückkehr in die Pfalz nach den Sitzungsperioden fanden bei verschiedenen Gelegenheiten sogenannte Abgeordnetenfeste statt. Mithilfe dieser Festessen konnte das vorherrschende Verbot politischer Veranstaltungen umgangen werden, was der außerparlamentarisch organisierten

Oppositionsbewegung einen speziellen Charakter verlieh [vgl. Müller 1982, S. 99]. Anerkennung für ihre Tätigkeit und Aufmerksamkeit im bayerischen Landtag erhielten die einzelnen Deputierten hier in Form von Tischreden.

Im Zuge des ersten Festes für den pfälzischen Abgeordneten Friedrich Schüler im Januar 1832 kam es außerdem zur Gründung des „Deutschen Vaterlandsvereins zur Unterstützung der Freien Presse" (kurz: Pressverein). Der Verein symbolisiert einen wichtigen Höhepunkt der Institutionalisierung der pfälzischen Presse und liberalen Bewegung. Er diente der finanziellen Unterstützung der durch Zensur und Beschlagnahmung bedrohten Journalisten, Verleger und Drucker durch Festabnahmen. Der Pressverein gewann in der Zeit von Januar bis September 1832 über 5.000 Mitglieder, etwa die Hälfte davon stammte aus der Pfalz. Die großen Zuwachszahlen waren u. a. der schnellen Verbreitung durch Buchhändler, Lesegesellschaften und Burschenschaften geschuldet. Später veröffentlichte der Verein selbst Flugschriften, die in hohen Auflagen von bis zu 50.000 Exemplaren verteilt wurden [vgl. dazu Foerster 1982].

Allen voran war es die Presse, die mit Zeitungen und Flugschriften der außerparlamentarischen Opposition als Forum diente. Gleichzeitig gerieten die liberalen Kräfte dadurch unweigerlich immer mehr in den Fokus der restaurativen Regierung. In Anbetracht der großflächigen Streichungen durch die Zensur und Beschlagnahmungen ganzer Ausgaben wurden die Zeitungen für eine freie Meinungsäußerung zunehmend unbrauchbarer (Abb. 6). Als dann Anfang 1832 auch die Flugblätter von den Maßnahmen betroffen waren, entwickelte sich die Festkultur zum bevorzugten Kommunikationsforum der politischen Öffentlichkeit [vgl. Müller 1982, S. 101].

„Täglich greift der Geist der Unruhe und Umwälzung weiter um sich" – Vorgeschichte und Verlauf des Hambacher Festes am 27. Mai 1832

Gemäß des 1815 in der Deutschen Bundesakte festgeschriebenen Artikels XIII. besaß das Königreich Bayern seit dem Jahr 1818 eine eigene Verfassung. Diese Errungenschaft wollte ein Neustadter Geschäftsmann am Jahrestag der Inkraftsetzung der bayerischen Verfassung am 26. Mai 1832 in Form eines Verfassungsfestes gewürdigt wissen. Die „Neue Speyerer Zeitung" veröffentlichte am 18. April 1832 die entsprechende Einladung zu einem „Konstitutions-Fest" auf der Ruine des Hambacher Schlosses. Derartige Verfassungsfeiern wurden damals häufig abgehalten, und auch auf dem Schloss hatte bereits ein Jahr zuvor solch ein Fest stattgefunden. Doch in den Augen der pfälzischen Liberalen bot die bayerische Verfassung keineswegs einen Grund zum Feiern. Vielen gingen die darin ohnehin spärlich formulierten Freiheitsrechte nicht weit genug. Eine Gruppe Neustadter Bürger beschloss daher, die Einladung umzuwidmen und anstelle eines Verfassungsfestes ein Fest ganz anderer Art zu begehen. Es war einer der führenden pfälzischen li-

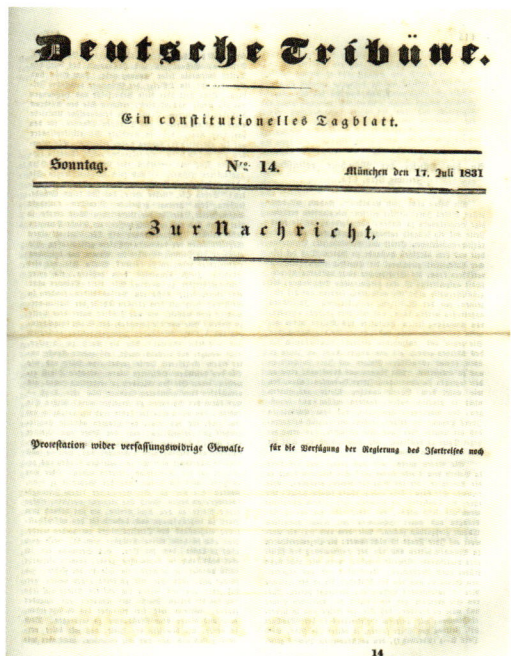

Abb. 6: Titelblatt der von Johann Georg August Wirth herausgegebenen „Deutsche Tribüne" Nr. 14 vom 17. Juli 1831. Die Tageszeitung erschien ab dem 1. Juli 1831 bis sie am 21. März 1832 verboten wurde. Hier ist der Eingriff der Zensurmaßnahmen besonders deutlich erkennbar, da bis auf zwei Halbsätze alle Stellen gestrichen wurden.

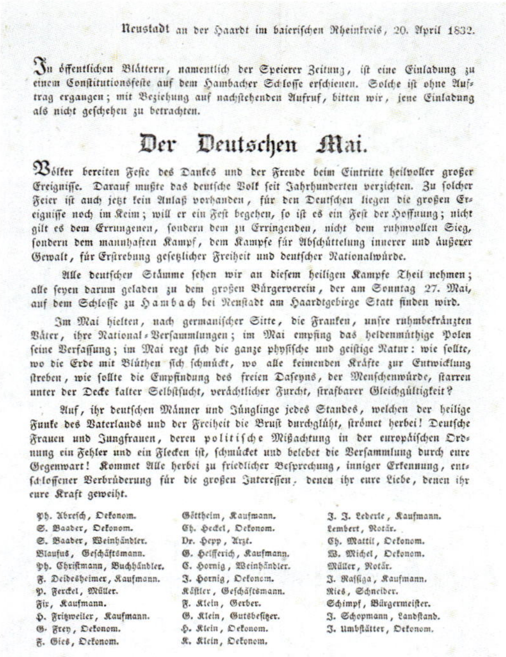

Abb. 7: Die von Philipp Jakob Siebenpfeiffer verfasste Einladung zu einer Feier auf dem Hambacher Schloss am 27. Mai 1832 mit dem Titel „Der Deutschen Mai" wurde als Flugblatt gedruckt und verbreitet.

beralen Publizisten, Philipp Jakob Siebenpfeiffer (1789–1845), der die neue Einladung formulierte. Ab 20. April 1832 erschien der Einladungstext unter dem Titel „Der Deutschen Mai" in verschiedenen pfälzischen Zeitungen (Abb. 7). Statt der bestehenden Verfassung wollte man ein Fest der Hoffnung feiern, der Hoffnung auf „gesetzliche Freiheit und deutsche Nationalwürde". Die Botschaft der zweiten Einladung war damit klar: Unzufrieden mit der restaurativen Politik, strebte man nach weitreichenderen freiheitlichen Reformen. Eine Besonderheit der Einladung bestand darin, dass sie sich explizit auch an Frauen richtete. Diese waren von einer politischen und gesellschaftlichen Gleichstellung 1832 noch weit entfernt. Siebenpfeiffer lud die Frauen dazu ein, sich an der Versammlung zu beteiligen und rief zugleich dazu auf, ihnen ein politisches Mitspracherecht zu gewähren [vgl. Siebenpfeiffer 1832].

Unweigerlich rief die öffentliche Einladung die Behörden auf den Plan. Ein politischer und sozialer Protest in einem solchen Ausmaß war in deutschen Ländern etwas vollkommen Neues, das die Regierung schlicht überforderte. Wenige Wochen vor dem Fest notierte der Regierungspräsident der bayerischen Pfalz Joseph von Stichaner:

Abb. 8: „Die denkwürdigsten Tage des Jahres 1830. Gedächtnistafel in 12. Tableaux" veranschaulicht die wichtigsten Unruhen und revolutionären Erhebungen 1830 in Europa. Im Mittelpunkt steht die Pariser Juli-Revolution, daneben sind Szenen aus Belgien, Polen und deutschen Gebieten wie dem Königreich Sachsen, Braunschweig oder Hanau zu sehen.

„Täglich greift der Geist der Unruhe und Umwälzung weiter um sich" [zit. nach: Egner 2002, S. 42]. Am 8. Mai verbot der pfälzische Regierungspräsident Ferdinand Freiherr von Andrian-Werburg die Veranstaltung offiziell, da er befürchtete, dass hierauf Anarchie und Gewalttaten folgen würden. Der Zweck der Versammlung sei „ein unerlaubter", denn die gesetzlichen Gewalten seien ja wohl „kein Gegenstand für eine Volksbesprechung in öffentlichen Versammlungen […]." Eine „Partei der Übelgesinnten" wolle wohl die „Bewohner eines gesegneten Landes der Anarchie" zuführen? [Verfügungen der königlichen Kreisregierung und sonstige Bekanntmachungen der königlichen Justiz- und Verwaltungsstellen vom 8. Mai 1832. In: Amts- und Intelligentsblatt des Königlich Bayerischen Rhein-Kreises Nr. 28 vom 9. Mai 1832, S. 297f.] Die Reaktion der Bevölkerung und der politischen Opposition auf das Verbot war wiederum gewaltig. Liberale Juristen wie Friedrich Schüler (1791–1873) verfassten Rechtsgutachten über die Ungültigkeit des Verbots. Die Kreisregierung in München wurde überflutet mit derlei Einwänden und weiteren Protestschreiben. Schließlich wuchs dadurch der Druck auf die Regierung derart an, dass sie das Verbot wieder zurücknahm und die entsprechende Verfügung am 17. Mai im Amts- und Intelligenzblatt veröffentlichte. In Anbetracht des politischen Klimas der 1830er Jahre (Abb. 8) sowie der erst am Anfang ihrer Entwicklung stehenden politischen Opposition und der Bürgerrechte insgesamt ist die erfolgreich erwirkte Rücknahme des Veranstaltungsverbots des Hambacher Festes überaus bemerkenswert.

Während das Fest durch diese Querelen im Vorfeld weiter an Popularität gewann, war der Ansehensverlust der Regierung hingegen verheerend.

Am 27. Mai 1832 begann schließlich das von den Organisatoren sorgsam geplante Fest. Gegen 8 Uhr morgens versammelten sich die Teilnehmenden auf dem Neustadter Marktplatz und zogen eine Stunde später gemeinsam hinauf zum Schloss. Der Zug aus Festteilnehmerinnen und Festteilnehmern wurde begleitet von Glockengeläut, Böllerschüssen und Gesang. An der Spitze des Festzuges ging die musizierende Neustadter Bürgergarde zusammen mit einer Gruppe Frauen samt einem Träger der polnischen Fahne. Dann folgte eine Gruppe Festordner, die geschmückt waren mit schwarz-rot-goldenen Schärpen und Kokarden (Abb. 9, S. 26). Hierunter befand sich auch Johann Philipp Abresch (1804–1861) mit der sogenannten Hambacher Urfahne [vgl. Kreutz 2016, S. 22f.; Ziegler 2006, S. 217ff.]. Auf dem Schloss angekommen, folgte der wichtigste Teil des Hambacher Festes: über 20 verschiedene politische Reden von bekannten und unbekannteren, lokalen und internationalen Rednern. Neben Philipp Jakob Siebenpfeiffer und Johann Georg August Wirth gehörten pfälzische Liberale wie Johann Philipp Becker, Heinrich Hochdörfer und der Neustadter Philipp Hepp dazu sowie auch Redner aus dem damaligen Fürstentum Lichtenberg (Nikolaus Hallauer), Frankreich (Lucien Rey) und Polen (u. a. Franz Grzymala). Für die Redner war eine kleine Bühne errichtet worden. Den Ablauf nach der Begrüßung und den ersten Reden muss man sich jedoch etwas ungeordnet vorstellen. Aufgrund der allgemeinen Lautstärke durch den Festcharakter und ohne Möglichkeit einer technischen Verstärkung, hatten die Redner nur eine begrenzte akustische Reichweite. Daher wurden die Vorträge mehrfach an anderen Standorten wiederholt, um möglichst viele Zuhörerinnen und Zuhörer zu erreichen. Auch fehlte noch ein klar formuliertes einheitliches politisches Programm. Gemeinsam

waren ihnen die beiden wichtigsten Ziele der politischen Einheit Deutschlands und der Ausweitung der bürgerlichen Freiheiten. Neben Einheit und Freiheit setzte jeder Redner seine eigenen inhaltlichen Akzente [vgl. Ziegler 2006, S. 224ff.]. Häufig war es nicht nur das eigene Land, das sie dabei im Blick hatten. Vielmehr forderten die Redner zuweilen auch europäische Völkerfreundschaft, Zusammenschlüsse und gegenseitige Unterstützung mit den „Brüdern" der

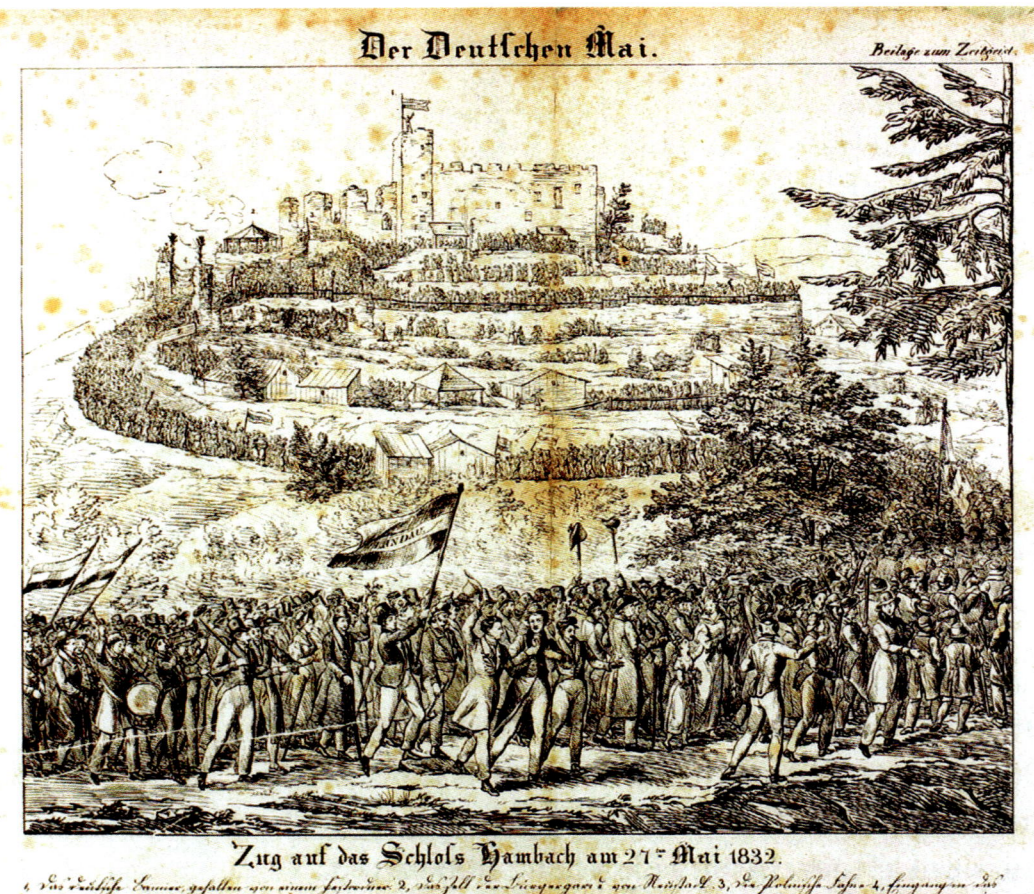

Abb. 9: Zug auf das Hambacher Schloss. Als Beilage zur Zeitschrift „Der Zeitgeist. Neue Carlsruher Zeitung. Volksblatt für Deutschland" 1832 erschienen.

Nachbarländer oder gar das „conföderierte republikanische Europa" [Wirth 1832, S. 48]. Etwa 25.000 bis 30.000 Menschen nahmen schließlich am Hambacher Fest teil. Der Kampf rund um die Veranstaltungsgenehmigung hatte dem Fest einen noch größeren Bekanntheitsgrad verschafft. Die Teilnehmerzahl ist umso beeindruckender, wenn man die damaligen Kommunikations- und Reisebedingungen mitbedenkt. Die Mehrzahl der Besucherinnen und Besucher stammte aus der Pfalz und der näheren Umgebung, aber auch aus Bayern, Württemberg, Rheinpreußen, Frankfurt am Main. Viele Festteilnehmerinnen und Festteilnehmer reisten zudem aus dem Ausland an. Eine große Gruppe kam etwa aus Polen, wo 1830 ausgehend von landesweiten Unruhen ein Freiheitskampf gegen die russische Herrschaft geführt wurde. Studenten und Burschenschaftler nahmen ebenfalls zahlreich am Fest teil. Erstaunlich war nicht nur die hohe Zahl an Festbesuchern, sondern insbesondere die soziale Zusammensetzung der Teilnehmenden. Neben vielen Gästen aus dem Besitz- und Bildungsbürgertum erschienen auch Kleinbauern, Winzer, Handwerksgesellen und sogar Tagelöhner und Dienstboten. Nicht zuletzt waren auch viele Frauen der Einladung gefolgt [vgl. Ziegler 2006, S. 220f.].

„Und es erscheinet bald ein schöner Mai, wo Deutsche, Polen, jauchzen: wir sind frei" – Polnische Teilnehmer am Hambacher Fest

Einführung

Als 1830 in Frankreich die Juli-Revolution ausbrach, besaß dies direkte und indirekte Auswirkungen in ganz Europa. Auch an Polen ging die Aufbruchsstimmung nicht spurlos vorbei. Seit dem Wiener Kongress 1815 stand das Land unter der Regentschaft eines russischen Statthalters. Zwischen November 1830 und Oktober 1831 kämpften die polnischen Freiheitskämpfer gegen die russische Besatzung – und verloren. In der Folge zogen rund 8.000 aufständische polnische Emigranten als politische Flüchtlinge durch Europa.[1]

Die deutsche Bevölkerung, im Besonderen in der Pfalz, nahm erstaunlich regen Anteil am Schicksal der polnischen Freiheitskämpfer. Es entwickelte sich eine regelrechte Polenbegeisterung – in Büchern, Flugschriften, Gedichten und Liedern nahm man sich des Themas an. In sogenannten Polenunterstützungsvereinen sammelten die Deutschen Geld- und Sachspenden für humanitäre Hilfe.

In verschiedenen Wellen und auf unterschiedlichen Routen reisten die Polen durch die deutschen Länder weiter nach England, Belgien und Frankreich. Eine der Hauptrouten führte zu Beginn des Jahres 1832 auf direktem Weg durch die Pfalz. Die allgemeine Polenbegeisterung wurde durch den Durchzug und den damit verbundenen Begegnungen noch verstärkt.

Die gemeinsamen politischen Ziele unterstützten das Knüpfen von Kontakten und Freundschaften zusätzlich. Die Polenvereine wurden auf diese Weise zu „Schaltstellen" der liberalen Opposition.[2]

Auf dem Hambacher Fest erreichte die Polenbegeisterung ihren Höhepunkt. Eine ganze Reihe polnischer Bürger nahm am Fest teil. Neben der schwarz-rot-goldenen Fahne wehte auf dem Hambacher Schlossturm wie selbstverständlich die weiß-rote polnische Flagge. Das Schicksal der polnischen Freiheitskämpfer wurde von beinahe jedem Redner explizit angesprochen, dazu kamen vier polnische Redner, die eigene Ansprachen hielten.[3]

Im Folgenden sind die Grußadresse des polnischen National-Comites aus dem Pariser Exil, die auf dem Fest verlesen wurde, sowie die beiden Lieder „Der Polen Mai" und „Deutsches Mailied", die auf dem Fest gesungen wurden, abgedruckt. Die Texte zeigen eine tiefe gegenseitige Anteilnahme am Freiheitskampf der deutschen und polnischen „Brüder". (Abb. 1)

Abb. 1: Empfang der ersten Abtheilung polnischer Helden an dem Gemeinde Haus zu Neustadt a. d. H. Abends den 19. Januar 1832. Lithographie von C. M. Thum.

Adresse des polnischen National-Comites in Paris

Das polnische National-Comite an seine deutschen Brüder bei dem Volksfeste auf dem Schlosse Hambach.

Versammelte an diesem Orte, welchen die Geschichte verewigen wird, des großen, erhabenen und edlen Zieles wegen, zu welchem er nach dem Aufrufe Eurer Wortführer leiten soll, empfanget hiermit unsern brüderlichen Gruß von uns, als den dermaligen Vertheidigern der Sache einer unglücklichen Nation.

Ja, groß, erhaben und edel ist das Ziel, zu dessen Erringung Ihr bei diesem der Hoffnung gewidmeten Feste die Mittel besprechen wollet.

Nur in der politischen Einheit Eures Vaterlandes, durch eine Verbindung der einzelnen Brüderstämme, können die gemeinsamen Interessen, das Gesammtwohl also Eurer Nation, befördert, die innere Willkühr und äußere Gewalt abgeschafft, und gesetzliche Freiheit und deutsche Nationalwürde erstrebt werden.

Aber das Fortbestehen des Errungenen kann nur die Einführung der Volks-Souveränität verbürgen, welche der politischen Reform zur Grundlage dienen muß.

Alle noch von Despoten beherrschten europäischen Völker werden ihr inbrünstiges Gebet mit dem Eurigen verbinden, daß der Ewige, der Gott der Gerechten, Euch bei Eurem Vorhaben beistehen und dessen Erringung gewähren, Eure Hoffnungen und ihre Wünsche mit einem günstigen Erfolge krönen möge – denn durch die bürgerliche Emanzipation eines so großen Volkes wird der Grundstein zur Befreiung aller anderen Völker vom Sklaven-Joche gelegt.

Und wenn Ihr nach Erringung der beabsichtigten Reform dem Ewigen für seinen göttlichen Beistand den Dank zollend, und auf den Gräbern Eurer Väter, welche der Wahrheit und

Freiheit ihre Ruhe, Sicherheit, ja sogar ihr Leben gewidmet haben, opfern werdet, dann gedenket auch unserer Gesetzgeber, welche schon vor 40 Jahren das von ihren Vorfahren ererbte große Prinzip der Volks-Souveränität, als das erste Bedürfniß für Ruhe und Sicherheit der Völker – als die erste Bedingung des Fortbestehens der Volksfreiheit in ihrem ganzen Umfange mit der Oberaufsicht über die Werkzeuge der vollstreckenden Gewalt, in der von ihnen unserm Vaterlande gegebenen Verfassung vom Jahre 1791 verkündeten, welche aber Märtyrer der Volkssache wurden, und die weitere Entwicklung ihres großen Werkes nicht erlebten, weil der auswärtige Einfluß – die unter einander verbundenen Despoten es gleich zu untergraben suchten und das große Prinzip im Keime erdrückten, da dasselbe, außer bei uns, Nirgends einen Vertheidiger gefunden hat.

Die Erringung dieses Prinzips und unser Vorhaben, die Wohlthaten der bürgerlichen Emanzipation allen Volksklassen zuzugestehen, ist und soll unser größtes Bemühen seyn, beide seyen die erste Bedingung der Unabhängigkeit, nach welcher wir streben. Es leben unsere deutschen Brüder.

Paris, den 16. Mai 1832.

Lelewel. Rykaczewski. Zaliwski. Przeciszewski. Hluszniewicz. Chodzko. Hube. Pietkiewicz, Sekr.[4]

Der Polen Mai.
(Übersetzt aus dem Polnischen.)

Brüder laßt uns geh'n mitsammen
In des Frühlings Blumenhain,
Lasset unsre Herzen flammen
hier im innigsten Verein.
Lieber Mai, holder Mai! –
Winters Herrschaft ist vorbei! –

Einst in solchen Maientagen
Ward ein Kleinod uns geschenket,
Muß das Herz nicht feurig schlagen
Wenn es jener Zeit gedenket?
Gott verleih! Gott verleih!
Das erblüh' ein solcher Mai.

Ach es haben Feindes Mächte
Dieses Kleinod uns geraubt,
Von dem theuersten der Rechte
Kaum zu sprechen uns erlaubt.
Trüber Mai, trüber Mai! –
Wenn ein Volk nicht froh, nicht frei.

Von dem Joche des Tyrannen
Suchten wir uns zu befreien,
Manche Schlachten wir gewannen
Glaubten schon daß frei wir seyen.
Sangen frei, komm herbei
Du ersehnter Freiheits-Mai.

Doch! wir mußten unterliegen,
Feindes-Uebermacht und Ränken,
Möge Gott, der uns zu siegen
Nicht vergönnt, den Tod uns schenken.
Trüber Mai, trüber Mai! –
Wenn ein Volk in Sclaverei! –

Eine Hoffnung knüpft ans Leben
Uns verbannte Polen wieder,
Unsre Freiheit zu erstreben

Werden helfen deutsche Brüder!
Gott verleih, daß es sey!
Dankfest dann dem neuen Mai![5]

Deutsches Mailied.
Als Erwiederung [sic] auf das polnische Mailied.
(Mel.: Wo Kraft und Muth etc.)

Hört deutsche Brüder Polens Klage
Sie dringt an jedes Mannes fühlend Herz;
Wem nicht der Polen trauervolle Lage
Erpresset ein Gefühl von Schaam [sic] und Schmerz,
Den mag ich nimmer Bruder nennen,
Er kann für Edles nie entbrennen; –
Er machet Schand der deutschen Nation,
Ihm zeige jeder Biedre Spott und Hohn!

Der Polen Hoffnung ist auf euch gerichtet,
Sie fleh'n zu euch um Hülf' in ihrer Noth;
Das Reich der Polen hat der Czar vernichtet,
Und Tyrannei treibt mit den Edeln Spott.
Und deutsche Männer könnten sehen
Daß Polens Reich soll untergeben!? –
Es brächte Schand der ganzen Nation,
Die Nachwelt spräch' von uns mit Spott und Hohn,

Doch! – wer von Knechtschaft andre will befreien
Muß selbst ein edler freier Mann auch seyn;
Und viele unsrer deutschen Bruder wetzen
Ihr Gut und Blut der Willkühr falschem Schein.
Doch laß't uns heut die Hoffnung nähren:
Sie wird Erfahrung bald bekehren;
Dann machen wir die edlen Polen frei
Und bringen Fluch der Russen-Tyrannei.

O! Brüder nährt die edlen Freiheits-Flammen,
Dies edle Feuer tief in eurer Brust,
Ja! – halten wir in Eintracht nur zusammen,
Und jeder sey sich seiner Kraft bewußt!
Dann muß die gute Sache siegen
Das Schlechte muß ihr unterliegen.

Und es erscheinet bald ein schöner Mai,
Wo Deutsche, Polen, jauchzen: wir sind frei.

31

O! – süße Hoffnung, du kannst mich nicht trügen,
Daß Deutschland werde kräftig bald ersteh'n,
Geschichte müßte, und der Zeitgeist lügen,
Wenn unsre Sache könnte untergeh'n.
Wir wollen Menschen-Recht erringen
Wir wollen, und es muß gelingen:
Dies schwören wir beim Deutschen Fest im Mai,
Wir wollen – alle Völker seyen frei.[6]

Abb. 2: Abschied der ersten Abtheilung polnischer Helden von ihren Freunden zu Neustadt a. d. H. Morgens den 20. Januar 1832. Lithographie von C. M. Thum.

---

1   Vgl. Kermann 2006, S. 127ff.
2   Vgl. Foerster/Kermann 1990, S. 65.
3   Vgl. Kermann 2006, S. 135f.
4   Zit. nach: Wirth 1832, S. 24f.
5   Zit. nach: ebd., S. 72f.
6   Zit. nach: ebd., S. 73f.

Die „entschlossene Handhabung der Gesetze" – die Folgen des Hambacher Festes

Nach mehreren Tagen und verschiedenen weiteren kleinen Versammlungen ging das Hambacher Fest am 1. Juni zu Ende. Auch wenn es zu radikalen politischen Aufständen im Kontext der Veranstaltungen nicht gekommen war, alarmierten Ereignisse wie die Gründung des Pressvereins und auch das Hambacher Fest im Jahr 1832 die restaurativen Regierungen im Königreich Bayern und im Deutschen Bund. Sie interpretierten diese als Beweis für die Existenz einer staatenübergreifenden Opposition, die mit ihren Forderungen nach Einheit und Freiheit den Sturz der bestehenden politischen Verhältnisse erreichen wollte [vgl. Scherer 1998, S. 22f.]. Im amtlichen Mitteilungsblatt erschien eine Erklärung über die „entschlossene Handhabung der Gesetze" zur Widerherstellung der Ruhe und Ordnung [vgl. Bekanntmachung des Königlichen außerordentlichen Hofkommissärs Fürsten von Wrede. In: Amts- und Intelligenzblatt des Königlich Bayerischen Rhein-Kreises Nr. 43 vom 30. Juni 1832, S. 405–409]. Aus Angst vor einem „revolutionären Flächenbrand" entsandte König Ludwig I. im Anschluss an das Fest umgehend ein Drittel der aktiven bayerischen Armee in die Pfalz, um „Ruhe und Ordnung" wiederherzustellen und eine Revolution zu verhindern. In einer „Bekanntmachung zur öffentlichen Ruhe und Ordnung" vom 28. Juni 1832 wurden unter Androhung des Kriegszustandes politische Vereine, das Tragen der schwarz-rot-goldenen Farben und die Verbreitung unzensierter politischer Schriften verboten [vgl. Keim/Mathy (Hrsg.) 1982, S. 180 ff.]. Am 1. Oktober 1832 rückte die bayerische Armee wieder ab, ohne dass es zu nennenswerten Vorfällen gekommen war.

Der Prozess gegen die 13 „Wortführer" vor dem Assisengericht in Landau begann erst am 29. Juli 1833, also mehr als ein Jahr nach dem Hambacher Fest. Die Anklagepunkte lauteten auf Hochverrat und direkte Aufforderung zum Umsturz der Staatsregierung durch Zeitungsartikel und Flugschriften oder durch die in Hambach gehaltenen Reden [vgl. Bernhard/Braun 2004, S. 287] (Abb. 10).

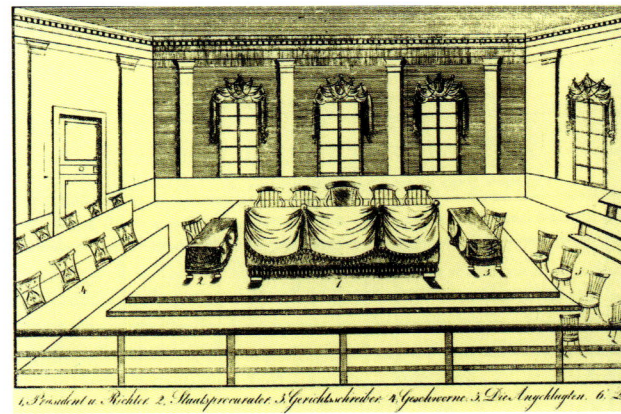

Abb. 10: Innenansicht des Saales im Landauer Hotel „Zum goldenen Schwanen", wo vom 29. Juli bis 16. August 1833 der Assissenprozess gegen die Hauptakteure des Hambacher Festes stattgefunden hat.

Das Assisengericht mit der Beteiligung von Geschworen war Teil der ehemaligen französischen Gesetzgebung (Rheinische Institutionen) in der Pfalz. Der Vorteil für die Angeklagten lag darin, dass sich die Geschworen aus der pfälzischen Bevölkerung zusammensetzten, deren politische Sozialisation ein milderes Urteil erwarten ließ als bei einem Richter aus Altbayern. Die Institution des Geschworenengerichts ermöglichte es den Angeklagten, den Prozess als politische Bühne zu nutzen. Wirth und Siebenpfeiffer hielten während des öffentlichkeitswirksamen Prozesses ihre berühmten Verteidigungsreden, allein Wirths Rede dauerte acht Stunden. Obwohl die Regierung bei der Auswahl der Geschworenen ihren Einfluss geltend machte, sprachen diese alle Angeklagten am 16. August 1832 von sämtlichen Vorwürfen frei. Bei einem weiteren Verfahren gegen die übrigen – bereits ins Ausland geflohenen – Wortführer wurden keine Geschworenen eingesetzt. Sie wurden in Abwesenheit zum Tode verurteilt, was den Einfluss des Prozessverfahrens auf das Urteil verdeutlicht [vgl. Hoffmann 1833; Gallo 1996].

Im Anschluss kam es zwar zu weiteren Verfahren vor einer anderen Kammer, die im Ergebnis größtenteils zu kürzeren Gefängnisstrafen der prominentesten Hambacher führten. Viele flohen jedoch vor der Vollstreckung der gegen sie erlassenen Strafe ins Ausland [Bernhard/Braun 2004, S. 288] (Abb. 11). Der liberalen Bewegung versetzen die strengen Gesetze auf Landes- und Bundesebene sowie die konsequente Verfolgung der liberalen Opposition im Anschluss an das Hambacher Fest einen harten Schlag. Erst in den 1840er Jahren begann sie – bislang vorrangig im

Abb. 11: Los des Frauen- und Mädchenvereins am Haardtgebirge vom 1. Mai 1833 zur Unterstützung der Familien eingekerkerte und verbannter deutscher Patrioten. Ein Los war für 20 Kreuzer zu erwerben. Ursprünglich hatte sich der Verein im Februar 1832 gegründet, um polnische Freiheitskämpfer und Flüchtlinge zu unterstützen.

Untergrund agierend – allmählich wieder Boden in weiten Kreisen der Bevölkerung zu gewinnen. Und spätestens mit der Revolution 1848/49 kam es zu einem nächsten bedeutsamen Höhepunkt in der Geschichte der freiheitlichen und demokratischen Entwicklung in Deutschland.

Das Hambacher Fest von 1832 hatte aber große Bedeutung sowohl für die liberale und demokratische Tradition als auch für die allgemeinen gesellschaftspolitischen Entwicklungen in den unmittelbar darauffolgenden Jahren. Ereignisse wie das Hambacher Fest läuteten in den 1830er Jahren endgültig einen politischen Wandel ein, der nicht mehr aufzuhalten war: ein Wandel von feudal-ständisch geprägten Strukturen zu einer bürgerlich-freiheitlichen Gesellschaft [vgl. Traub 2014, S. 26f.]. Mit einem bis dahin nicht dagewesenen Einsatz von Mitteln der Massenkommunikation im Vorfeld der Veranstaltung und der Verbreitung seiner Botschaften auch im Nachgang des Festes stellten „die Hambacher" „öffentliche Meinung" her. Der Kampf um die Pressefreiheit wurde zum Symbol für eine freie Gesellschaft, die die Bewusstseinsgrundlage dafür schuf, dass politische Macht nicht vererbt, sondern in einem offenen Diskurs der Ideen und Meinungen demokratisch errungen werden sollte [vgl. Schiffmann 2006, S. 338; Kreutz 2016, S. 4]. Nicht zuletzt beinhalteten die Hambacher Reden mit Schlagworten wie Freiheit, Volkssouveränität, Einheit und Völkerverbrüderung Forderungen, die noch über Jahrzehnte hinweg nichts an ihrer Aktualität einbüßten und deren Verwirklichung noch Jahrzehnte dauern sollte.

Das Hambacher Fest im Spiegel der geschichtswissenschaftlichen Forschung und Publizistik

Die Ereignisse rund um das Hambacher Fest im Jahr 1832 gelten heute als vergleichsweise gut erforschter Themenkomplex in der Geschichtswissenschaft. Zahlreiche ausführliche Studien sind bereits zum Fest erschienen, und auch verwandte Sachgebiete, etwa die Pfalz in bayerischer Zeit, die Pressegeschichte oder biografische Studien zu den wichtigsten Organisatoren, sind umfangreich erschlossen. Andere Aspekte wie z. B. transnationale europäische Verbindungen und Netzwerke und deren Bedeutung für die weitere Entwicklung der parlamentarischen Demokratie harren noch der wissenschaftlichen Aufarbeitung.

Ausschlaggebend ist die insgesamt recht gute und breite Quellenbasis, auf die sich die Forschung stützen kann. Sowohl das Stadtarchiv Neustadt als auch das rheinland-pfälzische Landesarchiv in Speyer verfügen über zahlreiche Aktenbestände zum Hambacher Fest. Hinzu kommen Quellen in beinahe allen rheinland-pfälzischen Archiven sowie an überregionalen Standorten, etwa in München. Einige davon sind noch unerschlossen, und man kann davon ausgehen, dass noch weitere unentdeckte Schätze in privaten Sammlungen verborgen sind.

Dank des umfangreichen Schrifttums und der aktiven schriftstellerischen Tätigkeit der Hambacher Festteilnehmer ist die zeitgenössische Überlieferung sehr vielfältig.

Dazu gehören beispielsweise periodische Schriften wie die „Neue Speyerer Zeitung", die „Deutsche Tribüne", der „Bote aus dem Westen" und Wochenblätter aus den Gemeinden Zweibrücken, Pirmasens, Landau und Frankenthal sowie nicht-periodisch erschienene Druckschriften wie die Flugblätter des Pressvereins. Zahlreiche weitere Druckschriften, etwa Siebenpfeiffers Schrift „Rheinbayern: eine vergleichende Zeitschrift für Verfassung, Gesetzgebung, Justizpflege, gesammte Verwaltung und Volksleben des constitutionellen Inn- und Auslandes, zumal Frankreichs", die offizielle Festbeschreibung „Das Nationalfest

Abb. 12: Die Festschrift „Das Nationalfest der Deutschen zu Hambach" wurde von Johann Georg August Wirth unter Mitwirkung eines nicht im Einzelnen bestimmbaren Redaktionsausschusses veröffentlicht. Die Festschrift gibt einen Überblick über Vorgeschichte und Verlauf des Festes, sie enthält Grußadressen, Lieder und Toasts sowie 18 von insgesamt 22 nachweisbaren Reden. Die Originalausgabe ist als Leihgabe der Pfälzischen Landesbibliothek Speyer und in der Dauerausstellung auf dem Hambacher Schloss zu sehen.

der Deutschen zu Hambach" (Abb. 12) und die Dokumentation des anschließenden Prozesses „Vollständige Verhandlungen vor dem Königlich-bayerischen Appellationsgerichte des Rheinkreises und in den öffentlichen Sitzungen des ausserordentlichen Assisengerichts zu Landau vom 29. Juli 1833", stehen der Forschung ebenfalls zur Verfügung. Dazu kommen unzählige Zeitungsartikel, Gedichte, Lieder und Miszellen.

Als erste wissenschaftliche Untersuchung des Hambacher Festes gilt Wilhelm Herzbergs Studie (Abb. 13) aus dem Jahr 1908 [Herzberg 1908/82]. Herzberg untersuchte das Fest im Kontext des 75. Jahrestages 1907 und steht damit programmatisch für viele nachfolgende Untersuchungen. Denn größere Abhandlungen entstanden häufig im Zusammenhang mit den Jubiläen, etwa 1932 [vgl. Bühler 1932 (1); Valentin 1932/82], vornehmlich aber seit Gründung der Bundesrepublik aus den Jahren 1957 [vgl. Institut für staatsbürgerliche Bildung (Hrsg.) 1957], 1982 [vgl. Keim/Mathy (Hrsg.) 1982, Kultusministerium Rheinland-Pfalz (Hrsg.) 1982] und 2007 [vgl. Kermann/Nestler/Schiffmann (Hrsg.) 2006]. Dabei sticht vor allem der 150. Jahrestag 1982 hervor, zu dem zahlreiche bis heute relevante Standardwerke erschienen sind. Im Kontext der Jubiläen hat erstmals – auch wenn dies nicht auf die eigentlichen Erinnerungsfeiern zutrifft – eine Beschäftigung mit dem Hambacher Fest auf breiter geschichtswissenschaftlicher Basis stattgefunden, losgelöst von partei- und erinnerungspolitischen Auseinandersetzungen. Für das gesamte

Spektrum der Forschungsliteratur sei an dieser Stelle auf das umfangreiche Literaturverzeichnis am Ende dieser Publikation hingewiesen.

Schon früh begann außerdem eine Erforschung des Hambacher Festes auf institutioneller Ebene. Das Institut für Geschichtliche Landeskunde Rheinland-Pfalz e. V. (ehemals Institut für Geschichtliche Landeskunde an der Universität Mainz e. V.) eröffnete seine traditionsreiche Schriftenreihe „Geschichtliche Landeskunde" im Jahr 1964 mit dem Band „Hambacher Gespräche", basierend auf einer Tagung im Jahr 1962. Seitdem gehören Forschungen und Projekte rund um das Hambacher Fest zum festen Bestandteil der Institutsarbeit, festzumachen etwa an der Zusammenarbeit mit der Stiftung Hambacher Schloss bei der Konzeption (2008) und Überarbeitung (2022) der Dauerausstellung auf dem Schloss sowie nicht zuletzt an diesem Band. Zu nennen sind außerdem das umfangreiche Schrifttum des Landtags Rheinland-Pfalz sowie des Bezirksverbands Pfalz zum Hambacher Fest. Auch das Institut für Staatsbürgerliche Bildung Rheinland-Pfalz, die Vorgängerinstitution der Landeszentrale für politische Bildung,

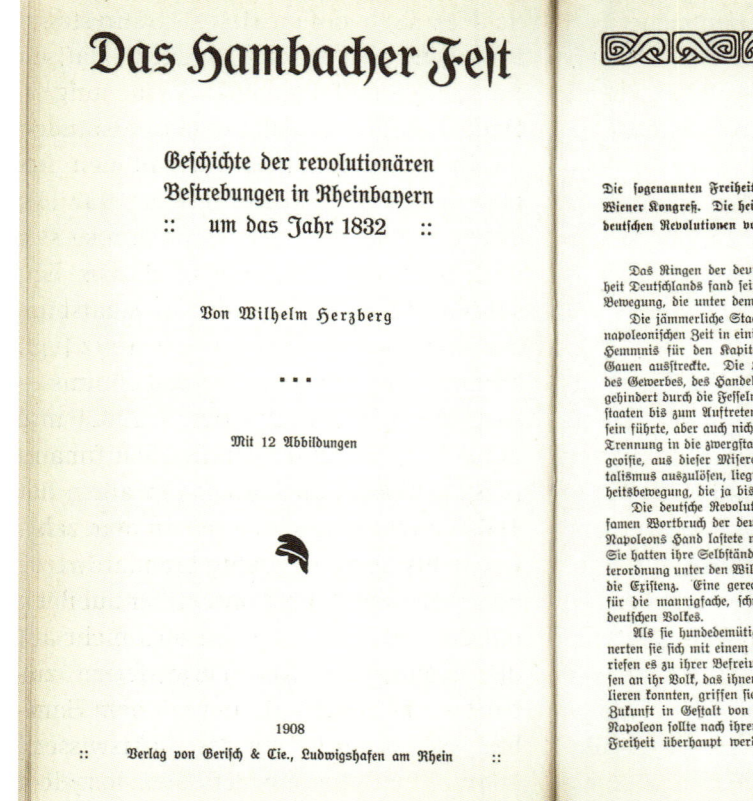

Abb. 13: Schmutztitel der ersten wissenschaftlichen Untersuchung zum Hambacher Fest von Wilhelm Herzberg aus dem Jahr 1908.

publizierte schon in den 1950er Jahren erste Untersuchungen. Bis heute besitzt das Hambacher Fest als wichtiger Meilenstein der Demokratiegeschichte einen festen Platz im Programm der Landeszentrale. Regelmäßig fanden und finden die Veranstaltungsreihen „Hambacher Disput" und „Hambacher Gespräche" auf dem Hambacher Schloss statt. 1986 und 1988 wurden mit den Gründungen der Hambach-Gesellschaft für historische Forschung und politische Bildung e. V. und der Siebenpfeiffer-Stiftung zwei Institutionen geschaffen, die sich explizit der Erforschung und Vermittlung der historischen Ereignisse und Personen rund um den Vormärz und das Hambacher Fest sowie dessen Andenken und Zielen verschrieben haben. Bis heute liefern beide wichtige Ergebnisse und neue Impulse für die Forschung. Nicht zuletzt beteiligt sich auch die Stiftung Hambacher Schloss seit der neu geschaffenen wissenschaftlichen Mitarbeiterstelle verstärkt am Diskurs zum Hambacher Fest.

Die Besonderheit der in diesem Band zusammengestellten Reden auf dem Hambacher Schloss aus zwei Jahrhunderten liegt darin, dass sie kostbare Zeugnisse demokratischer Erinnerungskultur sind und widerspiegeln, mit welchen Intentionen das Hambacher Fest im Laufe der Zeit erinnerungskulturell und -politisch belegt wurde. Einen aktuellen und zugleich umfangreichen Überblick zum Wandel der Rezeption des Hambacher Festes bietet Dieter Schiffmann in seinem 2006 erschienen Aufsatz „Das Hambacher Fest – Ein deutscher Erinnerungsort" [vgl. Ker-

mann/Nestler/Schiffmann (Hrsg.) 2006, S. 333–386]. Andere Beiträge widmen sich überwiegend singulären Erinnerungsfeiern oder Personenstudien. Erich Schneider beispielsweise beschäftigte sich anlässlich des 150. Jubiläums 1982 in mehreren Studien mit der sozialdemokratischen Erinnerungskultur zum Hambacher Fest. Für alle in diesem Band zusammengestellten Reden gilt, dass sie nicht nur die Hambach-Rezeption ihrer jeweiligen Zeit widerspiegeln, sondern auch individuelle Anliegen, Intentionen und Prioritäten der Rednerinnen und Redner im Kontext zeitgenössischer Politik zum Ausdruck bringen und damit das Hambacher Fest/ Schloss auch als durchaus kontroversen Erinnerungsort sichtbar machen.

Nach diesem Forschungsüberblick könnte die Frage aufkommen: Braucht es noch eine weitere Publikation zum Hambacher Fest? Die Antwort der Herausgeber und Bearbeiterinnen und Bearbeiter dieses Bandes lautet: Ja! Denn bis heute sind noch längst sind nicht alle Facetten dieses bedeutenden Meilensteins der deutschen und europäischen Demokratiegeschichte erforscht. Es fehlen beispielsweise umfassende prosopografische Studien zu den Teilnehmenden von 1832, die über den Kreis der Hauptorganisatoren hinausreichen, – auch in Bezug auf die Verbindungslinien zu anderen (früh-)liberalen Clustern im Kontext wichtiger demokratiegeschichtlicher Impulse (Mainzer Republik, Bergzaberner Republik, Revolution 1848/49). Tiefergehende Genderstudien zur Rolle der Frauen im Vormärz und auf dem Hambacher Fest fehlen bislang ebenfalls. Nicht zuletzt gilt es, das Hambacher Schloss systematisch auch im Kontext aktueller politischer Entwicklungen als demokratiegeschichtlichen Erinnerungsort aufzuarbeiten. Auch dazu möchte dieser Band einen Beitrag leisten.

Das Hambacher Fest als Erinnerungsort deutscher und europäischer Demokratiegeschichte – eine Entwicklungsgeschichte

Wir erleben derzeit einen markanten Paradigmawandel in der Wahrnehmung und Bewertung der deutschen Demokratiegeschichte (und ihrer Erinnerungsorte) – und das zugleich in der Geschichts- und Politikwissenschaft wie auch auf politischer Ebene und im öffentlichen Diskurs. Dabei liegt der Fokus einerseits auf einer umfassenden Neubewertung der Weimarer Demokratie in ihrer Bedeutung und als Fundament für die Entwicklung und Festigung der deutschen Demokratie nach 1945. Andererseits erfahren Frühformen und Ansätze der demokratischen und freiheitlichen Entwicklung und moderner transnationaler europäischer Völkerfreundschaft zunehmend Beachtung und Wertschätzung.

Sichtbare Zeugnisse dieses Wandels sind etwa die Verleihung des Europäischen Kulturerbe-Siegel an die Stiftung Hambacher Schloss (2015), rheinland-pfälzische Zusammenschlüsse wie das „Bündnis Demokratie gewinnt!" oder die bundesweite AG „Orte der Demokratiegeschichte". Auch die Schaffung einer Bundesstiftung für die Orte der Demokratiegeschichte ist in diese Reihe einzuordnen.

Erinnerungs- und Lernorte der Demokratiegeschichte erfahren im Zuge dieses Wahrnehmungswandels eine sichtbare Stärkung. Hatte die frühe bundesrepublikanische Erinnerungskultur, die von den Gewalterfahrungen der Diktatur geprägt war, eine vorwiegend ex-negativo-Legitimation der demokratischen Ordnung im Sinne der Losung „Nie wieder!" hervorgebracht, blieb eine positive Bezugnahme auf die eigene Demokratiegeschichte auch in den folgenden Jahrzehnten im Hintergrund. Dies ändert sich zunehmend: Neben Beispielen des Scheiterns, der Diktatur und der Verfolgung, rückt die bewusste Auseinandersetzung mit der deutschen Demokratiegeschichte, ihren Wurzeln und Werten sowie unserem heutigen Verständnis von und dem gesellschaftlichen Engagement für Demokratie stärker in den Mittelpunkt.

Dieser Entwicklung soll auch mit diesem zweiten Band unserer noch jungen Reihe „Beiträge zur Demokratiegeschichte in Rheinland-Pfalz" Rechnung getragen werden. Die „Hambacher" forderten Presse- und Meinungsfreiheit, Volkssouveränität, Völkerfreundschaft, deutsche Einheit und Freiheit – Marksteine der liberalen und frühdemokratischen Bewegung des 19. und frühen 20. Jahrhunderts. Mit dem Hambacher Fest öffnete sich erstmals eine Bewegung der breiten Bevölkerung, erstmals konnte man von einer Massenbewegung sprechen. Die Tatsache, dass keine politischen Konsequenzen aus den Forderungen des Hambacher Festes erwuchsen, sie unterdrückt und noch über Jahrzehnte hinweg ungehört blieben, ist kein Grund, diese Entwicklungen in ihrer Bedeutung zu schmälern. Heute gilt das Ereignis als Wiege der deutschen Demokratie und Meilenstein der deutschen Demokratiegeschichte.

Johann Georg August Wirth beendete seine Rede 1832 mit den Worten „Hoch! Dreimal hoch leben die vereinigten Freistaaten Deutschlands! Hoch! Dreimal hoch das conföderirte republikanische Europa!" [Wirth 1832, S. 48] Im Jahr 2012 sagte der damalige Präsident des Europäischen Parlaments Martin Schulz bei seiner Rede auf dem Schloss: „Die Europäische Union ist der Versuch im globalisierten 21. Jahrhundert unser soziales und demokratisches Gesellschaftsmodell angesichts neuer aufsteigender Mächte zu wahren – in Einheit und Freiheit. Das ist die Gesellschaft, in der ich leben will. Ich will, dass auch meine Kinder und nachfolgende Generationen, in diesem Europa leben können. Dafür lohnt es sich jeden Tag zu kämpfen." [Der Präsident des Landtags Rheinland-Pfalz (Hrsg.) 2013, S. 24].

Zwischen diesen beiden Aussagen liegen 180 Jahre. Die Aktualität der Hambacher Forderungen ist demnach nicht von der Hand zu weisen. War man sich also 180 Jahre lang einig über die Bedeutung dieser Forderungen? Ein Blick auf die im Laufe der vergangenen rund zwei Jahrhunderte gehaltenen Reden und Ansprachen auf dem Hambacher Schloss sowie andere im Kontext von Jahres- und Erinnerungsfeiern entstandenen Texte zeigt, dass das

Hambacher Fest seit 1832 immer wieder erinnerungspolitische Bedeutungswandel und Vereinnahmungsversuche erfahren hat. Die Texte reflektieren somit den gesellschaftlichen Diskurs und die Rezeptionsgeschichte des Festes.

Das Hambacher Fest war ein Ausdruck des politischen Protestes gegen die bayerische Regierung und den bayerischen König. Die Wortführer, ein Großteil der Redner und Organisatoren wurden im Anschluss an das Fest juristisch belangt – aus Sicht der bayerischen Landesregierung mehr oder weniger erfolgreich. Schließlich zielten die Forderungen der Hambacher auf ein gänzlich verändertes politisches System ab. Allein schon diese Umstände führten dazu, dass das Hambacher Fest nicht sofort von allen politischen Lagern als bedeutendes Ereignis gefeiert wurde. Unter den Zeitgenossen war das Hambacher Fest je nach Perspektive „ein Fest der Hoffnung", wie Wirth es in seiner Festschrift von 1832 formulierte oder eine „Störung der gesetzlichen Ordnung" wie im amtlichen Mitteilungsblatt der bayerischen Regierung zu lesen war. Dieser Dualismus, später eher Pluralismus, in der Erinnerung an das Hambacher Fest blieb lange bestehen. Grund dafür ist auch, dass die Forderungen der Redner auf dem Hambacher Fest kein einheitliches politisches Programm repräsentierten. Unterschiede in der Schwerpunktsetzung – Emanzipation, nationale Einheit, Volkshoheit, Völkerbund, monarchisch gemäßigter Liberalismus, radikaler Republikanismus – führten beinahe zwangsläufig zu Unterschieden in der Traditionsbildung. Bereits 1931 sagte der Historiker Albert

Becker: „Wer den Geist von Hambach zu beschwören versucht, dem erscheint gleich ein ganzes Heer von Geistern." [vgl. Würz 2005/06, S. 670].

Über viele Jahre und Jahrzehnte hinweg entwickelten sich dadurch ambivalente und miteinander konkurrierende Geschichtsbilder zum Hambacher Fest. Es entbrannte ein regelrechter Streit über das wahre Erbe von Hambach, der im Laufe der Geschichte immer wieder den Stand der politischen Kultur in Deutschland spiegelte. Bis heute finden sich Stimmen, die versuchen, das Erbe des Hambacher Festes in ein Licht zu rücken, das ihrem speziellen – teils historisch verklärten –

Geschichtsbild entspricht. Nicht nur deshalb lohnt sich ein genauerer Blick auf die Geschichte des Hambach-Gedenkens. Dieser Blick offenbart einen Prozess, der auch stellvertretend für die Anerkennung und den Stellenwert der demokratischen Traditionen Deutschlands steht. Das Hambacher Schloss wurde als Begegnungsstätte im Laufe der Zeit und in den inzwischen 190 Jahren seit dem Hambacher Fest häufig Zeuge von „starken Worten", von Ansprachen und Reden also, die sich – mal mehr, mal weniger – mit dem Hambacher Fest und der Erinnerung daran beschäftigten. Meist boten Jubiläen und bestimmte Jahrestage den Anlass für die Reden.

„Unter diesen Umständen wurden die Soldaten genötigt Gebrauch von der blanken Waffe zu machen" – der erste Jahrestag des Hambacher Festes 1833

Einführung

Nach dem Hambacher Fest 1832 reagierten die restaurativen Regierungen im Königreich Bayern und im Deutschen Bund mit einem umfassenden Maßnahmenkatalog zur Unterdrückung der liberalen Opposition. Als sich 1833 der Jahrestag des Festes näherte, begann die bayerische Regierung aus Angst vor Unruhen oder einem öffentlichen Erinnerungsfest schon einige Wochen vor dem 27. Mai mit Vorbereitungen zur Entschärfung der Situation. Der Stadtrat in Neustadt veröffentlichte eine Aufforderung an die Bürgerinnen und Bürger mit der Bitte, „schreiendes Singen und Lärmen auf den Straßen" sowie „Zusammenrottung" zu unterlassen, da die Erfahrung zeige, dass dadurch „unangenehme Ereignisse hervorgerufen" würden.[1]

Am 22. Mai 1833 trafen in Neustadt sechs Kompanien der bayerischen Armee ein, die teils in Häusern von Verdächtigen einquartiert wurden. Einige Tage später kamen noch einmal 1.200 Soldaten dazu. Mit diesem Aufgebot setzte die Regierung deutlich auf Abschreckung statt auf Deeskalation, die Auseinandersetzungen zwischen Militär und Bevölkerung waren nahezu unausweichlich. Die traurige Bilanz der folgenden Unruhen an den Pfingstfeiertagen: zwei Tote und ca. 40 Verletzte.[2]

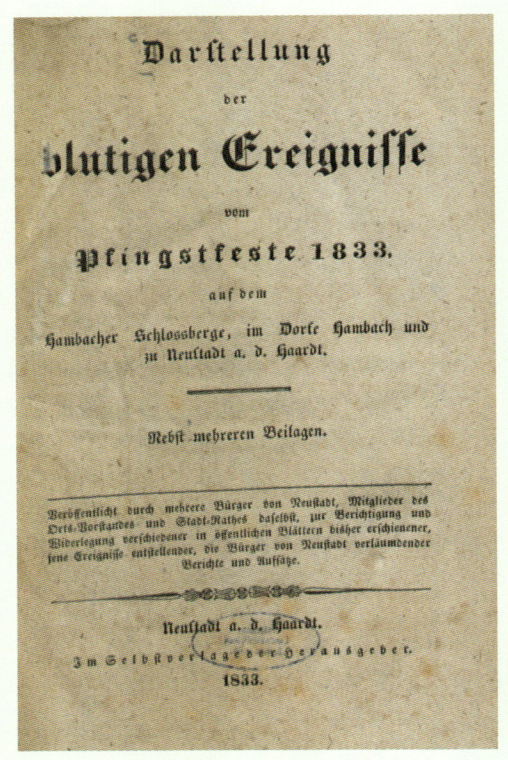

Regierung und Einwohner gaben sich im Anschluss gegenseitig Schuld an der Eskalation der Ereignisse. Die jeweiligen Berichte beider Seiten über den Ablauf spiegeln dies mehr als deutlich wider. Unabhängig von der Bewertung der Schuldfrage kann festgehalten werden, dass die Stimmung in der Pfalz auch ein Jahr nach dem Hambacher Fest überaus gereizt war und eine Rückkehr zu den vorrevolutionären Beziehungen zwischen Regierung und Bewohnerinnen und Bewohnern von keiner der beiden Seiten aus mehr möglich schien.

Abb. 1: Titelbild der 1833 erschienenen Schrift „Darstellung der blutigen Ereignisse vom Pfingsfeste 1833, auf dem Hambacher Schloßberge, im Dorfe Hambach und zu Neustadt a. d. Haardt: Nebst mehreren Beilagen."

Beschreibung der Ereignisse aus Regierungssicht im Ministerial-Reskript vom 31. Mai 1833

Ministerial-Reskript v. 31. Mai 1833

[...]
Unerwartet war es daher, als am 27. ds. In der Frühe ¾ 1 Uhr die dienstliche Anzeige von dem Kommandanten des 2. Bataillons vom 15. Infanterie-Regiment aus Neustadt an das Brigade-Kommando in Speyer geschah, dass nach einer Mitteilung des dortigen Bürgermeisteramts viele Einwohner von Dürkheim und Frankenthal im Anzug waren um das Hambacher Fest zu begehen. Dieser Meldung war eine Anzeige des dortigen Landkommissar an die K.[3] Regierung ähnlichen Inhalts mit dem Bemerken beigefügt, dass die Einwohner bereits aufgeregt seien.

Es ward nämlich am 26. mittags plötzlich eine Fahne von alt-deutschen Farben[4] auf dem Kapellenberg sichtbar, was einen großen Volksauflauf verursachte. [...]

Freiheitslieder wurden angestimmt, zwar von dem anwesenden K. Landkommissar und dem Gendarmerie-Oberleutnant untersagt, doch von Zeit zu Zeit wiederholt. Die Soldaten wurden auf die frechste Weise verspottet, doch blieb alles ruhig.

Auch in Neustadt waren Offiziere und Soldaten Ähnlichem ausgesetzt. Mit einer Unverschämtheit, die das kälteste Blut empören musste, benahmen sich die Koryphäen der sogenannten liberalen Partei gegen sie. Im übrigen blieb die große Mehrzahl der Bürgerschaft in Neustadt ganz ruhig. Indessen stieg die Unordnung auf dem Hambacher Berg, die Marseillaise ward gesungen und der Freiheit fortwährend Lebehoch gebracht. [...]

Da durch den Genuss der vielen Getränke die Köpfe immer mehr erhitzt wurden und zu befürchten stand, dass das freche und ungezogene Benehmen gegen die Soldaten noch einen höheren Grad erreichen würde, ward die Wegschaffung der Zechwirtschaften veranstaltet. Auf die Aufforderung der K. Gendarmerie entfernten sich die Wirte, aber auch mit Ihnen die ganze Menschenmasse. Jedoch in der Hälfte des Berges angekommen, machte der ganze Haufen halt, wendete sich um und fing an unter dem Gebrüll: „Es lebe die Freiheit!" Beschimpfungen gegen den König und gegen die Truppen auszustoßen. [...]

Gendarmerie und Militär folgten um einiger Tumultuanten habhaft zu werden. [...], als von zwei Gendarmen der eine einen Steinwurf, der ihn auf einige Wochen dienstunfähig machte, der andere einen leichten Messerstich in die Seite erhielt. Sie verfolgten nun die Täter bis in das Dorf Mittelhambach. Hier fielen nach ihrer Aussage und nach jener der Gendarmen einige Schüsse aus einem Garten. Die Soldaten erwiderten das Feuer.

Sobald die Behörden, die noch auf dem Schloß waren, die ersten Schüsse hörten, eilten sie dem Punkte zu und stellten nach den ersten 4 - 5 Schüssen das weitere Feuern augenblicklich ein. Doch waren bereits 3 Menschen, 2 Knaben und 1 Mann, verwundet. Nach Aussage des Arztes sind es bloß Fleischwunden und keine gefährlichen. [...]

Als es aber ungefähr 8 Uhr war, hatte die Frechheit und Schamlosigkeit ihr höchstes Ziel erreicht. In Wirtshäusern und auf den Straßen wurden von den Pöbelhaufen Freiheitslieder abgesungen, das Geschrei: „Es lebe die Freiheit!" und „Nieder mit eurem lumpigen König!" wurde überall gehört. Es wurden nun Kavallerie- und Infanteriepatrouillen abgeschickt um diese Tumultuanten zurückzuweisen, allein vergebens. Ihre Zahl wuchs und größer ward ihr Übermut. Es wurde nötig Arrestationen vorzunehmen, aber die Arrestierten widersetzten sich, wer ihnen zunächst war, unterstützte sie. Die Patrouillen wurden umringt, insultiert und misshandelt. Unter diesen Umständen wurden die Soldaten genötigt Gebrauch von der blanken Waffe zu machen, es gab Stöße mit den Kolben und Hiebe mit der flachen Klinge, aber unvermeidlich in Getümmel auch einige mit der Schärfe. Unter den Arretierten befanden sich 5 Verwundete. Bei dreien sind die Wunden ganz leicht, bei einem bedeutend, der 5. ist an seinen Wunden heute nacht gestorben.

Alle gehören der unteren Volksklasse an.

So beklagenswert auch diese Vorfälle sind, so werden sie doch eine gute Wirkung in Neustadt hervorbringen, da sich die dortigen Einwohner überzeugt haben, wie sie auf keine Unterstützung von benachbarten Gemeinden rechnen können, der Soldat aber, seinem König treu, in Erfüllung seiner Pflicht keine Rücksicht nimmt. [...]

In Berichte des Oberregierungsrates Braunmühl, der als Ministerialreferent zur Untersuchung der Vorfälle nach Speyer abgeschickt wurde (v. 27. Juni 1833) heißt es, dass der durch einen Schuss verwundete Georg Anton Bayer aus Hambach an Starrkrampf verstorben sei, dass Emanuel Lambert und Paul Beck aus Hambach auf dem Wege der Heilung sich befänden. In Neustadt sei folgendes ermittelt worden: Philipp Kipp, Handwerksbursche, durch Bajonettstich getötet; verwundet: Adjunkt Penner aus Neustadt, Schuhmacher Heinrich Seel, Metzger Wilhelm Weber, Theobald Paul Krieger, Peter Hüther, Philipp Hoos aus Winzingen, Philipp Jakob Saul aus Lambrecht, dessen Bruder Jakob Saul. [5]
[...]

Beschreibung der Ereignisse durch den Neustadter Stadtrat

Grossmächtigster König!
Allergnädigster König und Herr!
(Die an dem allerunterthänigst unterzeichneten Bürgermeisterei-Adjunkten in Neustadt durch das Königliche Militair verübte Mißhandlung betreffend.)

Die unerhörten Gräuel, welche Königliche Militair-Personen am 2. Pfingstfeiertage hier begiengen, denen auch ich, troß meiner Amtauszeichnung, mit einigen hundert andern schuldlosen ruhigen Bürgern als ein Opfer unterlag, – Gräuel, womit sich die, so sie begiengen, duldeten oder gar commandirten, mit unauslöschlicher Schande bedeckt haben, diese Gräuel veranlassen mich, nachdem ich von meinen Verwundungen wieder soweit hergestellt bin, Euer Königlichen Majestät davon Meldung zu thun.
[...]

Ohne daß die Ortsbehörden von irgend einer Verfügung der Militairbehörden in Kenntniß gesetzt worden, ohne daß irgend eine polizeiliche Verwarnung, irgend ein Zuruf des Militairs an die Bürger vorausgegangen wären, sich aus den Straßen zurückzuziehen und in ihre Häuser zu verschließen, durchzogen die Truppen in Piqueten[6] und Haufen die Straßen, griffen alle Vorübergehende, nichts Böses ahnende Bürger, Weiber und Kinder an, verfolgten und mißhandelten sie auf die brutalste und grausamste Art, ohngeachtet sie bei diesen Wehrlosen auch nicht den geringsten Widerstand fanden, auch die bestürzten und plötzlich überfallenen Bürger, an keine Gegenwehr, an keinen wechselseitigen Beistand und Hülfe dachten, jeder sich nur beeilte, den Unmenschen zu entfliehen.

Diese Rasenden scheuten sich nicht zu zehn und mehreren auf einen einzelnen Wehrlosen mit Säbeln und Kolben drein zu schlagen, und ihn zu Boden zu strecken. [...]

Als endlich aber gegen acht Uhr auf's Neue vor dem Stadthause zwei Menschen, wovon ich einen als Einwohner von Winzingen erkennen wollte, von den Soldaten angegriffen, und die mörderischen Streiche gegen sie geführt wurden, da faßte ich vom Gefühl der Menschlichkeit getrieben, die eigene Lebensgefahr vergessend, das Herz, mit meiner Amtsschärpe bekleidet mit einigen Sicherheitsgarden, mit ihren blau-weißen Binden am Arm, mich vom Stadthause herunter, gegen die Jammer-Scenen zu drängen, dort zeigte ich den Soldaten meine Amtsauszeichnung, sagte ihnen, wer ich wäre, und bat und flehte, doch mit ihren Mißhandlungen einzuhalten; es war jetzt acht Uhr, also noch heller Tag.

Jetzt aber schloß sich hinter mir der Kreis der Soldaten, und man versetzte mir von hinten und vornen Säbelhiebe, Bajonettstiche und Kolbenstöße; ich erhielt fünf Kopfwunden, eine Wunde im Gesicht, Hiebe in Hände und Arme, viele Contusionen[7] in's Genicke und den Rücken, und wurde mit Mühe und mit Zerreißung meines Rockes von den Bürgerwachen den rohen Mißhandlungen der Soldaten entrissen, und blutend auf das Rathhaus zurück gebracht, von wo aus ich mich gegen zehn Uhr von Gendarmen nach Hause escortiren lassen mußte, um mein Leben keiner weitern Gefahr auszusetzen, was auch die anderen Beamten zu thun genöthigt waren.

[…]

Dieses ist eine kurze und höchst gedrängte Darstellung, jener jedes fühlende Menschenherz empörenden von der Soldatesk[8] (sic) verübten Gräuel-Scenen, ohne daß irgend eine Veranlassung nach meinem Wissen als Mann von Ehre gesprochen, von der Seite der Bewohner der hiesigen Stadt dazu gegeben worden wäre, denn dieselben betrugen sich während des ganzen Tages so musterhaft, wie dieses von ihren vorgesetzten Behörden nur immer verlangt werden konnte, und selbst diejenigen unter ihnen, welche am frühen Morgen, einem alten Herkommen gemäß[9], nach verschiedenen Richtungen, oder selbst auf das Hambacher Schloß spazieren gegangen waren, kehrten einzeln oder in ganz kleinen Gesellschaften schon um die Mittagszeit, oder höchstens gegen vier Uhr des Nachmittags ganz ruhig zu ihren Familien zurück, […].

Wenn es einer feindseligen Parthie gelingen konnte, den Geist der Bewohner hiesiger Stadt und selbst des ganzen Rheinkreises zu verdächtigen, und diese Gewaltmaßregeln hervorzurufen, so hat der ganze Hergang jeden unbefangenen Beurtheiler überzeugen müssen, daß der Bewohner des Rheinkreises zu besonnen ist, als daß er sich zu Handlungen hinreißen lassen könnte, welche ein unabsehbares Unglück über seine Mitbürger bringen mußten, denn trotz dem, daß man in der Nacht ganz im Geheimen ohne Benachrichtigung der Behörden das Hambacher Schloß, welches ein Privat-Eigenthum verschiedener hiesiger Familien ist, mit Militair-Macht besetzte, und den Eigenthümern den Zutritt nicht gestattet hat, ja sogar dieselben mit Gewalt von ihrem Eigenthum verdrängte; trotz dem, daß viele hunderte Augenzeugen der fürchterlichsten Mord-Scenen waren, wodurch die menschliche Geduld auf eine unerhörte Weise auf die Probe gestellt wurde, verhielt sich Jederman ruhig, und zog sich in seine Wohnung zurück, so daß von sieben Uhr Abends an es niemand mehr wagte, dem schrecklichen Angst- und Nothgeschrei seiner Mitmenschen Gehör zu geben, um dieselben aus den Händen seiner Mißhändler zu befreien, da die Vernunft ihm gebieten mußte, durch keinerlei Gegenwehr diese Wüthenden zu veranlassen, noch weit größeres Unglück über seine Vaterstadt zu bringen, da die Lunten zur Einäscherung derselben schon bereit waren.

[…]

Neustadt an der Haardt, den 4. Juny 1833.
Euer Majestät
Allerunterthänigst Treugehorsamster
A. Penner.[10]

1   Vgl. Keim/Mathy (Hrsg.) 1982, S. 302.
2   Vgl. ebd., S. 304.
3   Königliche.
4   Gemeint sind die Farben Schwarz, Rot, Gold. Der Begriff „alt-deutsch" bezieht sich in diesem Fall auf das Heilige Römische Reich Deutscher Nation, dessen Herrscher vor allem Schwarz und Gold als kaiserliche Farben verwendeten.
5   Vgl. Hechel 2008, S. 63ff.
6   Verschiedene Bedeutungen, hier vermutlich alte französische Maßeinheit.
7   Prellungen.
8   Ursprünglich italienische Bezeichnung für undisziplinierte Soldaten.
9   Private Wanderungen im Familienkreis zur Burgruine waren in Hambach und auch andernorts durchaus üblich. Diese waren nicht notwendigerweise politisch motiviert. Doch neben dem Hambacher Fest 1832 begingen bereits 1814 (Jahrestag der Völkerschlacht bei Leipzig) und 1831 (Jahrestag der französischen Julirevolution) Neustädter Bürger politische Feste.
10 Darstellung der blutigen Ereignisse vom Pfingstfeste 1833, S. 62ff.

Der Bedeutungswandel 1832 bis heute – ein Überblick

Die Jubiläen wurden nicht von Beginn an groß gefeiert. Nachdem es 1833 am ersten Jahrestag des Festes zu gewaltsamen Auseinandersetzungen zwischen der Neustadter Bevölkerung und dem präventiv dort stationierten bayerischen Militär gekommen war, fand erst anlässlich der Revolution 1848/49 wieder eine Erinnerungsfeier an das Hambacher Fest statt (Abb. 14). In der Zwischenzeit wurde die Hambach-Erinnerung – wie die gesamte freiheitlich-liberale Bewegung – im Privaten weitergepflegt. Dass gerade die Revolutionäre von 1848 und die Abgeordneten der Paulskirche an das damals rund 16 Jahre zurückliegende Fest erinnerten, zeigt die Kontinuitätslinien der freiheitlichen Bewegung allzu deutlich. Zu Pfingsten 1848 reiste zunächst die Fraktion der Linken – darunter auch Robert Blum (1807–1848) – nach Neustadt, wo bei einer Kundgebung verschiedene Reden gehalten wurden (Abb. 15). Die eigentliche Erinnerungsfeier fand am 28. Mai 1848 statt – allerdings nicht auf dem Hambacher Schloss. Dieses war 1842 als Hochzeitsgeschenk an den bayerischen Thronfolger überreicht worden. Eine Feier zum Zwecke republikanischer Traditionsbildung kam auf einem Schloss im Besitz der Wittelsbacher natürlich nicht infrage. Diese Schenkung sollte in den folgenden Jahrzehnten wiederholt Auswirkungen auf das Hambach-Gedenken haben, zugleich verhinderte sie jedoch eine politische Vereinnahmung und Inszenierung in verschiedenen Fällen – nicht zuletzt durch die Nationalsozialisten. Stattdessen feierte man auf der Neustadter Wolfsburg. Die Feier stand vollends im Horizont der aktuellen politischen Entwicklungen und Ziele des Frankfurter Parlaments. Mit Friedrich Georg Kolb, Friedrich Schüler und anderen nahmen auch einige ehemalige Hambacher an den Veranstaltungen teil [vgl. Schiffmann 2006, S. 342].

Abb. 14: Die Ansicht von Theodor Verhas zeigt die Ruine des Hambacher Schlosses von Osten mit Blick auf den Palas um 1840. Sie überliefert den Bauzustand vor den Restaurierungs- und Umbauarbeiten 1843/46.

Nach dem Scheitern der Revolution von 1848/49 sollte es erneut Jahrzehnte dauern, bis ein öffentliches Hambach-Gedenken im größeren Stil möglich – und auch gewollt – war. Anlass war die Erfüllung einer der wichtigsten Forderungen des Hambacher Festes: die Einheit Deutschlands mit der Gründung des Deutschen Kaiserreiches 1871. Die 40-Jahr-Feier des Festes 1872 [vgl. Schneider 1984] stand so ganz im Zeichen der Reichseinigung und des neu aufkommenden Nationalismus. Sie wurde von offizieller politischer Seite zum Symbol staatlicher Geschichtspolitik und als „Sieg- und Dankfest" für das Deutsche Kaiserreich umgewidmet (Abb. 16).

Abb. 15: Erinnerungsplakat zu Ehren mehrerer namentlich erwähnter Gäste der Nationalversammlung in Neustadt im Juni 1848. Zu diesen gehört auch Robert Blum, der auf der Madenburg eine Rede hielt und auf dem Plakat mit den Worten „Die Ordnung sei Euer Gesetz, das Eigenthum & die Person sei Euch heilig" zitiert wird.

Ganz bewusst wurde der Einheitsgedanke der Hambacher betont, wohingegen die Hambacher Forderungen und Ideen von kosmopolitischer Völkerfreundschaft und bürgerlichen Freiheiten ausgeblendet wurden [vgl. Schiffmann 2006, S. 345f.]. Die Bismarck'sche Reichsgründung von oben hatte viele ehemalige „Hambacher" sowie pfälzische Linke und Liberale ins national-liberale Lager gezogen. Sie trugen die Umwidmung der Hambacher Forderungen teils aktiv mit. Mit Friedrich Deidesheimer und Theodor Frey hielten ehemalige Hambacher Redner von 1832 sogar Ansprachen bei den Feierlichkeiten [Kreutz 2016, S. 56]. Deutlicher als der Hauptredner Eduard Witter, ein Buchhändler aus Neustadt, kann man den Hambach-Geist, den die Nationalliberalen 1872 zu beschwören versuchten, wohl nicht auf den Punkt bringen:

Abb. 16: Plakat aus dem Jahr 1872 zur Erinnerung an das Hambacher Fest. Der 27. Mai 1832, dargestellt durch die Silhouette des Hambacher Schlosses im rechten Bildhintergrund, wird hier durch den Titel „Deutschlands Erhebung 1870" und einer allegorischen Darstellung des deutsch-französischen Krieges 1870/71 mit der siegreichen Germania im Mittelpunkt in Bezug zur deutschen Reichsgründung gesetzt.

„Darum, wenn ein Volk einen großen Fortschritt macht ohne Revolution, so liegt darin ein unermeßlicher Vorteil, gegen welchen die Bedeutung weiter gehender Wünsche, welche da oder dort gehegt wurden, weit in den Hintergrund tritt. Und nicht dort ist wahre Vaterlandsliebe, wo man um solcher Wünsche willen dem Vaterland die ruhige Entwickelung mißgönnt, sondern da, wo man seine Wünsche und Ideale dem Wohle des Ganzen zu opfern bereit ist." [Zit. nach: Pfälzischer Kurier Nr. 125 vom 30. Mai 1872, Erstes Blatt].

Die linksliberale und sozialdemokratische Presse hingegen spottete über die Feier als „Schweifwedelei vor Kaiser, Bismarck und allen Fürsten" [Kreutz 2016, S. 56]. Daniel Pistor und Georg Friedrich Kolb – ebenfalls ehemalige „Hambacher" – blieben der Feier demonstrativ fern. Kolb bezeichnete die Feier als „ekelhafte Karikatur und Affenkomödie, die nachträglich das Fest der Freiheit und Völkerverbrüderung von 1832 entweihe" [Ebd., S. 57].

Direkt nach der Reichsgründung hatte man mit der einseitigen Schwerpunktsetzung auf das nationalistische Erbe noch an das Hambacher Fest erinnern können. Nur zehn Jahre später zeigte sich schon wieder ein anderes Bild. 1882 steckte das Kaiserreich mitten im Kulturkampf und die Sozialistengesetze veränderten das politische Kräfteverhältnis. Die Bismarck'sche Politik schürte nicht nur in diesem Kontext die Ängste des Bürgertums vor einem revolutionären und gewaltsamen Umsturz. Hambach

verband man im konservativen und nationalliberalen Bürgertum mit Revolution und Aufruhr, der identitätsstiftende Faktor von 1871 wurde nicht mehr benötigt. Statt nationalliberaler Initiativen nahm sich nun eher das demokratische und sozialistische Lager der Hambach-Erinnerung an. Zwei angedachte Erinnerungsfeiern zum 50-jährigen Jubiläum wurden jedoch von den Behörden untersagt [vgl. Schneider 1984]. Zum Verbot der von der Demokratischen Volkspartei geplanten Veranstaltung hieß es, das Hambacher Fest sei „mehr von kosmopolitisch-radikalem als von echtem deutschem Geist eingegeben und durchdrungen" gewesen [Schiffmann 2006, S. 347]. Statt als „Pioniere der deutschen Einheit" und „beste deutsche Patrioten" [Schneider 1984, S. 105], wie noch 1871 in einem Zeitungsartikel zu lesen war, bezeichnete die nationalliberale Presse das Fest nun als von „unwürdigem Franzosen- und Polenschwindel" geprägt, auf dem Anarchie und Gesetzlosigkeit vorherrschten [Schiffmann 2006, S. 347]. In diesem politischen Klima fanden weder zum 50. noch zum 75. Jahrestag des Festes Erinnerungsfeiern statt.

Angesichts des politischen Klimas im Kaiserreich und der Diffamierung der Hambacher Ideen durch das konservative und nationalliberale Lager erfuhr die Hambach-Tradition vor allem im sozialistischen und sozialdemokratischen Umfeld eine Aufwertung. Die Sozialdemokraten entdeckten mit dem Jubiläumsjahr 1882 erstmals die

Hambach-Tradition für sich und erklärten sich zu den „Erben von Hambach" [Schiffmann 2006, S. 349]. Sie sahen darin die Betonung ihrer revolutionären Tradition. Es folgten verschiedene Veröffentlichungen, z. B. von Wilhelm Liebknecht 1897, und vereinzelte Aktionen von Sozialdemokraten, etwa 1882 der Versuch des Pfälzer Sozialdemokraten Franz Joseph Erhardt eine rote Fahne auf dem Schlossturm zu hissen, und die Veranstaltung einer großen Maifeier auf dem Schlossberg 1910. Erneut spielten die Besitzverhältnisse eine Rolle, die dazu führten, dass die Feier außerhalb des eigentlichen Schlossgeländes stattfinden musste [vgl. Kreutz 2016, S. 57]. Nationalkonservative Kreise initiierten parallel nationalistische und folkloristisch geprägte Veranstaltungen wie etwa die „Hambacher Tagungen" des Pfälzerwald-Vereins 1913 und 1914 [vgl. ebd., S. 57]. So war (und blieb) die Rezeption des Hambacher Festes stark von parteipolitischen Perspektiven geprägt, vor allem in der Konkurrenz zwischen dem liberalen Bürgertum und der Sozialdemokratie.

„Ein Proletariat gab es noch nicht" – Wilhelm Liebknechts Besuch auf dem Hambacher Schloss 1897

Abb. 1: Porträtfoto von Wilhelm Liebknecht (1826–1900), ca. 1895. Fotopostkarte aus dem Jahr 1925.

Einführung

Wilhelm Liebknecht (1826–1900) gehört zu den frühesten Führern der sozialistischen Arbeiterbewegung und war einer der Gründerväter der Sozialdemokratischen Arbeiterpartei Deutschlands. Für verschiedene Parteiorgane und Zeitschriften fungierte Liebknecht als Redakteur und Herausgeber, ab 1874 war er zudem Reichstagsabgeordneter. Unter dem sogenannten Sozialistengesetz (1870–1890), mit dem Bismarck vergeblich die u.a. bei Wahlen sehr erfolgreichen Sozialdemokraten auszuschalten versuchte, nutzte Liebknecht seine Position im Reichstag zu heftiger Kritik an den politischen Verhältnissen.[1] Bis zu seinem Tod engagierte er sich in den 1890er Jahren auf Partei- und Volksversammlungen mit Vorträgen und als Publizist für die Arbeiterbewegung und die Sozialdemokratie.[2]

Zum Zeitpunkt des Hambacher Festes 1832 war Wilhelm Liebknecht sechs Jahre alt. 1897 besuchte Liebknecht im Kontext einiger Veranstaltungen im Südwesten privat das Hambacher Schloss. Über den Besuch schrieb er anschließend diesen anekdotischen Tagebucheintrag, in dem er das Hambacher

Fest 1832 in einer Traditionslinie der frühen Freiheits- und Demokratiebewegung in Südwestdeutschland seit den Bauernkriegen mit der sozialdemokratischen Bewegung verknüpft. Wie schon Johann Philipp Becker einige Jahre zuvor beschwor Liebknecht mit seinem Text das sozialdemokratische Hambach-Erbe, betonte jedoch auch dessen Weiterentwicklung unter dem Sozialismus.

Auf dem Hambacher Schloß (Auszug)

[…], ich habe in meiner Jugend viel und unter der Seele sich einprägenden und einbrennenden Umständen vom Hambacher Fest gehört, […] Erst im Jahre 1882, unter dem Sozialistengesetz, wurde ich von neuem an das Hambacher Fest erinnert. Unsere Genossen, welche die von dem Bürgertum ins Korn geworfene Flinte der Demokratie aufgenommen haben, erinnerten sich jenes von dem deutschen Bürgertum vergessenen Festes, erinnerten sich, daß im Mai 1882 der fünfzigste Jahrestag war und beschlossen, zum Andenken und Gedächtnis am 27. Mai jenes Jahres die rote Fahne auf den Zinnen des Hambacher Schlosses zu hissen – als symbolische Ankündigung, daß die Sozialdemokratie von der gesamten feudalen und bürgerlichen Welt Besitz ergreifen will und wird.

[…] Es traf sich, daß ich Ende April dieses Jahres [1897] in Mannheim und Ludwigshafen zu reden hatte, dort am 24. und hier am 26. April, mit einem freien Sonntag dazwischen. […] Und da wurde dann für den folgenden Tag ein Ausflug nach Heidelberg, wohin ich zu einer Zusammenkunft in Parteisachen eingeladen war, beschlossen und für Montag einen nach dem Hambacher Schloß.

[…]

Wir sind in Neustadt.

[…]

Hurra! Da steigt das Hambacher Schloß vor uns auf. Der Anblick beflügelt unsere Schritte, und eine Viertelstunde früher, als wir berechnet, sind wir am Ziel.

Eine Enttäuschung zunächst.

Eine Ruine und keine Ruine. Oder besser: eine alte Ruine und daran angeflickt eine neue Ruine – die sogenannte Maxburg, ein möglichst häßlicher Bau, wie dazu bestimmt, die Trümmer des alten Baues ihrer Poesie zu entkleiden. Und Trümmer sind's in des Wortes wörtlichster Bedeutung […]. Einsam und verlassen! Kein Kastellan – nicht einmal ein Wirt. Niemand empfing uns; nur ein Kuckuck, der plötzlich aus einer alten Schießscharte aufflog und dann, sobald er im Gestrüpp verschwunden war, mit seinem „Kuckuck, Kuckuck!" uns verhöhnte. Wenn der Kerl wenigstens sprechen könnte! Vielleicht hat sein Ur-, Ur-, Urgroßvater schon hier gewohnt und am 27. Mai 1832 mit zugesehen, als Zehntausende von frohen und begeisterten Menschen, Männer, Frauen und Kinder, denn es war ein wahres Volksfest, hier zur deutschen »Mai und Landesversammlung« zusammengeströmt waren aus allen Teilen Deutschlands, zumeist natürlich aus der Pfalz, zusammengeströmt waren, um den erträumten Völkerfrühling und Volksfrühling zu feiern: das erste große deutsche Maifest. Er, ich meine den Kuckuck, er könnte uns dann vielleicht sagen, wo Siebenpfeiffer, Wirth, Börne und andere gestanden haben, als sie die berühmten Reden hielten, vor denen das damalige Deutsche Reich ebenso zitterte, wie das heutige vor einer sozialdemokratischen Rede – und die das damalige Deutsche Reich ganz ebenso „staatsmännisch fruktifizierte[3]", wie das heutige es zu tun pflegt. Ach, im Deutschen Reich hat sich an der Spitze seitdem nichts Wesentliches geändert, nur daß Bismarck und Konsorten als Epigonen[4] den Metternich und Gentz das Wasser nicht reichen; es ist da oben nichts gelernt und nichts vergessen worden. Bloß die Manieren sind heute etwas plumper und roher. Aber wenn oben sich nichts gebessert, so manches unstreitig sich verschlimmert hat, dann ist unten um so mehr besser geworden, ein um so größerer Fortschritt zu verzeichnen. Während zum Maienfest damals aus ganz Deutschland nur dreißigtausend Menschen zusammenkamen, – darunter zum größten Teil solche, die nur das Volksfest besuchten–, sind es jetzt in Deutschland alljährlich viele Hunderttausende, die das Weltfest der Völkerverbrüderung[5] begehen, gestärkt durch das stolze Bewußtsein, daß am gleichen Tage Hunderttausende Gleichgesinnter in allen anderen Kulturländern von den gleichen Gedanken beseelt, dem gleichen Ziel zustrebend, das gleiche Fest feiern, – eine Heerschau des Friedens und der Freiheit, wie die Welt zuvor nie Ähnliches gesehen–, eine Heerschau, die Jahr für Jahr ein gewaltigeres Heer zeigt und den Tag des endgültigen Triumphes immer näher gerückt, vor den Augen der nach Erlösung dürstenden Menschheit erscheinen läßt.

Und die Vorhut von damals war nicht aus den breiten Schichten des Volkes hervorgegangen; es waren Schwärmer und Idealisten aus der gebildeten, der bürgerlichen Klasse, – ein Proletariat gab es noch nicht–, kein klares Ziel, kein klares Programm, keine klarentwickelten Verhältnisse, welche die Bildung einer festen, zielbewußten, auf dem Boden der Tatsachen sich bewegenden und kämpfenden Partei möglich machten.

Wie ist das jetzt anders. Die Klasse, der jene Pioniere entstammten, steht heute, wenige Idealisten abgerechnet, auf Seite der Metternichepigonen; und der proletarische Embryo, als dessen Vertreter am 27. Mai 1832 Johann Philipp Becker[6], der junge Bürstenbindergeselle, das Zukunftsevangelium des Sozialismus in kecken Umrissen predigte, ist zu einem jungen Riesen herangewachsen, der alle Versuche der Feinde, ihn meuchlerisch zu erdrosseln, lachend und spielend vereitelt hat und bereits so mächtig erstarkt ist, daß er auch den vereinigten Reaktionsparteien siegreich die Stirne bieten kann.[7]

[…]

Wir schauten uns um in der Ruinenwüstenei. Ja, Wüstenei. Es ist eine Schande, daß man diese denkwürdige Stätte so hat verwahrlosen lassen. Von den Behörden ist nichts anderes zu erwarten. Doch die Bürger, die Arbeiter der Pfalz, sie haben sich zu schämen, daß sie eine Pflicht so versäumt. Vielleicht denkt man nachträglich an die Erfüllung!

[…]

Und heute stehen wir da, die Männer der internationalen Sozialdemokratie. Wir werden verwirklichen, was 1525 von den Bauern[8] und 1832 von den Bürgern geträumt ward. Und viel mehr noch. Denn der Gesichtskreis hat, mit der erhöhten Kultur, sich erweitert, und die Sozialdemokratie hat das Recht, mit jenem Römer von sich zu sagen: »Nichts Menschliches ist mir fremd!«[9]

Wir wollen vollenden, wir werden vollenden, was unsere Vorgänger erstrebt haben, die vor 372 und vor 65 Jahren hier standen. Und zwischen dem zweiten Hambacher Fest und der Vollendung soll keine so lange Zeit verstreichen wie zwischen dem ersten der Bauern und dem zweiten der Bürger.

Die Arbeiter machen raschere Arbeit.

Mit diesem Gelöbnis traten wir den Heimweg an. […]

Charlottenburg, den 1. Juli 1897[10]

1 Zur Zeit des Deutschen Kaiserreiches wurden sozialistische, sozialdemokratische und kommunistische Vereinigungen von der damaligen Regierung unter Otto von Bismarck als Gefahr für das Deutsche Reich angesehen. Von 1878 bis 1890 waren diese durch das „Gesetz gegen die gemeingefährlichen Bestrebungen der Sozialdemokratie" (kurz: Sozialistengesetz) verboten. Bismarck versuchte zudem die Arbeiter, u. a. mithilfe der Sozialgesetzgebung von der auch in Wahlen immer erfolgreicheren Sozialdemokratie zurückzugewinnen. Vgl. Beutin/Beutin/Malterer/Mülder (Hrsg.) 2004.
2 Mehr zur Biografie von Wilhelm Liebknecht siehe u. a.: Schröder 2013; Dominick 1982.
3 Befruchtete.
4 Nachfolger.
5 Wahrscheinlich spielt Liebknecht hier auf den ersten Mai (Tag der Arbeit) an.
6 Johann Philipp Becker (1809–1886), Redner auf dem Hambacher Fest.
7 Trotz der polizeistaatlichen Unterdrückung gelang der Sozialdemokratie unter dem „Sozialistengesetz" die Verdreifachung ihrer Stimmen. Vor allem bei der Arbeiterschaft fanden sie immer breitere Unterstützung. 1890 erhielten die Sozialdemokraten bei den Reichstagswahlen 19,7% der Stimmen und waren damit stärkste Kraft. In kürzester Zeit war es den Sozialdemokraten gelungen, zur wählerstärksten politischen Größe im Deutschen Reich zu werden.
8 Bauernkriege (1524–1526).
9 Zitat aus einem Stück des altrömischen Dichters Terenz.
10 Zit. nach: Schneider (4) 1982, S. 368–374.

„Die rote Fahne weht auf dem Hambacher Schloss"[1] – Wilhelm Herzberg und die „Hambacher Gedenkfeste"

Einführung

Abb. 1: Porträtfoto von Wilhelm Herzberg (1861– nach 1936), um 1890.

Trotz des 75-jährigen Jubiläums fanden auch im Jahr 1907 keine offiziellen Erinnerungsfeiern zum Hambacher Fest statt. Das Schloss befand sich noch immer im Besitz des Hochadelsgeschlechtes des Hauses Wittelsbach. Darüber hinaus war das Deutsche Kaiserreich in Politik und Gesellschaft durch nationalkonservatives Denken geprägt. Das Hambacher Fest und die Erinnerung daran waren jedoch eng mit der aufsteigenden Sozialdemokratie verknüpft. „Hambach" galt als undeutsch und unpatriotisch, schließlich konnte die damals geforderte Einheit des deutschen Nationalstaates erst durch das Kaiserreich erfüllt werden. Vor den übrigen Forderungen des Hambacher Festes und Hambach-Erinnerungen wurde als gefährliche revolutionäre Freiheitsideen gewarnt.

Die einzigen Anstrengungen einer Hambach-Erinnerung zum 75. Jahrestag kamen aus dem sozialdemokratischen Lager. Die Sozialdemokraten untermauerten damit ihre bereits Ende des 19. Jahrhunderts offen formulierten Ambitionen als geistige Erben der Hambacher. Anlässlich des Jahrestages veröffentlichte der Chefredakteur der „Pfälzischen Post", Wilhelm Herzberg, 1908 die erste umfassende historische Darstellung des Hambacher Festes vom 27. Mai 1832. Herzberg stand der Sozialdemokratie nahe und formulierte am Ende seiner Publikation deutlich den aus seiner Sicht bestehenden alleinigen Anspruch der sozialdemokratischen Partei auf die Tradition des Hambacher Festes. Den liberalen Parteien warf er Verrat an den Hambacher Ideen vor. Herzberg verfestigte mit seinen Ausführungen die parteipolitische Dimension der Hambach-Tradition (Abb.1).[2]

„Die rote Fahne weht auf dem Hambacher Schloss" – Wilhelm Herzberg und die „Hambacher Gedenkfeste"

Die Vorarbeiten für einen Zeitungsartikel über das Hambacher Fest, den ich anfangs 1907 zur 75. Wiederkehr des Gedenktages plante, ließen mich die Beobachtung machen, dass es keine zusammenhängende, ausführliche und zuverlässige Darstellung der revolutionären Bestrebungen in Rheinbayern gibt, als deren Höhepunkt das Hambacher Fest angesehen wird. [...]

Die bürgerliche Geschichtsschreibung liegt in den Händen konservativer oder liberaler Historiker. Der Konservativismus sieht als berufener Hüter des Monarchismus in jenen Bestrebungen das ruchlose Tun volksverführender Umstürzler, der Liberalismus betrachtet sie als Ideen hirnverbrannter Phantasten, im besten Falle als eine Jugendeselei, auf die er verschämt mit Achselzucken zurückblickt.

Partie v. d. Maxburg (Pfalz.)

Demgegenüber versucht meine Arbeit, die Ereignisse jener Zeit ins rechte Licht zu setzen.

Ich hoffe, damit zugleich einen nützlichen Beitrag zur Geschichte der deutschen bürgerlichen Revolution geliefert zu haben. Es ist charakteristisch für die deutsche Bourgeoisie, dass die Geschichtsschreibung ihrer Revolution, die ungleich wichtiger für die deutsche Einheitsbewegung ist als die getreue Aufzählung von Schlachten des deutschfranzösischen Krieges[3], ganz im Argen liegt. [...]

1848, 16 Jahre nach dem Hambacher Fest, veranstalteten die Revolutionäre auf dem Hambacher Berg eine Gedenkfeier.[4] [...] Heute feiern die Liberalen keine Maifeiern mehr. Als der 40. Gedenktag von Hambach herankam, versuchten sie eine Gedenkfeier. Sie war eine Farce. Von den alten Hambachern waren

Abb. 2: Postkarte „Partie v. d. Maxburg (Pfalz)", ca. 1908.

nur Deidesheimer zugegen, und man depeschierte an den bayrischen König Ludwig II., den deutschen Kaiser, den Reichstag und Bismarck. [...] Als 1882 die Sozialdemokraten eine Art Feier versuchten, wurden sie von der Polizei auseinandergetrieben. 1894 bekamen die großen Weingutsbesitzer der Pfalz, die so genannten Haardtgrafen, Hambacher Gelüste, als der einstige Organisator von Bauernaufständen, der liberale Finanzminister Miqel,[5] dem Reichstage eine Reichsweinsteuer vorlegte. Die Polizei verbot das von ihnen geplante Hambacher Fest. Der 75. Gedenktag, 1907, verlief sang- und klanglos.

Für die einzige demokratische Partei, die es in Deutschland gibt, die Sozialdemokratie, bedarf es nicht der Hambacher Erinnerungen, um Protest zu erheben gegen Unterdrückung und Unfreiheit. Sie feiert alljährlich im sozialistischen Maifest des internationalen Proletariats, dem 1. Mai, auch die liberalen Ideale, die der Liberalismus heute mit Füßen tritt (Abb. 2).[6]

---

1   Überschrift aus der „Pfälzischen Post" nach den Reichstagswahlen siehe: Die rote Fahne weht auf dem Hambacher Schloss. In: Pfälzische Post vom 30. Juli 1909. O.S.
2   Vgl. Schiffmann 2006, S. 350ff.
3   1870/71.
4   Die Gedenkfeier am 28. Mai 1848 fand nicht auf der Hambacher Burgruine, sondern auf der ebenfalls bei Neustadt gelegenen Wolfsburg statt. 1842 schenkte eine Gruppe Neustadter Bürger das Hambacher Schloss dem damaligen bayerischen Kronprinzen Maximilian zur Hochzeit, sodass sich die nun Maxburg genannte Ruine im Besitz der Wittelsbacher befand und für eine liberal-demokratische Gedenkfeier daher nicht infrage kam.
5   Johannes von Miquel (1828–1901).
6   Es handelt sich um eine Zusammenstellung mehrerer Textstellen aus: Herzberg 1982, S. 259, zit. nach: Bezirksverband Pfalz 2007, S. 111.

1919 wurden mit der Gründung der Weimarer Republik erstmals die Forderungen der Hambacher nach Einheit UND Freiheit politisch umgesetzt. Dadurch erhielt auch das Hambach-Gedenken neue Impulse. Allerdings entwickelte sich das Hambacher Fest damit nicht zwangsläufig zum Symbol für ein demokratisches geeintes Deutschland. Stattdessen stritten sich die Parteien der Weimarer Koalition darüber, wer die Hambach-Tradition für sich beanspruchen darf und der legitime Erbe der Hambacher Ideen sei. Die Deutsche Demokratische Partei wie auch die Sozialdemokraten behaupteten, dass ihr politisches Programm in der Kontinuität von Hambach stehe. Die einen begründeten mit den nationalen, die anderen auf den sozial-revolutionären Forderungen der Hambacher [vgl. Würz 2005/06, S. 678]. Aus Anlass des 90-jährigen Jubiläums fanden schließlich erstmals nach 1871 wieder größere Erinnerungsfeiern statt. Entsprechend des sich in den Jahrzehnten zuvor etablierten Pluralismus in der Hambach-Erinnerung feierte man jedoch nicht gemeinsam, sondern getrennt in den jeweiligen politischen Lagern – ein Trend der sich noch bis in die bundesrepublikanische Zeit fortsetzen sollte. Zum

Jubiläum 1922 veranstalteten der Landesverband der Deutschen Demokratischen Partei und die Sozialdemokraten unterschiedliche Gedenkveranstaltungen [vgl. Kreutz 2016, S. 59]. Bemerkenswert war die erhöhte Präsenz von Landtags- und Reichstagsabgeordneten auf diesen Veranstaltungen. Die Hambach-Erinnerung war damit über die Grenzen des regionalen Gedächtnisses hinausgewachsen.

„Deutsche Freiheit, heil'ges Erbe!" – die Verfassungsfeier des Reichsbanners Schwarz-Rot-Gold auf dem Hambacher Schloss im August 1925

Einführung

Nach dem 90-jährigen Jahrestag des Hambacher Festes 1922 handelte es sich bei der Verfassungsfeier des Reichsbanner 1925 um die zweite große Veranstaltung auf dem Schloss zur Zeit der Weimarer Republik.

Der Verein „Reichsbanner Schwarz-Rot-Gold – Bund der republikanischen Kriegsteilnehmer" wurde am 24. Februar 1924 im Spiegel der außen- und innenpolitischen Krisen der noch jungen Weimarer Republik in Magdeburg gegründet. Die parteiübergreifende Vereinigung, die zugleich ein Veteranenverband war, machte sich die Stärkung der Republik und deren Verteidigung gegenüber links- und rechtsextremistischen Kräften zur Aufgabe. Dabei lehnte man eine Bewaffnung oder ein gewaltsames Vorgehen explizit ab. Ziel war es, die Akzeptanz in der Bevölkerung gegenüber den demokratischen und republikanischen Werten sowie der Verfassung zu festigen. Unter dem Namen „Reichsbanner Schwarz-Rot-Gold – Bund aktiver Demokraten" existiert der Verein bis heute.[1]

Abb. 1: Plakat zur Erinnerung an die Verfassungsfeier 1925. Der Text lautet: "Einigkeit u. Recht u. Freiheit. Vorkämpfer unter den Farben Schwarz-Rot-Gold für Deutsche Einheit und Freiheit. Zur Erinnerung an die Verfassungsfeier der Deutschen Republik am 11. August." Jeweils in einer Bildecke sind die Porträts von "Ernst Moritz Arndt" (l.o.), "Turnvater Jahn" (r.o.), "Ludwig Uhland" (l.u.), "Ferdinand Freiligrath" (r.u.) sowie in der Bildmitte "Hoffmann v. Fallersleben" zu sehen.

Die Verfassungsfeier auf dem Hambacher Schloss fand am 8. und 9. August 1925 statt und war die erste breitenwirksame politische Großveranstaltung der noch jungen Organisation. An der Veranstaltung, die an den sechsten Jahrestag der Verfassung der Weimarer Republik erinnerte, nahmen über 10.000 Personen teil (Abb. 1). Das Hambacher Schloss war durchaus programmatisch als „ehrwürdige[n], historische[n] Stätte des 1. Hambacher Festes"[2] und als Ort an dem „zehntausende von Deutschen in heller Begeisterung den Schwur für Freiheit und Einigkeit ablegten"[3] als Veranstaltungsort gewählt worden. Dort wollte man den „Geist der Republik und der Demokratie"[4] erwecken. Auf dem Festprogramm standen u. a. ein feierlicher Begrüßungsabend, Festansprachen, eine „bengalische Beleuchtung" des Schlosses sowie ein gemeinsamer Festzug hinauf zum Schloss mit Volksfest.[5] Auf dem Schloss hielten am 9. August mehrere Redner Ansprachen, etwa der SPD-Reichsinnenminister Wilhelm Sollmann, Reichskanzler a.D. Wilhelm Marx und der DDP Politiker Otto Stündt.[6] (Abb. 2) Im Vorfeld der Veranstaltung war es an mehreren Neustadter Häusern, deren Bewohnerinnen und Bewohner jüdischen Glaubens waren, zu Sachbeschädigungen durch Hakenkreuz-Schmierereien gekommen.[7]

Abb. 2: Ehrenkarte für die Verfassungsfeier des Reichsbanners Schwarz-Rot-Gold auf dem Hambacher Schloss 1925. Detail: Ansteckorden als Beigabe zur Ehrenkarte „Reichsbanner Schwarz-Rot-Gold Gau Pfalz".

Im Anschluss an die Verfassungsfeier veröffentlichte der Presseausschuss des Reichsbanner eine Festschrift zur Dokumentation der Veranstaltung. Bei dem folgenden Text handelt es sich um die Einleitung der Festschrift, in der das demokratisch-republikanische Erbe des Hambacher Festes ausführlich gewürdigt wird.

Festschrift des Reichsbanners Schwarz-Rot-Gold zur Feier des Verfassungstages 1925

Deutsche Freiheit, heil'ges Erbe!

O Freiheit, altes deutsches Gut,
Wofür die Väter schon gerungen
Gen Knechtung und gen Fürstenmacht,
Du leuchtest uns trotz dunkler Nacht.
Wir haben dich durch Not errungen
Und opferten manch edles Blut.

> Dich schützen wir, dich heil'ges Erbe,
> Auf daß die Freiheit nimmer sterbe!

Wir alle, die wir aus Nah und Fern hinaufziehen zum Hambacher Schloß, sind uns bewußt der schicksalsschwangeren Dichte geschichtlichen Werdens in diesen Jahren.

Wie sollten wir ohne dieses Bewußtsein mit demütigem Stolz und zäher Zuversicht ins Steuerrad greifen um den Kurs zu fahren, der uns Weltenschicksal für das gegenwärtige Völkerleben zu sein dünkt: „den Kurs der Demokratie!"

In tausendfacher Wiederholung klingt aus allen Parteilagern der Mahnruf, aus der Geschichte zu lernen; in tausendfacher Wiederholung wird dagegen verstoßen.

Wenn irgendwo, so mag Euch auf dem Hambacher Schloß ehrfürchtiger Schauer historischen Erlebens packen, wenn Ihr nur Eure Sinne dem öffnet, was trutzige Mauern Euch zu sagen haben.

Wir vom Reichsbanner schützen einen lebendig gewordenen Teil von der zutiefst im Innern getragenen Sehnsucht jener, die 1832 auf der Burg den ersten gewaltigen Vorstoß auf dynastischen Absolutismus wagten. Sie endeten im Kerker, wir aber haben ihr Erbe angetreten.

Wir wollen erhalten, was wir erreicht haben und wollen geloben unser Ideal tief im Herzen als Ansporn für unser der Zukunft geweihtes Tun zu hüten: GroßdeutschlandEuropa. Über ein Jahrhundert hinweg reichen wir den 1832ern die Hände. Eine gerade Linie geistiger Gemeinschaft führt von ihnen zu uns.

Wir glauben den Sinn der Geschichte vergangener Jahrhunderte richtig verstanden zu haben, wenn wir, mit Kopf und Herz gleichermaßen, die Demokratie als gottgewolltes Schicksal begreifen.

Nach qualvollen Kämpfen und Wehen schufen kluge Männer im Jahre 1919 die Weimarer Verfassung. Der Tag ihrer Schöpfung ist der Beginn des Aufstiegs aus Kriegsnot und Kriegselend. Der Tag ihrer Schöpfung steht mitten im Anfang einer aufsteigenden neuen Ära der europäischen Völker. In grausam gräßlicher Erhabenheit manifestierte sich noch einmal der Geist welteroberungssüchtiger Gier. Ein Schauspiel ungeheuersten Ausmaßes schließt eine Epoche und steht am Beginn einer neuen Welt. Die Geburtswehen schütteln uns nicht minder heftig, als es der Todeskampf tat. Saatgut einer größeren Zeit zu sein ist unser Schicksal, unsere dornenvolle Aufgabe.

Inmitten der neuerlichen schändlichen Verwirrung der Geister Europas richten wir unser Banner der Zukunft auf. Um die Weimarer Verfassung scharen wir uns, als um den Hort demokratisch begriffener Freiheit, als um das Symbol für eine glücklichere Zukunft, in leidvoller Gegenwart errungen.

Deutschland ist nichts geblieben, als die Waffen des Geistes. Die aber sind aus härterem Stahl geschmiedet, als die Waffen der körperlichen Macht. Auf tausend unbekannten Wegen über alle Grenzen hinweg in die Herzen Millionen dürstender Menschen fliegt die Idee der Humanität.

Auf Vorposten deutscher Kultur stehen wir hier im besetzten Gebiet.[8] SchwarzRot-Gold sollen unsere Fahnen künden von deutscher Weltenliebe. Wir tragen das Banner der Menschlichkeit. Das sei der Sinn unserer Feier: durch Großdeutschland, wie Deutsche es seit Hunderten von Jahren ersehnen, zur europäischen Völkergemeinschaft. So ehren wir die Vorfahren, so ehren wir die Toten des Weltkrieges, so ehren wir den Geist des Hambacher Schlosses.

Nicht ein Fest freundlicher Entspannung zu feiern, nicht um gemeinsam zu jubeln sollt Ihr gekommen sein, bekennen sollt Ihr den Geist der Zukunft![9]

1   Mehr zur Geschichte des Verbands und seinen heutigen Aktivitäten unter: www.reichsbanner.de.
2   Die Verfassungsfeier auf dem Hambacher Schloß. In: Pfälzische Post vom 10. August 1925. O.S.
3   Die Verfassungsfeier am Hambacher Schloß. In: Pfälzische Bürgerzeitung vom 10. August 1925. O.S.
4   Ebd.
5   Vgl. Kreutz 2015, S. 283f.
6   Der genaue Wortlaut der Reden ist heute leider nicht mehr erhalten. Kreutz wertete für seine Untersuchung u. a. eine Reihe zeitgenössischer Zeitungen aus, um Ablauf und Programm zu rekonstruieren. Vgl. ebd.
7   Die Verfassungsfeier auf dem Hambacher Schloß. In: Pfälzische Post vom 10. August 1925. O.S.
8   Nach dem Ersten Weltkrieg war die Pfalz zwischen 1918 und 1930 von französischen Truppen besetzt.
9   Zit. nach: Presse-Ausschuß des Reichsbanner Schwarz-Rot-Gold 1925, S. 3ff.

Abb. 17: Prominente Teilnehmer an der Hundertjahrfeier des Hambacher Festes am 28. Mai 1932 auf dem Hambacher Schloss. Von links nach rechts: Altreichskanzler Joseph Wirth, Patentanwalt Dr. Wirth – ein direkter Nachfahre von Johann Georg August Wirth – und Professor Dr. Theodor Heuss. Mitglied des Deutschen Bundestags und Festredner des Tages.

Das Problem der pluralistischen Traditionsbildung in den verschiedenen politischen Lagern verstärkte sich in den nächsten Jahren weiter. Auch deshalb entschied man sich, die Hundertjahrfeier 1932 nicht in parteipolitische Hände zu legen, sondern von der „Arbeitsgemeinschaft der pfälzischen Presse" organisieren zu lassen (Abb. 17). Trotzdem kam es zu heftigen Auseinandersetzungen über die inhaltliche Ausrichtung der Feierlichkeiten. Während auf der einen Seite das

Jubiläum genutzt werden sollte, um die identitätsstiftende Tradition des demokratischen geeinten Deutschlands hervorzuheben, zeichneten sich in der politischen Stimmung der 1930er Jahre auf der anderen Seite bereits deutlich antirepublikanische Tendenzen ab, gepaart mit antisemitische Hetzparolen [vgl. Kreutz 2016, S. 59; Würz 2005/06, S. 678]. Die Feier 1932 stand schon ganz im „Zeichen der Auflösung der Republik." [Kreutz 2016, S. 59] Nach der gesundheitlich bedingten Absage des national konservativen Historikers, Republikgegners und NSDAP-Sympathisanten Karl Alexander von Müller als Festredner [vgl. Schiffmann 2006, S. 358f.] übernahmen der liberale Politiker und spätere Bundespräsident Theodor Heuss sowie der Publizistikwissenschaftler Emil Dovifat die Festansprachen (Abb. 18, S. 18). Die inhaltliche Zerrissenheit und der Kampf um die politisch-ideologische Deutungshoheit der Veranstaltung blieben dennoch bestehen. Die Nationalsozialisten kritisierten die Veranstaltung als „jüdisch vermanschtes Demokratengewäsch" [Die „Gäste" vom Hambacher Fest. In: NSZ Rheinfront Nr. 125 vom 1. Juni 1932. O.S.]. Auch die Sozialdemokraten und die Eiserne Front blieben der Veranstaltung fern, zollten aber dem Festredner Heuss nach dem Fest ihren Respekt für sein „mutiges Bekenntnis gegen den geistigen Faschismus" und für seinen „klaren Trennungsstrich gegenüber den Nationalsozialsten" [Schiffmann 2006, S. 361]. Insgesamt besuchten schließlich nur rund 2.000 bis 3.000 Gäste das Fest.

Abb. 18: Theodor Heuss (1884–1963) am Rednerpult inmitten einer Menschenmenge auf der Kundgebung am 100. Jahrestag des Hambacher Festes am 28. Mai 1932 auf dem Hambacher Schloss.

„Das jüdisch vermanschte Demokratengewäsch" – Hambacher Fest und Nationalsozialismus

Einführung

Die nationalsozialistische Propaganda konstruierte bereits in den frühen 1930er Jahren eine eigene Erinnerungskultur zum Hambacher Fest. Einige Forderungen und Ziele der Hambacher, wie etwa der nationale Gedanke, wurden aus dem historischen Kontext herausgelöst und mit der Ideologie des Nationalsozialismus verbunden. Andere wichtige Aspekte des Hambacher Festes, beispielsweise die europäische Dimension, die Forderungen nach bürgerlichen Freiheiten und der aufkommende (Verfassungs-)Liberalismus, ließen sich nur schwer mit der nationalsozialistischen Ideologie verbinden und wurden deshalb systematisch diskreditiert (Abb. 1).

Abb. 1: Von den Nationalsozialisten wurden die Nationalfarben Schwarz-Rot-Gold als verhasstes Symbol der Weimarer Republik und der demokratischen Traditionen abgeschafft. In Neustadt an der Weinstraße, wie auch in vielen anderen Orten, wurde die schwarz-rot-goldene Fahne öffentlichkeitswirksam verbrannt.

Spätestens seit dem Jahr 1930 veranstaltete die SA Sonnwendfeiern auf dem Hambacher Schloss. Diese Feiern besaßen deutlichen Symbolcharakter mit heidnisch-mystischen Bezügen in der germanischen Tradition der Sommersonnenwende.[1] Ähnlich wie auch in der Tradition der Maifeiern spielten hier Aufbruch und Wachstum eine Rolle. Bei ihren Veranstaltungen bezogen sich die Nationalsozialisten jedoch auf die „Freudenfeuer an Johannis" statt auf das Hambacher Fest.[2]

Sowohl den Hambachern 1832 als auch den Erinnerungsfeiern (besonders der „Hundertjahrfeier" 1932) unterstellten die Nationalsozialisten eine Unterwanderung durch „unreine Geister" und das Judentum. Die eigentlich lohnenswerte „deutsche Bewegung" sei durch diese Kräfte zu einem „jüdisch vermanschten Demokratengewäsch" verkommen.[3] Die Verbindung der liberal-demokratischen Hambach-Motive mit antisemitischer, antifranzösischer und antirepublikanischer Propaganda legitimierte so die eigene Politik.

Vor allem im Kontext des 100-jährigen Jubiläums entstanden eine ganze Reihe an Zeitungsartikeln, die das Hambacher Fest im Sinne der nationalsozialistischen Ideologie umzudeuten versuchten. Johann Georg August Wirth diente dabei mit seiner 1832 auf dem Schloss gehaltenen Rede, die in Teilen kritische Äußerungen zur französischen Einflussnahme bei der deutschen Einheit und bezüglich der linksrheinischen deutschen Gebiete enthielt (ebenso aber auch ein Hoch auf das „conföderierte republikanische Europa"), als nationalsozialistisches Vorbild für einen „glühende[n] Patriot[en]."[4] Philipp Jakob Siebenpfeiffer hingegen wurde als „wirre[r] Feuerkopf" dargestellt, mit zu großen Sympathien für Frankreich und andere Völker. Die Teilnahme von Franzosen und Polen am Festzug hätte den ursprünglich „echten Volkswillen" zu „fremden Zielen verführt und ins Absurde und Lächerliche abgebogen". Schuld daran sei eine schwache und uneinige Führung gewesen, aber auch eine jüdische Verschwörung und Unterwanderung des Festes. Dadurch sei das Hambacher Fest zwar „gut gemeint", aber dennoch eine „nutzlos vertane politische Willensäußerung" gewesen.[5]

Dementsprechend lehnte man auch die Feierlichkeiten zum 100-jährigen Hambach-Jubiläum ab, die explizit als „überparteiliche" Veranstaltung von der Arbeitsgemeinschaft der Pfälzischen Presse organisiert wurde. Bereits im Vorfeld der Veranstaltungen erschienen polemische Artikel. Während des Festaktes im Neustadter Saalbau kam es darüber hinaus durch Zwischenrufe zweier Männer „Deutschland erwache! Heil Hitler!" zu einem Polizeieinsatz.[6]

Das in Bezug auf die Feierlichkeiten erlassene polizeiliche Verbot „einheitlicher Partei- oder Bundeskleidung und einheitlicher Abzeichen durch Angehörige politischer Vereinigungen sowie das Mitführen von Parteifahnen" galt für alle Parteien. Die nationalsozialistische Zeitung „NSZ Rheinfront" stellte es unter der Überschrift „Das Hambacher Fest im Zeichen von Polizei-Verordnungen. So widerlegen sie sich selbst" so dar, als diene das Verbot ausschließlich der Unterdrückung der nationalsozialistischen Bewegung. Den Organisatoren unterstellte man ähnliche Methoden wie dem „Metternich-System" und präsentierte sich gekonnt als Opfer.[7]

Die folgenden Kurztexte geben einen Überblick über die Hambach-Erinnerungen im Nationalsozialismus. Während sich die „Pfälzische Bürgerzeitung" 1932 noch teilweise um Neutralität bemühte, handelt es sich bei den folgenden Beiträgen um Propagandatexte aus dem NS-Organ „NSZ Rheinfront" und dem NS-Schulbuch „Geschichtsbuch für die deutsche Jugend."[8]

Pfälzische Bürgerzeitung
„Hambacher Fest und Neustadter Bevölkerung"

Das Hambacher Fest steht vor der Tür und man kann sich des Eindruckes nicht erwehren, daß die Neustadter Bevölkerung zu einem Großteil der Feier abweisend gegenübersteht. Den Grund hierfür zu erfahren, ist nicht schwer. Fast jeder zieht sein Parteibuch hervor und sucht nun durch die Parteibrille irgend etwas zu erhaschen, was ihm genehm scheint, um sich als Gegner des Festes erklären zu können. Das ist typisch pfälzisch. Das Streben nach einem einigen, freien deutschen Reich war d e r Gesichtspunkt, unter dem man das Fest 1832 gefeiert hat. Und unter keinem anderen als diesem einen Gesichtspunkt steht die Hundertjahrfeier 1932. Die Ziele, die außerdem 1832 von dieser oder jener Gruppe mit mehr oder weniger Nachdruck verfochten wurden, haben heute keine Bedeutung mehr, denn wir leben ja im Jahre 1932. Die Arbeitsgemeinschaft der Pfälzischen Presse führt die Hundertjahrfeier, die nichts Anderes als eine Gedenkfeier sein will, völlig überparteilich durch, dafür bietet sich Gewähr und der Heimattag der Arbeitsgemeinschaft der Verkehrsvereine Neustadt-Hambach am Sonntag hat erst recht nichts mit Parteipolitik zu tun. Mache man sich doch von allen Voreingenommenheiten frei und stelle man sich hinter die Veranstalter. Und wenn man sich nicht für das Geistige der Feier aus irgendwelchen Gründen zu stellen vermag, so erwärme man sich wenigstens für das Wirtschaftliche und bedenke, welch eminent geschäftliche Vorteile für unsere Stadt aus der Veranstaltung erwachsen, die schließlich jedem einzelnen zugute kommen. […][9]

NSZ Rheinfront
„Achtung, Hambacher Fest!"

Am 28. und 29. Mai feiert das System der ersterbenden Demokratie in einer „überparteilichen" Kundgebung die Erinnerung an das Hambacher Fest von 1832.
Wir Nationalsozialisten ehren das aufrichtige Streben nach deutscher Einheit und Größe in jenen Vorkämpfern durch ein ständiges Ringen um ein neues Drittes Reich.
Wir wissen aber, daß Juden und Pazifisten schon damals das politisch unreife Wollen des deutschen Volkes für ihre Zwecke mißbrauchten, die an der späteren verhängnisvollen Entwicklung ein Großteil Schuld tragen.
Insbesondere erblicken wir in einer „Pressefreiheit", die jedem landfremden Gesellen Beschimpfung der Ehre und des Wehrwillens eines Volkes freistellt, die nationale Opposition aber mit Notverordnungen mundtot machen will, eine Errungenschaft, die zu feiern bestimmt kein Grund vorliegt.

Die NSDAP Gau Pfalz beteiligt sich nicht an der Veranstaltung und überläßt es einem späteren Zeitpunkt zu einer eigenen Kundgebung aufzurufen.
Die Gauleitung.[10]

NSZ-Rheinfront
„Die ‚Gäste' vom Hambacher Fest"

Eigentlich ist es vollkommen überflüssig, noch weitere Worte zu verlieren. Die nachstehenden Bilder reden eine derart eindringliche Sprache, demonstrieren derart überwältigend den wahren „Geist" des Hambacher „Nationalfestes", daß auch dem Einfältigsten die Erleuchtung kommen muß.

In unserem Bericht über diesen Hartmannschen[11] Verkehrsvereinsrummel, schrieben wir am Montag:

„Was hier in Omnibus oder teuren Luxuswagen aus Mannheim oder sonstwoher zusammengekommen ist, war großteils von jenem instinktlosen entwurzelten Großstadtpublikum, dessen schleimigen Bodensatz immer schon das Judentum und das jüdisch vermanschte Demokratengewäsch gebildet hat.

Man kann schon sagen, daß man schon lange nicht mehr soviel Kinder Israels beisammengesehen hat als hier, wo sie mit Stolz das Hambacher Festabzeichen tragen und sich noch einmal als daitsche[12] Staatsbürger fühlen durften, die sogar das Deutschlandlied sangen und den Reichspräsidenten von Hindenburg hochleben ließen, bloß weil die Nazis diesem Fest ihre Sympathien offen verweigert hatten. Das zeigte sich schon am Vortag des Hambacher Festes, am Samstag nachmittag, wo sich den Ankündigungen nach die Studenten am Casimireanum[13] in Neustadt versammeln und im Zug durch die Stadt und aufs Schloß marschieren sollten, leider, wußte man nicht welche „Studenten", weil doch die deutsche Burschenschaft ihre Beteiligung abgesagt hatte und mit Recht: denn das, was hier geschah, hatte weder mit dem deutschen Geist des Wartburgfestes und des Hambacher Festes, noch weniger aber mit der neuen nationalen Jugend irgend etwas zu tun.

Juden und Jüdinnen drückten sich hier vor dem historischen Bau der alten Neustadter Hochschule herum, schwatzend und gestikulierend, sich das für diese Rasse von selbst versteht. Sogar ein Siamese war anwesend, das Fest „deutscher Einigkeit und Größe" zu feiern…

…Also, es war hier fast noch schlimmer als 1832, wo ja ebenfalls Polen, Franzosen und Juden als Ehrengäste zugegen waren und sogar als Festredner aufgetreten sind. Die Neustadter Bevölkerung war mehr als enttäuscht und eine alte Frau meinte gutmütig: „Das sind sicher keine Hitler".

Nein, Gott sei Dank, das waren keine Hitler, aber es waren „daitsche Republikaner irgendwelchen Glaubens (!!)", die hier zusammengekommen waren das Totenfest eines ersterbenden Systems zu feiern.

Schaut euch die Bilder an, Pfälzer Volksgenossen, sie reden eine eindringliche Sprache…"
(Abb. 2).[14]

Die „Gäste" vom Hambacher Fest

N.S.Z. Rheinfront 1 Juni 1932 (Hofm̄.)

leider, wußte man nicht welche „Studenten",weil doch die deutsche Burschenschaft ihre Beteiligung abgesagt hatte und mit Recht: denn das,

was hier geschah, hatte weder mit dem deutschen Geist des Wartburgfestes und des Hambacher Festes, noch weniger aber mit der neuen nationalen Jugend irgend etwas zu tun.

Juden und Jüdinnen drückten sich hier vor dem historischen Bau der alten Neustadter Hochschule herum, schwatzend und gestikulierend, sich das für diese Rasse von selbst versteht. Sogar ein Siamese war anwesend, das Fest „deutscher Einigkeit und Größe" zu feiern . . .

. . . Also, es war hier fast noch schlimmer als 1832, wo ja ebenfalls Polen, Franzosen und Juden als Ehrengäste zugegen waren und sogar als Festredner aufgetreten sind. Die Neustadter Bevölkerung war mehr als enttäuscht und eine alte Frau meinte gutmütig: „Das sind sicher keine Hitler."

Nein, Gott sei Dank, das waren keine Hitler, aber es waren „deutsche Republikaner irgendwelchen Glaubens (!!)", die hier zusammengekommen waren das Totenfest eines sterbenden Systems zu feiern.

Schaut euch die Bilder an, Pfälzer Volksgenossen, sie reden eine eindringliche Sprache . ."

Eigentlich ist es vollkommen überflüssig, noch weitere Worte zu verlieren. Die nachstehenden Bilder reden eine derart eindringliche Sprache, demonstrieren derart überwältigend den wahren „Geist" des Hambacher „Nationalfestes", daß auch dem Einfältigsten die Erleuchtung kommen muß.

In unserem Bericht über diesen Hartmannschen Verkehrsvereinsrummel, schrieben wir am Montag:

„Was hier in Omnibus oder teuren Luxuswagen aus Mannheim oder sonstwoher zusammengekommen ist, war großenteils von jenem instinktlosen entwurzelten Großstadtpublikum, dessen schleimigen Bodensatz immer schon das Judentum und das jüdisch vermanschte Demokratengewäsch gebildet hat.

Man kann schon sagen, daß man schon lange nicht mehr soviel Kinder Israels beisammengesehen hat als hier,

wo sie mit Stolz das Hambacher Festabzeichen tragen und sich noch einmal als deutsche Staatsbürger fühlen durften, die sogar das Deutschlandlied sangen und den Reichspräsidenten von Hindenburg hochleben ließen, bloß weil die Nazis diesem Fest ihre Sympathien offen verweigert hatten. Das zeigte sich schon am Vortag des Hambacher Festes, am Samstag nachmittag, wo sich den Ankündigungen nach die Studenten am Casimireanum in Neustadt versammeln und im Zug durch die Stadt und aufs Schloß marschieren sollten.

Abb. 2: Antisemitische Propagandabilder zur Hundertjahrfeier des Hambacher Festes in der NSZ Rheinfront vom 1. Juni 1932.

Geschichtsbuch für die Deutsche Jugend
„Das Hambacher Fest"

Aus den Jünglingen von 1813[15] waren Männer geworden: Sie schwärmten nicht mehr von Mittelalter und Sommernächten, sondern sie redeten und schrieben von der deutschen Zukunft und suchten den Weg zu ihr. Aber unreine Geister fingen an, sich unter sie zu mischen. Die deutsche Bewegung, die den nationalen Volksstaat ersehnte, haßte die rückschrittlichen Regierungen und Fürsten, denen schon das Wort ‚deutsch' ein Verbrechen war; aber sie liebten ihr Volk und seine Art. Gerade deutsch und nur Deutsche wollten sie ja sein. In diese Bewegung schlich sich nun das Judentum ein. [...] An die Stelle der Fürsten sollte die Herrschaft ihres Geldes, d. h. ihre eigene Herrschaft treten. Um dieses Ziel zu erreichen, forderten sie Befreiung der Völker von ihren „Bedrückern". Wenn sie aber von Freiheit sprachen und schrieben, so meinten sie nicht wie der Freiherr von Stein und Fichte, daß der einzelne frei sein soll, um nun als freier Mann seine ganze Kraft dem Staate zu widmen, sondern sie meinten die Freiheit der französischen Revolution, bei der jeder machen kann, was er will, der Staat nichts mehr zu sagen hat und die Völker sich auflösen (Liberalismus). [...]

Im Mai 1832 feierten die süddeutschen Liberalen auf dem Hambacher Schlosse bei Neustadt a. d. Hardt ein großes politisches Fest. 25000 Menschen zogen zu der alten Burg der Bischöfe von Speyer hinauf, die im Bauernkrieg und in den französischen Raubkriegen zerstört worden war. Auf ihren Zinnen pflanzten sie die deutsche und polnische Fahne nebeneinander auf. Zahlreiche Reden wurden gehalten. Das sagte einer: „Wir widmen unser Leben der Wissenschaft und der Kunst, aber die Regungen der Vaterlandsliebe sind uns unbekannt...". Die Rede schloß mit einem Hoch auf Deutschland, Polen, Frankreich, auf Vaterland, Volksfreiheit, Völkerbund. Einer ließ das „konföderierte republikanische Europa" leben. Wenige Wochen später sagte einer: „Ich will keine Einheit unter den Flügeln des österreichischen oder preußischen Adlers. Ich will lieber eine Freiheit ohne Einheit, als Einheit ohne Freiheit." Wie hatten sich seit dem Wartburgfest die Dinge gewandelt.[16]

---

1   Die sogenannten Sonnenwendfeiern wurden zweimal im Jahr zur Sommer- und Wintersommerwende veranstaltet und spielten vor allem in der Festkultur der Hitler-Jugend eine wichtige Rolle. Der Ablauf war fest vorgegeben: Die Feiern begannen mit einem Fanfarenruf und der feierlichen Entzündung des Feuers. Hierauf folgten Ansprachen, es wurden Weihesprüche gesprochen und Lieder gesungen. Die Feier erreichte ihren Höhepunkt mit dem Totengedenken und endete mit einem „Sieg-Heil" für den Führer und dem Absingen von Nationalhymne und Horst-Wessel-Lied. Auffällig ist, dass in den Ansprachen und Berichten rund um die Feiern zahlreiche Wortentlehnungen aus dem Bereich der Religion zu finden sind. Auf diese Weise überhöhten die Nationalsozialisten die Feier zur Sommersonnenwende zu einer Art politischer Ersatzreligion. Vgl. George 2022.
2   Sonnwendfeier auf der Maxburg. In: Der Eisenhammer - Kampfblatt der Nationalsozialistischen Deutschen Arbeiterpartei. Gau Pfalz. Nr. 50 vom 28. Juni 1930, S. 4.
3   Die „Gäste" vom Hambacher Fest. In: NSZ Rheinfront Nr. 125 vom 1. Juni 1932, O.S.
4   Hambach 1832–1932. Das Fest des ersterbenden Systems. In: NSZ Rheinfront Nr. 122 vom 28. Mai 1932, S. 9.

5   Ebd.
6   Wie die Hundertjahrfeier des Hambacher Festes verlaufen ist. Etwa 25.000 Menschen waren in Hambach. In: Pfälzischer Kurier Nr. 123 vom 30. Mai 1932, O.S.
7   Das Hambacher Fest im Zeichen von Polizei-Verordnungen. So widerlegen sie sich selbst. In: NSZ Rheinfront Nr. 122 vom 28. Mai 1932, S. 1f.
8   Vgl. Kumsteller/Haacke/Schneider (Hrsg.) 1940.
9   Zit. nach: Briefe an die Redaktion – Hambacher Fest und Neustadter Bevölkerung. In: Pfälzische Bürgerzeitung - Generalanzeiger für Neustadt a. d. Haardt u. die Vorderpfalz vom 28. Mai 1932, S. 4.
10 Zit. nach: Hambach 1832–1932. Das Fest des ersterbenden Systems. In: NSZ Rheinfront Nr. 122 vom 28. Mai 1932, S. 9.
11 Gemeint ist: Franz Hartmann, Vorsitzender Chefredakteur der Arbeitsgemeinschaft der Pfälzischen Presse, die das Jubiläumsfest organisierte.
12 Jiddisch für „deutsch".
13 Richtig: Casimirianum Neustadt. Calvinistische Universität aus dem 16. Jahrhundert, Mitte des 20. Jahrhunderts als Gymnasium genutzt, inzwischen Kulturstätte.
14 Zit. nach: Die „Gäste" vom Hambacher Fest. In: NSZ Rheinfront Nr. 125 vom 1. Juni 1932. O.S.
15 Bezug zu den Befreiungskriegen (1813–1815).
16 Zit. nach: Kumsteller/Haacke/Schneider (Hrsg.) 1940, S. 135f.

Die Nationalsozialisten hatten in ihren Presseorganen im Umfeld des Festes die Inbesitznahme des Hambacher Schlosses als nationalen Erinnerungsort angekündigt: Deutschland werde erst frei sein, wenn auf dem Hambacher Schloss die Hakenkreuzfahne wehe. Nachdem sich aber der pfälzische Gauleiter und überzeugte Antisemit Josef Bürckel [vgl. Nestler/Ziegler 1993, S. 63–86; Nordblom/Rummel/Schuttpelz (Hrsg.) 2020] 1937 vergeblich um den Erwerb des Schlossgeländes von den Wittelsbachern bemüht hatte, um es Adolf Hitler zu schenken, erlosch das Interesse des NS-Regimes an diesem Erinnerungsort, sodass sich keine eigenständige NS-Erinnerungskultur an diesem Ort ausbilden konnte und das Hambacher Fest eines der wenigen Symbole deutscher Geschichte blieb, das nicht von der NS-Ideologie vereinnahmt wurde [vgl. Schiffmann 2006, S. 391f.].

Nach 1945 bzw. 1949 waren erste Versuche zu erkennen, eine positiv besetzte bundesrepublikanische demokratische Erinnerungskultur zu etablieren. Verbunden mit dem Wunsch nach einem politischen und moralischen Neuanfang gerieten die freiheitlichen Bewegungen des 19. Jahrhunderts in den Fokus, zunächst vor allem die Revolution 1848 [vgl. ebd., S. 363f.]. Mit der Suche nach den demokratischen Wurzeln in Deutschland, an die man hätte anknüpfen können, wie auch der zunehmenden Bedeutung der europäischen Völkerfreundschaft, gewann die Erinnerung an das Hambacher Fest wieder an Bedeutung. Auf den verschiedene Phasen durchlaufenden deutsch-deutschen Deutungskonflikt in Bezug auf das Hambacher Fest und seine Bedeutung für die Begründung demokratischer Traditionen kann an dieser Stelle nicht im Einzelnen eingegangen werden. Interessant erscheint allerdings der Hinweis, dass in der entstehenden DDR in Historiografie und Politik zunächst der Aspekt der nationalen Einheit im Vordergrund stand, während später die Beschäftigung mit der Person Johann Phillipp Beckers als des einzigen Aktiven und Redners „aus dem Volke" und dessen weitere Entwicklung als Mitglied der sozialistischen Arbeiterbewegung traditionsbildend wirken sollte [vgl. dazu u. a.: Schiffmann 2006, S. 364ff.].

Diese Phase – die Frühphase der Bundesrepublik Deutschland und des noch jungen Bundeslandes Rheinland-Pfalz – war entscheidend für die Weiterentwicklung der Hambach-Rezeption. In Rheinland-Pfalz war das vorherrschende Motiv angesichts des neu zusammengesetzten Landes „aus der Retorte" vornehmlich das der Identitätsstiftung. Eine Verknüpfung mit den demokratischen Traditionen – und damit die Schaffung einer demokratischen Legitimation – lag also durchaus nahe [vgl. ebd., S. 369ff.]. Das Hambacher Fest wurde nun zur „Wiege der Demokratie", das Hambacher Schloss zunehmend zum wichtigen Erinnerungsort der rheinland-pfälzischen und deutschen Demokratiegeschichte.

Die Beteiligung von namhaften Persönlichkeiten, auch aus der Bundespolitik, nahm bei den folgenden Jubiläen immer mehr zu. Die erste Erinnerungsfeier nach

Abb. 19: Der liberale Politiker und spätere Bundesminister Ernst Lemmer (1898–1970) während seiner Ansprache auf dem Hambacher Schloss am 25. Mai 1957 anlässlich der 125. Wiederkehr des Hambacher Festes. Das Schlossgebäude im Hintergrund ist noch deutlich als Ruine zu erkennen.

dem Ende des Zweiten Weltkriegs 1952 war eine noch kleinere lokale Veranstaltung – Festredner war der Pfarrer Hugo Brand – wohingegen sich schon 1957 eine andere Tendenz abzeichnete: Zum 125. Jubiläum sprachen immerhin der rheinland-pfälzische Ministerpräsident Peter Altmeier, Bundespostminister Ernst Lemmer und der Vizepräsident des Deutschen Bundestages Carlo Schmid (Abb. 19). Das Schloss war inzwischen aus dem Wittelsbacher Ausgleichsfonds in den Besitz des damaligen Landkreises Neustadt an der Weinstraße übergegangen. Es folgten in den 1950er Jahren erste Anstrengungen, die Ruine mit Baumaßnahmen herzurichten [vgl. ebd., S. 371ff.].

Auf Bundesebene setzte diese Wertschätzung (und Indienstnahme) von Hambach etwas verzögert ein. Mit der zunächst umstrittenen Initiative des damaligen Bundespräsidenten Gustav Heinemann, der zu Beginn der 1970er Jahre die Forderung erhoben hatte, dass ein freiheitlich-demokratisches Deutschland die Geschichte bis in die Schulbücher hinein anders schreiben müsse [vgl. Heinemann 1970], wurde eine Erinnerungskultur gestärkt, die die freiheitlich-emanzipatorischen Traditionen der deutschen Geschichte stärker hervorzuheben versuchte. Die intensivere Auseinandersetzung mit den gesellschaftlichen und wirtschaftlichen Veränderungen im Übergang zur bürgerlich-industriellen Gesellschaft rückte die Beschäftigung mit dem Vormärz und der 1848er Revolution im öffentlichen Diskurs sowie in

der Geschichtswissenschaft mehr in den Mittelpunkt und führte zu einer Neubewertung des Hambacher Festes als wichtigem Markstein der deutschen Geschichte [vgl. Schiffmann 2006, S. 367f.].

Das 150-jährige Jubiläum des Hambacher Festes im Jahr 1982 sollte dieser Entwicklung Rechnung tragen. Bereits im Vorfeld wurden umfangreiche bauliche und inhaltlich-konzeptionelle Arbeiten am und im Schloss angestoßen, darunter auch die Etablierung einer musealen Dauerausstellung. Bei den Feierlichkeiten gaben sich unzählige Politikerinnen und Politiker die Ehre, darunter der amtierende und ein ehemaliger Bundespräsident sowie europäische Politiker. Die parteipolitischen Streitigkeiten um das wahre Erbe Hambachs verstummten allerdings noch nicht. Erneut feierten die politischen Lager getrennt voneinander: Während die CDU-geführte Landesregierung die offiziellen Festlichkeiten ausrichtete, organisierten auch die Sozialdemokraten, die Freien Demokraten und die Friedensbewegung Veranstaltungen. In der Öffentlichkeit und auf dem politischen Parkett war es im Vorfeld zu lautstarken Auseinandersetzungen über die Planung und den Ablauf des Jubiläums gekommen [vgl. Kreutz 2016, S. 60f.]. Doch das enorme Spektrum an Aktivitäten rund um den Jahrestag, darunter Tagungen, Preisverleihungen, künstlerische sowie Veranstaltungen mit europäischen Bezügen, zeigte die inzwischen breite Rezeption des Festes in Wissenschaft, Gesellschaft und Politik.

Das demokratische Erbe von Hambach – der „Hambacher Aufruf" aus dem Jahr 1982

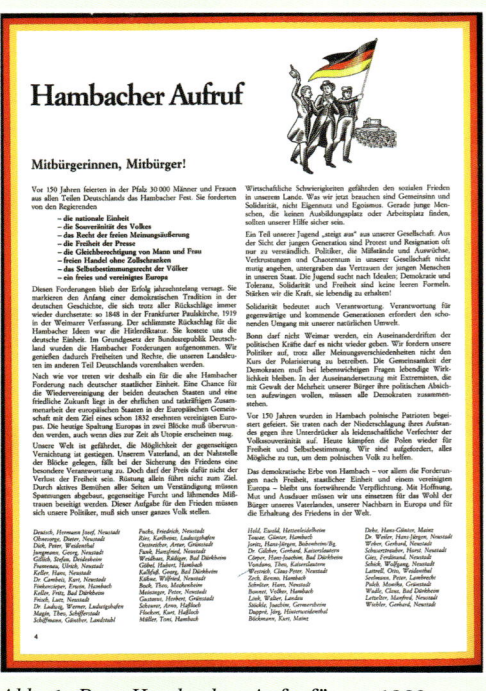

Abb. 1: Der „Hambacher Aufruf" von 1982.

Einführung

Der „Hambacher Aufruf" entstand im Umfeld des 150. Jubiläums des Hambacher Festes 1982 (Abb. 1). Verfasst wurde er im Vorfeld des Jahrestages von dem Fernsehjournalisten und Autor Ekkehard Kuhn (*1938) und dem Historiker und Journalisten Guido Knopp (*1948). Das 150-jährige Hambach-Jubiläum wurde 1982 im großen Stil gefeiert. Beteiligt waren dabei nicht nur die Kommune, die rheinland-pfälzische Landesregierung und zahlreiche Bundespolitiker, sondern auch eine ganze Reihe an zivilgesellschaftlichen Institutionen und Initiativen. Zusammen mit dem umfangreichen Jubiläumsprogramm, bestehend aus Fernsehsendungen, wissenschaftlichen Tagungen, Publikationen und Veranstaltungen, sollte auch der „Hambacher Aufruf" eine möglichst große Breitenwirkung entfalten und das Hambacher Fest sowie dessen historische Bedeutung bekannter machen.

Abb. 2: Der damalige Ortsvorsteher von Hambach, Benno Zech, am Rednerpult.

Kuhn und Knopp wollten nach eigener Aussage vor allem darauf aufmerksam machen, dass selbst 1982 die ursprünglichen Forderungen des Hambacher Festes von 1832 noch nicht erfüllt waren.[1] Im Besonderen bezogen sie sich dabei auf die Teilung Deutschlands und die Spaltung Europas. Der „Hambacher Aufruf" fasst die Forderungen des Hambacher Festes zusammen, transportiert diese jedoch gleichsam perspektivisch in (die damalige) Gegenwart und Zukunft. Verlesen wurde der Aufruf durch den Hambacher Ortsvorsteher Benno Zech während der Festveranstaltungen am 23. Mai 1982 (Abb. 2).[2]

Der „Hambacher Aufruf" wurde im Anschluss an die Jubiläumsveranstaltungen von der Bundeszentrale für politische Bildung in einer Auflage von 380.000 Stück gedruckt. Die kleine vierseitige Broschüre enthielt zusätzlich noch einige grundlegende Informationen zum Hambacher Fest. Sie wurde u. a. an Schulen verteilt, kam aber auch als Einlage in das Heft „Bundesrepublik Deutschland – DDR. Vergleich der politischen Systeme" der Schriftenreihe „Informationen zur politischen Bildung".[3]

Hambacher Aufruf

Mitbürgerinnen, Mitbürger!
Vor 150 Jahren feierten in der Pfalz 30 000 Männer und Frauen aus allen Teilen Deutschlands das Hambacher Fest. Sie forderten von den Regierenden

- die nationale Einheit
- die Souveränität des Volkes
- das Recht der freien Meinungsäußerung
- die Freiheit der Presse
- die Gleichberechtigung von Mann und Frau
- freien Handel ohne Zollschranken
- das Selbstbestimmungsrecht der Völker
- ein freies und vereinigtes Europa

Diesen Forderungen blieb der Erfolg jahrzehntelang versagt. Sie markieren den Anfang einer demokratischen Tradition in der deutschen Geschichte, die sich trotz aller Rückschläge immer wieder durchsetzte: so 1848 in der Frankfurter Paulskirche, 1919 in der Weimarer Verfassung. Der schlimmste Rückschlag für die Hambacher Ideen war die Hitlerdiktatur. Sie kostete uns die deutsche Einheit. Im Grundgesetz der Bundesrepublik Deutschland wurden die Hambacher Forderungen aufgenommen. Wir genießen dadurch Freiheiten und Rechte, die unseren Landsleuten im anderen Teil Deutschlands vorenthalten werden.

Nach wie vor treten wir deshalb ein für die alte Hambacher Forderung nach deutscher staatlicher Einheit. Eine Chance für die Wiedervereinigung der beiden deutschen Staaten und eine friedliche Zukunft liegt in der ehrlichen und tatkräftigen Zusammenarbeit der europäischen Staaten in der Europäischen Gemeinschaft mit dem Ziel eines schon 1832 ersehnten vereinigten Europas. Die heutige Spaltung Europas in zwei Blöcke muß überwunden werden, auch wenn dies zur Zeit als Utopie erscheinen mag.

Unsere Welt ist gefährdet, die Möglichkeit der gegenseitigen Vernichtung ist gestiegen. Unserem Vaterland, an der Nahtstelle der Blöcke gelegen, fällt bei der Sicherung des Friedens eine besondere Verantwortung zu. Doch darf der Preis dafür nicht der Verlust der Freiheit sein. Rüstung allein führt nicht zum Ziel. Durch aktives Bemühen aller Seiten um Verständigung müssen Spannungen abgebaut, gegenseitige Furcht und lähmendes Mißtrauen beseitigt werden. Dieser Aufgabe für den Frieden müssen sich unsere Politiker, muß sich unser ganzes Volle stellen.

Wirtschaftliche Schwierigkeiten gefährden den sozialen Frieden in unserem Lande. Was wir jetzt brauchen, sind Gemeinsinn und Solidarität, nicht Eigennutz und Egoismus. Gerade junge Menschen, die keinen Ausbildungsplatz oder Arbeitsplatz finden, sollten unserer Hilfe sicher sein.

Ein Teil unserer Jugend „steigt aus" aus unserer Gesellschaft. Aus der Sicht der jungen Generation sind Protest und Resignation oft nur zu verständlich. Politiker, die Mißstände und Auswüchse, Verkrustungen und Chaotentum in unserer Gesellschaft nicht mutig angehen, untergraben das Vertrauen der jungen Menschen in unseren Staat. Die Jugend sucht nach Idealen; Demokratie und Toleranz, Solidarität und Freiheit sind keine leeren Formeln. Stärken wir die Kraft, sie lebendig zu erhalten!

Solidarität bedeutet auch Verantwortung. Verantwortung für gegenwärtige und kommende Generationen erfordert den schonenden Umgang mit unserer natürlichen Umwelt.

Bonn darf nicht Weimar werden, ein Auseinanderdriften der politischen Kräfte darf es nicht wieder geben. Wir fordern unsere Politiker auf, trotz aller Meinungsverschiedenheiten nicht den Kurs der Polarisierung zu betreiben. Die Gemeinsamkeit der Demokraten muß bei lebenswichtigen Fragen lebendige Wirklichkeit bleiben. In der Auseinandersetzung mit Extremisten, die mit Gewalt der Mehrheit unserer Bürger ihre politischen Absichten aufzwingen wollen, müssen alle Demokraten zusammenstehen.

Vor 150 Jahren wurden in Hambach polnische Patrioten begeistert gefeiert. Sie traten nach der Niederschlagung ihres Aufstandes gegen ihre Unterdrücker als leidenschaftliche Verfechter der Volkssouveränität auf. Heute kämpfen die Polen wieder für Freiheit und Selbstbestimmung. Wir sind aufgefordert, alles Mögliche zu tun, um dem polnischen Volk zu helfen.

Das demokratische Erbe von Hambach – vor allem die Forderungen nach Freiheit, staatlicher Einheit und einem vereinigten Europa – bleibt uns fortwährende Verpflichtung. Mit Hoffnung, Mut und Ausdauer müssen wir uns einsetzen für das Wohl der Bürger unseres Vaterlandes, unserer Nachbarn in Europa und für die Erhaltung des Friedens in der Welt.[4]

---

1   Vgl. Knopp 2017.
2   Vgl. Keim/Mathy (Hrsg.) 1982, S. 432.
3   Vgl. Kuhn 2018, S. 93ff.
4   Zit. nach: Bundeszentrale für politische Bildung 1982 (Hrsg.), S. 4. Der Aufruf wurde in Anlehnung an die Siebenpfeiffer'sche Einladung von 1832 ergänzt durch die Namen von insgesamt 54 Unterstützern aus der Region, darunter auch Historiker, Politiker, Ortsvorsteher, Oberbürgermeister und andere Personen des öffentlichen Lebens.

2007 wurde mit dem 175. Jahrestag das letzte große Jubiläum auf dem Hambacher Schloss gefeiert. Nachdem mit der Wiedervereinigung die „nationale Einheit" erreicht und damit eine große Kontinuitätslinie zu den Forderungen von 1832 weggefallen war, rückte nun insbesondere die europäische Dimension des Festes in den Fokus der Erinnerung. Der Festredner auf der Jubiläumsfeier 2007, Richard von Weizsäcker, betonte bewusst diejenigen Ziele der Hambacher, die trotz all der vergangenen Zeit und unabhängig von jeglicher Geschichtsinterpretation universelle Gültigkeit behalten hatten: Freiheit, Einheit und Europa [vgl. Würz 2005/06, S. 684f.].

Und heute? Die große Bedeutung des Hambacher Festes für die regionale, deutsche und europäische Demokratiegeschichte ist heute im historischen und politisch-gesellschaftlichen Kontext anerkannt. Als „großes Ereignis der deutschen Geistesgeschichte" [Diehl 2015, S. 29] und „Wiege der Demokratie" wird heute vielfältig an das Fest erinnert. Das Schloss ist inzwischen zudem auch zum kulturellen und auch touristisch genutzten Ort der Begegnung für alle Bürgerinnen und Bürger geworden. Als demokratischer und europäischer Erinnerungs-, Lern- und Kommunikationsort möchte die Stiftung Hambacher Schloss offene Räume und Foren mit Möglichkeiten der lebendigen Auseinandersetzung schaffen, um die Verbundenheit mit der Demokratie und mit Europa zu stärken. Neben der Museumsausstellung (Abb. 20) setzt die Stiftung auf zahlreiche

Vermittlungs- und Informationsformate – darunter Bildungsarbeit, Führungen, Podiumsgespräche, Feste, das Demokratie-Forum in Kooperation mit dem SWR und auch die Zusammenarbeit mit regionalen, überregionalen und internationalen Netzwerken. Auf diese Weise wird das Hambacher Schloss als Erinnerungsort deutscher und europäischer Demokratiegeschichte gestärkt und lebendig gehalten. Bei der Eröffnung der neuen Dauerausstellung auf dem Hambacher Schloss im Mai 2022 erklärte Ministerpräsidentin Malu Dreyer:

„Unsere Demokratie sieht sich aktuell zahlreichen Herausforderungen ausgesetzt. Umso wichtiger sind Orte, an denen die Bedeutung demokratischer Errungenschaften und Werte für alle Generationen vermittelt wird. Die Dauerausstellung im Hambacher Schloss ist ein solcher Ort. Hier wird die Erinnerung an die mutigen Männer und Frauen lebendig, die vor 190 Jahren auf dem Hambacher Schlossberg für politische Grundrechte, für ein geeintes Deutschland und ein solidarisch verbundenes Europa eingetreten sind. Dieses Erbe ist für uns eine bleibende Verpflichtung, für unsere Demokratie und die europäische Idee zu werben und gegebenenfalls auch zu streiten." [Zit. n. Homepage der Stiftung Hambacher Schloss].

Die Verantwortlichen für das Hambacher Schloss und die engagierten Demokratiefreunde zivilgesellschaftlicher Provenienz mussten sich in den vergangenen Jahren zunehmend mit demokra-

Abb. 20: Einblick in Dauerausstellung „Hinauf, hinauf zum Schloss", die inhaltlich und medial neu konzipiert und am 24. Mai 2022 eröffnet wurde. Hier ist der komplett umgestaltete neue Bereich zu sehen, der eine Brücke von 1832 zu heute schlägt und viele verschiedene Mitmach- und Mitdenk-Stationen rund um das Thema Demokratie bietet.

tiefeindlichen und rechtspopulistischen Kreisen auseinandersetzen, die versuchten, die Erinnerung an das Hambacher Fest für ihre politischen Zwecke zu instrumentalisieren. Erneut findet eine Auseinandersetzung über das Erbe des Festes statt. Die Erinnerung wird dabei von Einzelpersonen und Organisationen vereinnahmt, die den Werten der freiheitlich-demokratischen Grundordnung grundlegend ablehnend gegenüberstehen oder sie gar abschaffen wollen. Dazu stellte der damalige Vorsitzende der Stiftung Hambacher Schloss Professor Konrad Wolf in einem Interview 2021 fest:

„Mit Sorge beobachten wir, wie in jüngster Zeit das Hambacher Fest, aber auch das Gedenken an andere Ereignisse und Personen der deutschen Geschichte von rechtspopulistischen, teilweise nationalistischen Kräften vereinnahmt wird. Hierbei ist eine Tendenz zur Enthemmung zu beobachten, die jeden Respekt vor der Geschichte und auch ihren Opfern vermissen lässt." [Pracher 2021].

Das Hambacher Manifest –
die Gründung der AG Orte der Demokratiegeschichte

Einführung

Am 1. Juni 2017 gründeten insgesamt 34 Organisationen und Institutionen aus dem gesamten Bundesgebiet die Arbeitsgemeinschaft Orte der Demokratiegeschichte. Ziel der AG ist eine Wahrnehmungs- und Bewusstseinssteigerung für die deutsche Demokratie- und Freiheitsgeschichte in der Bevölkerung sowie die Förderung der Erinnerungs- und Lernorte der Demokratie. Mit Forschungs- und Vermittlungsarbeit sowie Aktionen im Bereich Demokratiegeschichte möchten die Mitglieder Respekt und Akzeptanz gegenüber demokratischen Werten und demokratischer Kultur stärken.

Die Mitgliederstruktur der AG ist bewusst heterogen. Kleinere Vereine oder Einrichtungen, wie z. B. das Lepsiushaus Potsdam, der Förderverein Schloss Schwarzburg – Denkort der Demokratie e. V., oder der Königsteiner Kreis e. V., bringen sich ebenso in die AG ein wie größere Einrichtungen und Stiftungen, wie etwa die Politikergedenkstiftungen (z. B. Theodor- Heuss-Stiftung oder Friedrich-Ebert-Stiftung), das Deutsche Historische Museum oder die Deutsche Gesellschaft e. V. Inzwischen hat die Arbeitsgemeinschaft bereits über 70 Mitglieder und wächst stetig weiter.[1]

Bei dem „Hambacher Manifest" handelt es sich um das Gründungsdokument der AG Orte der Demokratiegeschichte. Das Papier wurde im Herbst 2016 anlässlich eines ersten gemeinsamen Treffens der Gründungsinstitutionen auf dem Hambacher Schloss verfasst und schließlich am 1. Juni 2017 als Grundlage der AG-Gründung im Beisein von Prof. Monika Grütters, Staatsministerin für Kultur und Medien, verabschiedet (Abb. 1).[2]

Abb. 1: Die Gründungsmitglieder der AG Orte der Demokratiegeschichte im Juni 2017 in Berlin.

Hambacher Manifest

Präambel

Deutschland hat Anteil an der langen europäischen Demokratie- und Freiheitstradition. Das Wissen um diese Wurzeln ist in unserer Gesellschaft vielfach verschüttet. Es ist vergessen, dass unser demokratischer, freiheitlicher und sozialer Rechtsstaat von vielen Menschen in unserem Land in politischen und teilweise militärischen Auseinandersetzungen unter zahlreichen Opfern erst erkämpft werden musste.

Auf diesem mühsamen, über zwei Jahrhunderte dauernden Weg Europas in die demokratische Gesellschaft wurde ein Grundwertekanon entwickelt, auf dem das gesellschaftliche Leben der Bundesrepublik Deutschland beruht.

Auch heute gilt: Demokratie, Grund- und Menschenrechte sind nicht selbstverständlich. Sie müssen immer wieder aufs Neue erkämpft und verteidigt werden. Sich dies bewusst zu machen, ist ein erster wichtiger Schritt, Demokratie, Grund- und Menschenrechte in unserer Gesellschaft zu stärken. Unverzichtbar und wichtig bleibt dafür auch die Erinnerung an das Unrecht und die Verbrechen in der deutschen Geschichte, insbesondere in den beiden deutschen Diktaturen.

Ziele

Ziel der Arbeitsgemeinschaft „Orte der Demokratiegeschichte" ist es, die Wahrnehmung der deutschen Demokratie- und Freiheitsgeschichte lokal, regional und deutschlandweit zu fördern. Dafür sind zum einen schon bekannte oder bisher weniger bekannte Orte und Ereignisse im öffentlichen Gedenken zu verankern und als Lernorte weiter zu entwickeln.

Zum anderen sind Vorkämpfer:innen und Streiter:innen für Demokratie und Grundwerte öffentlich stärker herauszustellen; ihre Bereitschaft, in ihren Lebenssituationen Verantwortung zu übernehmen und Handlungsspielräume zu nutzen, ist aufzuzeigen.

Diese Erinnerungsarbeit zu den demokratischen Traditionen und Traditionslinien ermöglicht jeder und jedem, unabhängig von der Herkunft, auch über nationale Grenzen hinaus, eine bessere Orientierung in unserer Gesellschaft.

- Durch das Wissen um die schwierigen Wege zu Freiheit und Demokratie kann die Sensibilität entwickelt werden, Gefährdungen des demokratischen Grundkonsenses zu erkennen.
- Das Erinnern an historische Konstellationen der Demokratiegeschichte fördert das Erkennen eigener Handlungsspielräume und damit die aktive Mitgestaltung und Teilhabe am Prozess der politischen und gesellschaftlichen Willensbildung.
- Durch die Auseinandersetzung mit den demokratischen und freiheitlichen Traditionen sollen Respekt gegenüber demokratischen Einrichtungen und die Bereitschaft, sich gesellschaftlich zu engagieren, gefördert werden.
- Demokratie war nie ein fester gesetzter Begriff – und ist es nicht. Die Diskussion über die Frage, was Demokratie für uns auch heute ausmacht, soll beflügelt und als wesentlicher Teil der Demokratie verstanden werden.
- Von diesem Ansatz einer identitätsstiftenden Demokratieerinnerung versprechen sich die Partner des Netzwerks Anstöße für die Forschung, insbesondere für eine umfassende Demokratiegeschichtsschreibung. Noch sind längst nicht alle erinnerungswürdigen Orte und Personen entdeckt.
- Diese Art der Erinnerung ermöglicht eine Verknüpfung mit gleichartigen Traditionen in anderen europäischen Ländern und stärkt damit die Fundamentierung und Einigung eines freiheitlich-demokratischen Europas.
- Für demokratiegeschichtliche Erinnerungsorte ist ein Förderprogramm des Bundes aufzulegen, das eine systematische Förderung dieser Orte und der damit verbundenen zivilgesellschaftlichen Initiativen ermöglicht.

- Demokratiegeschichtliche Erinnerungsorte sind als wichtige außerschulische Lernorte zu begreifen; ihr Besuch sollte in die Bildungspläne der Länder aufgenommen werden.

Wege

Demokratiegeschichtliche Erinnerungsorte sind Orte der gesellschaftlichen Diskussion zu Gestaltung und Gefährdung von Freiheit, Gerechtigkeit, Grund- und Menschenrechten. Demokratische Teilhabe und Zivilcourage sollen angeregt werden.

Die unterzeichnenden Initiativen und Institutionen sind zusammengekommen, um diese Ziele zu unterstützen. Dazu tauschen sie ihre Erfahrungen aus und wollen gemeinsam Antworten auf die Gefährdungen von Demokratie und Grundwerten entwickeln.

Die Wahrnehmung demokratischer Erinnerungsorte, die Belebung demokratischer Wurzeln und das Anknüpfen an positive Stränge deutscher Geschichte sollen durch gemeinsames Wirken angeregt und mit Aktivitäten unterstützt werden:

- Regelmäßige öffentliche Information und Kommunikation
  - gemeinsame Thementage
  - Entwicklung von Informations-Formaten mit Partizipationsmöglichkeiten
  - gemeinsame Internetseite; Flyer, Stände
- Historisch-politische Bildungsarbeit zu Orten der Demokratiegeschichte
  - Weiterentwicklung von Formaten mit Beteiligung und Gegenwartsbezug.
  - Wissen und wissenschaftlicher Austausch
  - Bündelung des Wissens um Orte der Demokratiegeschichte
- Kataster/Karte der Orte (digital)
- Publikationen, Tagungen, Einzelveranstaltungen
- Interessenvertretung für die Anliegen der Demokratiegeschichte gegenüber Entscheidungsträgern in Politik, Bildung und Wissenschaft (Abb. 2).[3]

Abb. 2: Logo der Arbeitsgemeinschaft Orte der Demokratiegeschichte.

---

1   Stand: November 2021.
2   Mehr zur Arbeitsgemeinschaft Orte der Demokratiegeschichte und ihren Projekten auf der Homepage (https://demokratie-geschichte.de).
3   Zit. nach: https://www.demokratie-geschichte.de/index.php/544/hambacher-manifest/ [letzter Zugriff: 02.08.2022].

Inzwischen ist das Hambacher Schloss selbstverständlich ein Begegnungsort von zentraler Bedeutung für Vertreterinnen und Vertreter der lokalen, nationalen und internationalen Politik und ihre Gäste (Abb. 21). Das „Weimarer Dreieck", ein außenpolitisches Gesprächsforum Deutschlands Frankreichs und Polens, tagte hier ebenso wie die Hambacher „Konferenz zur grenzüberschreitenden Zusammenarbeit zwischen Deutschland und Frankreich." Im Jahr 2015 wurde das Hambacher Schloss mit dem Europäischen Kulturerbe-Siegel ausgezeichnet. Zur Begründung der Auszeichnung ist auf einer Tafel auf dem Hambacher Schloss Folgendes zu lesen:

„Das Hambacher Schloss – und das Hambacher Fest, zu dem 1832 30.000 Menschen aus Deutschland, Frankreich und Polen kamen – ist ein Symbol für den Kampf um bürgerliche Freiheiten und ein Versammlungsort für diejenigen, die sich in Deutschland und Europa Gleichheit, Toleranz und Demokratie verpflichtet fühlen. Aufgrund seiner wichtigen Rolle für die Geschichte und Kultur Europas steht es auf der Liste der Europäischen Kulturerbe-Stätten der Europäischen Union."

Der Stadtrat der Stadt Neustadt an der Weinstraße, die sich auch als ehemalige NS-Gauhauptstadt ihrer erinnerungspolitischen Verantwortung stellt, ver-

Abb. 21: Aktuelle Aufnahme des Hambacher Schlosses aus dem Jahr 2022.

abschiedete im September 2020 einem Grundsatzbeschluss zur Profilierung als Demokratiestadt sowie eine Erklärung gegen die Vereinnahmung des Hambacher Schlosses, in dessen Begründung es heißt:

„Neustadt an der Weinstraße mit dem Hambacher Schloss gehört neben der Frankfurter Paulskirche zu den bedeutendsten Orten deutscher Demokratiegeschichte und zum Europäischen Kulturerbe. Dieses Alleinstellungsmerkmal soll national und international noch stärker bekannt gemacht und sowohl touristisch als auch pädagogisch und wissenschaftlich genutzt werden.
Neustadt an der Weinstraße soll sich dabei nicht nur als Demokratie-Lernort präsentieren, sondern als ein Ort der gelebten Demokratie. Gäste sowie Bürgerinnen und Bürger sollen spüren, dass hier Demokratie einen hohen Stellenwert hat.“
[Stadtverwaltung Neustadt a. d. W. 2020]

Zum 190-jährigen Jubiläum lud die Stadt Neustadt gemeinsam mit der Stiftung Hambacher Schloss zu einem großen Demokratiefest in der Neustadter Innenstadt und auf dem Schloss ein. Von Donnerstag, dem 26. Mai 2022, bis zum Sonntag, dem 29. Mai 2022, fanden im Rahmen eines vielfältigen Programms von Konzert-, Theater- und Tanzveranstaltungen über Straßenkunst, Mitmachaktionen für Erwachsene und Kinder, historische Stadtführungen und Diskussionsforen bis zum Weindorf im Rathaus-Innenhof rund 100 Veranstaltungen statt, an denen sich 40 Vereine, Institutionen, Privatpersonen

und Künstlerinnen und Künstler beteiligten.

Zu den Höhepunkten gehörten die Eröffnung der neuen Dauerausstellung „Hinauf, hinauf zum Schloss“, die vom Institut für Geschichtliche Landeskunde Rheinland-Pfalz e. V. federführend erarbeitet worden war und zeitgemäß und interaktiv den Bogen vom historischen Hambacher Fest 1832 bis in die Gegenwart schlägt. Das Fest endete am Sonntagabend mit der erstmaligen Verleihung des „Hambacher Freiheitspreises“ an den ehemaligen Bundespräsidenten Joachim Gauck, dessen Auszeichnung damit begründet wurde, dass er und sein Wirken sich in herausragender Weise durch den „Mut zur Freiheit“ auszeichneten.

Aber nicht nur der frühere Bundespräsident, sondern auch eine Förderschule in Neustadt an der Weinstraße erhielt eine Auszeichnung für ihr Engagement für die Demokratie mit dem ebenfalls zum ersten Mal verliehenen „Johann-Philipp-Abresch-Preis“ der Stadt Neustadt. In der Neustadter Schubert-Schule wird politische Bildung und Demokratie lernen und (er)leben von der ersten Klasse an praktiziert.

Das Demokratiefest selbst zeigte Licht und Schatten: Das bunte Programm in einer entspannten, offenen und familienfreundlichen Atmosphäre wurde jedoch am Samstag von rund 2.500 „Querdenkern und Verschwörungstheoretikern“ einer nicht angemeldeten Demonstration massiv gestört: Die Festgäste auf dem Schloss wurden bedrängt, ehrenamtlich Mitwirkende beleidigt und die Teilnehmenden mit übelsten Beschimpfungen diffamiert. Aufgrund der damit verbundenen Sicherheitsprobleme und der massiven akustischen Störung durch eine Vielzahl von Trommeln und Pfeifen mussten viele Programmpunkte bereits am frühen Samstagnachmittag abgebrochen und Stände vorzeitig geräumt werden. Zudem wurde der Zugang zum Schloss für Besucherinnen und Besucher von der Polizei vorübergehend geschlossen und der Busverkehr eingestellt.

So hatte sich leider die Notwendigkeit des im Vorfeld von der Stadt Neustadt und der Stiftung Hambacher Schloss verfassten Aufrufes der „Hambacher Intervention" zur Distanzierung von demokratiefeindlichen Gruppierungen bestätigt. Und Ministerpräsidentin Malu Dreyer musste in ihrem Statement noch einmal darauf verweisen, dass Demokratie nicht geschenkt sei, man müsse sie immer wieder verteidigen. Menschen, die z. B. das Demokratiefest störten, zeigten ja auch, dass bei uns Demokratie herrsche; und diese sei stark genug, so etwas auszuhalten.

So mag denn auch das Mailied des Hambacher Festes für künftige Generationen Orientierung und Richtschnur sein:

„O! – süße Hoffnung, du kannst mich nicht trügen,
Daß Deutschland werde kräftig bald entsteh'n,
Geschichte müßte, und der Zeitgeist lügen,
Wenn unsre Sache könnte untergeh'n.
Wir wollen Menschen-Recht erringen
Wir wollen, und es muß gelingen:
Dies schwören wir beim Deutschen Fest im Mai,
Wir wollen – alle Völker seyen frei."

[Wirth 1832].

Federlithographie der tafelnden Festteilnehmer 1832,
die auf der Nordwestseite der Ruine zu Mittag essen.

II.
Ausgewählte Reden
zum Hambacher Fest

VATERLAND – VOLKSHOHEIT – VÖLKERBUND HOCH! – DIE REDE VON PHILIPP JAKOB SIEBENPFEIFFER AUF DEM HAMBACHER FEST

Philipp Jakob Siebenpfeiffer gehört zu den bekanntesten Organisatoren und Rednern des Hambacher Festes vom 27. Mai 1832 (Abb. 1). Geboren am 12. November 1789 in Lahr/Schwarzwald, arbeitete Siebenpfeiffer seit 1818 als Landcommisär[1] in Homburg im damaligen bayerischen Rheinkreis (heutige Region Pfalz und Teile des Saarlands). Daneben war er außerdem als Publizist und Journalist tätig.

Abb. 1: Porträt von Dr. Philipp Jakob Sieben-pfeiffer (1789–1845).

Siebenpfeiffer veröffentlichte diverse Zeitschriften (u. a. „Der Bote aus Westen", später „Westbote"), Lieder, Artikel und andere Schriften (Abb. 2). Seine stark freiheitlich und liberal geprägten Äußerungen führten schließlich zum Zerwürfnis mit der Kreisregierung. 1832 gehörte er zu den Mitbegründern des „Deutschen Vaterlandsvereins zur Unterstützung der Freien Presse" (kurz: Preßverein). Im Anschluss an das Hambacher Fest wurde Philipp Jakob Siebenpfeiffer verhaftet und wegen Aufforderung zum Umsturz der Regierung angeklagt. Zwar wurde er bei dem Prozess vor dem Landauer Assisengericht[2] zunächst freigesprochen, wenig später jedoch wegen Beamtenbeleidigung vor einer anderen Kammer zu zwei Jahren Haft verurteilt. Siebenpfeiffer floh im November 1833 in die Schweiz, wo er am 14. Mai 1845 starb.[3]

Das Hambacher Fest gehört zu den bedeutendsten Meilensteinen der deutschen Demokratiegeschichte. Die dort auf dem Schloss sowie auf den Nachtreffen in Neustadt an der Weinstraße gehaltenen Reden symbolisieren die politischen Ziele der frühliberalen und -demokratischen Bewegung. Sie stehen repräsentativ für die politischen Forderungen der liberalen Opposition in der Pfalz in der Vormärzzeit. Insgesamt gab es über 20 verschiedene Redner auf dem Hambacher Fest, darunter bekannte liberale

Nro. 1.

Licht — Freiheit; Ordnung.

12. März 1831.

Diese Zeitung erscheint wöchentlich dreimal, nämlich: Montags, Donnerstags und Samstags. — Der Abonnementspreis für den ganzen Rheinkreis ist vierteljährlich 2 Gulden, halbjährlich 4 Gulden, oder für den ganzen Jahrgang 8 Gulden. — Die Königliche Postverwaltung Homburg hat die Hauptexpedition übernommen. Mit Bestellungen wende man sich an das zunächst gelegene Postamt.

Bekanntmachungen des Verkauf, Versteigerungen und sonstigen Anzeigen werden für die Zeile Petitschrift mit 4 kr. berechnet. Gemeinnützige oder sonstige Aufsätze werden frei aufgenommen. Alle Einsendungen der Art geschehen portofrei an die Verlagshandlung.

Probeblatt.

Der Bote aus Westen.

Was ist eine Zeitung?

Welche Frage! Hat nicht Jeder die Antwort tagtäglich in der Hand? Gleichwohl schwingt sich der Westbote, so gewandt als irgend ein Radikalreformer, auf das Gerüst und redet großsprecherisch die versammelte Menge also an:

„Ihr meinet, Ihr wüßtet was eine Zeitung sey; aber, mit Erlaubniß, Ihr wißt es nicht; denn was Ihr bisher dafür gehalten, ist wenig besser als Löschpapier, wie Ihr es eine Viertelstunde nachher auch selbst nur anseht. Eine Zeitung, das heißt, eine Zeitung wie sie seyn soll, ist die Zunge der Zeit. Aha! Geht Euch ein Licht auf? Nehmt unsre beste Zeitung, die Allgemeine, zur Hand, ist sie die Zunge der Zeit? Nein, sie ist eine vielzüngige Dame, die jedem zulächelt, der ihr naht, und wenn man gehört, was alle ihre Zungen geredet, so kann man sich noch immer die Frage stellen, was spricht die Zeit? Auf derselben Spalte könnt Ihr lesen: die Polen haben den Russen etliche und fünfzig Kanonen genommen 2c. und: Warschau ist den Russen mit der weißen Fahne entgegengezogen; Praga haben die Russen mit Sturm genommen, und: die Russen sind in den Wald zurückgeschlagen; auf der ganzen italienischen Seeküste weht die dreifarbige Fahne, und: in Piemont, in Toskana, in Neapel ist alles ruhig; die Oestreicher sind ins Modenasische gerückt, und: die Oestreicher verhalten sich ruhig jenseits der Grenze. — Ist dies die Zunge der Zeit? oder sind es Stimmen am babylonischen Thurm? Jedes franz. Blatt, was ist es? Die Zunge einer Parthei, öfters eines Einzelnen. Und hätte Jemand alle Zeitungen der Erde gelesen, so wüßte er vielleicht noch nicht, ja vielleicht am wenigsten was die Zeit sagt. Die Zeit, oder das Wort der Zeit, sind nicht die Buchstaben und das Papier, diese sind todt, wenn der lebendige Odem der Zeit sie nicht beseelt, jener flüchtige, unantastbare Aether, jener Lebensgeist, der in den Begebenheiten und Ereignissen verborgen sitzt, sie erregt, und erzeugt, den Absichten der Vorsehung gemäß hervortreten und wirken läßt. Keine Zeitung freilich kann diesen Odem in eine Flasche fangen und ihren Lesern einhauchen; aber das vermag sie, daß sie den Leser auf den rechten Standpunkt stellt, um das unendliche Getriebe der Zeit zu überblicken; daß sie des Lesers geistiges Auge schärft, um den über dem Getriebe schwebenden Zeitgeist zu erschauen; sie soll des Lesers Ohr üben um des Geistes Stimme zu vernehmen; sie soll des Lesers Gemüth bereiten, damit die Lichtfunken der Wahrheit in ihm zünden. Seht, dies ist eine Zeitung, wie sie seyn soll, und eine solche will ich Euch von jetzt an bringen. Hier die Ankündigung des Verlegers." — Also sprach der Bote aus Westen und vertheilte nachfolgende

Anzeige.

Kaum war jemals ein Zeitpunkt günstiger als der jetzige zur Gründung einer Zeitung; denn alle Welt will lesen, alle Welt bietet Stoff zum Lesen: kein Thee-, kein Wein- oder Biertisch, wo bald etwas anders besprochen wird als Politik und innere Staatssachen. Aber je größer dies Bedürfniß, und je zahlreicher die öffentlichen Blätter, desto weniger behält der arbeitsame Theil aller Stände die nöthige Zeit (wohl auch die Geldmittel), um nur die Hauptblätter der verschiedenen Farben sich anzuschaffen und zu lesen. Schon deßhalb wäre ein Blatt erwünscht, welches das Wichtigste zusammenfaßte. Dabei sind in Staatssachen die Mißverständnisse, schiefen Urtheile und Halbwisserei bei Ungebildeten gefährlich; es kommen ferner gar viele Bezeichnungen, Ausdrücke und Stellen vor, welche manchem Leser unbekannt oder nicht recht klar sind: es wären somit öfters Erklärungen und Andeutungen nöthig. Leser, welche das Treiben der politischen Parteien nicht genau kennen, müssen nothwendig zuweilen irregeführt werden, besonders da die gewöhnlichen Zeitungen so wenig Werth auf Auswahl und Wahrhaftigkeit zu legen scheinen und jedes Gerücht auftischen: es bedarf also der Aussichtung, es bedarf nicht selten eines ehrlichen Begleiters in solchen Irrgängen. Auch muß alles Zeitunglesen nur verwirren und zuletzt abstumpfen, wenn nicht dabei dem Geiste Gediegeneres geboten wird, wenn nicht Betrachtungen über Staatsleben eingeflochten werden, damit die rechte Aufklärung in politischen Dingen mit der Befriedigung der Neugierde gleichen

Publizisten, Bürger aus der Region, aber auch überregionale und internationale Gäste. Die Reden unterschieden sich teils deutlich voneinander. Jeder Redner setzte inhaltlich eigene Akzente im Sinne seiner persönlichen politischen Wünsche und Vorstellungen. Von einem einheitlichen politischen Programm waren die Liberalen 1832 noch weit entfernt, wenn sich auch hier bereits vereinzelte „Lager" abzeichneten, die sich vor allem während der Revolution 1848/49 intensiver in Form von „Clubs" herausbildeten. Einige Redner auf dem Hambacher Fest betonten wirtschaftliche oder soziale Aspekte. Johann Georg August Wirth, neben Siebenpfeiffer ein weiterer bedeutender Hambacher, äußerte sich in seiner Rede teils negativ gegenüber Frankreich, was vor allem von den französischen Teilnehmenden kritisch aufgenommen wurde. Stark geprägt von der restaurativen Politik der nachnapoleonischen Zeit, sehnte man sich vor allem nach einem deutschen Einheitsstaat und bürgerlichen Freiheiten. Die nachfolgende Ansprache von Siebenpfeiffer wurde zusammen mit einem Großteil der Reden, Lieder und Grußadressen nur kurze Zeit nach dem Hambacher Fest in der offiziellen Festbeschreibung von Johann Georg August Wirth veröffentlicht.[4]

Vaterland – Volkshoheit – Völkerbund hoch

Der Gedanke des heutigen Festes und der Aufruf (vom 20. April) zur Feier desselben haben so mancherlei und seltsame Auslegungen erfahren, daß es Pflicht scheint für denjenigen, von welchem die Idee und der Aufruf ausgegangen, sich über die Bedeutung zu erklären, die er damit verknüpft, wobei indeß Jedermann frei bleibt, sie nach seiner Weise zu deuten und auszubilden. Die Schmähungen des Amtseifers muß man der zärtlichen Besorgniß für bestehende Institutionen verzeihen; die einzige Antwort sei: unsere würdevolle Haltung.

Aber indem ich mich anschicke, von der Idee dieses Festes zu reden, such' ich, von deren Unermeßlichkeit durchdrungen, vergebens den rechten Ausdruck für die Bilder, die schon bei einer andern Feier (am 29. Januar) vor meiner Seele standen, und die in stets lichterer Klarheit hervordringen aus den Tiefen der Zukunft.

Ich werde kurz seyn, am Tage, wo Aller Herzen voll sind; ich werde schlicht seyn, denn ich rede zu Allen; ich werde wahr seyn, nur für die Wahrheit ist dieser Redestuhl errichtet. Wer reden will in dieser kreisenden Zeit der Völkergeburt, der rede frei und offen wie des Himmels Sonne frisch hineinleuchtet in die sündenvolle Nacht. Diener der Gewalt mögen im Finstern schleichen oder am hellen Tage die vielfarbige Larve der Heuchelei und Lüge vornehmen; der Patriot, wer sein Vaterland liebt und die Freiheit liebt, wer die Menschenwürde trägt im Busen, der tritt in seiner eigensten Gestalt auf: er kann irren, aber nimmermehr sich und Andere belügen; nicht jene Selbstsucht wird ihn beherrschen, die in verschleierter Halbheit sich für jeden Ausgang des großen

Kampfes das Löse- und Bindemittel retten will, nicht jene Selbstsucht, die die bessere Ueberzeugung an die Furcht verräth oder um schnöden Gewinn tauscht, nicht jene Selbstsucht, die des Herzens tödtend erstarrt; sondern der Gottesfunke der Menschheit möge sein Gemüth bewegen, seine Zunge begeistern, der Gottesfunke der Liebe zum Vaterland, zur Freiheit.

Vaterland – Freiheit – ja! ein freies deutsches Vaterland – dies der Sinn des heutigen Festes, dies die Worte, deren Donnerschall durch alle deutschen Gemarken drang, den Verräthern der deutschen Nationalsache die Knochen erschütternd, die Patrioten aber anfeuernd und stählend zur Ausdauer im heiligen Kampfe, im Kampf zur Abschüttelung innerer und äußerer Gewalt.

Der Deutschen Mai – Wonnemonat nannten unsere Väter den Mai, wonniglich schmeichelt er den Sinnen, mit Wonne kirrt er das Herz, mit Wonnebildern umgaukelt er die Phantasie. Mit Blüten sahn wir Baum und Strauch geschmückt, ein Düftemeer wird bald umfluthen die zahllose Weingelände: reiche Fruchtbarkeit wird der Erndtemonat bringen, wenn kein Spätfrost tödtet, kein Hagel zerschlägt, kein Sturm zerknickt. Auch der Völker Leben hat seine Maitage, die wiederzukehren pflegen in jedem politischen Umschwung, der mit frischer Jugendlichkeit alle Nerven und Adern uns durchzuckt: wohl den Völkern, wenn die belebende Sonne der Vaterlandsliebe die edleren Blüten befruchtet, wenn nicht der Winterfrost der Selbstsucht sie tödtet, nicht der Sturm despotischer Gewalt sie vernichtet! Auch die Völker haben ihre

Maitage, wo die blütenumkränzte Hoffnung erwacht, wo die patriotische Phantasie mit rosenfarbenen Gesichten spielt. Auch die Völker haben ihren Erndtemonat, und der Baum ihres Lebens umhängt sich mit köstlichen Früchten, dem Segen des Wohlstandes und dem Ruhme der Geschichte, wenn er wurzelt in der Liebe zum Vaterland, wenn er von treuen Bürgerhänden gepflegt und gehegt wird.

Für unser Deutschland war ein solcher Mai aufgegangen, mit brausender Jugendkraft stürzte das deutsche Volk in den Kampf, zu erringen die Freiheit, zu erringen ein Vaterland; aber die edelste Blüte des Siegs ward zernagt vom Wurm fürstlich-aristokratischer Selbstsucht, die heilige Saat, von edlem Bürgerblute gedüngt, ward zertreten vom eisernen Fuß der Despoten. Nun ist er wiedergekehrt der herrliche Völker-Mai, er steht vor Aller Augen, das Haupt umkränzt mit den Kränzen der Hoffnung: frisch will der Völkerbaum grünen und blühen, und mit reicher Frucht sich beladen. Aber noch stehen wir sinnend und zaudernd; noch ist ihm nicht Aller Liebe geweiht, Aller pflegende Sorgfalt; noch schmachten die Wurzeln auf dürrem Gestein, dürftig benetzt von den Thränen der Märtyrer, die in Verbannung leben, in Kerkern seufzen, oder dem Vaterlande den letzten Gruß zuwinkten von dem Schaffot. –

So weit von diesem erhabenen Punkte der Blick reicht, dehnt sich aus das herrliche Rheinthal, jener beneidete Garten, auf den die Natur alle Fülle des Segens ausgeschüttet; aber das deutsche Vaterland liegt verödet. Gärten für Obst, für Wein, für Brodfrüchte,[5] grünende Wiesen und Anlagen prangender Luft haben deutsche Hände geschaffen; aber brach liegt der Boden des Vaterlandes. Sinnreich raffinirt der Erwerb, wie er den Baum, wie er den Weinstock veredle, wie er den Waizenhalm [sic] schießen und gewichtig laden mache, wie er den Wasserfluten den Raub entziehe, wie er den wildesten Berg umschaffe zu fruchtbarem Ertrag – aber die Fluren des Vaterlandes stehen verlassen, Dörner und Disteln wuchern, Uhus herrschen als Adler, Büffel spielen die Löwen, und kriechendes Gewürm, Volk genannt, schleicht und windet sich auf der Erde, zahllos sich vervielfältigend und jenen Raubthieren zum üppigen Fraß dienend. Geschäftig forscht und brütet der Geist der Erfindung, der Entdeckung, des Betriebs, wie er aus dem Leib der Erde die Metalle herauf hole zu Werkzeugen der Arbeit, des Gewinns und ach! unsrer Bedrückung; aber das edlere Metall der Vaterlandsliebe ruht verschüttet. Der sinnende Geist errichtet Eisenbahnen und baut Dampfschiffe, das enge Comptoir zum Weltmarkt erweiternd, Land mit Land und Volk mit Volk zu gegenseitigem Wucher verknüpfend: aber der Bürger bleibt fremde dem Bürger, und engherzig verkrüppelt er am Rechentisch, im spießbürgerlichen Puppenspiel, oder am kühnen Wagestück eines – Schleichhandels. Wir widmen unser Leben der Wissenschaft und der Kunst, wir messen die Sterne, prüfen Mond und Sonne, wir stellen Gott und Mensch, Höll' und Himmel in poetischen Bildern dar, wir durchwühlen die Körper- und Geisterwelt: aber die Regungen der Vaterlandsliebe sind uns unbekannt, die

Erforschung dessen, was dem Vaterlande Noth thut, ist Hochverrath, selbst der leise Wunsch, nur erst wieder ein Vaterland, eine frei-menschliche Heimath zu erstreben, ist Verbrechen. Wir helfen Griechenland befreien vom türkischen Joche, wir trinken auf Polens Wiedererstehung, wir zürnen wenn der Despotism der Könige den Schwung der Völker in Spanien, in Italien, in Frankreich lähmt, wir blicken ängstlich nach der Reformbill Englands, wir preisen die Kraft und die Weisheit des Sultans, der sich mit der Wiedergeburt seiner Völker beschäftigt, wir beneiden den Nordamerikaner um sein glückliches Loos, das er sich muthvoll selbst erschaffen: aber knechtisch beugen wir den Nacken unter das Joch der eigenen Dränger; wenn der Despotism auszieht zu fremder Unterdrückung, bieten wir noch unsern Arm und unsere Habe; die eigene Reformbill entsinkt unsern ohnmächtigen Händen, die der Sturz Warschau's in's Zittern gebracht, die Wiedergeburt Deutschlands gilt uns als ein nichtiger Traum, und o! wie möchten wir fähig sein jener sittlichen Kraft, jenes heldenmüthigen Entschlusses, auf dessen Wink ein freies, ein glückliches, ein ruhmvolles Vaterand sich erhöhe? –

Herrliche Werke der sinnigen Andacht unserer bessern Väter prangten dereinst in diesen reichen Gauen, noch streken ihre Wipfel oder Trümmer empor die Dome von Freiburg und Straßburg und Speier und Oppenheim und Mainz und Frankfurt. Andere Tempel erbauten wir daneben, klein und armselig wie unser Sinn und unsre Kraft. Noch steht die Kirche dort, wo ein Luther gepredigt, noch zeigt sie das Bild des

Reichstags, vor welchem er, der muthige Glaubensheld, den Herrscherstab des Pfaffenthums, der Unwissenheit und geistigen Bedrückung zerbrach und die Freiheit des Gewissens und der Forschung für immer errang: aber noch steht der römische Despot mit deutschen Fürsten in Vertrag und Bund, und noch ist kein politischer Luther auferstanden, der das Scepter zerbreche der absoluten Könige, der die Völker erlöse von der Schmach der politischen Knechtschaft.

Wir bauen mit dem Schweiße zinspflichtiger Armen dem Uebermuthe Palläste, der Ueppigkeit Schauspielhäuser und Tanzsäle, der Unterdrückung Kasernen und Zwingburgen, der Lust Landhäuser und Bäder, dem Stolz errichten wir Prunkschlösser, der Eitelkeit Museen und Kunstgallerieen, den Völkerschlächtern Säulen des Ruhms: aber für irgend ein deutsches Nationaldenkmal hat die weite deutsche Erde keinen Raum, haben seine 34 souveräne Fürsten keinen Sinn; eine Nationalhalle suchst du umsonst, wo die Majestät des deutschen Volks wiederstrahle, das freie Gesetz im Innern gründend, die Würde nach Aussen bewahrend.

Tausend Dörfer und Städte sehn wir schimmernd sich ausbreiten, von Bewohnern wimmelnd, wie rührige Ameisen und erdumwühlende Maulwürfe; aber ein höheres Band, sie zu sittlicher Einheit verknüpfend, einen Gedanken, sie emporrichtend zum himmlischen Vater, der sie erschaffen zur Freiheit, zur Menschenwürde: jenes heilige Feuer, das in unserm Haupte den Lichtstrahl entzündet, und unsere Brust zum rettenden Entschlusse der Aufopferung für die Gesammtheit erwärmt, die

Kraft des schwankenden Willens stählt und den flüchtigen Muth des Augenblicks in Flammen setzt – das suchst du vergebens.

Dort Carlsruhe – Carlsruhe; was kannst du weiter von der volkreichen, glänzenden Stadt rühmen, die sich glücklich schätzt, der Schemel üppiger Höflinge zu seyn, und von den Brocken ihrer Tafel sich zu nähren? Hier Speier, einst von tapfern Nemetern[6] bewohnt, einst der prangende Sitz deutscher Reichsversammlungen und des Reichsgerichts, jetzt von etlichen Jesuiten und Aristokraten beherrscht. Dort das reinliche Mannheim, welches, zwischen Hof- und Bürgerthum schwebend, des Lebens Ziel und Preis in der Oper zu finden scheint. Heidelberg, ein altehrwürdiger Musensitz; aber manche der Fackelträger stellen das Licht unter den Scheffel, und mehr als den Musen opfert man dem Mammon und der Eitelkeit, die sich mit Orden bläht und Hoftiteln. Darmstadt, nur auf ein Preßgesetzlein für eine Spanne Landes bedacht, das neben der Censur und unterm Schwert des Bundestags kränkle, jenes deutschen Bundestags, der einen deutschen Stamm zum andern als Fremdling, eine Scholle zur andern als Ausland erklärt. Worms, um dessen Gunst dereinst das deutsche Reichsoberhaupt gebuhlt, dessen tapfere Bürger Kaiser befreiten, wo Luther im Angesichte des Reichstags dem verketzernden Priesterthum Trotz bot, Worms, von den Römern erbaut, hat den Maulkorb um. Mainz, wo das Genie eines Guttenberg das pochende Gefühl in der engen Brust entfesselte und den Gedanken zum geflügelten Wort umprägte, Mainz mußte die Schmach erleben, daß dort ein Spezialgericht zwölf Jahre lang auf

Jünglingen lastete, die von einem Deutschland träumten, weil es in den Proklamationen der Mächtigen verheißen war; Mainz, Deutschlands Bollwerk,[7] seufzt unter der Waffengewalt zweier Könige deren Kabinetpolitik kein Deutschland anerkennt, und das Bollwerk sammt Deutschland schon mehrmals an den Erzfeind verrieth. Frankfurt, rührig mit Fässern und Ballen und Geldsäcken; Frankfurt das im Namen noch den Ruhm eines der muthigsten deutschen Stämme bewahrt; Frankfurt, wo jeder Pflasterstein für eine geschichtliche Erinnerung Deutschlands zeugt; Frankfurt ist - o daß ich Alles mit einem Wort sage! - ist der Sitz des Bundestags, der Sitz des politischen Vatikans, aus welchem der Bannstrahl herabzuckt, wo Irgend ein freier, ein deutscher Gedanke sich hervorwagt.

Sollen die Blicke noch weiter schweifen, den Schleier durchdringend, der die Schmach deutscher Gauen deckt? Wollen wir in den Norden hinabsteigen, wo die Nacht des Absolutismus schwer lastet auf einem Volksstamm, der sich der hellesten Erleuchtung mit Recht rühmte, der zu Deutschlands Befreiung von fremdem Joche sich zuerst und am kräftigsten erhob, jetzt aber ob der schmählichen Knechtschaft im Innern und von Außen sich glücklich preißt? Oder wollen wir die Östlichen Brüder besuchen, welche die mit Sammet überzogene Eisenhand des schlauesten Despotismus von den übrigen Deutschen gewaltsam trennt, ja sie mit dem Henkerbeile gegen dieselben bewaffnet?

Ha! ihr zürnet, deutsche Männer und Frauen, über die dunkeln Schlagschatten im Gemälde der Zeitbewegung: wohl euch, wohl dem Vaterlande, daß ihr zürnet! In diesem edlen Zorn ist die Bürgschaft gegeben, daß einst ein Deutschland wieder erstehe aus den Trümmern, worunter die Gewalt der Zeit und der Verrath der Fürsten es begraben. Leuchtende Strahlen der Hoffnung zucken auf, die Strahlen der Morgenröthe deutscher Freiheit, und bald, bald wird ein Deutschland sich erheben, herrlicher als es jemals gewesen.

Noch ist's dasselbe Volk, um welches, als den natürlichen und politischen Mittelpunkt, einst alte Völker Europa's sich reihten; noch ist's dasselbe Volk, das in der Zeit tiefster Erniedrigung mit heiliger Begeisterung die Ketten des Fremdlings zerbrach[8] und auf blutigen Siegesfeldern den Altar des Vaterlandes erhob; wie zersplittert und vereinzelt auch die Bestrebungen der Stämme für die Erringung gesetzlicher Freiheit, es sind Steine zum großen Nationalbau für Alle; die Hände, welche Opernhäuser und Zwingburgen errichteten, werden auch Hallen erbauen, worin die Repräsentanten deutscher Nation über das Wohl des gemeinsamen Vaterlandes berathschlagen; mitten aus den Schwärmen der Elenden, die um wankende Throne sich lagern, oder sonst im Schlamm abscheidender Selbstsucht sich wälzen, richten sich Tausende männlich empor, glühend für deutsche Freiheit und Volksthum; wenn wir im Gewühl jener Städte viel nichtiges Treiben für Befriedigung des Bauchs und kränkelnder Sinnenlust sehn, so bemerken wir auch mit Freude die muthigen Vaterlandsvereine, den erwachenden Bürgerstolz, die stets regere Theilnahme an allem Oeffentlichen;

in jenem herrlichen Frankfurt zumal, wo die finstere Gewalt aristokratischer Häuptlinge lauert, flimmert schon der Funke der Freiheit, der im deutschen Volkssaal zur helleuchtenden Flamme sich entzünden wird; ja auch in den gelähmten Norden und Osten dringt, erwärmend und belebend, immer tiefer der Strahl politischer Aufklärung, auch unsere dortigen Brüder haben vom Baum des Erkenntnisses gekostet, und darum steht auch vor ihrem Blick unser deutsches Vaterland In seiner traurigen Nacktheit, in seiner unwürdigen Blöse; auch für sie wird ein froher Maitag anbrechen, und wenn wir sie noch vermissen beim heutigen Feste der Hoffnung, sie feiern es doch mit im Geist, und sie werden nicht ausbleiben, wann wir das Erndtefest begehn, wann die Hoffnung zur Wirklichkeit gediehen, wann das Vaterland, das wir jetzt noch im Herzen tragen, einig und frei und stark, ein deutscher Riese, lebendig vor unsere Augen treten wird.

Und es wird kommen der Tag, der Tag des edelsten Siegstolzes, wo der Deutsche vom Alpengebirg und der Nordsee, vom Rhein, der Donau und Elbe den Bruder im Bruder umarmt, wo die Zollstöcke und die Schlagbäume, wo alle Hoheitszeichen der Trennung und Hemmung und Bedrückung verschwinden, sammt den Constitutiönchen,[9] die man etlichen mürrischen Kindern der großen Familie als Spielzeug verlieh; wo freie Straßen und freie Ströme den freien Umschwung aller Nationalkräfte und Säfte bezeugen; wo die Fürsten die bunten Hermeline feudalistischer Gottstatthalterschaft mit der männlichen Toga deutscher Nationalwürde vertauschen, und der Beamte, der Krieger, statt mit der Bedientenjacke des Herrn und Meisters, mit der Volksbinde sich schmückt; wo nicht 34 Städte und Städtlein, von 34 Höfen das Almosen empfangend, um den Preis hündischer Unterwerfung, sondern wo alle Städte, frei emporblühend aus eigenem Saft, um den Preis patriotischer Gesinnung, patriotischer That ringen; wo jeder Stamm, im Innern frei und selbstständig, zu bürgerlicher Freiheit sich entwickelt, und ein starkes, selbstgewobenes Bruderband alle umschließt zu politischer Einheit und Kraft; wo die deutsche Flagge, statt Tribut an Barbaren zu bringen, die Erzeugnisse unseres Gewerbfleißes in fremde Welttheile geleitet, und nicht mehr unschuldige Patrioten für das Henkerbeil auffängt, sondern allen freien Völkern den Bruderkuß bringt. Es wird kommen der Tag, wo deutsche Knaben, statt durch todte Spielereien mit todten Sprachen sich abzustumpfen, und die Jünglinge, statt auf mittelalterlichen Hochschulen durch Gelage, schnöde Tändelei und Klopffechterei zu verkrüppeln, durch lebendigen Nationalunterricht und würdige Leibesübung sich zu deutschen Männern heranbilden und zu jenem Vaterlandssinn sich stählen, von dem alle politische Tugend, alle Großthat ausströmt; wo das deutsche Weib, nicht mehr die dienstpflichtige Magd des herrschenden Mannes, sondern die freie Genossin des freien Bürgers, unsern Söhnen und Töchtern schon als stammelnden Säuglingen die Freiheit einflößt, und im Samen des erziehenden Wortes den Sinn ächten Bürgerthums nährt; und wo die deutsche Jungfrau den Jüngling als den würdigsten erkennt, der am reinsten für das Vaterland erglüht; wo, abschüttelnd das Joch des Gewissens, der Priester Trug und den eigenen Irrwahn, der Deutsche zu seinem Schöpfer die unverfälschte Sprache des Kindes zum Vater redet; wo der Bürger nicht in höriger Unterthänigkeit den Launen des Herrschers und seiner knechtischen Diener, sondern dem Gesetze gehorcht, und auf den Tafeln des Gesetzes den eigenen Willen liest, und im Richter den freierwählten Mann seines Vertrauens erblickt; wo die Wissenschaft das Nationalleben befruchtet und die würdige Kunst als dessen Blüte glänzt.

Ja, er wird kommen der Tag, wo ein gemeinsames deutsches Vaterland sich erhebt, das alle Söhne als Bürger begrüßt, und alle Bürger mit gleicher Liebe, mit gleichem Schutz umfaßt; wo die erhabene Germania dasteht, auf dem erzenen Piedestal der Freiheit und des Rechts, in der einen Hand die Fackel der Aufklärung, welche civilisirend hinausleuchtet in die fernsten Winkel der Erde, in der andern die Wage des Schiedsrichteramts, streitenden Völkern das selbsterbetene Gesetz des Friedens spendend, jenen Völkern, von welchen wir bis jetzt das Gesetz der Gewalt und den Fußtritt höhnender Verachtung empfangen.

Seit das Joch abgeschüttelt des fremden Eroberers, erwartete das deutsche Volk, lammfromm, von seinen Fürsten die verheißene Wiedergeburt; es sieht sich getäuscht, darum schüttelt es zürnend die Locken und drohet dem Meineid. Die Natur der Herrschenden ist Unterdrückung, der Völker Streben ist Freiheit. Das deutsche Volk, wenn die Fürsten nicht ihren Wolkenthron verlassen und Bürger werden, wird

in einem Moment erhabener Begeisterung allein vollenden das Werk, wovor der siechkranke Dünkel erschrickt, wovor die auszehrende Selbstsucht erbebt, und wogegen die hinsterbende Gewalt vergebens die Streiche des Wahnsinns in die Luft führt; das deutsche Volk wird vollbringen das heilige Werk durch einen jener allmächtigen Entschlüsse, wodurch die Völker, wenn die Fürsten sie an den Abgrund geführt, sich einzig zu retten vermögen.

Dies der Gedanke des heutigen Festes, des herrlichsten, bedeutungsvollsten, das seit Jahrhunderten in Deutschland gefeiert ward, - der Gedanke, der Tausende von ausgezeichneten deutschen Bürgern auf dieser Höhe versammelt und den Millionen andere Deutsche mitempfinden, der Gedanke der Wiedergeburt des Vaterlandes. Und solcher Gedanke schallt von dieser Bergruine, an deren starren Felswänden so mancher Schädel verzweifelnder Bauern sich verblutete, von diesem bischöflichadeligen Raubnest, an welchem deutsche Volkskraft sich übte, die heiße Rache durch Zerstörung kühlend, schallt die Forderung deutscher Freiheit, deutscher Wiedergeburt, bedeutungsvoll mahnend, in alle Gauen des zerrissenen, des zertretenen Gesammtvaterlandes hinüber! Darum noch einmal! Leuchten wird der große Tag, wozu in jeder flüchtigen Stunde neue Herzen sich bereiten, und wär' es uns nicht vergönnt, ihn zu schauen, so würden unsre bessern Söhne desto gewisser ihn herausführen, sie, in deren unbefleckten Gemüthern jener Freiheitsstolz und jener Männersinn glüht, der einst Herrmann und seine Tapfern gegen die Dränger des Volkes geführt; unsre Söhne haben es gelobt und geloben es täglich; - was dort auf benachbarter Hochschule von etlichen deutschen Jünglingen aus Preußen voll edlen Entschlusses gesprochen ward, es wiederhallet als Morgen- und Abendgedanke in allen reinen Jugendherzen; derselbe glühende Drang für das Vaterland kocht und siedet und sprudelt in der Brust aller Knaben und Jünglinge, die noch nicht vergiftet sind von den Lehren der Selbstsucht, des aristokratischen Hochmuths; sie wollen den stolzen Tag heraufführen, wo das morsche gothische Gebäude des politischen Europa zusammensinkt, wobei man sich über nichts wundern wird, als über das geringe Getöse des Sturzes.

Doch nimmermehr wollen wir unsern Söhnen und Enkeln das heilige Werk überlassen, ein deutsches Vaterland zu gründen, nimmermehr wollen wir ihnen den Ruhm und den Stolz gönnen, dieses Vaterland erst vor ihren Blicken sich erheben zu sehn; nimmermehr wollen wir unsrer eignen Halbheit und Schwäche die Schminke leihen, indem wir, anscheinend arglos, versichern, die Gegenwart, die übrige Mitwelt sey nicht reif für Ideale, die wir im Geiste nähren.

Wir selbst wollen, wir selbst müssen vollenden das Werk, und, Ich ahne, bald, bald muß es geschehen, soll die deutsche, soll die europäische Freiheit nicht erdrosselt werden von den Mörderhänden der Aristokraten.

Die Jugend empfängt von den Männern den Rath der Weisheit; mögen die Männer am flammenden Muthe der Jugend sich entzünden. Die Jünglinge werfen von sich den Tand, womit sie früher gespielt; sie verwischen alle Unterschiede, sie vertilgen alle Landsmannschaften und Trennungen: ihr deutsche Männer! o lasset auch uns aller Spaltungen vergessen, alle Marken und Abscheidungen beseitigen; lasset uns nur eine Farbe tragen, damit sie uns stündlich erinnere, was wir sollen und wollen, die Farbe des deutschen Vaterlands; auf ein Gesetz nur lasset Im Geist uns schwören, auf das heilige Gesetz deutscher Freiheit; auf ein Ziel nur lasset uns blicken, auf das leuchtende Ziel deutscher Nationaleinheit, deutscher Größe, deutscher Macht: und wenn einst alle deutschen Männer dieser eine Gedanke voll und lebendig durchdringt, dann, ich schwör' es bei Thuisko,[10] dem Gott der freien Deutschen, dann wird in strahlendster Gestalt sich erheben, wonach wir Alle ringen und wozu wir heute den Grundstein legen - ein freies deutsches Vaterland.

Es lebe das freie, das einige Deutschland!
Hoch leben die Polen, der Deutschen Verbündete!
Hoch leben die Franken, der Deutschen Brüder, die unsere Nationalität
und Selbstständigkeit achten! Hoch lebe jedes Volk, das seine Ketten bricht
und mit uns den Bund der Freiheit schwört!

Vaterland - Volkshoheit - Völkerbund hoch![11]

Kommentar

Die Forderungen nach Einheit und Freiheit standen im Zentrum der auf dem Hambacher Fest gehaltenen Reden, wenngleich auch jeder Redner unterschiedliche inhaltliche Schwerpunkte setzte. Diese Forderungen bilden auch bei Siebenpfeiffers Rede die zentralen Aussagen. Wie bereits im Text der Einladung zum Hambacher Fest („Der Deutschen Mai"), die ebenfalls aus seiner Feder stammte, formuliert Siebenpfeiffer Freiheit und Einheit als politischen Zustand, den es zu erreichen gilt. Das Hambacher Fest solle ein „Fest der Hoffnung" sein, bei dem es um das politisch „zu Erringende" geht. Aktuelle politische Verhältnisse stellt er den wünschenswerten Zuständen gegenüber. Freiheit und Einheit ziehen sich als wichtigste Themen wie ein roter Faden durch die Ansprache. Die thematische Stringenz wird auch auf sprachlicher Ebene weitergeführt.

Siebenpfeiffers Sprache und Ausdrucksweise bleibt klar und verständlich. Dies thematisiert er selbst, wenn er anfangs betont: „Ich werde schlicht seyn, denn ich rede zu Allen." So weist sein Text eine Reihe von Motiven, Vergleichen und Metaphern auf, die augenscheinlich an das heterogene Publikum angepasst sind, – angefangen bei Vertreten aus dem Bürgertum, Handwerkern und Winzern bis hin zu Dienstboten und Frauen. Siebenpfeiffer stellt Begriffe wie „Sonne", „leuchten", „Gottesfunke" für die zu erreichende Freiheit, negativen Formulierungen wie „Nacht", „finster", „Selbstsucht" als derzeitige politische Verhältnisse gegenüber. Das bekannteste der Motive, auf das Siebenpfeiffer setzt, ist das häufig im Kontext der freiheitlichen und liberalen Bewegung verwendete Bild der Maifeier und des (Völker-)Frühlings. Als Symbole für das Wiedererwachen (der Natur), Hoffnung und Zuversicht eignete sich dieses Bild aus der germanischen Tradition sehr gut zur Vermittlung politischer Botschaften. Selbst abseits des Bildungsbürgertums war das Bild für alle verständlich. Detaillierte Naturbilder kombiniert Siebenpfeiffer mit politischen Aussagen, wenn er hofft, dass die „belebende Sonne der Vaterlandsliebe" die Menschen „befruchtet". Den Winterfrost, der Blütenknospen zerstört, vergleicht er mit „despotischer Gewalt". Und auch das starke Bild der Ernte bedient er mit der Aussicht, dass ein einiges, freies und starkes Vaterland am Ziel der Bemühungen als „Ernthe" wartet. Das Natur-Motiv zieht sich stringent durch Siebenpfeiffers Rede, wenn er weiter unten das derzeit unterdrückte Volk mit „kriechendem Gewürm", die Fürsten aber mit „Raubthieren" vergleicht. Daneben greift Siebenpfeiffer auch auf andere Bilder zurück. Mit der Metapher eines „politischen Luthers" bedient er sich ebenfalls einer deutlichen Sprache. Die politische Vollendung der Reformen und das Einstehen gegen Unterdrückung seien die Werkzeuge, mit der man die Völker befreien und aus der politischen Knechtschaft führen könne.

Während die Bildsprache in Siebenpfeiffers Rede überwiegend der Verdeutlichung des Freiheits-Themas dient, verwendet er in Bezug auf die zu erreichende Einheit

Begriffe, die mit Stärke assoziiert werden. Die Vereinigung der deutschen Länder zu einem einheitlichen Deutschland gehörte bis zur Gründung des Deutschen Kaiserreiches 1871 zu den dringlichsten politischen Forderungen. Siebenpfeiffer sieht in der Einheit das Mittel, um die absolutistischen Strukturen zu überwinden und „deutsche Nationalwürde" und „Kraft" zu erlangen. Sie ist für ihn der Idealzustand und „leuchtendes Ziel." Obwohl Siebenpfeiffer dabei auch vereinzelt Formulierungen wie „deutsche Größe, deutsche Macht" verwendet, ist eine herausragende Eigenschaft der Hambacher Forderungen, dass sie nie der Abgrenzung gegenüber anderen dienen. Der integrative Charakter von Siebenpfeiffers Rede ist deutlich herauszulesen. Formulierungen wie „jedermann", „Völkerbaum", „aller Spaltung vergessen", „den Bruder im Bruder umarmt", „freie Völker", „Gesetz des Friedens" und „gemeinsames Vaterland" sprechen für Gleichstellung und Partizipation – nicht für Abgrenzung oder nationale Überhöhung. Ausgeschlossen aus dieser integrativen Begrifflichkeit sind nur die Feinde von Freiheit und Einheit. Die Integration besitzt bei Siebenpfeiffer zwei Ebenen: eine nationale und eine internationale. Freie deutsche Bürgerinnen und Bürger sollen sich zusammenschließen, genau wie auch andere Völker diesen Zusammenschluss erreichen sollen. Die Völker sind in diesem Bild keine Konkurrenten, sondern Gleichgesinnte im Kampf gegen Unterdrückung. Freiheit, Menschenwürde und politische Aufklärung stehen für Siebenpfeiffer deutlich im Vordergrund. Damit äußert er sich – vor allem im Gegensatz zu Wirth – deutlich kosmopolitischer. Statt eines „Europa der Nationen", wie dies heute von nationalistischen Kräften in einigen Ländern gefordert wird, stehen Siebenpfeiffers Äußerungen für eine europäische Integration und den Völkerbund.[12]

Bemerkenswert sind Siebenpfeiffers Äußerungen zur Rolle der Frauen. Gesellschaftliche wie politische Gleichberechtigung von Frauen spielten im 19. Jahrhundert noch keine große Rolle. Siebenpfeiffer jedoch fordert, dass Frauen künftig nicht auf die Rolle der Hausfrau und der „dienstpflichtigen Magd" beschränkt bleiben sollen. Er sieht sie im Gegenteil an der Seite der Männer im Kampf für die politischen Ziele. Durch diese Gleichstellung würden auch künftige Generationen im Sinne einer freiheitlichen Gesellschaft erzogen. Unter den Organisatoren und Rednern des Hambacher Festes befinden sich trotz dieser Aussagen nur die männlichen Akteure. Dabei ist natürlich zu beachten, dass die Unterschiede bei den Geschlechterrollen des 19. Jahrhunderts noch sehr stark ausgeprägt waren. Spricht Siebenpfeiffer hier also von „freien Genossinnen", geht es wohl zunächst eher um eine Anpassung der Rollen, weniger um eine völlige Gleichberechtigung, wie man sie im 21. Jahrhundert begreift. Dennoch ist die Bedeutung der Aussage nicht zu unterschätzen und ist im Kontext der generellen Öffnung der liberalen und frühdemokratischen Bewegung über das Bildungsbürgertum hinaus zu verstehen, die sich in den 1830er Jahren zunehmend vollzog.[13]

Am Ende seiner Ansprache fasst Siebenpfeiffer seine politischen Forderungen nach Einheit, Freiheit und europäischer Zusammenarbeit noch einmal zusammen: „Vaterland – Volkshoheit – Völkerbund hoch!".

1   Eine Art Vorläufer des heutigen Landrats.
2   Geschworenengerichte bei Zivil- und Kriminalprozessen, die unter französischer Herrschaft im linksrheinischen Gebiet eingeführt worden waren und auch nach dem Anschluss an das Königreich Bayern weiter bestanden.
3   Mehr zur Biografie von Philipp Jakob Siebenpfeiffer siehe: Hüls 2006; Wadle 2006; Becker 2015.
4   Vgl. Wirth 1832.
5   Beim Brotfruchtbaum handelt es sich um eine tropische Nutzpflanze, die ursprünglich in Südostasien beheimatet ist. Die Brotfrucht wurde erst Ende des 18. Jahrhunderts vom Mainzer Naturforscher und Revolutionär Georg Forster während einer Südsee-Expedition mit James Cook entdeckt. Berühmt wurde die Brotfrucht durch ihre Rolle bei der Meuterei auf der Bounty. Die Erwähnung an dieser Stelle legt nahe, dass Siebenpfeiffer Forsters Veröffentlichungen kannte.
6   Germanischer Stamm aus der Gegend am Oberrhein.
7   Nach dem Wiener Kongress 1815 wurde Mainz mit seinen Festungsanlagen zur Bundesfestung. Österreichische und preußische Truppen waren hier zu gleichen Teilen stationiert, die Festung unterstand direkt der Bundesversammlung des Deutschen Bundes. Von 1819 bis 1828 war die Stadt außerdem Sitz der Mainzer „Central-Untersuchungskommission" zur Überwachung befürchteter revolutionärer Bewegungen.
8   Gemeint sind hier die Befreiungskriege gegen die Herrschaft von Napoleon Bonaparte 1813 bis 1815.
9   Die Verniedlichung ist hier als Kritik an den zu diesem Zeitpunkt gültigen Landesverfassungen zu verstehen.
10   Stammvater der Deutschen bei Tacitus.
11   Zit. nach: Wirth 1832, S. 31–41.
12   Mehr zu den europäischen Perspektiven im Vormärz siehe u.a.: Ries 2016.
13   Mehr zum Hambacher Fest und die Rolle der Frauen siehe u.a.: Mathy 1984.

DIE WIEGE EURER FREIHEIT UND DER HEILIGEN VERBRÜDERUNG DER VÖLKER – LUCIEN REYS REDE AUF DEM HAMBACHER FEST

Neben einer Reihe von internationalen Grußadressen und vielen Teilnehmenden aus den europäischen Nachbarländern, gehörte Lucien Rey zusammen mit den Polen Laski, Grzymala, Oranski und Zatwarnicki zu den ausländischen Rednern auf dem Hambacher Fest.[1] Rey stammte ursprünglich aus Frankreich und gehörte im Elsass zu den bekanntesten republikanischen Vorkämpfern. Zum Hambacher Fest war er gemeinsam mit einer 40-köpfigen Delegation der Sociétè des Amis du peuple (Gesellschaft der Volksfreunde) aus Straßburg angereist, in deren Namen er sprach.[2]

Lucien Reys Biografie ist nur bruchstückhaft überliefert. Geboren 1805, lebte er in den 1830er Jahren in Straßburg und Karlsruhe. Offenbar war Rey zunächst als „Advokat" tätig.[3] In der offiziellen Festbeschreibung wird Rey als „vormaliger Redacteur des Journal universel" vorgestellt.[4] Vermutlich arbeitete er außerdem bei der Zeitschrift „Le Monde en Estampes" mit, die seit 1832 in Karlsruhe erschien. Bei der Karlsruher Zeitung „Zeitgeist" fungierte er außerdem zwischen 1832 und 1834 als Straßburg-Korrespondent.[5] Im Karlsruher Adressbuch war Lucien Rey 1833 offiziell als „französischer Sprachlehrer" eingetragen. Nach dem Hambacher Fest wurde Lucien Rey 1833 in Straßburg festgenommen. Jedoch kam es anscheinend zu keiner Anklage. Ein Jahr später erschien Reys Publikation „Notice historique sur la montagne de Sainte Odile"; weitere biografische Hinweise fehlen.[6]

Während Rey seine Rede auf dem Hambacher Fest auf Französisch gehalten hatte, wurde für die offizielle Festbeschreibung scheinbar eine Übersetzung angefertigt. In der Veröffentlichung ist Reys Ansprache in Gänze sowohl in französischer als auch in deutscher Sprache erhalten. Reys Worte sind in direktem Zusammenhang zur Rede von Johann Georg August Wirth zu sehen, da Rey auf dessen Behauptung eingeht, dass Frankreich auf eine Rückgewinnung des linken Rheinufers aus sei (Abb.1).

LA SOCIÉTÉ DES AMIS DU PEUPLE,
COMITÉ DE STRASBOURG,
A
L'ASSEMBLÉE PATRIOTIQUE ALLEMANDE
RÉUNIE A HAMBACH.

Die Gesellschaft der Volksfreunde,
Comité von Strasburg,
dem patriotischen Bundesvereine Deutschlands in Hambach.

« Peuples, formez une sainte alliance,
« Et donnez-vous la main. »
Béranger.

„ Völker, schließt den heil'gen Bund,
„ Und reichet euch die Bruderhand "
Béranger.

PATRIOTES ALLEMANDS,

Le culte de la liberté est commun à tous les peuples civilisés. C'est la religion de tous les hommes dont le cœur bat pour la patrie, et qui désirent franchement le bonheur de l'humanité.

Cette religion, cette foi, doivent unir toutes les sectes, toutes les races, toutes les nations.

Vous avez senti cette vérité, quand vous avez résolu la solennité qui vous rassemble aujourd'hui. Aussi le cœur des patriotes français a répondu au vôtre, et leur sympathie s'est réveillée plus vive, à l'aspect du feu qui vous anime.

Persévérez, patriotes allemands, dans votre noble résolution ; formez un pacte d'union entre vos peuplades éparses ; brisez les entraves que l'absolutisme emploie pour les diviser.

Qu'une généreuse et sainte fraternité s'établisse entre vous. La nation française applaudit à vos efforts ; elle partage vos vœux ; votre cause est aussi la sienne. Car, si c'est elle qui a donné l'essor, en 1830, à cet esprit de liberté qui remue le monde aujourd'hui, elle n'en gémit pas moins sous le poids des plus amères déceptions, victime de sa confiance dans certains hommes qui ne lui offraient d'autre garantie que leurs perfides et pompeuses promesses.

Que son exemple vous serve doublement de leçon !

Recevez en particulier l'expression des sentimens de fraternité que vous ont voués les patriotes de Strasbourg.

Comptez en toute occasion sur leur concours et leur sympathie. Ils sont prêts à défendre, comme vous et avec vous, au prix de leur sang et de leur vie, les intérêts de tous, les intérêts de la liberté.

Alliance et fraternité.

HM 0/2997

Deutsche Männer!

Der Cultus der Freiheit ist allen gebildeten Völkern gemein. Es ist die Religion der Männer deren Herz für Vaterland und für die Menschheit schlägt, Aller derer die mit Kraft und Biedersinn nach der Wohlfahrt ihrer Brüder streben.

Diese Religion, dieser Glaube einet alle Sekten, alle Stämme, alle Nationen.

Diese Wahrheit habt Ihr empfunden als Ihr das hohe Fest beschlossen, das Euch heute vereint. Auch unser Herz, das Herz von Frankreichs Patrioten, schlug dem Eurigen entgegen, und zu neuem Leben ist die Sympathie erwacht beim Anblick der heiligen Flamme die Euch durchglüht.

Beharret treu und bieder, deutsche Männer, in Eurem edlen Entschluß. Schließet den Bund der Völker-Einheit unter Euren getrennten Fürstenstaaten. Zernichtet die Fesseln die der Absolutismus zu Eurer Trennung geschmiedet.

Mög' unter Euch ein hochherziger und heiliger Bruderbund erstehen. Das Frankenvolk jauchzt Euerm muthvollen Streben Beifall zu, es theilt Eure Wünsche, Eure Sache ist auch die seinige. Obgleich es in den Juliustagen diesem Geiste der Freiheit den ersten Aufschwung gegeben, der die Welt jetzt in Bewegung setzt, so seufzt es nichts destoweniger unter den Folgen der bittersten Täuschungen, als Opfer seines Vertrauens in gewisse Menschen, die ihm keine andere Bürgschaft darboten, als ihre falschen und prahlerischen Versprechungen.

Möchte sein Beispiel Euch zur zweifachen Lehre dienen!

Empfanget nun, besonders, die Versicherung des biedern Bruder-Sinnes den Euch Straßburgs Patrioten auf alle Zeiten weihen.

Rechnet bei jeder Gelegenheit auf ihren Beistand und ihre Sympathie. Auch sie sind bereit, gleich Euch und mit Euch, mit Blut und Leben das Interesse Aller, das Interesse der Freiheit zu befördern und zu wahren.

Bundesgruß den Brüdern.

STRASBOURG, DE L'IMPRIMERIE DE Mme Ve SILBERMANN.

Abb. 1: Grußadresse der „Gesellschaft der Volksfreunde" aus Straßburg an den „patriotischen Bundesvereine Deutschlands in Hambach" anlässlich des Hambacher Festes 1832.

Die Wiege Eurer Freiheit und der heiligen Verbrüderung der Völker

Meine Herren!

Es ist ohne Zweifel Kühnheit, ich möchte selbst sagen Verwegenheit von mir, nach den ausgezeichneten Reden, die Sie angehört, vor Ihnen das Wort zu nehmen; allein während Deutschland wieder erwacht, während Sie mit begeistertem einstimmigem Freudenruf die Morgenröthe der aufkeimenden Freiheit begrüßen, fühle ich das Bedürfniß, einige Worte im Namen Frankreichs zu Ihnen zu sprechen. Dies Bedürfniß fühle ich um so lebhafter, da mein Vaterland auf dieser Tribüne verkannt wurde, und ich es Frankeich, welchem anzugehören mein Stolz ist, schuldig bin, die Gefühle, die dasselbe beleben, hier auszusprechen. Und hat es nicht selbst diese Gefühle ausgesprochen, durch die große Zahl seiner Kinder, die sich hier zur Feier des festlichen Tages versammelt finden, der die Wiege Eurer Freiheit und der heiligen Verbrüderung der Völker seyn wird? Hat es nicht gezeigt, wie groß seine Sympathie für Euch ist, da trotz der Hindernisse, die Eure Regierung ihnen entgegensetzte, mehrere seiner Bürger gekommen sind, Euch die Fahne aufpflanzen zu sehen, welche Eure Unabhängigkeit, die Fahne, welche Eure wiege Freiheit proklamirt.

Und Ihr wagt es, auf dieser Tribüne, von der herab man nur Worte des Friedens und der Einigung vernehmen sollte, Ihr wagt es, sage ich, Frankreich den Vorwurf zu machen, da dieses edle Entgegenkommen geheime Motive des Ehrgeizes und des Interesse's verhülle, daß es nichts sey als eine schimpfliche Berechnung, und daß wir zu Euch gekommen seyen mit Plänen der Eroberung, mit dem Gedanken, den ersten günstigen Moment zu benützen, um Euch durch die Waffen eine Gewalt aufzudringen, die Ihr nicht anerkennen, eine Gewalt, die Ihr nicht aufnehmen wollt. Nein, meine Herren, dies ist nicht die Gesinnung Frankreichs, des Juli-Frankreichs, und mit dieser Benennung bezeichne ich Alles, was bei uns im Herzen die Gesinnung des Bürgers hegt, Alles, was entzückt ist bei dem Namen Vaterland, Alle, die zu den Waffen eilen würden, um den heiligen Boden zu vertheidigen, den ihnen der Tag gegeben. Diese Männer sind zahlreich in Frankreich; es ist der schimpflichen Gewalt, unter der mein Vaterland in diesem Augenblicke seufzet, und von der es sich in kurzer Zeit befreien wird, es ist ihr noch nicht gelungen, diese edle Gefühle ersticken, die Gefühle unserer Väter, die 1791 dieselben zu Sieger über siebzehn Armeen gemacht, und in deren Namen sie ein um's andre mal an den Ufern des Arno[7], des Rheins und des Nil gelagert waren.

Ah, meine Herren! Leider nur mit Schmerz wenden wir unsere Blicke zurück auf jene glorreichen Tage, welche die Herrschaft des Gesetzes und der Freiheit auf immer in Europa begründen sollten, und die unsere Väter als den Anfang der Völker-Aera und als das Ende der Königsherrschaft begrüßten. Aber wenn uns auch ein solches Glück nicht beschieden war, wenn auch die Nation von Neuem unter das Joch gebeugt worden, wenn auch die Revolution von 1789 die Beute eines ehrgeizigen Despoten[8] wurde, wenn die Patrioten sich blenden ließen durch den Ruhm, so verdienen doch letztere die Bewunderung und Sympathie der Patrioten Deutschlands und aller Derer, denen der Name Freiheit und Vaterland nicht leere Worte sind, endlich aller Derer, die hier versammelt sind.

Vor diesem Monumente der Feudalherrschaft, vor diesem Gespenste einer verschollenen Zeit, aus der aber die unsrige leider noch zu viele Spuren trägt, laßt uns zu uns aufrufen die Schatten aller Männer, deren Blut für die Befreiung der Nationen geflossen ist! Schwören wir, sie nachzuahmen, schwören wir, frei zu leben oder zu sterben! Aber vor diesem feierlichen Schwure laßt uns unsere Fahnen vereinigen, und die Umtriebe der Despoten werden an uns scheitern, die Wuth unserer Unterdrücker wird nichts gegen uns vermögen!

Die Revolution von 1789 ruft eine neue Epoche zurück, eine Epoche, reich an ruhmvollen Erinnerungen, fruchtbar an Lehren. Es sind die drei Tage von 1830, wo Frankreich von Neuem sich erhob wie ein einziger Mann, das Joch dreißigjähriger Unterdrückung abzuschütteln und die Sonne der Freiheit von Neuem in's Leben zu rufen, die an diesem festlichen Tage zum erstenmale wieder seit Jahrhunderten die Fahne beleuchtet, die auch auf diesen Ruinen wehet. Auch wir begrüßen in jenen Tagen mit Begeisterung unsere Farben, sie erinnerten an so vielen Ruhm, an so viel Unglück, so vielen Muth [...] sie wehen noch in meinem Vaterlande, aber sie sind fast erbleicht von dem unwürdi-

gen Spiele, das eine Regierung mit ihnen trieb, welche von den Nationen mit dem Brandmal der Infamie bezeichnet ist!

Glorreiche Tage, werdet ihr nimmer wiederkehren; unsere Erwartungen, waren es nichts als Träume? [...] Warschau, edle S chwester, wirst du auf immer ein Grab seyn, wird der Kosake ewig auf deinen Mauern wachen, vom Blute so vieler Braven bethauet?[9] Die Henker Italiens und Spaniens[10], werden sie noch lange die Herzen der Patrioten zermalmen, und die Völker werden sie nie den Muth haben, der Wuth und dem Verbrechen ihrer Unterdrücker ein Ziel zu setzen? Dies, meine Herren, sind die Fragen, die das Juli-Frankreich täglich an sich stellt, vor dieser Frage fallen von selbst alle Pläne der Berechnung oder der Eroberung, die der berühmte Redner meinem Vaterlande leiht, der diesen Morgen auf dieser Tribüne sprach, und dessen edle Bemühungen für den Sieg der Freiheit in Frankreich so viel Anerkennung fanden. Nein, meine Herren, Frankreich will nicht Rheinbaiern, es hat nicht die Absicht, euch dasselbe wegzunehmen; es will eine Verbindung mit Deutschland, eine offene redliche Verbindung, mit welcher auf immer fallen, müssen alle Schranken, welche die Könige zwischen uns aufgerichtet haben, zu unserm Unglück und dem eurigen. Ohne diese Vereinigung ist die Freiheit in Europa unmöglich.

Freiheit, Einigkeit, Beharrlichkeit! dies seyen die Losungsworte, dies der Wahlspruch, und mit der Hülfe Gottes werden die Völker von Neuem erstehen frei, groß und unabhängig! Es lebe der heilige Bund der Völker![11]

Kommentar

Während zur Zeit des Hambacher Festes in einem großen Teil der deutschen Länder unter dem Eindruck der Befreiungskriege gegen Napoleon 1813/14 eine antifranzösische Stimmung befeuert wurde, die noch Jahrzehnte lang im Kontext des Deutsch-Französischen Krieges 1870/71 und der beiden Weltkriege als konstruiertes Bild der „Erbfeindschaft" geschürt werden würde, unterschied sich die Entwicklung in der ehemals französischen Pfalz zunächst vom „frankophoben Kulturnationalismus" im restlichen deutschen Raum.[12]

Hintergrund dieser Situation waren die engen Verbindungen, die sich zwischen der Pfalz und Frankreich über das Verhältnis einer Grenzregion hinaus im Laufe der Zeit entwickelt hatten. Nach der Französischen Revolution war es in den 1790er Jahren mehrfach zu französischen Eroberungen des linksrheinischen Gebiets (Koalitionskriege) und schließlich zwischen 1799, bzw. 1801, und 1814 offiziell zur staatsrechtlichen Einverleibung gekommen. Weitaus bedeutsamer als diese kurzzeitige Verschiebung der Grenze zwischen Frankreich und den deutschen Ländern war jedoch der damit verbundene Politik- und Kulturtransfer. Während der Zugehörigkeit zu Frankreich wurden in der Pfalz weitreichende politische Änderungen eingeführt, vor allem in Bezug auf Justiz, Verwaltung und Gesetzgebung. Dazu gehörte 1804 auch die Verbreitung des „Code Civil" im neu geschaffenen Département du Mont-Tonnerre (Donnersberg). Dieses erste bürgerliche Gesetzbuch stand für ein neues Verständnis der Menschen- und Bürgerrechte – in Abgrenzung zum absolutistisch-feudalen Verständnis, das in den restlichen deutschen Ländern noch weitgehend vorherrschte.[13] Wenn auch nicht gegenüber den mehrheitlich als Besatzern wahrgenommenen Franzosen, so hegte man in der pfälzischen Bevölkerung durchaus Sympathie für die mitgebrachten Ideen und freiheitlichen Neuerungen.[14] Die freiheitlich-liberale pfälzische Bewegung in den späten 1820er Jahren, vor allem aber in den frühen 1830er Jahren und in der Revolution 1848/49, stand in direkter Traditionslinie zu dieser Entwicklung. Nach dem Anschluss an Bayern gelang es der Pfalz einen Großteil der aus der französischen Zeit stammenden Gesetze als „Rheinische Institutionen" über viele Jahre und Jahrzehnte hinweg zu verteidigen.[15] Durch die engen Verbindungen der pfälzischen Liberalen mit den französischen Revolutionären sowie die personelle und institutionelle Kontinuität aus der französischen Zeit waren die Beziehungen zum westlichen Nachbarn Frankreich traditionell sehr eng.[16] So war es beinahe eine Selbstverständlichkeit, dass ein nicht unwesentlicher Teil der Besucherinnen und Besucher des Hambacher Festes aus Frankreich stammte. Vor allem aus den grenznahen Regionen Metz, Nancy, Straßburg und Colmar waren viele Teilnehmer angereist.[17]

Auch die Teilnahme Lucien Reys als Redner auf dem Hambacher Fest steht in dieser Kausalität. Thematisch beschäftigt sich dieser in seiner Ansprache, wie viele der anderen Redner auch, mit dem Aspekt der Völkerfreundschaft, spricht etwa von einem heiligen „Bund der Völker" und der „Befreiung der Nationen". Zusätzlich dazu geht Rey auf die

Freiheitsgeschichte Frankreichs ein. Ohne dies konkret auszusprechen, haben seine Worte dabei eher einen mahnenden Charakter, da die Geschichte der revolutionären Erhebungen in Frankreich immer wieder von Brüchen geprägt war. Zugleich betont Rey mit seinem kurzen Überblick der französischen Freiheitsbewegung die große Bedeutung seines Heimatlandes für das gemeinsam angestrebte Ziel der Völkerfreiheit. Dieser Subtext steht im Zusammenhang mit den Ereignissen im Festablauf. Rey hielt seine Ansprache als direkte Reaktion auf die zuvor von Johann Georg August Wirth gehaltene Rede.[18] Wirth setzte sich darin intensiv mit der Rolle Frankreichs bei der aus seiner Sicht zu erwartenden politischen Reform Deutschlands auseinander. Seiner Ansicht nach würde die französische Regierung eine deutsche Freiheitsbewegung nur unterstützen, wenn sie als Ausgleich die deutschen Gebiete links des Rheins dauerhaft zugesprochen bekäme: „Könnte daher diese Parthei auch zu einer Unterstützung der Bewegung in Deutschland sich erschließen, so würde sie das linke Rheinufer als den Preiß ihrer Hülfe fordern. [...] Von Frankreich haben wir daher in dem Kampfe um unser Vaterland wenig oder keine Hülfe zu erwarten."

Die (Wieder-)Angliederung der linksrheinischen Region an Frankreich war für Wirth und die meisten anderen Liberalen keine Option. Doch war er der einzige Hambacher Redner, der die Rolle und Begehrlichkeiten Frankreichs derart negativ und kritisch einstufte. Seine Formulierungen waren so scharf, dass sich der „Redaktions-Ausschuss" der Festbeschreibung genötigt sah, die Rede beim Abdruck mit einer relativierenden Erklärung zu versehen.[19] Im Vergleich mit seinen übrigen Veröffentlichungen sind diese zugespitzten nationalpolitischen Formulierungen als untypisch zu charakterisieren. Wirths Äußerungen sind im direkten Zusammenhang mit seinen generellen politischen Überzeugungen zu verstehen. Seiner Ansicht nach war das Ziel eines „conföderirte(n) republikanische(n) Europa(s)"[20], nur über die Errichtung eines deutschen Nationalstaates nach dem Prinzip der Volkssouveränität zu erreichen. Ein solches Bündnis freier Nationen sei ein Garant für einen „ewigen unzerstörbaren Frieden"[21] in Europa. Die zentrale Rolle, die Wirth dem deutschen Staat dabei zuwies, lag in der Restaurationspolitik und dem europäische Mächteverhältnis des Wiener Kongresses begründet. Nur ein deutscher Nationalstaat könne die Heilige Allianz zwischen Österreich, Preußen und Russland so ins Wanken bringen, dass das reaktionäre System enden und auch die übrigen Völker Europas damit frei sein könnten. Die Aufgabe der französischen Interessen am linken Rheinufer stehen für Wirth am Anfang dieser Ereigniskette, da nur so ein deutscher Nationalstaat entstehen könne.[22]

Die französischen Teilnehmenden reagierten mit Protesten auf Wirths Äußerungen. Ein großer Teil von Lucien Reys Rede ist daher als direkte Antwort auf Wirths Äußerungen zu verstehen. Vermutlich hatte er die Zeit zwischen den Reden dafür genutzt, eine entsprechende Entgegnung vorzubereiten. Nur in diesem Kontext sind seine deutlichen Passagen zur Grenzfrage zu verstehen. Anfangs ist Rey in seiner Ansprache noch recht ungehalten, was sich in Formulierungen ausdrückt wie z. B.: „da mein Vaterland auf dieser Tribüne verkannt wurde" oder „Ihr wagt es [...] Frankreich den Vorwurf zu machen". Gegen Ende wirkt er wieder etwas gefasster und verbindet seine letzte Zurückweisung der Anschuldigungen mit einem Aufruf, die Schranken zwischen beiden Ländern fallen zu lassen und damit die Freiheit Europas zu ermöglichen.

Die Rede von Lucien Rey ist über den politischen Inhalt hinaus von besonderer Bedeutung. Denn die Teilnahme von französischen Staatsbürgern sowie auch der Umstand, dass französische Grußadressen und ein französischer Redner Teil des Hambacher Festes waren, führte die bereits vorhandenen jakobinisch-frühdemokratischen deutsch-französischen Verbindungen, etwa aus der Zeit der Bergzaberner und der Mainzer Republik, weiter. Sie bildet gleichsam aber auch den Beginn eines intensiven wechselseitigen deutsch-französischen Austausches, der vor allem nach dem Ende des Zweiten Weltkrieges ausgebaut wurde, und dem der Erinnerungsort Hambacher Schloss stets als wichtiger Ankerpunkt diente. Auf diese Weise konnten sich deutsch-französische Freundschaftstreffen auf dem Hambacher Schloss zu einer festen Tradition entwickeln. Lucien Rey und die anderen französischen Teilnehmenden stehen explizit am Beginn dieser Tradition.

1 Vgl. Kermann 2006, S. 135.
2 Vgl. Hauschild 1993, S. 224.
3 Vgl. Bublis-Godau 2018, S. 17.
4 Wirth 1832, S. 49ff.
5 Vgl. Hauschild 1993. S. 224.
6 Vgl. ebd., S. 225.
7 Fluss in der nördlichen Toskana (Italien).
8 Gemeint ist hier wohl Napoleon Bonaparte (1769–1821).
9 Bezug zum Novemberaufstand von 1830/31 in Polen für die Unabhängigkeit vom Russischen Zarenreich.
10 Auch die politische Entwicklung Italiens und Spaniens war im 19. Jahrhundert, speziell um das europäische Revolutionsjahr 1830, geprägt von Einheits- und Freiheitsbewegungen, Aufständen sowie Unabhängigkeitsbestrebungen von den Bourbonen und Habsburgern.
11 Zit. nach: Wirth 1832, S. 49–54. Abdruck in französischer und deutscher Sprache.
12 Siehe dazu: Schunk 1988. Zitat stammt aus: ebd., S. 448.
13 Vgl. Becker 1991, S. 26.
14 Vgl. Fenske 2006, S. 47ff.
15 Vgl. ebd. S. 51ff.
16 Vgl. Schunk 1988, S. 449
17 Siehe die Karte zum Hambacher Fest 1832 bei: Kermann/Foerster (Bearb.) 1994, Karte 131.
18 Laut Festbeschreibung hielt Lucien Rey seine Rede zwar nach Wirth, jedoch nicht im unmittelbaren Anschluss. In der Publikation wurden die beiden Reden direkt hintereinander abgedruckt, sodass der inhaltliche Bezug deutlich wird. Vgl. Wirth 1832, S. 49.
19 Vgl. ebd., S. 48f. Direkt unter Wirths Rede wurde folgender Abschnitt eingefügt: „Wir lassen jede Rede als Ansicht des Redners unverändert stehen; die begeisterte Vaterlandsliebe unsers feurigen Wirth hat jedoch bei allem sonstigen Anklang, nach zwei Seiten hin, verletzt, nemlich unsere Nachbarn, die Franzosen, und das Centralcomité des Preßvereins, worüber sich der Redaktions-Ausschuß eine Anmerkung erlaubt." Die weiteren Ausführungen des Ausschusses sind der oben genannten Quelle zu entnehmen.
20 Zitat stammt aus Johann Georg August Wirths Ansprache auf dem Hambacher Fest. Wirth 1832, S. 41–48.
21 Wirth 1837, S. 65.
22 Vgl. Köster 1982, S. 304ff.

ES STEHE EINER FÜR ALLE UND ALLE FÜR EINEN IM HEILIGEN KAMPFE – JOHANN PHILIPP BECKERS REDE AUF DEM HAMBACHER FEST

*U*nter den zahlreichen Rednern auf dem Hambacher Fest erregte auch der 23-jährige Bürstenbinder Johann Philipp Becker mit seiner Ansprache großes Aufsehen.[1] Ursprünglich war Becker überhaupt nicht als Redner vorgesehen. Nachdem die ersten Vorträge gehalten und Grußadressen verlesen worden waren, ergriff er – wie er selbst in seiner skizzenhaften Autobiografie beschreibt – spontan das Wort. Als seine Hoffnung, „es werde dort [auf dem Hambacher Schloss] schließlich losgehen und auch Ernst gemacht werden" mit einer zündenden Tat für Freiheit und Einheit,– als die führenden Hambacher statt Waffen und Munition zu verteilen, nur lange Reden hielten, in denen sie auf Protest und Petitionen an die Machthaber setzten,– da sei ihm schließlich der Geduldsfaden gerissen. Kurzerhand habe er sich auf ein umgestülptes Weinfass neben der Rednertribüne geschwungen und dem Redner zugerufen: „Halt endlich's Maul mit deinem Legalitätsschmus dort trüben!", woraufhin er sich selbst an das Publikum gewandt habe.[2]

Abb. 1: Porträtaufnahme von Johann Philipp Becker (1809–1886), ca. 1870.

Der impulsive Auftritt Beckers am 27. Mai 1832 auf dem Hambacher Schloss steht am Anfang seiner politisch-biografisch hochspannenden Entwicklung: vom Radikaldemokraten zum Revolutionsgeneral bis hin zum Wegbereiter der europäischen Arbeiterbewegung (Abb. 1).[3]

Geboren wurde Johann Philipp Becker am 20. März 1809 als Sohn eines Schreinermeisters in Frankenthal (Pfalz). Bereits in jungen Jahren engagierte er sich für die freiheitlichen Ideen und entwickelte sich früh zu einem entschiedenen Republikaner.[4] Spätestens nach der Julirevolution 1830 wurde Becker politisch aktiv u.a. als Mitbegründer der Ortsgruppe des Preß- und Vaterlandsvereins in Frankenthal.
Nach seinem Auftritt auf dem Hambacher Fest wurde Becker inhaftiert und zusammen mit zwölf weiteren Mitstreitern wegen Hochverrats angeklagt. Wie sie nutzte er seine Verteidigungsrede im öffentlichen

104

Prozess vom 29. Juli bis 16. August 1833 vor dem außerordentlichen Assisengericht in Landau dazu, seine politischen Ansichten kundzutun. Dagegen leugnete er, die Rede in Hambach so gehalten zu haben, wie sie in der Festschrift abgedruckt worden sei. Denn es habe kein niedergeschriebenes Redemanuskript existiert, sondern es sei eine spontane Rede gewesen. Becker wurde wie seine Mitangeklagten ebenfalls freigesprochen, jedoch im Unterschied zu ihnen nach mehreren Verlegungen und weiteren Anklagen und Freisprüchen aus der Haft entlassen. Am Schluss des Verfahrens war das Ergebnis durch alle Instanzen hindurch, dass Becker die Rede, so wie sie in Wirths Festschrift erschienen war, nicht gehalten haben konnte. Nach seiner Freilassung widmete er sich in den kommenden Jahren der Befreiung seiner Hambacher Mitstreiter und verhalf vielen Gefangenen – darunter Philipp Jakob Siebenpfeiffer oder Jakob Venedey – zur Flucht bis er 1838 selbst emigrieren musste.[5]

In der Schweiz begann die zweite Etappe seines Wirkens, in der sich Becker nicht nur als Kaufmann, sondern auch auf militärischer Ebene einen Namen machte. Angefangen mit dem führenden Kommando im sogenannten Sonderbundkrieg[6] bis hin zum Oberkommando über sämtliche Bürgerwehren im pfälzisch-badischen Aufstand 1848/49.[7] Nach der gescheiterten Revolution engagierte sich Becker zunehmend in sozialistischen Kreisen, kam u. a. in Kontakt mit Karl Marx und Friedrich Engels.

Die sozialistische Arbeiterbewegung wurde nun zum bevorzugten Wirkungsfeld Beckers und prägte die dritte Etappe seines Lebenswegs. In der Mitbegründung der Internationalen Arbeiterassoziation (IAA oder Erste Internationale) in London nach 1864 fand diese ihren Höhepunkt. Federführend betrieb Becker den Ausbau weiterer Niederlassungen u.a. in der Schweiz, Deutschland, Österreich, Frankreich und den USA. 1869 nahm Becker am Gründungskongress der Sozialdemokratischen Arbeiterpartei Deutschlands in Eisenach teil.[8] Am 7. Dezember 1886 starb Becker im Alter von 77 Jahren in Genf.[9]

Hoffet nichts von Fürsten und protestiert nicht mehr

Deutsche Mitbürger!

Volksbelehrung, gegenseitige Aufklärung, Ermunterung zur Einigkeit sind unsere Aufgaben; diese zu lösen, müssen wir fest und entschieden wirken. Wir müssen machen, daß alle Versuche, die Erringung eines großen freien Deutschlands zu hindern, vereitelt werden. Wir wissen, daß die Umtriebe der Regierungen auf die Unterdrückung der Völker hinzielen; wir wissen, daß die Regierungen um so tätiger sind, je dringender die Völker zeitgemäße, ihrer Würde entsprechende Reformen verlangen; wir wissen, daß sie in der Unterdrückung und Entwürdigung der Menschheit gehen, so weit sie *können*, ich sage soweit sie *können.* Fragen wir: *wie weit können sie* (die Regierungen) *gehen?* so müssen wir alle einstimmig antworten, so lange die Regierungen die Gesetze ungestraft verhöhnen, sie ungehindert mit Füßen treten können, so lange unsere Forderungen unbeachtet bleiben dürfen: *so lange können die Regierungen gehen, so weit sie wollen und aus uns machen, was sie wollen.* Millionen sind auf dem Wege zur Entwicklung bürgerlicher Freiheit, eine Handvoll Junker wagt es, entgegenzutreten, und während die Handvoll Junker[10] Gewalt über Gewalt übt, dulden es Millionen. O Schande unserer Zeit! – Wir können protestieren, aber was nützen Protestationen, was ist davon zu hoffen? Die Regierungen hören ebensowenig auf Protestationen als auf die mächtige Opposition der öffentlichen Meinung. Protestationen waffenloser oder wehrloser Bürger sind in den Augen der Regierungen nur lächerliche Vorstellungen; wenn wir daher protestieren, so muß es uns auch ernst sein, unsere Forderungen durchzusetzen. Die gerechtesten Ansprüche der Völker werden als unstatthaft abgewiesen und nur die hochverräterischen Verfügungen der Regierungen untertänigst vollzogen werden, so lange die Völker unbewaffnet der rohen Gewalt bloßgestellt sind. Zum Schutze unserer Person, unserer Ehre, unseres Eigentums, zur Erhaltung unserer *Rechte und zur Erringung der wahren Würde der Menschheit bedürfen wir nicht bloß einer freien Verfassung, sondern auch einer kraftvollen Garantie der Verfassung. Die beste Garantie wäre eine

allgemeine Bürgerbewaffnung. Betrachten wir den Stand der Dinge, wie er jetzt ist, so müssen wir auf die schlimmsten Fälle vorbereitet sein.

Mitbürger! Wenn heute die Regierungen, in der Meinung, die Freiheit mit einem Streiche zu ersticken, unsere Volksmänner, die Vorkämpfer für Recht und Freiheit, mit Gewalt uns entreißen wollten, könnten wir es dulden? Könnten wir es unvorbereitet mit Erfolg verhindern? Könnten wir sie, unsere Volksmänner, sorglos den Gerichten überlassen? Ja, wir haben herrliche Beispiele der Appellationsgerichte in Baiern, aber kann dies uns auf die Dauer beruhigen? Sehen wir nicht, wie die ehrenvollen Männer dieser Gerichte von der schamlosen Willkür verfolgt, abgesetzt und versetzt werden? Wir sehen ihre Stellen von für die Volkssache inkompetent, für die Sache der Volksverräter aber kompetenten Fürstenknechten ersetzt. So ist das Richteramt dann überlassen dem Schläger über den Erschlagenen, dem Verräter über den Verratenen! Das Erhabenste wird das Opfer launischer Ungeheuer, das Opfer einer Höllenbrut! Wird sich die Londoner Konferenz eher auflösen als bis Belgien seinen Todesstoß erhalten?[11] bis Italien in sein Grab zurückgewiesen?[12] – Und Polen? Was nicht im gedrückten Heldenlande durch den Barbarismus, das geht im freien Frankreich durch das Juste-Milieu zu Grunde. Dahin ist jenes Polen, das zweimal Europa gerettet, es ist dahin! Und die undankbaren Söhne Europas können es dulden, wie ihre Retter zu Grunde gehen! Dies Mitbürger, ist das Schicksal Einzelner, dies das Schicksal der Nationen in den Händen „von Gottes Gnaden".

Hoffet nichts von Fürsten und protestiert nicht mehr, denn hinter den Verfügungen der Regierungen sind Bajonette, hinter unseren Protestationen aber ist nichts. *Darum können die Regierungen gehen, so weit sie wollen, und aus uns machen, was sie wollen.* Es bleibt klar, daß nur die Waffen der Bürger vor solchem Unheil das Vaterland bewahren, daß nur bewaffnete Bürger kompetente Richter gegen Laune und Willkür sein würden. Die Deutschen sind Sklaven, seitdem der Bürger keine Waffen mehr trägt. Die Waffe war die Zierde des freien Mannes, jetzt tragen sie nur Knechte.

Sind wir bewaffnet, so werden die Regierungen nicht mehr so keck sein, gesetzwidrige Verfügungen zu erlassen. *Dann können die Regierungen nicht mehr so weit gehen, so weit sie wollen und nicht mehr aus uns machen, was sie wollen.*

Unser Losungswort sei: *Das Beste hoffend, aufs Schlimmste gefaßt sein. Es steh' Einer für Alle und Alle für Einen im heiligen Kampfe!*

Fragen wir, meine Mitbürger, wie weit wir seit den Juli-Tagen[13] in der Erringung würdevoller Rechte vorwärts geschritten oder in der Erhaltung der bestehenden geschützt waren, so werden wir einsehen, daß wir rückwärts gekommen. Ist nicht bei uns im Rheinkreise die Preßfreiheit gesetzlich garantiert? Und wurde nicht die freie Presse, das deutsche Gemeingut, vor den Augen von ganz Deutschland in Fesseln geschlagen? Müssen nicht unsere Journalisten in Baden Schutz suchen, wo die Preßfreiheit, verglichen mit der bei uns gesetzlich bestehenden nur Preßzwang ist. Drum deutsche Brüder, tretet zusammen, verlangt einstimmig die Benutzung und Handhabung der bestehenden Gesetze, rufet einstimmig, deutsche Mitbürger: „Es erscheine der Westbote! Es erscheine die Tribüne![14]" Auf, deutsche Brüder, und schwöret, daß, wenn unabhängige Gerichte die Gesetze verraten, euer kompetenter Arm dieselben schütze:

Denn unter Preßzwang geht Deutschland verloren.

Durch Freiheit der Presse wird's wiedergeboren.

Ja, deutsche Männer, wenn wir mit Ernst und Beharrlichkeit, mit Mut und Überzeugung das hohe Ziel zu erringen streben, dann ist es nicht mehr fern. Keine Macht der Erde wird uns aufhalten!

Alle Grau'n der Nacht verschwinden,
Wenn der Freiheit Morgenröthe glüht
Und ein Deutschland groß und frei erblüht,
Wenn die Männer kräftig sich verbinden.
Deutschland lebe! Dieser goldne Schimmer
Seiner Freiheits-Fahne bleiche nimmer!
Hoch lebe die Freiheit. Deutschland lebe hoch![15]

Kommentar

Bei der wiedergegebenen Rede von Johann Philipp Becker handelt es sich um einen bruchstückhaften Auszug aus der offiziellen Festbeschreibung von Wirth. Bruchstückhaft deshalb, weil Wirth sie kürzen und „die gravierendsten Stellen" weglassen musste.[16] Trotz des Umstands, dass die brisantesten Aussagen gestrichen wurden, wird Becker heute zu den radikaleren Rednern und „entschiedenen Aktivisten" gezählt. Vergleichbar im revolutionären Ton seien ihm lediglich die Reden der Studenten Brüggemann und Pistor nahegekommen.[17]

Inhaltlich äußert sich der aktivistische Ton in einer Forderung, die Becker mehrfach in seiner Rede wiederholt und für die Erringung des Hauptziels „eines großen freien Deutschlands" zu begründen versucht: in der allgemeinen Bürgerbewaffnung. Für ihn kann dieses Ziel weder durch Proteste, noch durch „die mächtige Opposition der öffentlichen Meinung" erreicht werden, solange die Bürger unbewaffnet blieben. Pointiert fasst er zusammen: „Hoffet nichts von Fürsten und protestiert nicht mehr, denn hinter den Verfügungen der Regierungen sind Bajonette, hinter unseren Protestationen aber ist nichts." In Beckers Augen ist die Bewaffnung der Bürger unerlässlich. Nur so könne die nötige Wucht entfaltet werden, um von den Regierungen ernst genommen zu werden. Nur Waffen würden Willkür und gesetzeswidrigen Verfügungen der Machthaber Einhalt gebieten und ermöglichen, die erhoffte freie Verfassung auch dauerhaft verteidigen zu können. So appelliert Becker an sein Publikum: „Unser Losungswort sei: Das Beste hoffend, aufs Schlimmste gefaßt sein. Es steh' Einer für Alle und Alle für Einen im heiligen Kampfe!"

Warum Becker sein Publikum auf das Schlimmste vorbereitet wissen will, drückt sich in dem negativen Bild aus, das er von den Machthabern zeichnet. Das Verhalten der Regierungen beschreibt er als umtriebig, auf „Unterdrückung" und „Entwürdigung der Menschheit" ausgerichtet. Er benutzt das Wort „Junker" im pejorativen Sinne, um aufzuzeigen, dass die reaktionären Kräfte der Entwicklung von bürgerlicher Freiheit im Wege stünden. Deutlich hebt er dabei das ungleiche Verhältnis hervor: Millionen freiheitlich Gesinnte gegen eine Handvoll Reaktionäre. Mit der Hervorhebung eines solchen zahlenmäßigen Ungleichgewichts zugunsten der freiheitlichen Bewegung versucht er seinen Zuhörer:innen Hoffnung zu machen und führt ihnen vor Augen, dass jener heilige Kampf keinesfalls ausweglos ist. Diese Ermutigung wird im abschließenden Appell seiner Rede noch einmal relevant. Becker kritisiert des Weiteren die vorherrschenden Justizmängel, indem er behauptet, die Regierungen würden die „Gesetze verhöhnen", „mit Füßen treten" und „Gewalt über Gewalt üben". Er spricht von „hochverräterischen Verfügungen" und „schamloser Willkür" im Gerichtswesen.

Als Begründung führt er an, dass die Machthaber unliebsame Richter entlassen und mit linientreuen Kandidaten – von ihm als „launische Ungeheuer" und „Höllenbrut" betitelt – ersetzen würden.

Dieses negative Bild zusammen mit dem spürbaren revolutionären Aktivismus, den Becker in seiner Rede Ausdruck verleiht, mag den äußeren Entwicklungen geschuldet sein. Becker erlebte die – spätestens seit den europaweiten Protestwellen um 1830 – noch härteren Maßnahmen der reaktionären Machthaber mit. Überwachungen, Verfolgungen, Versammlungsverbote usw. waren an der Tagesordnung. Mehr noch bekam er dies als Journalist hautnah zu spüren. Texte wurden rigide zensiert und Zeitungen wie Siebenpfeiffers „Westbote" oder Wirths „Deutsche Tribüne" komplett verboten. Die Presse war ein wichtiges Mittel der liberalen Opposition zur Aufklärung, Kritik und Meinungsbildung – so auch für Becker, der selbst zahlreiche Artikel verfasste.

Die Bühne auf dem Hambacher Fest 1832 nutzte Becker daher auch, um sich für die uneingeschränkte Pressefreiheit stark zu machen. Dazu macht er seinem Publikum bewusst, dass auf rechtlicher Ebene Rückschritte seit der französischen Juli-Revolution zu konstatieren seien, die eigentlich zur „Erringung würdevoller Rechte" hätte beitragen sollen. Im Gegenteil sei „die freie Presse, das deutsche Gemeingut, vor den Augen von ganz Deutschland in Fesseln geschlagen" worden. Von seinem Publikum fordert der Redner Zusammenhalt, Einstimmigkeit, Beharrlichkeit, Standhaftigkeit und Mut auf dem Weg zum Ziel eines freiheitlichen und geeinten Deutschlands. Dann werde keine Macht der Welt stark genug sein, diese Entwicklung aufzuhalten.

Eigentlich hatte Becker in das Hambacher Fest die Hoffnung gesetzt, von hier aus würde bereits das entscheidende Zeichen für eine Revolution ausgehen und politisch positive Folgen für die Sache nach sich ziehen.[18] Die Revolution blieb aus, und Becker zeigte sich sichtlich enttäuscht vom Ausgang des Festes. Allerdings gelangte er später zu der Einsicht, dass die gemäßigten Wortführer in Hambach verständiger waren, als er es ihnen damals zugestanden hatte.[19] Anlässlich des 50-jährigen Jubiläums verfasste er im Mai 1882 einen „Offenen Brief an die deutschen Parteigenossen bei Gelegenheit der 50-jährigen Gedenkfeier des Hambacher Festes", der als Flugschrift Verbreitung fand.[20] Darin gestand er ein, „daß sich Revolutionen weder herdiktieren noch wegdisputieren lassen, sondern daß sie eben aus der Wucht der geschichtlich wirkenden Tatsachen unaufhaltsam herauswachsen und sich, einmal reif geworden, gleichsam von selbst erfüllen."[21] Die jungen pfälzischen Genossen ermutigte er, unbeirrt und furchtlos der Erfüllung ihrer Ideale entgegen zu streben und treu zu bleiben. Er selbst sah in dem Bewusstsein, „seiner Überzeugung in Aktivität treu geblieben zu sein" den „schönsten Lebenslohn".[22] Auf dem Hambacher Fest war Johann Philipp Beckers Kämpferherz deutlich spürbar. Er wollte den Worten Taten folgen lassen. War er auch vom Ausgang des Festes enttäuscht, so setzte er sich jedoch bis zum Ende seiner Tage aktiv, unermüdlich und aufopfernd für seine politischen Ideale ein, ob als Radikaldemokrat, Revolutionsgeneral oder Pionier der europäischen Arbeiterbewegung.

---

1 Vgl. Keim/Mathy (Hrsg.) 1982, S. 156.

2 Vgl. Schneider 1957, S. 207f.

3 Vgl. Hahn 1999, S. 9. Einen detaillierten Einblick in die Biografie Beckers bietet das zweiteilige Werk von Dlubek 1964; sowie der Sammelband von Hahn 1999.

4 Ausschlaggebend dafür mag auch der jakobinisch-republikanische Hintergrund seiner Familie gewesen sein. Der Großvater hatte 1793 den ersten Freiheitsbaum in Frankenthal gepflanzt. Vgl. Schneider 1957, S. 205.

5 Vgl. Kermann 1999, S. 47–59.

6 Der sogenannte Sonderbundkrieg war ein Schweizer Bürgerkrieg, der im November 1847 stattfand und den blutigen Höhepunkt der jahrelang schwelenden Konflikte zwischen den Kantonen der Eidgenossenschaft bildete, die seit der Julirevolution 1830 eine Verfassungsreform durchgeführt hatten und den neu im Sonderbund zusammengeschlossenen katholisch-reaktionären Kantonen. Am Ende siegten die Eidgenossen, woraufhin 1848 der moderne, heutige Schweizer Bundesstatt gegründet wurde. Vgl. Roca 2012.

7 Vgl. Schneider 1957, S. 214–226; Dlubek 2006, S. 45. Ausführlich zum Lebensabschnitt siehe: Dlubek 1999 (1).

8 Vgl. Schneider 1957, S. 227–234; Dlubek 2006, S. 46. Ausführlich zum Lebensabschnitt siehe: Dlubek 1999 (2); Devreese 1999.

9 Vgl. Schneider 1957, S. 237.

10 Die in diesem Fall abwertend gebrauchte Bezeichnung Junker setzte sich im 19. Jahrhundert als Kampfbegriff der liberalen Bewegung gegenüber dem Adel durch. Ursprünglich bezeichnete man mit Junker die Rittergutsbesitzer in den ländlich geprägten Gebieten Ostelbiens, die zumeist (aber nicht zwangsläufig) adlig waren. Der Landadel galt als konservativ und antiliberal sowie reaktionäre Stütze der Monarchie. Vgl. Reif 2003, S. 520f.

11 Nach der Belgischen Revolution 1830 hatten die Großmächte Großbritannien, Frankreich, Österreich, Preußen und Russland, die Teilung zwischen Belgien (südliche Niederlande) und den (nördlichen) Niederlanden anerkannt, die seit dem Wiener Kongress 1814/15 zu einem Staat vereinheitlicht worden waren. Wilhelm I. hatte den Beschluss abgelehnt und war in Belgien einmarschiert. In der Folgezeit kam es zu weiteren kriegerischen Auseinandersetzungen. Vgl. Driessen 2020, S. 106f.

12 Seit dem Wiener Kongress 1814/15 standen die italienischen Staaten bis auf das Königreich Sardinien-Piemont und der Kirchenstaat im Norden unter österreichischer und im Süden unter französischer Fremdherrschaft. Gegen die restaurative Politik der Herrscher erhob sich seit den 1820er Jahren in verschiedenen Regionen Widerstand. Infolge der französischen Juli-Revolution 1830 wurde nahezu ganz Mittel- und Norditalien von der Aufstandsbewegung erfasst. Sie sind Teil des sogenannten Risorgimentos (ital. Wiedererstehung), womit eine – unterschiedlich weit oder eng gefasste – Phase der italienischen, nationalstaatlichen Einheits- und Unabhängigkeitsbewegung bezeichnet wird. Vgl. Clemens 2021, S. 73–82 u. S. 234f.

13 Die Juli-Tage beziehen sich auf die Revolution vom 27. bis 29. Juli 1830 in Frankreich.

14 Der von Philipp Jakob Siebenpfeiffer herausgegebene „Westbote" – zuvor „Der Bote aus Westen" – und die von Johann Georg August Wirth herausgegebene „Deutsche Tribüne" waren Zeitungen, die als Sprachrohre der liberalen Opposition fungierten. Sie erschienen von März bzw. Juli 1831 an bis sie zeitgleich im März 1832 verboten wurden.

15 Zit. nach: Wirth 1832, S. 85ff. Auch bei: Schneider 1982 (4), S. 348f.

16 Vgl. Kermann 1999, S. 47; Dlubek 2006, S. 45; Schneider 1957, S. 209. Das Zitat stammt aus Beckers Erinnerungen „Abgerissene Bilder aus meinem Leben", in der er ein Geständnis über sein Verhalten und seine Aussagen während des Untersuchungsverfahrens zur Teilnahme am Hambacher Fest ablegt. Ein Neuabdruck findet sich bei: Schneider 1982 (3), S. 143–168.

17 Vgl. Schneider 1957, S. 210; Schneider 1982 (4), S. 299; Kermann 1999, S. 59.

18 Wie groß die Hoffnung auf ein Zeichen zum Losschlagen war, lässt sich daran erkennen, dass Becker die Festversammlung am Abend des 27. Mai verließ, um nach Landau zu reisen. Dort verbrachte er die Nacht in der Kaserne des 6. Regiments und setzte alles daran, seine geheimen Verbindungen zu einigen Unteroffizieren dazu zu nutzen, sie von dem unmittelbar bevorstehenden „großen Schlag" vorzubereiten. Vor Tagesanbruch eilte er zurück nach Neustadt und traf rechtzeitig zu einer für den 28. Mai frühmorgens im Schützenhaus einberufenen Versammlung der Volksführer ein. Becker war überzeugt, dass noch etwas Großes an diesem Tag geschehen werde. Vgl. Schneider 1957, S. 208

19 Vgl. ebd., S. 210.

20 Abgedruckt bei: Schneider 1982 (4), S. 359–363. Dass Becker nicht persönlich erschienen ist, begründete er mit der Sorge, beim Betreten des deutschen Bodens vogelfrei für die Staatsgewalt zu sein.

21 Beckers „Offener Brief" zit. nach: Schneider 1982 (4), S. 361. Insgesamt verwendet Becker in seinem Text eine teils polemische sowie stark marxistisch-sozialistisch geprägte Sprache. Der Inhalt steht deutlich im Kontext der damals gültigen Sozialistengesetze. Da eine offizielle sozialdemokratische Erinnerungsfeier nicht möglich war, unterstrich Becker auf diese Weise eine sozialistische Hambach-Tradition und verband diese mit teils polemischer Kritik an den politischen Verhältnissen der Kaiserzeit. Die Forderungen von 1832 seien keineswegs in Erfüllung gegangen. Stattdessen herrsche in Deutschland Unfreiheit und gezwungener Gehorsam gegen die Befehle der Obrigkeit. In Anbetracht dieser Zustände will Becker umso dringlicher an den Freiheitsgedanken von 1832 erinnern. Vgl. ebd., S. 302f.

22 Vgl. Schneider 1957, S. 237.

Festzug auf die Maxburg zur 40-jährigen Gedenkfeier an das Hambacher Fest im Jahr 1872. Am 22. Juni veröffentlichte die „Leipziger Illustrierte Zeitung" im Band LVIII. Nr. 1512 einen ausführlichen Bericht über die Erinnerungsfeier.

DAS HAMBACHER FEST IN EINER TRADITIONSLINIE VOM WARTBURG-FEST ÜBER DIE BEFREIUNGSKRIEGE BIS ZUR REICHSGRÜNDUNG – DIE REDE VON EDUARD WITTER ANLÄSSLICH DES 40-JÄHRIGEN JUBILÄUMS 1872

Nachdem im Kontext der Revolution von 1848/49 und der Niederschlagung des pfälzischen Mai-Aufstandes 1849 keine großen Hambach-Gedenkfeiern auf dem Schloss abgehalten werden konnten, vergingen fast 23 Jahre bis zur Ausrichtung der ersten Jubiläumsveranstaltung.[1] Bis dato mussten öffentlich inszenierte Erinnerungen an das Fest im Zuge restriktiver Verfolgungsmaßnahmen der bayerischen Regierung und des Deutschen Bundes gegen alle Verdächtigen „demokratischer Umtriebe"

ausbleiben. Zugleich waren die Wittelsbacher darauf bedacht, ihre bayerischen Traditionen in der Pfalz zu festigen.[2] Bezeichnenderweise befand sich der Hambacher Schlossberg seit dem Jahr 1842 infolge einer Schenkung zur Hochzeit des Kronprinzen Maximilian mit Prinzessin Marie von Preußen im Privatbesitz der Wittelsbacher. Zwar scheiterte das Projekt des Kronprinzen aus finanziellen Gründen, das Hambacher Schloss in eine hohe Königsburg und ein Pfalzgrafenschloss umbauen zu lassen, sodass die „monarchische Rückeroberung" dieses demokratisch „belasteten" Ortes versinnbildlicht würde. Allerdings etablierte sich in einem Teil der regionalen Öffentlichkeit durchaus die neue Bezeichnung „Maxburg" für das Hambacher Schloss, was eine Traditionsbildung der Hambacher-Fest-Erinnerung zunächst zusätzlich erschwerte.[3]

Abb. 1: Porträtaufnahme von Eduard Witter (1824–1912).

Dies änderte sich mit der im Jahr 1871 erfolgten Gründung des Deutschen Kaiserreichs. Ein Jahr später sollte anlässlich des 40. Jahrestags die erste offizielle Erinnerungsfeier an das Hambacher Fest stattfinden. Ausschlaggebend dafür war ein im April desselben Jahres erschienener Artikel in der Ludwigshafener nationalliberalen Zeitung „Pfälzischer Kurier". In seinem Artikel regte der „48-er Freiheitsveteran und Deutschamerikaner" Daniel Hertle aus Bergzabern an, ein „Dank-und Erinnerungsfest" auf dem Hambacher Schloss auszurichten.[4] Schließlich sei es an der Zeit, nach der Einigung des Deutschen Reiches zu feiern, wofür seit vierzig Jahren gekämpft worden sei. Unter der Leitung des dortigen Bürgermeisters Maucher gründete sich wenig später in Neustadt an der Haardt ein Festkomitee, das diesen Vorschlag aufgriff und ein Programm zusammenstellte. Bevor weitere Schritte eingeleitet werden konnten, musste Maucher zunächst ein Gesuch im Namen des Festkomitees an die wittelsbach'schen Schlossherren richten.[5] Mit dem Gesuch vom 25. April 1872 bat das Komitee nicht nur um die Genehmigung, ein Erinnerungsfest auf dem Hambacher Schloss veranstalten zu dürfen, sondern gab auch die erinnerungspolitische Richtung vor, die das Fest nehmen sollte. So begründete Maucher das Jubiläumsprojekt wie folgt: „Die durch die Geistesarbeit des deutschen Volkes, die glänzenden Siege seines Heeres und die hochherzigen Gesinnungen seiner Fürsten glücklich erlangte Einheit des großen deutschen Vaterlandes hat den Gedanken erfassen lassen, um den Gefühlen dieser großen Errungenschaft Ausdruck zu geben, den Tag festlich zu begehen, an dem auf dem Hambacher Schlosse am 27. Mai des Jahres 1832 also vor vierzig Jahren deutsche Männer das gleiche Ziel zu erreichen strebten."[6]

Nach der erteilten Genehmigung veröffentlichte der „Pfälzische Kurier" am 14. Mai 1872 die offizielle Einladung zu den Jubiläumsfeierlichkeiten. Darüber hinaus wandten sich die Veranstalter noch an die Presse, um die Öffentlichkeit mehrfach über ihr Vorhaben und den Ablauf des Tages zu informieren. Unter anderem erklärten sie in ihren Pressemitteilungen, politischen Gegenströmungen von vornherein keinen Raum bieten zu wollen, weshalb „alle[n] mißliebigen Redner[n]", die „die rechte politische Gesinnung" stören könnten, umgehend mit Musik Einhalt geboten werden würde. Nach den Vorstellungen der Veranstalter sollte das Erinnerungsfest schließlich ein Zeugnis „für des Volkes Anteil an Deutschlands Wiedergeburt" sein, ohne dabei jedoch „alte Schlacken aufzuwühlen".[7] Gleichermaßen hatte Maucher in seinem Gesuch bereits hervorgehoben, dass die Tendenz des Festes eine „deutsche und loyale sei", weshalb der „Dank gegen die Fürsten, gegen die Staatsmänner und das deutsche Volksheer, welche den Drang der Nation nach Einheit verwirklicht und das deutsche Kaiserreich errichteten" den Abschluss der Festlichkeiten bilden werde.[8]

Am 27. Mai 1872 war es dann soweit: Das 40-jährige Jubiläum nahm ganz den vom Festkomitee erhofften Verlauf (Abb. 2).[9] Auf dem Schloss hielten

Extrabeilage zur Neustadter Zeitung.

Nr. 121.   Sonntag, den 26. Mai   **1872**

Bekanntmachung.

Der eingetretenen günstigeren Witterung wegen wird das **Hambacher Erinnerungsfest** nunmehr ganz dem ausgegebenen Programm gemäß abgehalten.

Neustadt, den 26. Mai 1872.

Das Fest-Comité.

Hambacher Fest.

Die gestrige Hauptversammlung des Fest-comité's hat, um allenfallsige Reclamationen abzuschneiden, die Reihenfolge der Vereine bei dem Festzuge durch das Loos bestimmen lassen. Hiernach wird die Aufstellung folgende sein: 1) Arbeiterbildungsverein, 2) Winzergesangverein, 3) Orchesterverein, 4) Glockenverein, 5) Winzerverein, 6) Gewerbeverein, 7) Cäcilienverein und Liedertafel, 8) Concordiaverein, 9) Singverein Hambach. An diese Vereine sollen sich bei der Ankunft in Hambach 10) der Gesangverein und 11) der Winzerverein von Diedesfeld, 12) der Winzerverein von Hambach anschließen.

Die Festjungfrauen wollen sich im Versteigerungs-Locale versammeln.

Die Mitglieder der einzelnen Vereine werden ersucht, sich bei Aufstellung des Zuges um ihre Fahnen geschaart zu halten und, wie überhaupt alle Festtheilnehmer, den Anordnungen der mit der Aufstellung betrauten HH. Guth, Gennheimer und Fuchs Folge zu leisten.

Damit die auf der Burg für die Damen, die Ehrengäste und das Musikchor ꝛc. reservirten Plätze nicht vorzeitig von Solchen, die am Zuge nicht Theil nehmen, besetzt werden, bleibt die Thür zur Burg bis zur Ankunft des Zuges geschlossen und ist überhaupt jedes vorzeitige Eindringen untersagt.

Auf der Burg selbst haben die Feuerwehr und Turner die Aufrechthaltung der Ordnung übernommen; wir bitten, ihnen wie den Anordnungen der durch einfarbige Shlips gekennzeichneten Comitemitglieder sich zu fügen, wie wir überhaupt gegen Alle, die unser patriotisches Fest mitfeiern, die sichere Erwartung aussprechen zu dürfen glauben, daß Jeder an seinem Theile zu einem würdigen, uns ehrenden Verlaufe beitragen wird.

Neustadt, den 25. Mai 1872.

Das Fest-Comité.

Winzer-Verein Neustadt.

Die Mitglieder des Vereins werden hiermit freundlichst eingeladen, sich am Montag Mittag 12 Uhr bei dem Vorstande zu versammeln, um in corpore mit der Vereinsfahne dem Hambacher Feste beizuwohnen.

Der Vorstand.

PROGRAMM

zur
Feier des 40jähr. Gedenktages des deutschen Festes
auf dem Hambacher Schloß (Maxburg).

Am Vorabend, Sonntag, den 26. Mai:

Glockengeläute, Zapfenstreich, Böllerschüsse. Reunion auf dem Schießhause. Präcis ½9 Uhr **bengalische Beleuchtung der Maxburg.**

Montag, den 27. Mai:

Morgens Glockengeläute, Choral, Böllerschüsse, Reveille durch die Straßen von **Neustadt.**

11—12 Uhr Musik auf dem Marktplatze.

½1 Uhr Zusammentreten auf dem Marktplatz; Abholen der Hambacher Fahne bei Frau Wwe. Ph. Abresch.

1 Uhr Abmarsch des **Festzugs.**

Nach Ankunft des Festzugs auf der Burg **Festreden** abwechselnd mit Gesang und Musik.

Abends **REUNION** auf dem Schießhause mit **brillantem Feuerwerk,** arrangirt durch den Pyrotechniker Hrn. Jos. Nawratil von Mainz.

Festabzeichen à 12 kr., **Eintrittskarten** zur Reunion am Montag Abend à 18 kr. und **Lieder-Texte** à 3 kr. sind bis Montag Mittag 1 Uhr in der Gottschick'schen Buchhandlung zu haben.

Das Fest-Comité.

Die Unterzeichneten erlauben sich hiermit, einem geehrten Publicum die ergebene Anzeige zu machen, daß sie des am **Montag,** den 27. ds., stattfindenden Hambacher Festes wegen ihre Localitäten **von 12 Uhr Mittags** an schließen werden.

Neustadt a/H., den 23. Mai 1872.

Friedrich Wilde.	J. R. Heimer & Co.	Joh. Müller.
Friedrich Postelmann.	Heinrich Wolff.	Joh. Kämmerer.
G. A. Schmitt.	Joh. Steuer.	C. J. Weyland.
August Mayer.	J. Mayer Wb. u. Sohn.	Heinrich Roth jr.
Carl Dreher.	Heinrich Moser.	Adam Habig.
Gugenheim & Hirsch.	Moritz Wolff.	

Arbeiter-Bildungs-Verein.

Diejenigen Mitglieder, die sich am Festzuge betheiligen, belieben sich Montag Nachmittags 12 Uhr im Vereinslocale zu versammeln.

Der Vorstand.

Feuerwehr.

Montag 12 Uhr Zusammenkunft im Stadthaushofe in voller Ausrüstung und dunkeln Beinkleidern.

Das Commando.

Turn-Verein.

Montag Mittag **präcis** 12 Uhr Zusammenkunft auf dem Turnplatz.

Die Turner werden nicht zu beiden Seiten des Zuges, sondern in geschlossenen Reihen marschiren.

Der Turnrath.

Feuerwerk

empfiehlt   Th. Böhn.

Druck und Verlag von D. Kranzbühler in Neustadt.

Abb. 2: Festprogramm für das 40-jährige Jubiläum am 26. und 27. Mai 1872 auf dem Hambacher Schloss (Maxburg).

Abb. 3: Festabzeichen zum 40-jährigen Hambach-Jubiläum in Erinnerung an den 27. Mai 1832.

mehrere Festteilnehmer ihre Reden. Mit Georg Friedrich Stammberger, Friedrich Deidesheimer und Theodor Frey befanden sich darunter auch ein paar ehemalige Hambacher, die jedoch nur kurz das Wort ergriffen (Abb. 3). Umfassender waren hingegen die Reden des Buchhändlers Johann Philipp Bernhard Schröder aus Worms und des Gasmeisters Guth aus Neustadt. Als Hauptredner der Feier trat an diesem Tag schließlich Eduard Witter (1824–1912) auf, dessen 1872 veröffentlichte Rede im Anschluss wortgetreu wiedergegeben wird (vgl. Abb. 1).[10] Der Thüringer Pfarrerssohn Witter hatte eine Lehre als Buchhändler abgeschlossen und im Jahr 1849 in die Familie der Gottschick'schen Buchhandlung in Neustadt an der Haardt eingeheiratet. Ein Jahrzehnt später gründete Witter seine eigene Naturweinkellerei in Neustadt. Seine Pfälzer Naturweine wurden überregional bekannt, sodass beispielsweise auch Reichskanzler Otto von Bismarck die Witter'schen Weine zu genießen wusste. Im Jahr 1896 überließ Witter seinem Sohn Ludwig die Geschäfte und zog sich nach Heidelberg zurück, wo er 1912 im Alter von 88 Jahren starb.[11]

Das Reich ist erstanden in herrlicher Pracht

Die Festrede von Eduard Witter am 27. Mai 1872

Werthe Festgenossen!

Im Hinblicke auf die herrliche Gestaltung des Deutschen Reiches seit einer kurzen Spanne Zeit und im Gefühle des Glückes und des Stolzes über die kaum geahnten großen Errungenschaften, dem das ganze deutsche Volk in seinen vorjährigen Siegesfesten begeisterten Ausdruck geliehen, in dem Danke gegen das tapfere deutsche Heer und seine Führer ist wohl auch bei Vielen unter Ihnen, werthe Festgenossen, wie in uns Einzelnen, der Gedanke rege geworden an die wackeren Männer des Volkes der vergangenen Zeit, die durch heroische Geistesarbeit ihren nicht geringen Antheil haben an der Schaffung und Schöpfung unseres auf freiheitlicher Grundlage geeinten Vaterlandes. Auch diese Männer jener Tage jetzt zu gedenken und offen und frei den Dank gegen sie gerade jetzt auszusprechen, schien uns Pflicht, und diese zu erfüllen bot sich die Gelegenheit durch den 40-jährigen Erinnerungstag an das Hambacher Fest von 1832 als einer der hervorragendsten Epochen in Deutschlands Entwicklungsgeschichte.

Wir hatten erst die Absicht, in engerem Pfälzer-Kreise diese Dankes- und Erinnerungsfeier zu begehen; bei näherer Erwägung fühlten wir jedoch, daß wir so manchem deutschen Vaterlandsfreunde erwünschten Anlaß geben könnten zu gleichem Dankesausdruck, und daß wir den vielen noch lebenden 1832er Veteranen im übrigen Deutschland Gelegenheit geben müßten, hier in der Pfalz an derselben Stätte, an der ihre heißen Wünsche für des Vaterlandes Einheit und Größe einst emporstiegen, daß sie von hier aus noch einmal das Auge ruhen lassen möchten auf den grünenden, blühenden Fluren des geretteten und erstandenen schönen, großen Deutschlands.

Daß unser Gedanke ein rechter war, bezeugen uns die zahlreichen Zuschriften von allen Orten, zeigt die große Betheiligung aus Nah und Fern. Lassen Sie mich Ihnen von hier aus den herzlichen Willkommensgruß zurufen und namentlich den verehrlichen Veteranen von 1832 den Dank für Ihr Erscheinen, daß unserem Fest erst die rechte Weihe giebt.

Im Gefühle des Dankes, des Stolzes und der Freude sind wir hier versammelt, das Erinnerungsfest zu begehen, das ein Triumph- und Siegesfest des deutschen Geistes ist.

Sie Alle, werthe Festgenossen, Sie kennen ja die Zeiten der Schmach und der Erniedrigung des deutschen Reiches, wie es durch einen Federstrich Napoleons I. mit seinem Namen von der Karte von Europa verschwand; Sie wissen, wie durch die glorreiche Erhebung des deutschen Volkes der Erbfeind gejagt wurde über Deutschlands Grenzen – aber auch, wie am Tage des Sieges das Volk betrogen ward um die Früchte seines Sieges, um das verheißene, frei geeinte, glückliche Vaterland.

Von diesem Augenblicke an begann die harte, schwere Geistesarbeit der deutschen Patrioten, deren wir heute ehrend und dankend gedenken. Das sind vor Allem die Studenten der deutschen Hochschule, jene edlen Jünglinge, die vielfach mit Lützow's Schaaren[12] in den Freiheitskampf gezogen waren und die nun, als das verkrüppelte Deutschland diplomatisch verbumfeit[13] vor Aller Augen lag, nach dem Siege gleich ein Spott des Auslandes, in heiligem Zorn entflammt den ersten, wenn auch ohnmächtigen Versuch wagten, das Vaterland aus dem schmachvollen Zustande herauszureißen, es einig und frei nach Innen, stark und mächtig nach Außen hinzustellen. In dem Bunde der Burschenschaft haben sie 1817 auf Wartburg's Veste sich unter das schwarz-roth-goldene Banner geschaart, haben laut und vernehmlich die Fürsten an ihr Versprechen erinnert, dem Volke einen entscheidenden Antheil an öffentlichen Angelegenheiten zuzugestehen. Das mißfiel den großen Machthabern, die Schrecknisse der französischen Revolution, die ihnen immer vor Augen gestanden haben mögen, rissen sie zu fanatischer Verfolgungssucht hin, sie verkannten ihr Volk; die sie gerettet von französischem Vasallenthum, kamen vielfach in Bann und Acht; sogar Stein[14], der herrliche deutsche Mann, der in die Metternich'sche Verfolgungswuth nicht einwilligte, erregte Mißtrauen und fiel in Ungnade; Arndt[15], der verdienstvolle Agitator für die deutsche Erhebung , der den patriotischen Zornesgesang gedichtet: „Was ist des Deutschen Vaterlande" etc., fiel in Ungnade, es füllten sich die Kerkervesten; wer Glück hatte, wanderte ins Exil.

Doch der gesäete Samen ging nicht zu Grunde. Unter der Eisdecke der Reaction keimte er und trieb die grünenden Schößlinge im Mai-Feste 1832 hier auf der Stätte, auf der wir jetzt stehen.

Der Gedanke an Deutschlands dereinstige Größe war wach geblieben im deutschen Volke – wie all' die Mißstände geblieben waren und all' die Hemmnisse für die freie und glückliche Entwickelung des Vaterlandes. Der Bundestag, der politische Vatican jener Tage, warf seine Blitze und Bannflüche – er hatte ja das stehende Inquisitionstribunal in Mainz errichtet[16] – knebelte die Pressen und half die Gewissen knebeln; jede freie Regung des Volkswillens ward unterdrückt, die Privilegien der Feudalherrschaft aufrecht erhalten, ein Vaterländchen war vom anderen getrennt, keine freie Entwickelung in Handel und Wandel erschien zulässig, so daß z. B. in unserer Pfalz trotz aller Ueppigkeit des Bodens und der Production der Bürger verarmte.

Diesen Druck der inneren Tyrannei und der Zerrissenheit und dadurch bedingten Ohnmacht nach Außen empfanden die Besten im Volke. Die Juli-Revolution[17] gab den Anstoß und die gepreßte Brust über so unwürdige Stellung eines ganzen großen und guten Volkes forderte Aeußerung und That. Da entrollte sich von Neuem das schwarz-roth-goldene Banner wie am Wartburgfeste, und herauf zu diesem Schlosse zogen die Patrioten jener Tage ernst und feierlich und haben in energischen Worten, die den Machthabern jener Tage in's Mark gedrungen sein mögen, den Grundstein gelegt zu „Deutschlands Wiedergeburt". Die Namen Wirth, Siebenpfeiffer, Schüler, Savoie, Börne, Brüggemann gehören der Geschichte an, und kein Geschichtsschreiber unserer Tage vermag es, nicht mit hoher Achtung die Namen dieser Patrioten zu verzeichnen, sowie wir heute mit Stolz das Andenken dieser Männer ehren und der anderen wackeren Männer jener Tage gedenken.

Waren auch wiederum Kerker und Exil das Schicksal derer, die mit Mannesmuth die Schäden und Gebrechen des Vaterlandes bloßgelegt, so war doch schon eine große, segensreiche Schöpfung für unser Vaterland als erstes wichtiges Einigungsband die Wirkung dieses so verpönten Hambacher Festes: der Zollverein[18]. Aber all' die anderen Schäden der Zerrissenheit und Ohnmacht und Unfreiheit waren geblieben, und so geschah es, daß bei dem ersten revolutionären Anstoß von Frankreich aus 1848 ganz Deutschland in hellen Flammen stand. Die Geschichte dieses Jahres und der darauffolgenden ist noch in Ihrer Aller Gedächtniß, und dies überhebt mich jeder weiteren Ausführung. Es war der dritte Anprall an die Zwingburg des deutschen Geistes, den deutschen Bundestag, das höhere Polizeibureau für Deutschland mit all' seinen Verbrechen an der deutschen Nation – und dieser dritte Anprall war ein Triumph des deutschen Geistes und der deutschen Volkskraft, denn auf seinen Zinnen wehte jetzt das schwarz-roth-goldene Banner, des deutschen Volkes Fahne zierte jedes Fürstenschloß. Doch nach den unabänderlichen Gesetzen der Völkerentwickelung mußte Germania von neuem das stolz gehobene Haupt verhüllen – das schwarz-roth-goldene Banner sank und schwand von Zinne und Dach, von neuem erstand der verhaßte alte Bund – wir wissen es – und brachte alles Elend über das Land und die Menschen.

Der Krater des Volksgewissens hatte sich geschlossen, der Vulcan schien ausgebrannt, aber in der Asche des Kümmernisses glimmte der Funke, es sammelte sich in der dunkelen Nacht der 50er Reaction neuer Zündstoff langsam an, und die Allgewalt bei einem neuen revolutionären Ausbruch konnte man ahnen am Schillerfest[19], da wiederum die schwarz-roth-goldene Fahne rings um die Erde jedes deutsche Haus schmückte, und am Schützenfeste in Frankfurt[20] das Festesrausche den Zorn des Volkes deckte.

Wenn der Gedrückte nirgends Recht kann finden,

Greift er getrosten Muthes hinauf zu den Sternen

Und holt herunter seine ew'gen Rechte.

Und das deutsche Volk hätte sie sich sicher geholt, wären sie ihm nicht auf anderem Wege geworden, sicher zu unserer Aller Heil!

Die Berechtigung, sowie das unausbleibliche Eintreten einer neuen Erhebung des Volkes beim ersten Anlasse mußte nach Oben zweifellos geworden sein; Oesterreich versuchte auf dem Fürstentage in Frankfurt[21] vergeblich eine Lösung – Preußen ist sie gelungen.

Ein Mann ist erstanden, der seine Zeit verstanden, den Sie alle kennen, es ist Preußens, nun Deutschlands größter Minister. Was dunkel den Jünglingen der Wartburg als Ideal vorgeschwebt, was klarer und vernehmlicher die Patrioten von 1832 gefordert, was 1848 vorübergehend in's Leben getreten war – Bismarck hat es auf seine Weise vollbracht. Er hat den Bundestag gestürzt, der sich – o wunderbare Fügung! – in seinem Todeszucken noch an die vervehmte [sic] schwarz-roth-goldene Fahne geklammert, um durch sie, die er einst geächtet und verfolgt, noch Rettung zu finden. So durfte sie nicht siegen, so mußte sie mitfallen. – Aber wenn wir heute frohlocken über den Fall des alten Bundestages und heute noch den Fluch des deutschen Volkes ihm nachsenden, so sei die Fahne schwarz-roth-gold als des deutschen Volkes Geistes- und Culturentwickelungsfahne hoch in Ehren gehalten. Sie hat ihre Mission erfüllt. Nun man in neuer Zeit und neuem Leben die neue Tricolore glänzen – die Form mag zerschellen, das Wesen ist die Hauptsache.

Das Reich ist erstanden in herrlicher Pracht – ein ruhmbekränzter Kaiser an seiner Spitze und als ebenbürtiger Mitregent das Volk im deutschen Reichstag. Das tapfere Heer hat in den glorreichsten Siegen, die je die Welt sah, den Erbfeind niedergeschlagen, ihm Ehre und tiefen, innigen Dank! Dank den trefflichen Führern, dem Kaiser, Bayern's König, dessen persönliches Verdienst um unsere großen Errungenschaften bekannt ist, Dank Bismarck, Moltke[22]! – Hinaus blickt unser Auge auf den Silberstreifen des Rheines, er grüßt uns traut als deutscher Strom, er grüßt herüber vom wiedergewonnenen Elsaß Erwin's Thurm[23], Straßburg's Münster, zwei Jahrhunderte lang Deutschlands Sehsuchtssäule, und wieder ist unser Straßburg, die wunderschöne Stadt, und Metz hütet unsere Grenze.

Und die Pfalz vor Allem hat doppelt Ursache, sich heute zu freuen. Immer ist sie treu gestanden zur Mutter Germania, das zeugt Wirth's Rede von 1832, der auch die Freiheit nicht auf Kosten der Integrität unseres Gebietes erkauft wissen will; das zeugt ihre heute nicht mehr mißverstandene Erhebung für die deutsche Reichsverfassung 1848. Sie hat mitgeholfen zum Ausbau des neuen Reiches, aber dieses Reich hat sie nun auch geschützt, was das alte armselige Reich nie gethan. Wie oft wurden die fruchtbaren Fluren und Auen dieses Landes verwüstet! Wie oft viel der Feind sengend und brennend in unsere Provinz, wie nah war die Gefahr 1870! – Jetzt ist das vorbei und wohl auf immer, denn wir sind ferner gerückt der wälschen Grenze und haben nicht, wie sonst, zu fürchten, daß jeden Augenblick der Erbfeind uns überfallen könne.

Drum für so viel errungenes Gute Versöhnung und kein Mißton mehr über vergangenes Leid. Fürst und Volk ist eins, ganz Deutschland eine große Burschenschaft.

Aufgerichtet ist das stattliche Haus, mit der inneren Einrichtung sind wir beschäftigt, und die soll heimlich und wohnlich sein, daß uns wohlig sei und die reine Luft der Freiheit einströme im harmonischen Maße zur Erhaltung der Völkergesundheit. – Aber siehe da, da will mit einziehen ein unheimlich schwarz Gekräuche, das uns sehr lästig zu werden droht – da sei das ganze Volk dafür auf der Wacht. Wir wollen friedlich zusammenleben, Katholiken und Protestanten, in unserem Hause und gemeinsam es schützen und schirmen gegen allen Angriff unserer wachsenden Feinde. Aber der Jesuitismus ist unser Feind, der Zwietracht säet und dem das protestantische Kaiserthum ein Dorn im Auge ist. Hat es doch jüngst ein berühmter Franzose offen erklärt, daß Frankreich die Jesuiten[24] brauche, um Rache zu nehmen an Deutschland – deshalb hinaus mit ihnen aus unserem Hause.

Von dieser Stätte, von diesem Hambacher Schloß aus wanderte einst Kaiser Heinrich IV. büßend nach Canossa; heute wohl sind wir dieser deutschen Entehrung überhoben, aber nicht überhoben sind wir der Absicht jeder Schädigung am deutschen Leibe und an deutscher Seele, wie sich immer Gelegenheit findet. Und wie einst Protest erhoben wurde von derselben Stätte gegen alle Schlagbäume, die Handel und Wandel hemmten und materielle Verarmung hervorgebracht, so lassen Sie uns heute protestiren gegen alle Gesetze und Paragraphen der Jesuiten, gegen Syllabus und Encyklika[25], die die freie Bewegung des Geistes hemmen und die Seele verkrüppeln.

Der Jesuitismus ist eine romantische hierarchische Erfindung, der die Religion des Hasses und des Fluches übt – er widerstreitet dem ehrlichen deutschen Menschen, der die Religion der Humanität und die Toleranz will, denn das deutsche Herz ist Liebe.

Es lebe das gesunde, herrliche, mit so schweren Opfern an altem Märtyrer- und neuem Heldenthume geschaffene deutsche Vaterland![26]

Kommentar

Die 40-jährige Erinnerungsfeier im Jahre 1872 stand ganz im Zeichen einer engen Verschmelzung der vergangenen Hambacher Ereignisse mit der jüngst erfolgten Reichsgründung.[27] So zog etwa in Anlehnung an das Hambacher Fest des Jahres 1832 ein Festzug vom Neustadter Marktplatz aus hinauf zum Schloss mit einem Zwischenhalt am Haus der Familie Abresch, wo die historische Hambacher Fahne offiziell in Empfang genommen wurde. Die am Festzug teilnehmenden Ehrenjungfrauen waren hingegen zuvor über die Presse angehalten worden, anstelle von schwarz-rot-goldenen Schärpen, schwarz-weiß-rote Farben zu tragen.[28] Entsprechend des ursprünglichen Festverlaufs 1832 hielten auch im Jahr 1872 verschiedene Teilnehmer Reden auf dem Schloss. Zugleich wurden im Anschluss an die Vorträge wiederum Huldigungs- und Grußadressen an Reichskanzler Otto von Bismarck, Kaiser Wilhelm I., König Ludwig II. und den Reichstagspräsidenten Dr. Eduard von Simson verlesen.[29]

Wie am Verlauf der Feierlichkeiten des 40-jährigen Jubiläums insgesamt, so lässt sich mehr noch an der Rede Eduard Witters der Versuch der nationalliberalen Veranstalter erkennen, das Hambacher Fest von 1832 als unmittelbaren Vorläufer und die damaligen Teilnehmer als Vorkämpfer der vierzig Jahre später unter preußischer Führung erfolgten Einheit Deutschlands in Szene zu setzen. Witter verweist diesbezüglich in seiner Rede auf die geistige Vorarbeit der Hambacher und stellt den Gedanken eines geeinten deutschen Vaterlandes als zentrales Ansinnen des Hambacher Festes 1832 heraus. Nicht nur zollt er den „1832er Veteranen" seinen Dank für ihre „heroische Geistesarbeit", welche die Vorarbeit für das „auf freiheitlicher Grundlage" entstandene deutsche Vaterland gebildet habe. Viel mehr noch gibt er ihnen zu verstehen, dass sie nach Erreichung ihrer Ziele, nun 40 Jahre später die Früchte ihres Erfolges feiern dürften. Die Erinnerungsfeier des Jahres 1872 nimmt in Witters Augen dann auch den Platz eines „Triumph- und Siegesfestes des deutschen Geistes" ein. Johann Georg August Wirths 1832 gehaltene Rede zieht Witter hierbei als Zeugnis für die Bekundung der Loyalität der Pfalz zu Deutschland heran, da dieser in seiner Rede deutlich zu verstehen gegeben hatte, die Forderung jener Tage nach Freiheit nicht auf Kosten der Aufgabe deutschen Gebietes erfüllt sehen zu wollen. Diese Forderung Wirths ist vor dem Hintergrund der Entwicklung der deutsch-französischen Beziehungen seit dem Ende des 18. Jahrhunderts zu betrachten. Im Zuge der Koalitionskriege zwischen 1792 und 1815 hatten französische Truppen gemäß ihrer Revolutions- und Expansionspolitik diese wie zum Teil auch rechtsrheinische Gebiete mehrfach besetzt und wieder aufgegeben.[30] Hinter Wirths Äußerung stand also die Sorge, dass infolge der durch die französische Julirevolution 1830 europaweit ausgelösten Erhebungen[31], eine enge Kooperation mit Frankreich in letzter Konsequenz zu Abtrennung und Angliederung deutscher Gebiete an Frankreich führen könnte. Witter greift dieses Argument nun im Jahr 1872 auf, um am Beispiel Wirths zu verdeutlichen, dass die Pfalz – entgegen der den Pfälzern und Rheinländern weitläufig unterstellten frankophilen Neigung – schon eh und je treu zu Deutschland gestanden habe.

Über Wirths Forderungen hinaus finden sich in Witters Rede nur wenige Anspielungen auf das Hambacher Fest des Jahres 1832 selbst. Im Grunde genommen wird dieses im historischen Abriss, den Witter gibt, neben der Studentenbewegung und dem Wartburgfest sowie der Zeit der Reaktion und Verfolgung mit abgehandelt. Die schwarz-rot-goldene Fahne nutzt Witter dabei als Symbol, um einen Nexus zwischen dem Wartburgfest, wo diese erstmals in jener Farbgebung auftauchte und dem Hambacher Fest zu bilden, auf dem die Fahne laut Witter nach den Jahren der Verfolgung und Reaktion erneut wehte und den Grundstein für „Deutschlands Wiedergeburt" gelegt habe. Auffällig ist, dass Witter wiederum die 1848er Revolution vollständig überspringt, wie er auch die Aufstandsbewegungen in der Pfalz und Baden 1849 unerwähnt lässt. Dagegen hebt er die politische Bedeutung des Südwestens und des Hambacher Festes für die Entwicklung des Einheitsgedankens explizit hervor.[32]

Eine Brücke zur Gegenwart schlägt Witter sodann mit seiner Lobpreisung des Erfolges der erlangten Vereinigung des Deutschen Reiches. Ein Erfolg, der laut Witter „Deutschlands größte[m] Minister" Bismarck gebührt, der das erreicht hätte, was sich doch die „Jünglinge[n] der Wartburg" sowie „die Patrioten von 1832" zu jener Zeit ersehnt hätten. Zur Bestätigung seiner Ansicht argumentiert Witter mit dem neuen Kaiser an der Spitze Deutschlands, dem aber „als ebenbürtigen Mitregenten das Volk im deutschen Reichstag" an die Seite gestellt sei, sodass „Fürst und Volk" eins seien. Damit suggeriert die Rede Witters eine bruchlose Kontinuität, die sich vom Wartburgfest über das Hambacher Fest bis in das Jahr 1870/71 erstreckt.[33] Dieses Narrativ manifestiert sich noch einmal in den abschließenden Worten, mit denen Witter ein Lebehoch auf das sowohl durch das „alte Märtyrertum" der Hambacher Ereignisse von 1832 und durch das „neue Heldenthume" der zeitgenössischen Ereignisse von 1870/71 entstandene „deutsche Vaterland" ausruft. Ferner offenbart die Fahnen-Thematik, wie sehr man im Jahr 1872 nicht nur darum bemüht war, an die Hambacher Tradition anzuknüpfen und einen Brückenschlag in die Gegenwart zu ziehen. Vielmehr noch wird hierdurch symbolisch das Erreichen eines Endpunktes nahegelegt, von welchem ein neuer Weg in die Zukunft Deutschlands führen soll. So spricht sich Witter zwar dafür aus, die schwarz-rot-goldene „deutsche, Volkes-, Geistes- und Culturentwicklungsfahne" dankbar in Erinnerung zu behalten. Allerdings macht er auch deutlich, dass die Fahne nun ihren Zweck erfüllt habe und der Vergangenheit angehöre. Stattdessen werde in der bevorstehenden glorreichen Zeit die neue schwarz-weiß-rote Trikolore Deutschland die Zukunft weisen.[34]

Den Schluss der Rede bildet schließlich ein brisantes, tagespolitisches Thema. Witter nutzt seine Redezeit dazu, gegen die Jesuiten im Reich zu protestieren. Er warnt seine Zuhörer vor jenen Ordensmitgliedern, wobei er die Jesuiten zu den neuen und dieses Mal inneren Feinden Deutschlands erklärt, deren Ansinnen es sei, das Reich in Zwietracht zu spalten. Bezeichnenderweise ruft Witter zum Protest gegen „die Jesuiten" und „Syllabus und Encyklika" im selben Atemzug auf, – unterstellte man doch den Jesuiten eine starke Bindung an den Papst und dessen Versuch der politischen Einflussnahme „von jenseits der Berge" (lateinisch ultra montes – gemeint sind die Alpen) aus.[35] Das von Witter propagierte Jesuiten-Feindbild ist jedenfalls vor dem Hintergrund der sich in der zweiten Hälfte des 19. Jahrhunderts weiter zuspitzenden Antikatholizismus- und Ultramontanismusdebatten zu verstehen, die im neu entstandenen Kaiserreich im Kontext des sogenannten Kulturkampfes eskalierten.[36] Auch auf regionaler Ebene nahmen religionsbedingte Auseinandersetzungen immer weiter zu. So hatten auch in Neustadt und Hambach pfälzische Nationalliberale unmittelbar vor den Jubiläumsfeierlichkeiten am 12. Mai 1872 zahlreiche Unterschriften für eine Petition an den Reichstag gesammelt, womit die Unterzeichner um die Ausweisung der Jesuiten ersuchten.[37]

Abschließend lässt sich resümieren, dass Witter in seiner Rede eine nahtlose Kontinuität zwischen den Ereignissen von 1832 und 1870/71 herzustellen versuchte, indem er die Reichsgründung 1870/71 als Erfüllung der Forderungen von 1832 in den Mittelpunkt stellt. Konsequenterweise fasst Witter die Feierlichkeiten dann auch als Sieg- und Dankfest für das neu entstandene Deutsche Reich auf, was ganz dem Sinne der Zielsetzung der Veranstalter des 40-jährigen Jubiläums entsprach.[38]

---

1 Vgl. Würz 2005/06, S. 673; Kreutz 2016, S. 56.
2 Vgl. Schiffmann 2006, S. 345; Kreutz 2016, S. 56.
3 Vgl. Schiffmann 2006, S. 344f.
4 Vgl. Schneider 1982 (2), S. 206.
5 Vgl. Schneider 1984, S. 106f.
6 Gesuch vom 25. April 1872. In: Hauptstaatsarchiv München, Geheimes Hausarchiv, Hofstäbe 1093/2, zit. nach: Foerster/Kermann 1990, S. 220.
7 Vgl. Schneider 1984, S. 106f.
8 Gesuch vom 25. April 1872. In: Hauptstaatsarchiv München, Geheimes Hausarchiv, Hofstäbe 1093/2, zit. nach: Foerster/Kermann 1990, S. 220.
9 Vgl. Schneider 1984, S. 109.
10 Vgl. ebd., S. 111; Würz 2005/06, S. 675.
11 Vgl. Straube 1925, O.S.

12 ‚Lützow's Schar' wurde jenes Freikorps von rund viertausend Männern genannt, das zwischen Februar 1813 und April 1814 unter Führung des Majors a.D. Ludwig Adolf Wilhelm Freiherr von Lützow (1782–1834) im Zuge der sogenannten Befreiungskriege gegen die napoleonischen Truppen kämpfte. Es handelte sich um eine reguläre, ausschließlich freiwillige und selbst ausgerüstete Truppe des preußischen Heeres, das wie viele weitere Freikorps im Rahmen der preußischen Militärreform nach der Niederlage 1806 bei Jena und Auerstedt gegen Napoleon I. aufgestellt wurde. Vgl. Wiechmann 2002, S. 1ff. Zu den Befreiungskriegen siehe: Krause 2013.

13 Etwas verscherzen, durch Unachtsamkeit verlieren, zu Grunde richten.

14 Heinrich Friedrich Karl Freiherr vom und zum Stein (1757–1831) war preußischer Staatskanzler und theoretisch wie auch praktisch maßgeblich an den „Preußischen Reformen" der Jahre 1807 bis 1815 beteiligt. Wegen seiner oppositionellen Haltung gegenüber den französischen Besatzern und auf Druck Napoleons hin, entließ ihn König Friedrich Wilhelm III. 1808. Stein begab sich daraufhin als Berater an den russischen Hof, wo Zar Alexander I. napoleonische Gegner versammelte. Vgl. Durchhardt 2013, S. 152ff.

15 Ernst Moritz Arndt (1769–1860) war ein deutscher Schriftsteller und Historiker. Während der sogenannten Befreiungskriege mobilisierte Arndt als Publizist und Dichter – teilweise in Zusammenarbeit mit Stein – gegen die Herrschaft Napoleon Bonaparts und für die Stärkung des deutschen Nationalbewusstseins. Infolge der Karlsbader Beschlüsse 1819 war Arndt aufgrund seiner publizistischen Aktivitäten seines Amtes als Professor enthoben und ein Verfahren wegen „demagogischer Umtriebe" gegen ihn angestrengt worden. 1840 hatte ihn der preußische König Friedrich Wilhelm IV. rehabilitiert. Vgl. Rößler 1953, S. 358ff.

16 Von 1819 bis 1827 bestand in Mainz eine bundesbehördliche Zentraluntersuchungskommission, die im Zuge der Karlsbader Beschlüsse eingerichtet worden war. Ihre Aufgabe bestand darin, die Ziele, Beteiligten und Anführer der national-liberalen Bewegung über das gesamte Gebiet des Deutschen Bundes aufzudecken. Die Behörde erhielt u.a. Berichte von Lokalbehörden über kritische Schriftsteller und koordinierte ihre bundesweite Verfolgung. Vgl. Weber 1970, S. 5 u. S. 32–37.

17 Gemeint ist die Juli-Revolution 1830, in der sich der angestaute Zorn der Franzosen gegen ihren König wegen u.a. seiner restaurativen Politik in mehreren Unruhen entlud. Die Ereignisse in Frankreich wirkten wie ein Katalysator, wobei es auch in vielen deutschen Staaten zu lokalen Erhebungen kam.

18 Nach den revolutionären Unruhen der 1830er Jahre und dem verstärkten Druck der liberalen Opposition schlossen sich drei regionale Zollvereine unter der Führung Preußens 1834 zum „Deutschen Zollverein" zusammen, dem in den folgenden Jahren fast alle deutschen Staaten beitraten. Der Wegfall der Zollschranken und die Vereinheitlichung von Maßen und Währungen sorgte für die wirtschaftliche Einheit innerhalb des Deutschen Bundes. Vgl. Angelow 2003, S. 64.

19 Anlässlich des hundertsten Geburtstags des Dichters Friedrich Schiller (1759–1805) im Jahr 1859 fanden europaweit Jubiläumsveranstaltungen statt. Allein 440 deutsche Städte richteten Schillerfeste aus, die einen eindeutig politisch-nationalen Charakter hatten. Schiller diente den Veranstaltern und Teilnehmern als Projektionsfigur ihrer nationalen Wünsche, indem sie Schiller als Freiheitsdichter sowie als Dichter der Einheit rezipierten. Zehn Jahre nach der Revolution von 1848/49 bildete das Schillerfest das erste größere Artikulationsforum des liberalen Bürgertums im Rahmen der sich stetig entwickelnden bürgerlichen Festkultur. Vgl. Fiedler 2018, S. 184f.

20 Vom 13. bis 22. Juli 1862 fand das erste der jährlich bundesweit im größeren Stil gefeierten Schützenfeste in Frankfurt am Main statt. Hintergrund jenes deutschen Schützentags war der Gedanke der Initiatoren durch den bereits vorangetriebenen Zusammenschluss von lokalen Schützengilden zu Vereinen oder Bünden, Vorbildcharakter für die nationale Einigung zu haben. Vertieft wurde dieser politisch-nationale Gedanke bei den Feierlichkeiten durch die symbolische Bildung von „Volksarmeen" zur Verteidigung des Vaterlandes. Vgl. Anonymous 1862, S. IIIf.

21 Auf dem Frankfurter Fürstentag, der vom 16. August bis 1. September 1863 in Frankfurt am Main tagte, berieten die deutschen Fürsten über die Weiterentwicklung des Deutschen Bundes. Österreichs Antrag auf eine Reform des Deutschen Bundes scheiterte, zumal der preußische König auf Drängen Bismarcks nicht teilnahm. Vgl. Angelow 2003, S. 138.

22 Der preußische Ministerpräsident, Bundeskanzler des Norddeutschen Bundes und Reichskanzler des Deutschen Reiches, Fürst Otto von Bismarck (1815–1898), sowie der preußische Generalfeldmarschall und Chef des Generalstabs, Helmuth Karl Bernhard Graf von Moltke (1800–1891), gelten als Schmieder der Reichseinigung und Mitbegründer des Deutschen Reiches 1871, – Moltke auf militärischer und Bismarck auf politischer Ebene. Vgl. Walle 1997, S. 13 u. S. 16.

23 Ab vermutlich 1284 war Erwin von Steinbach (1244–1318) der verantwortliche Baumeister für die Kathedrale Notre-Dame im Elsass, auch Straßburger Münster genannt, deren Turm bis in die zweite Hälfte des 19. Jahrhunderts zu den höchsten Bauwerken Europas zählte. Vgl. Rosemann 1959, S. 636f.

24 Gemeint sind die Mitglieder des von Ignatius von Loyola 1521 gegründeten und im Jahr 1540 päpstlich aner-kannten katholischen Ordens „Gesellschaft Jesu". Vgl. Friedrich 2016, S. 9 u. S. 17.

25 Beim „Syllabus" – genauer: dem „Syllabus errorum" – handelt es sich um ein Verzeichnis von 80 Irrtümern bzw. Lehren, die von Papst Pius IX. als falsch verurteilt wurden. Der Syllabus wurde zusammen mit dem päpstlichen Rundschreiben, d. h. der „Enzyklika Quanta Cura", am 8. Dezember 1864 herausgegeben. Vgl. Schatz 2008, S. 83.

26 Zit. nach: Pfälzischer Kurier Nr. 125 vom 30. Mai 1872, Erstes Blatt.

27 Vgl. Schneider 1982 (2), S. 221.

28 Erstmals tauchte eine schwarz-rot-goldene Fahne offiziell auf dem Wartburgfest im Jahre 1813 auf. Auf dem von der Burschenschaftsbewegung organisierten Fest forderten die Studenten bürgerliche Freiheiten und die Einigung Deutschlands. Vorbild für die „Wartburgfahne" war die Farbgebung des im Zuge der Befreiungs-kriege gegen Napoleon gebildeten Lützower Freikorps, das schwarze Uniformen mit roten Aufschlägen und goldenen Knöpfen trug. Spätestens seit dem Hambacher Fest, wo Schwarz, Rot, Gold als sogenannte Trikolore getragen wurde, d. h. mit drei gleichgroßen Farbstreifen, entwickelte sich die Farbgebung zum Symbol der oppositionellen Bewegung im Vormärz. Mit der Reichsgründung setzten sich die bereits im Norddeutschen Bund etablierten Farben Schwarz, Weiß und Rot durch. Dies umso mehr, da hierdurch eine eindeutige Dis-tanzierung von den revolutionären Bewegungen im Vormärz sowie der Revolution von 1848/49 symbolisch manifestiert werden sollte. Vgl. Aktionsbündnis gegen Gewalt, Rechtsextremismus und Fremdenfeindlichkeit (Hrsg.) 2008, S. 40–67; Der Präsident des Landtags Rheinland-Pfalz (Hrsg.) 2011, S. 15–29.

29 Vgl. Würz 2005/06, S. 675.

30 Vgl. Struck/Gantet 2008, S. 72–117.

31 Vgl. Steinmetz 2019, S. 282–294; Hobsbawm 2017, S. 150–161.

32 Vgl. Schneider 1984, S. 111.

33 Vgl. ebd., S. 106 u. S. 111; Würz 2005/06, S. 673.

34 Vgl. Schiffmann 2006, S. 346.

35 Vgl. Friedrich 2016, S. 535.

36 Kreutz 2015, S. 56; Schneider 1984, S. 112. Als Kulturkampf werden im Allgemeinen die Auseinandersetzun-gen zwischen Staat und katholischer Kirche im 19. Jahrhundert bezeichnet, die mehrere Staaten Europas und Südamerikas betrafen und ihre jeweils eigenen Ausprägungen hatten. Im Kern ging es in den Kulturkämpfen um das Verhältnis von Staat und Kirche bzw. der Neujustierung ihres Verhältnisses. Da diese gleichsam auch elementare Fragen der Lebensführung betrafen, wurden nahezu sämtliche Gruppen und Räume der Gesell-schaft von den Konflikten erfasst. Vgl. Borutta 2010, S. 11 u. S. 15. Vertiefend zum Thema Antikatholizismus und Ultramontanismus im Kontext der Kulturkämpfe siehe: ebd.; sowie allgemein zum Kulturkampf: Lill 1997.

37 Vgl. Schneider 1984, S. 112.

38 Vgl. Schiffmann 2006, S. 346; Kreutz 2016, S. 56.

BEIM HAMBACHER FEST [...] DARF DIE STIMME DER DEUTSCHEN FRAU NICHT FEHLEN! – DIE REDE VON KATHA THOMA ANLÄSSLICH DES 90-JÄHRIGEN HAMBACH-GEDENKTAGES AUF DEM SOMMERFEST DER DEUTSCHEN DEMOKRATISCHEN PARTEI 1922

ie Beschäftigung mit dem Hambacher Fest und der Hambach-Tradition blieb auch in der Weimarer Republik ein kontroverses Thema, das von parteipolitischen Implikationen geprägt war.[1] Das 90. Jubiläumsjahr nahmen gleich zwei Parteien der sogenannten Weimarer Koalition zum Anlass, jeweils eigene Veranstaltungen auf dem Schlossberg abzuhalten.[2] Beide Parteien verfolgten mit dem Gedenken das sie einende Ziel, für die „Sicherung, Erhaltung und den Ausbau" der noch jungen, vielfach gefährdeten deutschen Republik zu kämpfen. Gleichwohl beanspruchten auch beide das Erbe Hambachs für sich.

Neben einer Kundgebung am Pfingstmontag, die vom Bezirksverband Pfalz der Sozialdemokratischen Partei Deutschlands (SPD) organisiert wurde[3], erinnerte der pfälzische Landesverband der Deutschen Demokratischen Partei (DDP) am 25. Mai 1922 in Form eines großen Sommerfestes auf dem Schloss an die Ereignisse des Jahres 1832 (Abb. 1).[4] Am Bahnhofsplatz war ein Freiheitsbaum errichtet worden, dessen Krone schwarz-weiß-rote und blau-weiße Bänder zierten. Den Begrüßungsabend

Abb. 1: Plakat der Deutschen Demokratischen Partei, Landesverband Pfalz mit dem Aufruf zur Teilnahme am Sommerfest zum 90-jährigen Gedenktag 1922 an das Hambacher Fest.

am Vortag im Saalbau gestalteten die Hauptvorträge des Rechtsanwalts Helmling mit dem Titel „Das Hambacher Fest. Rückblick und Ausblick" sowie der Vorsitzenden des Landesfrauenverbandes, Frau Jung-Zweibrücken, zum Thema „Was war und was ist uns deutschen Frauen das Hambacher Fest".[5] Am darauffolgenden Tag bildete ein musikalisch und von schwarz-rot-goldenen Fahnen begleiteter Festzug hinauf auf das Schloss den Auftakt des Festtages. Dort ließen sich die Gäste auf dem Gelände verteilt nieder, verschiedene Buden sorgten für das leibliche Wohlergehen und zwei Kappellen begleiteten mit Marschklängen das rege Treiben. Ein Trompetensignal kündete jeweils den nächsten Redner an.[6] Als Redner traten an diesem Tag eine Reihe wichtiger Parlamentarier wie Reichsverkehrsminister Dr. Wilhelm Koch und Dr. Hermann Hummel als Staatspräsident der Republik Baden auf.[7] Im Vorfeld der Feier war es für alle Redner Pflicht gewesen, die Themen ihrer Vorträge bei der französischen Besatzungsbehörde anzumelden, wie dann auch die Festlichkeiten von dieser überwacht wurden.[8] Denn zu diesem Zeitpunkt stand die Pfalz, die seit 1816 zu Bayern gehörte, bereits drei Jahre unter französischer Besatzung.[9] Als Ersatz für die verhinderte Reichstagsabgeordnete Dr. Marie-Elisabeth Lüders ergriff Katha Thoma (1895–1931) aus Speyer das Wort (Abb. 2).[10] Der Titel ihres Vortrags, den sie bei der französischen Besatzungsbehörde eingereicht hatte, lautete „Das Hambacher Fest und die Frauen".[11]

Die einzige weibliche Rednerin an jenem 25. Mai 1922, deren Rede hier im Anschluss wiedergegeben wird, wurde am 7. April 1895 als Tochter des Regierungsbeamten Johann Thoma und der Gutsbesitzertochter Luise von Stein in Waldfischbach geboren. Nachdem Katha Thoma die höhere Mädchenschule in Kaiserslautern abgeschlossen hatte, zog sie nach Speyer, wo sie als Geschäftsführerin in der Konditorei ihres Bruders

Abb. 2: Porträtaufnahme von Katha Thoma (1895–1931), Datum unbekannt.

arbeitete.[12] Dieser war es auch, der das frühe Interesse seiner Schwester an der Politik weckte und sie bei ihrer Parteiarbeit unterstützte.[13] Denn bereits im Jahr der Gründung der DDP 1918 und damit gleichzeitig jenem Jahr, in dem Frauen das aktive und passive Wahlrecht erhielten, trat Katha Thoma der Deutschen Demokratischen Partei der Pfalz bei und wurde wenig später nicht nur zur Vorsitzenden der Ortsgruppe gewählt, sondern gehörte auch als Ausschussmitglied dem Landesverband der DDP an.[14] Die Partei zählte neben den Sozialdemokraten und dem Zentrum als drittstärkste Fraktion zur sogenannten Weimarer Koalition. Während ihres parteipolitischen Engagements war es dann vor allem die Stärkung der politischen Rechte und die aktive Mitbestimmung der Frauen in allen gesellschaftlichen Fragen, für die sich Thoma verstärkt einsetzte.[15] Katha Thoma blieb zeitlebens unverheiratet und verstarb am 23. März 1931 und damit ein Jahr nach Abzug der französischen Besatzungstruppen.[16]

Das Hambacher Fest soll ein Fest des Friedens sein.

Die politische Gleichberechtigung im neuen Deutschland legt uns Frauen die Pflicht auf mehr und mehr zu tätigen Gliedern des politischen Lebens, zu bewußten Trägerinnen des Staatsgedankens, zu freudigen Mitarbeiterinnen an der gedeihlichen Entwicklung unseres Volkes zu werden. Beim Hambacher Fest, das weit über den örtlichen und parteilichen Rahmen hinaus ein deutsches Fest ist, das einen Markstein bildet parteipolitischen und allgemein deutschen, vaterländischen Geschehens, darf daher die Stimme der deutschen Frau nicht fehlen.

Im Namen meiner Parteifreundinnen, die zu vertreten ich die Ehre habe, erkläre ich, daß wir demokratischen Frauen uns rückhaltlos hinter die Gedanken der bewährten Vorkämpfer der deutschen Demokratie stellen. Gerade uns Frauen mit unserer, weniger auf Kampf denn auf Ausgleich und Versöhnung eingestellten Veranlagung ist der Gedanke der Volksgemeinschaft, der Volkseinigkeit besonders sympatisch. Streit, Zank, Haß, Auseinanderstreben und Befeindung sind Giftblumen, die in dem Garten weiblicher Weltanschauung nur kümmerliche Nahrung finden. Sichverstehen (wenn es auch manchmal schwer fällt), Zusammenschließen und Zusammenhalten, vornehme Würdigung der Lebensinteressen eines jeden Einzelnen dagegen sind Blüten, die sich gerade im Herzen die Frau zur schönsten Pracht entfalten!

Ich glaube daher keine Fehlbitte zu tun, wenn ich von hier aus – der geweihten Stätte der Pfälzer Demokratie die heute mehr als je ein Symbol ist der deutschen Freiheit und Einigkeit –, wenn ich im Namen der demokratischen Frauen der Pfalz an alle Frauen des deutschen Vaterlandes ohne Unterschied der Partei

die herzliche Bitte richte zusammenzuhalten, das Trennende zurück, das Einende voranzustellen; im innerpolitischen Kampfe, dessen ungestüme Formen uns Frauen oft verletzen, ein Moment des Ausgleiches, der Versöhnung zu bilden, in außenpolitischer Hinsicht für eine Einheitsfront des deutschen Volkes, jede nach Maßgabe ihrer Kräfte, einzutreten. Freiheit und Einigkeit! Das sind die Leitsätze, die uns die demokratischen Freiheitshelden von 1832 als heiligstes Erbgut hinterlassen haben.

Wir demokratische Frauen von 1922 sehen jedoch – bei dem gegenwärtigen Stand der Dinge – in dem Hambacher Fest noch ein anderes: wir sehen in ihm ein Fest der echt demokratischen Ideale der Völkerversöhnung, des nachbarlichen Zusammenlebens, des Friedens.

Wir deutschen demokratischen Frauen sind von allerehrlichstem Friedenswillen erfüllt. Wir halten es für eine heilige Pflicht jede Möglichkeit der Verständigung und Annäherung zwischen den Nationen voll auszuschöpfen. Wir erblicken in dem Geist des Hambacher Festes den echten alten demokratischen Geist, der, unter schärfster Betonung des vaterländischen Gedankens, doch über die Grenzen der Nationen hinausreicht, der sich in seinem Streben solidarisch fühlt mit den wirklichen Demokraten, nicht den Scheindemokraten, der außerdeutschen Welt, in seinem Streben, durch die allgemeine, fortschreitende Demokratisierung der Welt ein besseres Menschengeschlecht heranzuführen, ein Geschlecht, das von den wahren, unwandelbaren Idealen edler Menschlichkeit erfüllt ist und das den Grundsatz der gegenseitigen Achtung und Wertschätzung in goldenen Lettern auf seine Fahne schreibt. In diesem Sinne kann und soll das Hambacher Fest ein Fest des Friedens sein, soll es der ganzen außerdeutschen Welt zeigen,

daß die deutsche Demokratie rückhaltloses Vertrauen verdient.

Wir deutschen demokratischen Frauen, vor allem wir rheinischen Frauen, empfinden es bitter, daß die stürmischen Wogen der Leidenschaften des Krieges noch immer nicht verebbt sind und das weite Kreise des Auslandes immer noch in einer Art Kriegspsychose leben. Wir empfinden es bitter, daß neue Wogen des Hasses, der Völkerfeindschaft heranzurollen scheinen. Wir deutschen Demokraten stemmen uns mit aller Macht dagegen, daß das Rad der Geschichte zurückgedreht wird, wir kämpfen mit aller Macht dafür, daß es vorwärts läuft.

Doch bleibt unser Sehnen und Streben, unser Ringen und Kämpfen ohnmächtig, wenn nicht der demokratische Geist in der Welt siegt, wenn nicht bessere Einsicht, verzichtfrohe Einsicht die maßgebenden Staatsmänner der Welt veranlaßt, den neu erwachten Leidenschaften durch Beseitigung ihrer Voraussetzungen den Boden zu entziehen.

Das Hambacher Fest soll ein Fest des Friedens sein. In diesem Zusammenhang darf ich daran erinnern, daß heute – 3 ½ Jahre nach Einstellung der Feindseligkeiten – noch 28 deutsche Männer, weltbekannt unter dem Namen „Avignongefangene" im Fort Lamaloue bei Toulon als Kriegsgefangene zurückgehalten werden.[17] Mit tausend Fasern hängt ihr Herz an der deutschen Heimat, ihr Herz zittert, ihr Herz schreit nach der deutschen Heimat! Ein Werk des Friedens ist es diese Männer endlich ihrer Heimat, ihrer Familie, dem Leben zurückzugeben. Im Namen der demokratischen Frauen der Pfalz und des ganzen besetzten Gebietes, ich darf wohl sagen im Namen aller deutschen Frauen bitte ich von Herzen die Frauen der ganzen Welt und speziell die „Liga zur Vertheidigung der Menschenrechte"[18] in Paris, darauf hinzuwirken, daß die letzten Avignon-Gefangenen bald der Heimat zurückgegeben werden. Ihre Zurückhaltung ist ein Stachel, der immer tiefer in die Herzen deutscher Männer und Frauen eindringt. Ein Unglück wäre es, wenn dieser Stachel unheilbare Wunden schlagen sollte. Ein Werk des Friedens ist es darum die erlösende Geste der Begnadigung endlich zu vollziehen.

Das Ausland blickt heute mit fragenden Augen nach dem besetzten Gebiete, dem Rheinlande und besonders wieder zu uns her, nach dem Eckpfeiler des Rheinlandes, nach unserer schönen Pfalz. Das Hambacher Fest, das wir heute feiern, wird ein Tag der Aufklärung sein für das Ausland, der ungeschminkten, rückhaltlosen Aufklärung über Wesen und Willen des Rheinlandes. Aufklärung ist gleichbedeutend mit Verbreitung der Wahrheit. Wahrheit wieder ist Sonne, deren Strahlen die Nebel des Scheines und der Lüge sieghaft zerreißen, bestehende Mißverständnisse und Unklarheiten hinwegräumen und die Tatsachen im hellen Lichte des Mittags, nicht in der trüben Spätdämmerung, dem trügerischen Zwielicht des Abends, in die Erscheinung treten lassen.

Ein Engländer hat kürzlich ein vielbemerktes Buch geschrieben: The riddle oft the rheine, das Rätsel am Rhein.[19] Schon aus dem Titel des Buches geht hervor, daß das Rheinland für weite Kreise des Auslan-

des heute noch ein Fragezeichen bedeutet, ein Rätsel, das im Interesse der Welt gelöst werden muß.

Deutsche Männer, deutsche Frauen! Für uns Pfälzer, für uns Rheinländer gibt es kein „rhiddle oft he Rhine", gibt es kein Rätsel am Rhein. Wir kennen ganz genau die Seele unseres Volkes und wir wissen, daß diese bis in ihr innerstes Mark deutsch ist.

Wie kommt es nun, daß das Ausland von einem „Rätsel am Rhein" sprechen kann? Es kommt daher, weil Kräfte am Werk sind, die mit allen Mitteln versuchen dem Ausland gegenüber die wahre Seele des Rheinlandes zu fälschen und den Glauben zu erwecken, als ob Leute, beim Nennen deren Namen der Rheinländer ausspuckt, echte rheinische Patrioten seien und als ob hinter ihnen die überwältigende Mehrheit des rheinischen Volkes stände!

Der rheinische Zorn, die rheinische Empörung richtet sich daher hauptsächlich gegen diese Elemente, die den Verrat am Vaterlande beruflich betreiben.

Bedauerlich ist es dagegen, daß weite Kreise des Auslandes immer noch auf die Schwindelgesänge einiger Betrüger, die leider immer noch den Ehrennamen „Deutscher" tragen, hereinfallen und in dem Rheinlande eine Sphinx erblicken, deren Wesen sie sich nicht deuten können.

Aus dieser Sachlage, die nun leider einmal besteht, ergeben sich für alle Rheinländer, die ehrlich den Frieden wollen, Schlußfolgerungen, die unbedingt befolgt werden müssen: Das Rheinland darf nicht länger zu Fragen schweigen, die es unmittelbar angehen. Die Rheinländer haben eine wichtige Mission zu erfüllen, die Mission: dem falsch, wenig oder gar nicht orientierten Auslande die Augen zu öffnen.

Wir Rheinländer wollen Frieden. Frieden kann es aber nur werden, wenn man uns endlich in Ruhe läßt, wenn die Seele unseres rheinisches Volkes, um die ein mächtiger Kampf entbrannt ist, endlich in leuchtender Klarheit erkannt wird. Friede kann es nur werden, wenn die angebliche „rheinische Sphinx" endlich entschleiert wird und wenn das Ausland erkennt, daß ihr Blick ein offenes, unverschleiertes Bekenntnis ablegt zum unerschütterlichen Festhalten am deutschen Wesen, an der deutschen Volksgemeinschaft, am deutschen Vaterlande.

Der wirkliche Genius des Rheines, der deutsche Genius – nicht der Pseudogenius des Herrn Maurice Barres[20] – muß klar in die Erscheinung treten. Die Schleier müssen von dem Rheinlande fallen, Die ganze Welt muß erkennen, daß das Rheinland echtes deutsches Land ist, daß das Rheinland bestes deutsches Land ist. Darum: Rheinländer! Auf ans Werk des Friedens! Begreift, daß Ihr eine geschichtliche Aufgabe zu erfüllen habt – nicht blos zum Wohle Deutschlands allein, sondern zum Wohle und zum Frieden der ganzen Welt. Legt Zeugnis ab von Eurem wahren Willen! Fühlt Euch als geschichtliche Personen, die Ihr mitverantwortlich – vielleicht in erster Linie verantwortlich – seid für den Gang der Geschichte eures deutschen Vaterlandes!

Scheut Euch darum nicht, offen aufzutreten und Eurem unerschütterlichen Willen sichtbaren Ausdruck zu verleihen!

Zeigt der ganzen Welt – auch nach dem Versailler Vertrag habt Ihr das Recht dazu – zeigt der ganzen Welt, daß Ihr Deutsche wart, Deutsche seid und Deutsche sein werdet bis in alle Ewigkeit!

Wir Rheinländer wollen Frieden, wollen Entspannung der Gegensätze, wollen nachbarliches Zusammenleben. Wirkliche Friedensstörer im Rheinlande sind die Separatisten; waren die Haas, Eichhorn, Emmerich usw. in der Pfalz – sind die Dorten, Smeets und Kumpane im Rheinlande.[21]

Wir Rheinländer wollen Frieden. Frieden kann es aber nur werden, wenn unserem Fühlen, Wollen und Denken Rechnung getragen wird. Unserem Fühlen, Wollen und Denken, das Deutsch, deutsch, deutsch und noch einmal deutsch ist.

Ein Werk des Friedens ist es darum, diese Friedensstörer – nicht blos des deutschen Volkes, sondern des Friedens der Welt – aus der deutschen Volksgemeinschaft moralisch auszuschließen, solange eine gesetzliche Ausschließung infolge der obwaltenden Umstände nicht möglich ist.

Hände weg von der treuen deutschen Pfalz!
Hände weg von dem treuen deutschen Rheinlande!
Hände weg von der Freiheit und Einheit unseres geliebten engeren und weiteren deutschen Vaterlandes![22]

Kommentar

Entgegen der Vermutung, den der von Thoma gewählte Vortragstitel „Das Hambacher Fest und die Frauen" nahelegt, ist es nicht die Rolle der Frauen während des Hambacher Festes des Jahres 1832, die im Fokus der von ihr am 25. Mai 1922 gehaltenen Rede steht. Stattdessen gibt die Rednerin die Sicht der demokratischen Frauen des Jahres 1922 auf das historische Ereignis wider und stellt dabei heraus, welche Lehren diese aus der Vergangenheit ziehen sollten. Thoma selbst begreift die Hambacher „Freiheitshelden von 1832" als „Vorkämpfer der deutschen Demokratie" und das Hambacher Schloss als ein „Symbol der deutschen Freiheit und Einigkeit". Sie hebt in diesem Zusammenhang explizit die Bedeutung des Hambacher Festes für die deutsche Demokratiegeschichte hervor, indem sie das Schloss zu einer „geweihten Stätte der Pfälzer Demokratie" erklärt. Wie sie jedoch auch betont, stehe Hambach bis zum heutigen Tag symbolisch für die *gesamtdeutsche* „Freiheit und Einigkeit", weil die damaligen Ereignisse eben gleichsam von überregionalem und überparteilichem Interesse gewesen seien. Für Thoma ist das Hambacher Fest somit nicht nur ein regionales, vielmehr noch ein „deutsches Fest", das einen „Markstein" der parteipolitischen und im Allgemeinen der deutschen Entwicklung bilde. In diesem Sinne richtet sie sodann auch einen parteiübergreifenden Appell an alle deutschen Frauen, von denen sie Zusammenhalt und Einigeit fordert. Ihre Mitstreiterinnen sollten sich ihrer Meinung nach dafür einsetzen, die innerpolitischen Kämpfe schlichten zu helfen. Auf welche innerpolitischen Kämpfe sie an dieser Stelle genau anspielt, darüber gibt die Rednerin keine näheren Hinweise.

Den Hambacher Gedanken der ‚Einigkeit' vertieft Thoma in einem weiteren Punkt, der den Blick von der innenpolitischen Perspektive auf die Außenpolitik richtet. Denn es sind insbesondere die „demokratischen Ideale der Völkerversöhnung" und des friedlichen „nachbarlichen Zusammenlebens", die Thoma aus Sicht der Frauen als besonders erinnerungswürdig für das Hambacher Fest 1832 erachtet. Die Lehre, die Thoma aus dem Hambacher Fest zieht, liegt in der Idee des „Hambacher Geist[es]": Trotz starker Betonung des vaterländischen Gedankens sollte es jener „alte" demokratische Geist sein, der grenzübergreifend alle Demokraten solidarisch vereint. Denn dieser strebe in Richtung eines „besseren Menschengeschlechts", das von den Idealen der Menschlichkeit sowie von den Grundsätzen der gegenseitigen Achtung und Wertschätzung getragen werde. Infolge ihres pazifistischen Ansatzes kommt dem Hambacher Erinnerungsfest des Jahres 1922 dann auch die Rolle eines „Festes des Friedens" zu.

Warum die Rednerin die 90-jährige Gedenkfeier als Fest des Friedens verstanden wissen will, erschließt sich aus ihren nachfolgenden Äußerungen über die offensichtlich spürbaren Nachwehen des Ersten Weltkrieges. Zu diesem Zeitpunkt lag das Ende des

Krieges knapp vier Jahre zurück. Am 11. November 1918 hatte das Deutsche Reich kapituliert und das Waffenstillstandsabkommen von Compiègne unterzeichnet. Mit dem Unterzeichnen des Versailler Vertrags hatten die Siegermächte zugleich erreicht, dass das Deutsche Reich anerkennen musste, für den Weltkrieg verantwortlich zu sein.[23] Den Äußerungen Thomas zufolge sei nun vier Jahr später die „Kriegspsychose" des Auslands allerdings noch keineswegs überwunden und vielmehr erneut „Hass" und „Völkerfeindschaft" gegenüber Deutschland deutlich wahrnehmbar. An dieser Stelle nutzt die Rednerin die Bühne auf dem Hambacher Erinnerungsfest dazu, der deutschen Kriegsgefangenen von Toulon zu gedenken und um ihre Freilassung zu bitten. Gerade in der andauernden Gefangenschaft sieht sie die Gefahr eines sich stetig verfestigenden Grolls, der sich wie ein Stachel tiefer in das Herz der Deutschen bohren und dort eine Wunde hinterlassen könnte.

Vor dem Hintergrund des Lebenslaufs der Rednerin ist es wenig überraschend, wenn diese einen Großteil des Vortrags schließlich ihrem selbst verschriebenen politischen Anliegen widmet: dem Kampf gegen die französische Rheinlandpolitik und die separatistischen Bestrebungen in der Pfalz.[24] Dementsprechend soll die Feier in den Augen Thomas' speziell dem Ausland als ein „Tag der Aufklärung" dienen. Aufgeklärt werden soll das Ausland über das von der Rednerin metaphorisch betitelte „Rätsel des Rheins". Thoma geht es dabei um die ihrer Auffassung nach irrige Annahme, dass die Pfälzer und Rheinländer bezüglich ihrer territorialen Zugehörigkeit unschlüssig seien. Für Thoma gibt es dieses Rätsel nicht, da die Pfalz und das Rheinland ihrer Ansicht nach bis ins „innerste Mark deutsch" seien. Dass das Ausland dennoch über die Reichstreue der Pfälzer und Rheinländer zuweilen ins Rätseln gerate, führt Thoma auf die Umtriebe derjenigen zurück, „die den Verrat am Vaterlande beruflich betreiben". Gemeint sind damit die pfälzischen und rheinländischen Separatisten, die sie an anderer Stelle namentlich erwähnt. Für Thoma handelt es sich bei eben jenen Separatisten um „Friedensstörer", die es moralisch auszuschließen gelte, da nur so Frieden und ein nachbarschaftliches Zusammenleben zustande kommen könnten. Diese hier von Thoma geforderte drastische Maßnahme mag nicht zuletzt auch damit zusammenhängen, dass sie als Speyerin von Loslösungsbestrebungen eines Eberhard Haaß vorgeprägt war. Haaß hatte zu den Beteiligten gehört, die im Mai 1919 einen Putschversuch gegen die bayerische Regierung unternommen hatten. So war er zusammen mit weiteren Unterstützern im Zuge der Ausweisung des Regierungspräsidenten gewaltsam in das Speyerer Regierungsgebäude eingedrungen und hatte dort eine Erklärung verlesen, mit der er „die Pfalz als neutrale und selbständige Republik unter Loslösung von Bayern und dem Reiche" ausrief. Der Putschversuch war zwar gescheitert, jedoch blieb Haaß weiterhin aktiv.[25]

Thoma richtet sich nun zum Schluss ihrer Rede mit einem konkreten Auftrag an alle Rheinländer und Pfälzer. Sie will das Bewusstsein ihrer Mitbürger dafür schärfen, dass sie selbst Teil der Geschichte sind, die jetzt gerade geschrieben wird. Entsprechend fordert sie von allen Pfälzern und Rheinländern, sich wie „geschichtliche Personen" zu fühlen, die eine „geschichtliche Aufgabe" zu erfüllen hätten. Diese besteht laut Thoma darin, dass jeder Einzelne ein deutliches Bekenntnis zum Deutschen Reich und zum Deutschtum zum Ausdruck bringen müsse. Nur so könne die ganze Welt erkennen, dass das Rheinland durch und durch deutsch sei, womit sie letztlich ihren Beitrag zur vaterländischen Geschichte leisten würden. Pathetisch schließt Thoma ihren Vortrag noch einmal mit einer klaren Aufforderung, die sich an das Ausland sowie die Separatisten richtet: Hände weg von der Pfalz, dem Rheinland sowie der Freiheit und Einheit des Vaterlandes!

Insgesamt ist die Rede von Katha Thoma anlässlich der 90-jährigen Gedenkfeier des Hambacher Festes sehr stark von den zeitgenössischen politischen Ereignissen geprägt. Ob innerparteilichche Zwistigkeiten und der Appell an den Zusammenhalt der Demokraten, die Auswirkungen des Ersten Weltkriegs und die Forderung der Freilassung von Kriegsgefangenen, die separatistischen Bestrebungen in der Pfalz im Rahmen der Rheinlandbesetzung und die Forderung an ihre pfälzischen Mitbürger, deutlich ihre Reichstreue zu bekunden, - all diese politisch hoch aktuellen Themen jener Tage spricht Thoma in ihrem Vortrag an. Das Hambacher Fest und seine Ideale dienen in diesem Kontext als Vorbild für die Gegenwart. Die Forderung nach ‚Einigkeit' steht dabei erkennbar im Vordergrund. Hambach wird zur Parole eines Auftrages erhoben, die innerparteiliche und innergesellschaftliche Einheit des Deutschen Reiches zu sichern und die Reichstreue der Pfälzer gegen die separatistischen Bestrebungen zu manifestieren.[26]

---

1   Vgl. Keim/Mathy (Hrsg.) 1982, S. 352f.

2   Zur Weimarer Koalition gehörten die drei Parteien: die gemäßigt linke und die parlamentarische Demokratie befürwortende SPD, das katholische Zentrum und die linksliberale DDP, die auf Reichsebene 1919/20 und 1921/22 gemeinsam und zusammen mit anderen Parteien (u.a. der rechtsliberalen DVP) in sogenannten Großen Koalitionen 1923 sowie 1928–1930 regierten. Die DDP war eine linksliberale Partei, die im Jahr 1918 von Mitgliedern der Fortschrittlichen Volkspartei sowie der Nationalliberalen Partei gegründet worden war.

3   Vgl. Schiffmann 2006, S. 355f. In dem Aufruf der Veranstalter hieß es dazu, dass sich zwar die Zeiten seit 1832 insofern geändert hätten, als dass es keine Fürsten mehr gebe und dafür eine deutsche Republik existiere. Aber es müsse weiterhin schwer für politische und wirtschaftliche Gleichberechtigung gekämpft werden. Oberste Aufgabe aller Sozialdemokraten sei daher die Verteidigung und der Ausbau der Republik. Und genau zu diesem Zweck rief der Bezirksvorstand Pfalz der SPD seine Parteigenossinnen und -genossen dazu auf, an der „sozialistischen Kundgebung" auf dem Schlossberg teilzunehmen. Vgl. Auf zur sozialistischen Kundgebung auf dem Hambacher Schloß! In: Pfälzische Post vom 27. Mai 1922, O.S. (Stadtarchiv Landau). Zahlreiche Parteianhängerinnen und -anhänger sowie viele Mitglieder der Arbeiterjugendvereine folgten diesem Aufruf und kamen am Pfingstmontag auf dem in schwaz-rot-goldenen und roten Fahnen geschmückten Festplatz zusammen. Reden wurden u. a. von dem bayerischen Landtagsabgeordneten Friedrich Ackermann gehalten. Vgl. Schneider 2006, S. 197; ders. 1982 (4), S. 334; Schiffmann 2006, S. 355f.

4   Vgl. Schiffmann 2006, S. 355.

5   Vgl. Das Hambacher Fest 1922. In: Pfälzische Bürger-Zeitung Nr. 121/50 vom 26. Mai 1922, O.S. (Stadtarchiv Landau).

6   Vgl. ebd.

7   Vgl. ebd.

8   Vgl. Thoma 1930/31, S. 28.
9   Dies war eine Folge des Ersten Weltkriegs, nach dessen Ende die provisorische Regierung gemäß des Waffenstillstands von Compiègne vom 11. November 1918 sämtliche deutsche Truppen von der Westfront hinter den Rhein zurückziehen hatte müssen. Daraufhin waren die Truppen der Siegermächte Frankreichs, Belgiens, Großbritanniens und der USA in das linksrheinische Gebiet eingerückt und hatten die drei rechtsrheinischen Brückenköpfe Köln, Koblenz und Mainz besetzt. Mit dem Versailler Vertrag im Jahr 1919 war die Anwesenheit der Besatzungstruppen schließlich auf 15 Jahre bis 1935 festgelegt und ein Jahr später die Verwaltung der alliierten Besatzungszonen der Interalliierten Rheinlandkommission mit Sitz in Koblenz unterstellt worden. Die Rheinlandbesetzung wurde im Juni 1930 vorzeitig beendet. Vgl. Schwarz 2009, S. 66–85; Süss 1988, S. 3.
10 Vgl. Das Hambacher Fest 1922. In: Pfälzische Bürger-Zeitung Nr. 121/50 vom 26. Mai 1922, O.S. (Stadtarchiv Landau).
11 Vgl. Thoma 1930/31, S. 28.
12 Vgl. Wipfler 1990, S. 310f.
13 Vgl. ebd., S. 311. Über Katha Thomas Bruder ist bisher nur wenig bekannt. Mit dem Einzug der Franzosen in Speyer wurde Eugen Thoma trotz seiner beharrlichen Weigerung wiederholt zu Übersetzungstätigkeiten herangezogen. Zu diesem Zeitpunkt war er deutscher Austauschassistent am Lycée Rodez bzw. Lycée Louis-le-Grand in Paris. Am 1. Juni 1919 verbüßte Thoma wegen aktiver Abwehrbetätigung eine vierwöchige Haftstrafe infolge des Separatistenputsches auf die pfälzische Regierung. Ab September 1919 übernahm Thoma dann die Leitung des französischen Lektorats zur Beobachtung der französischen Presse in der neu eingerichteten sogenannten Pfalzzentrale Mannheim-Heidelberg. Vgl. Thoma 1931/32, S. 5.
14 Vgl. ebd., S. 23; Wipfler 1990, S. 311.
15 Vgl. Wipfler 1990, S. 311.
16 Vgl. ebd., S. 315; Thoma 1931/32, S. 76 u. S. 83.
17 Bei den Avignongefangenen handelte es sich um jene deutsche Kriegsgefangene, die gerichtlich wegen Vergehen gegen die Disziplin bestraft und gemäß Artikel 219 des Versailler Friedensvertrages von französischer Seite zurückbehalten wurden. Diese wurden ab Ende März 1920 im Spezialdepot Avignon zusammengefasst. In der Zeit zwischen dem 30. Juli 1920 bis zum 17. Oktober 1922 waren die deutschen Kriegsgefangenen in Avignon mehrfach Gegenstand von Abgeordneten-Anfragen im Deutschen Reichstag. Bspw.: Protokoll des Reichstags vom 30. Juli 1920, S. 408. Und auch die Öffentlichkeit nahm Anteil am Schicksal der Gefangenen, wie Kundgebungen in verschiedenen Städten oder die Herausgabe von Notgeldscheinen nahelegen. Vgl. Für die Gefangenen von Avignon. Massenkundgebungen in Berlin und im Reiche. In: Vossische Zeitung, Abendausgabe vom 13. Juni 1921. O.S.
18 Die bis heute bestehende französische Liga für Menschenrechte wurde am 4. Juni 1898 u.a. von dem Juristen und Politiker Ludovic Trarieux im Kontext der sogenannten Dreyfus-Affäre in Frankreich gegründet. Die Mitglieder der Liga setzten sich öffentlichkeitswirksam für den verurteilten jüdischen Hauptmann Alfred Dreyfus ein. Nach dem Ende der Dreyfus-Affäre begann die Liga, sich dauerhaft für die Verteidigung der demokratisch-republikanischen Grundwerte stark zu machen. Die Mitglieder beriefen sich auf das Erbe der Aufklärung und bezogen sich auf die Deklarationen der Französischen Revolution von 1789 und 1793 und deren Werte – Freiheit, Gleichheit, Brüderlichkeit. Die Liga entwickelte sich zu einer Rechtsschutzorganisation mit einem kostenlosen juristischen Dienst zur Aufnahme von Widerspruchsverfahren einzelner Bürger. Vgl. Börsch 2019.
19 Vgl. Lefebure 1921. Der Autor war Wissenschaftler und Ingenieur und hat im Ersten Weltkrieg aktiv an der chemischen Kriegsführung mitgewirkt. In seinem Buch beschreibt Lefebure u. a. die Entwicklung der chemischen Kriegsführung mit dem Ziel, den Völkerbund davon zu überzeugen, weiterhin chemische Waffen einzusetzen, zumal die Alliierten zu diesem Zeitpunkt auf diesem Gebiet überlegen waren.
20 Der französische Romancier, Journalist und Politiker, Maurice Barrès, hatte im Jahr 1921 die politische Schrift „Le Génie du Rhin", d. h. Der Genius des Rheins veröffentlicht.
21 Zur pfälzischen und rheinischen Separatismus-Bewegung und ihren führenden Figuren wie Eberhard Haas, Hans Adam Dorten oder Josef Smeets siehe: Gräber/Spindler 1992; Schwarz 2009.
22 Zit. nach: Eine Frauenansprache auf dem Hambacher Fest. In: Neue Badische Landeszeitung Mannheim vom 31. Mai 1922, Beilage Nr. 20. O.S. (Stadtarchiv Landau).
23 Vgl. Hirschfeld/Krumeich 2013, S. 262 u. S. 278–290.
24 Vgl. Thoma 1931/32, S. 23 u. S. 25. Zu diesem Zweck hielt Thoma kleinere und größere Referate oder unternahm verschiedene Vortragsreisen im gesamten Reichsgebiet. Vgl. Wipfler 1990, S. 314; Thoma 1931/32, S. 62–68 u. S. 76. Für die französische Besatzungszeit der Pfalz in den Jahren 1918/19 bis 1930 generell siehe bspw.: Kreutz/Scherer 1999.
25 Vgl. Gembries 1992, S. 90ff.
26 Vgl. Schiffmann 2006, S. 355.

HAMBACH UND HEUTE – DIE REDEN VON THEODOR HEUSS UND EMIL DOVIFAT AM 28. MAI 1932

Waren die 1920er Jahre noch von der Deutungskonkurrenz über das Hambacher Fest zwischen Liberal- und Sozialdemokraten geprägt, so schlug sich in den Krisenjahren der Weimarer Republik die antidemokratische, nationalistische Stimmung begleitet von zunehmender antisemitischer Propaganda[1], dem Aufstieg des Nationalsozialismus und der allmählichen Erosion der parlamentarischen Demokratie auch im Kampf um die Deutungshoheit mit den Versuchen der politisch-ideologischen Vereinnahmung nieder.

Bei der Hundertjahrfeier 1932 hatte sich durch die krankheitsbedingte Absage des ursprünglich vorgesehenen Festredners, des national-konservativen Historikers, Republikgegners und NSDAP-Sympathisanten Karl Alexander von Müller[2], überraschend die Chance ergeben, noch einmal ein prodemokratisches und prorepublikanisches Signal zu senden. Darum bemühten sich dann auch der liberaldemokratische Politiker, Reichstagsabgeordnete der Deutschen Staatspartei und spätere erste Bundespräsident Theodor Heuss und der Berliner Publizistikwissenschaftler Emil Dovifat bei ihren Festansprachen.

Nachdem Reichsregierung und bayerische Landesregierung eine Organisation oder Beteiligung abgelehnt hatten, übernahm die Arbeitsgemeinschaft der pfälzischen Presse diese Aufgabe, mit dem erklärten Ziel „die Erinnerung aus dem vermeintlichen Hader der Parteien herauszuhalten und eine „Deutsche Kundgebung", einen „Tag der deutschen Einheit und Freiheit" zu begehen (Abb. 1)."[3]

Abb. 1: Plakat zur Hundertjahrfeier des Hambacher Festes im Jahr 1932, die von der Arbeitsgemeinschaft der Pfälzischen Presse Neustadt a. d. H. veranstaltet wurde. Über dem Hambacher Schloss ragt der deutsche Reichsadler. Der Gedenktag ist der deutschen Einheit und Freiheit gewidmet.

Der promovierte Nationalökonom Heuss (1884–1963), der neben seinem Reichstagsmandat auch als Dozent an der Berliner Hochschule für Politik lehrte und als Journalist arbeitete, hatte sich schon früh kritisch mit der NS-Bewegung und ihrer demokratiefeindlichen Ideologie auseinandergesetzt. Anfang 1932 hatte er seine historisch-politische Studie „Hitlers Weg" veröffentlicht und Hitler und die NSDAP in zahlreichen Reden und Wahlkampfauftritten bekämpft, am 23. März 1933 aber mit den vier Abgeordneten der Deutschen Staatspartei unter dem massiven Druck und konkreter Gewaltandrohung durch die SS im Reichstag dem „Ermächtigungsgesetz" zugestimmt.[4] In seiner Rede auf dem Schlossberg (Abb. 2) erläuterte er nicht nur die Geschichte des Hambacher Festes und seiner Rezeption sowie der sich seit 100 Jahren entwickelnden Erinnerungskultur, sondern betonte auch den unzertrennlichen Zusammenhang der beiden zentralen Forderungen von „Einheit" und „Freiheit". Gleichzeitig versuchte er den unterschiedlichen erinnerungskulturellen Strömungen gerecht zu werden. Nachhaltig über den Tag hinaus und bis in die Begründung einer neuen Erinnerungskultur nach 1945 wirkend blieb seine viel zitierte Aussage, dass das Hambacher Fest „sozusagen die erste politische Volksversammlung der neueren deutschen Geschichte" und ein „Gegenstand der großen Politik" gewesen sei.[5] Während die Nationalsozialisten in ihren Presseorganen die Veranstaltung in übelster Weise als „jüdisch-demokratischen Bluff" und „Fest des

Abb. 2: Der liberale Politiker und später erste Präsident der Bundesrepublik Deutschland, Professor Dr. Theodor Heuss (1884–1963), bei seiner Ansprache zur 100-jährigen Hambach-Gedenkfeier am 28. Mai 1932 auf dem Hambacher Schloss.

ersterbenden Systems"[6] diffamierten, bekundeten die Sozialdemokraten, die wie die Mitglieder der „Eisernen Front"[7] aus Protest dem Fest ferngeblieben waren, Heuss im Nachhinein ihren Respekt für sein „mutiges Bekenntnis gegen den geistigen Faschismus" und seinen „klaren Trennungstrich gegenüber den Nationalsozialisten"[8].

Emil Dovifat (1890–1969) (Abb. 3), als Sohn eines Apothekers in einem katholischen Elternhaus in Köln geboren, studierte in München und Leipzig Geschichte, Germanistik, Nationalökonomie, Philosophie und Zeitungswissenschaft; er war nach freiwilligem Dienst und Verwundung im Ersten Weltkrieg und seiner Promotion im Jahr 1918 als Journalist bei verschiedenen Zeitungen tätig und engagierte sich politisch für das Zentrum und medienpolitisch im Reichsverband der deutschen Presse und im Verein deutscher Zeitungsverleger. 1924 wirkte er verantwortlich beim Aufbau des Deutschen Instituts für Zeitungskunde (DIZ) in Berlin mit, war 1928 bis 1947 (mit vorübergehender Emeritierung 1934) außerordentlicher Professor für Zeitungswissenschaft und allgemeine Publizistik sowie Leiter des DIZ. 1948 bis 1961 war er ordentlicher Professor und Leiter des Instituts für Publizistik an der FU Berlin und übte verschiedenen Funktionen in Verwaltungsgremien des öffentlichen Rundfunks und der Presse aus. Er gehörte als Mitbegründer des Hans-Bredow-Instituts und der

Abb. 3: Porträt von Emil Dovifat (1890–1969) im Dezember 1940.

Fachzeitschrift „Publizistik", 1961 mit dem Bundesverdienstkreuz ausgezeichnet, zu den Nestoren und prägenden Persönlichkeiten der jungen akademischen Disziplin Zeitungswissenschaft/Publizistik in der Bundesrepublik Deutschland. Seine Rolle während der NS-Zeit zwischen Opposition, Camouflage und Anpassung wird noch heute in wissenschaftlichen Untersuchungen unterschiedlich beurteilt.[9]

Die Ansprache, die Dovifat 1932 bei der Hundertjahrfeier des Hambacher Festes hielt, ist uns in zwei nachträglich publizierten Fassungen erhalten: Die längere wurde schon am 15. Juni 1932 in der „Deutschen Presse. Zeitschrift für die gesamten Interessen des

Zeitungswesens. Organ des Reichsverbandes der Deutschen Presse e. V.", 22. Jahrgang, Nr. 18 in Berlin unter dem Titel „Hambach und heute" veröffentlicht.

Die kürzere, die im Folgenden zugrunde gelegt wird, wurde unter der Überschrift „Über die Freiheit der Presse. Ein gültiges Thema 1957 – wie 1932 und 1832" in der Zeitschrift „Die Pfalz am Rhein. Offizielles Mitteilungsblatt des pfälzischen Verkehrsverbandes", 30. Jahrgang 1957 nachgedruckt. Sie ist dort Teil des größeren zweiten Teils der Publikation aus Anlass des 125-jährigen Jubiläums unter dem Titel „Hambacher Festschrift", der neben den Beiträgen einer Reihe von Politikern wie des Ministerpräsidenten Peter Altmeier, auch Zeitzeugenerinnerungen und Darstellungen zum historischen Ereignis 1832 aber auch z. B. von Theodor Heuss und Emil Dovifat zum 100-jährigen Jubiläum enthält. Diesem Text stellt der Verfasser Dovifat eine Einleitung voran, in der er die Aktualität seiner damaligen Ansprache, auch 25 Jahre später (zum 125-jährigen Jubiläum 1957) hervorhebt:

„[...] Es freut mich daß sie aktuell geblieben ist, wie sie es damals war, wenn auch in gänzlich anderem Sinne. Auch heute droht der Freiheit der Presse Lebensgefahr aus den großen Spannungen zwischen der demokratisch-freiheitlichen und der totalitären Welt. Auch heute kämpft die deutsche Presse in dieser gewaltigen geistigen Auseinandersetzung für die innere Freiheit und Unabhängigkeit der politischen Meinungs- und Willensbildung. Ihrer neuen Entwicklung seit 1945 tut sie es mit sachlicher Tüchtigkeit, gesunder Vielfalt, umfassender Organisation auf dem Boden der gemeinsamen demokratischen Grundrichtung. Möchte es ihr, gegenüber den Anzeichen einer übersteigerten Sensationalisierung, gelingen, zu erhalten, was ihre eigentliche Aufgabe ist und schon vor 125 Jahren das große Anliegen von G. A. Wirth war: in Nachricht und Meinung das deutsche Volk und jedes seiner Glieder zu erfüllen mit dem ganzen Ernst seiner politischen Aufgabe und es dahinzubringen, daß es aktiver noch als bisher und mit innerer Beteiligung jedes Einzelnen an der Festigung und Entwicklung seines Geschickes mitwirke. [...]"

Freiheit und Vaterland

Rede von Dr. Theodor Heuss 1932

[…][10] Wir alle wohl kennen jenen alten Stich, der das Hambacher Fest zeigt, da ein langer Strom begeisterter Menschen fahnenschwingend, singend, zwischen den Rebhügeln zur Ruine sich emporwindet. Ich erinnere mich aus meiner Bubenzeit, aus Wanderungen in der Pfalz, dass er in manchen Dorfwirtshäusern, leicht angegilbt, an der Wand hing und die Legende von den „Hambachern" lebendig hielt. Das ist heute wohl etwas vorbei, denn geschichtliche Romantik hat an Bedeutung stark verloren und ist einem nachwachsenden Geschlecht oft genug fremd, vielleicht verdächtig, vielleicht verächtlich geworden. Wenn wir heute die Reden lesen, die da oben nacheinander und nebeneinander gehalten worden sind, wenn wir uns die Gedichte und Lieder ansehen, die zu uns bekannten Melodien gedichtet wurden und auf Zetteln den Besuchern in die Hand gedrückt waren, dann mag dies manchen nicht nur eine versunkene, sondern in der Tat eine fremde Welt erscheinen. Es ist immer so, dass geschichtlicher Rückblick an den Erlebensraum des Rückschauenden selber gebunden ist. Und wollte man die geschichtliche Betrachtung auf die paar Gelegenheiten lenken, bei denen schon früher die Wiederkehr des Tages festlich begangen war, so könnte man im Zeichen von Hambach eine Geschichte tagespolitischer Energien und des Wandels der historischen Legende nacherzählen. Es hat Zeiten gegeben, da die Feiernden nur den nationaldeutschen Elan spüren wollten, andere, da sich alle Erinnerung um den Katalog bürgerlicher Freiheiten sammelte, andere, die den Unterton sozialrevolutionärer Strömungen als das Neue und Zukunftsrechtliche jener Begegnung empfanden. Wir haben die Naivität solcher vereinfachten Deutung verloren. Wir sehen stärker das Verwickelte und Komplexe der sehr konkreten Voraussetzungen, die zu dem Tage von 1832 geführt haben, und erspüren die Spannung der geistesgeschichtlichen Lage.

Das war ja wohl vor hundert Jahren. Die erste große Volksversammlung in der deutschen Geschichte, bestimmt selber Geschichte zu machen. Fast alle Dialekte der Stämme ertönten da oben, die Vielgestaltigkeit des deutschen Wesens darstellend, und doch erlebte die Masse sich sinnenhaft als Einheit und in der Masse sich auch als Macht. Diese Empfindung mag ihr darüber hinweggeholfen haben, dass die Männer, die, wenn man so sagen darf, als improvisierte Führer der Nation vor ihr standen, nicht bloß in der Sprache sondern auch im Geist verschiedene Dialekte redeten. Uns wird heute deutlicher, als es jener Gegenwart gewesen ist, dass hinter dem großen und einheitlichen Schwung, der den Beginn der Festtage einleitete, nicht so sehr ein einheitliches Bewusstsein stand, als dass auch Hambach die Spannungen, die das deutsche Nationalgefühl bis in seine ganze politische Frühzeit charakterisieren, in sich barg. Das wird vielleicht am deutlichsten, wenn man die beiden Männer nebeneinander stellt, deren Namen wohl eben durch dieses Fest in die deutsche Geschichte eingegangen sind, Siebenpfeiffer und Wirth. Es soll hier nicht ihr Lebensschicksal und ihre publizistische Sonderart beschrieben werden, auch nicht ihr sehr verschiedener menschlicher Typus, der in Siebenpfeiffer, dem früheren Beamten, der mit den Behörden sich herumgeschlagen hatte, den empfindlichen und misstrauischen, dabei scharfsinnigen und kämpferischen Räsoneur zeigen müsste, bei Wirth den begeisterungsfähigen, einfallsreichen, opferwilligen und gläubigen Bekenner. In Siebenpfeiffer schwingt das Gedankengut der Aufklärung weiter mit dem Glauben an den Menschen, der gut ist, wenn man ihm nur die Sphäre der Freiheit sichert, mit dem Glauben an die Menschen, deren Gemeinschaft fortschreitende Zivilisation bringt, sofern man sie nur aus den Fesseln der Geschichte löst, mit dem Glauben an die Völker, die in der eigenen bürgerlichen Freiheit Pflicht und Mission finden, den andern Völkern Stütze zu sein auf ihrem Weg. So ergibt sich von Siebenpfeiffer, der den „Boten aus dem Westen" redigiert (ein zwar örtlich gedachter, aber fast symbolischer Titel), die Bedeutung der französischen Bürgerpolitik für Deutschland, die Heraufführung der bürgerlichen und nationalen Freiheit in Deutschland als Hebel für Polens staatliches und nationales Schicksal. Anders Wirth. Auf ihn hat weniger der Rationalismus als die Romantik Einfluss gewonnen, freilich noch nicht die Romantik, die sich selber als Beweis stück historischer Legitimitäten eingeengt hatte: seine Jugendeindrücke werden von dem Mann bestimmt, der die Keime einer gestalthaften Betrach-

tung des Volkstümlichen in die deutsche Geistesgeschichte gelegt hatte, ohne die Bindungen zum Geistesraum seines eigenen Werdens zu zerreißen: Johann Gottfried Herder. In ihm wird das Volkstümliche, Volkliche als naturgewachsene Einheit empfunden, das Wort deutschtümlich, das spätere Zeiten mit einem ironischen Tonfall zu benutzen pflegten, darf in seiner Nähe genannt werden, und diese Seelenhaltung muste auch an dem Tag von Hambach zu ihrem sehr deutlichen Ausdruck kommen. Denn da gab es eine Szene, die fast als Zwischenfall empfunden wurde. Die „Societe des amis du peuple" in Straßburg hatte nach der Gewohnheit der Zeit eine Begrüßungsadresse an die Versammlung gerichtet und ihr die Sympathien zu den Zielen der deutschen Freiheitsbewegung ausgedrückt. Wirth, indem er dankt, führt den Gästen mit eindringlicher Leidenschaft vor Augen, dass die deutsche Freiheit und die deutsche Einheit eine deutsche Aufgabe sei, dass die Deutschen auf dem Weg zu diesem Ziel keine Stütze durch die Franzosen erwarten, ja dass alle deutschen Gegensätze im Innern zu schweigen hätten, wenn der Franzose sich um das innerdeutsche Schicksal kümmern wolle, und aus der nichtstaatlichen, sondern der volkhaften Erfassung der Politik heraus nennt er gegenüber den Straßburger Gästen das Elsaß ein deutsches Land.

Hambach war eine Fanfare. Als nach dem Reden und Singen die führenden Männer zusammentraten, immerhin ein paar hundert Vertreter aus ganz Deutschland, standen sie vor dem „Was nun?" Soll mit dem Reden und Bekennen der Tag zu

Ende sein? Soll man „losschlagen?" So drängte die Ungeduld der Studenten von Heidelberg.[11] Aber wie? Sollte man nach Waffen sehen? Nein. Die Führer der Bewegung waren gesonnen, den Weg der Gesetzlichkeit nicht zu verlassen, sofern die Regierungen ihn nicht verließen, aber sie spürten die Verlegenheit wohl, dass der rauschhaften Begeisterung nun eine Diskussion ihrer Vereinsstatuten, Zuständigkeiten, Kassenbeiträge, Ausschüsse, Organisationsform und Namen den Abschluss gaben. Man gründet den Deutschen Reformverein - ach, ist nicht auch dieses deutsche Schicksal tief symbolisch, dass man einen Verein gründet.

Metternich war froh genug, dass die Geschichte so ging. Sehr große Sorge hatte er sich nicht gemacht. Aber er war dankbar, dass Männer und Namen sichtbar geworden waren, und würde schon seinen Nutzen daraus ziehen können oder, wie er sich ausdrückte, erreichen: „Das Hambacher Fest, wenn es gut genützt wird, kann ein Fest der Guten werden; die Schlechten haben sich zum Mindesten sehr übereilt." Er riet der preußischen Regierung, ihm zu helfen, „wenn ein vorsichtiger Gebrauch von den stattgehabten Unregelmäßigkeiten gemacht werde". Der erfolgte denn auch in umfangreicher Weise. Die Bundestagsbeschlüsse vom 28. Juni 1832 leiten das zweite Kapitel in der Demagogenverfolgung des Vormärz ein.

Als man im Jahre 1833 der acht Führer des Hambacher Festes habhaft werden konnte, ihnen in Landau im Schwurgericht einen Prozess wegen Hochverrats machte, wurden sie alle freigesprochen. Dann aber folgte eine Serie von Prozessen wegen der Beleidigung in- und ausländischer Behörden, folgte ein Katalog von Gefängnisstrafen, Flucht, Exil, zerstörten Leben. Davon heute nicht mehr. Viel enttäuschter Glaube und leidvolles Märtyrerschicksal ist in die Fundamente des Werdens von Volk und Reich der Deutschen eingebaut. In jeder Zeit ringen die Formen und Inhalte des Glaubens und Wollens um ihre Gestaltung. Jede Generation sieht ihre Aufgabe neu gestellt, spürt sich als Anfang oder Aufbruch, aber sie müsste arm sein oder gar verächtlich, wüsste sie sich nicht auch als Verwalterin eines Erbes, das über ein Jahrhundert hinweg ihr die ewigen Worte reicht: Freiheit und Vaterland.[12]

Über die Freiheit der Presse

Rede von Prof. Dr. Emil Dovifat

Mir obliegt eine Aufgabe besonderer Art. Ich soll die Stellung der Presse, der freien Presse, dartun. Die Freie Presse, die damals von Wirth gefeiert wurde als „das Mittel der Wiedervereinigung Deutschlands im Geist", scheint heute Ausdruck seines Zwiespalts und seiner Gegensätzlichkeit zu sein! Wo liegt da das Gemeinsame? Dank der publizistischen Vorbereitung dieses Tages ist es heute auch in weiteren Kreisen bekannt, daß die Hambacher Feier von Journalisten vorbereitet, von einem Presseverein einberufen wurde, um, da die Presse gefesselt war, die laute Stimme einer großen politischen Massenkundgebung um so weiter schallen zu lassen. Das Fest, von Publizisten begeistert getragen und tatkräftig genutzt, war aber auch von ihnen in seinen ungeheuerlichen Folgen zu verantworten, eine Verantwortung, die bitter war und bis zum letzten Ende getragen wurde.

Man feierte damals die weltbewegende Kraft der Presse und war doch in ihren technischen Mitteln kaum über die Gutenbergpresse, in ihren Nachrichtenmitteln noch nicht über die Postkutsche hinausgekommen. Aber dieser Idealismus verlor sich nicht im Himmelblauen. Er suchte sehr reale Stützen auf der Erde und fand sie in Gestalt einer politischen Organisation, des „Vereins zur Unterstützung der freien Presse".[13] Es ist die Organisation, die das Hambacher Fest veranstaltete. Sie suchte die Wege, eine freie Presse nicht nur zu schaffen, sondern sie unter Einsatz der Kräfte aller Mitglieder auch unter die Leute zu bringen. Zweifellos hätte diese Organisation, wäre sie nicht mit einer heute gar nicht mehr vorstellbaren Rücksichtslosigkeit zerbrochen worden, die politische Willensbildung ruhiger reifen lassen und die politische Scheidung der Gruppen organischer vorgenommen, als die überstürzte Entwicklung des Jahres 1848 sie später vollzog. Wie sehr freilich Wirth die innere Meinungsmannigfaltigkeit des deutschen Volkes verkannte, in starkem Glauben an die schwungvoll einheitlich-nationale Lösung des Presseproblems, zeigt das utopische Ziel, in das seine realorganisatorische Kleinarbeit schließlich einmündete: „Diejenigen Journale, die als der Hebel

für die Nationalsache angesehen werden, müssen in das Eigentum des Volkes übergehen und ihre Redaktoren absetzbare Diener des Volkes werden." Diese Idee ist einer der Fälle ideologischer Verirrung aus reinstem Wollen, an denen die Geschichte so reich ist. Meinungsmonopol bedeutet Meinungsterror und geistige Vergewaltigung, unwürdig eines freien Volkes. Die Entwicklung der Presse im 19. Jahrhundert ist denn auch umgekehrt gelaufen. So wuchs 1848 die große liberale und daneben, von Bismarcks anfangs mit sicherm, publizistischem Instinkt beraten, die große konservative Presse heran.

Die siebziger Jahre brachten die Entfaltung der katholischen, die achtziger Jahre die der sozialistischen Presse, immer in dem harten, aber notwendigen und unvermeidbaren Kampf auch um die Freiheit ihrer Presse, aber vor allem um die freie und öffentliche Klärung ihrer Grundsätze. Was Georg August Wirth damals in seinen kühnsten Träumen kaum erschaute, ward dann Wirklichkeit: die Presse errang die größte Öffentlichkeit und die weiteste Verbreitung. So zersplittert ist sie in der Mannigfaltigkeit ihrer Meinungsziele und der Form ihrer Vertretung, lebend kann sie nur dann bleiben, wenn sie sich frei in allen ihren Formen und Meinungen im Dienste an der deutschen Demokratie entwickeln kann. Das ist das Wesentliche, das erhalten bleiben muß, mag es in den harten Notkämpfen der Gegenwart in seinem Ideal auch mannigfach und unerfreulich getrübt sein. Das ist das Ziel, dem die Träger des deutschen Zeitungswesens, die Redakteure und Verleger aus allen politischen Lagern, dienen wollten, als sie in der Reichsarbeitsgemeinschaft der Deutschen Presse, deren pfälzischer Zweig dieses Fest veranstaltet, erklärten, ihre Zusammenarbeit innerhalb der Zeitung sei bestimmt durch die Pflicht der Zeitung zur Wahrung öffentlicher Interessen. Um diesem Ziel auch im engen Raum des Menschlichen und Materiellen nach Kräften treu zu bleiben, haben sie dazu auch die unerläßlichen wirtschaftlichen Voraussetzungen geschaffen. Aus den Lagern von Rechts bis Links haben sie sich zu diesem Werk gefunden. Sie haben damit bewiesen, daß sie in der Presse, in ihrer Reinheit und Unabhängigkeit, ein gemeinsames Gut zu erhalten haben.

Es sei deutlich ausgesprochen: Bestrebungen sind am Werk, die überhaupt die Freiheit der Meinungsäußerung unterbinden möchten und die mindestens in der Theorie wieder die Notwendigkeit der monopolisierten, der einheitlich gelenkten Meinung glauben verteidigen zu müssen und dafür auch glauben, die Gewalt und Einheit des Massenwillens mobilisieren zu müssen. Der Erinnerungstag von Hambach soll nicht vorübergehen, ohne daß wir laut und eindringlich vor solchen Forderungen warnen. Monopolisierung einer Meinung – das sei wiederholt – bedeutet immer Meinungsterror, muß es erst recht in einem geistig so individuellen Volke wie dem deutschen bedeuten. Sollte solche Warnung nicht gerade hier in der Pfalz überzeugend wirken? Erst wenige Jahre liegen die Erlebnisse zurück, da die Presse dieses Landes von fremder Besatzung[14] in weiten Teilen ihrer Aufgabe gehemmt und zum Schweigen verurteilt wurde. Eine stickige, verdorbene, verfälschte und schwüle Luft lag bedrückend über dem politischen und geistigen Leben des Landes. Gerüchte liefen verderblich um und zermürbten jedes Vertrauen. Denunziation wucherte auf. Nur in solcher kranker Fieberluft konnte das Krebsgeschwür des Separatismus wachsen. Freuen wir uns auch in dieser Stunde, daß das pfälzische Volk gesund genug war, diese Krise zu überwinden, lernen wir aber daraus! Immer und überall, wo die Pressefreiheit unterbunden ist – von außen her oder von drinnen – stockt das geistige Leben und verfälscht sich, sucht krumme und charakterlose Wege, da die geraden ihm versperrt sind, nimmt vor allem der unerläßliche Kampf um die Macht allerniedrigste und gemeine Formen an.

Wo wir also auch politisch stehen mögen, ohne den Überschwang derer vor 100 Jahren, aber in heißer Liebe zu unserem Vaterlande, bekennen wir uns heute wie damals zur Einheit des Geistes – aus der Freiheit der Meinung des Gewissens. Die Kraft des ganzen Volkes kann nur mit dem guten Willen des ganzen Volkes aufgerufen werden, und die Freiheit der Presse ist die Freiheit jedes seiner Teile, sich für eine Einheit einzusetzen, die allgemein erstrebt, aber noch sehr verschieden gedeutet wird. Möchten in dieser Stunde auch die heftigsten Kämpfer in der Presse sich des einheitlichen Zieles in der Vielfalt des freien Meinungskampfes bewußt werden, möchte ihnen im trüben Staub und Druck des Tagesgefechtes dieser Leitstern leuchtend bleiben. Dies Hambacher Fest ist dann nicht umsonst gewesen![15]

Kommentar

Die nacheinander gehalten Reden der beiden „Freunde", des Politikers und Journa-listen Theodor Heuss und des Zeitungswissenschaftlers Emil Dofivat sind nicht als konkurrierende oder gar kontroverse Deutungen des historischen Ereignisses, sondern als sich ergänzende Darstellungen angelegt. Heuss geht, nach einer umfangreichen, historisch und ökonomisch umfassenden und die europäische Dimension bereits ein-beziehenden Darstellung des Festes selbst sowie seiner Vor- und Nachgeschichte, die auch heute noch überzeugen kann[16], von der ikonografischen Darstellung des Zuges aus, der sich als „langer Strom begeisterter Menschen fahnenschwingend, singend, zwischen den Rebhügeln zur Ruine [...] emporwindet". Er lässt dann aber schnell die romantisierende Legende von den „Hambachern" hinter sich, die ihm als versunkene, fremde Welt erscheint. Er bemüht sich darum, die Rezeptionsgeschichte des Hamba-cher Festes als eine von den jeweiligen tagespolitischen Ereignissen und der damit ver-bundenen Indienstnahme des historischen Festes als eher nationaldeutsche oder frei-heitliche Erinnerungskultur geprägte wechselnde Erzählung zu analysieren und dabei das Hambacher Fest als „erste große Volksversammlung in der deutschen Geschichte, bestimmt selber Geschichte zu machen" herauszustellen. Indem er exemplarisch die beiden Hauptakteure des Festes Wirth und Siebenpfeiffer in ihren unterschiedlichen geistigen Traditionen und Positionen charakterisiert, gelingt es ihm die beiden Haupt-linien der Hambacher Forderungen, Einheit und Freiheit, in ihrer historischen Genese zu betrachten. Dabei wird die nationaldeutsche Richtung (mit der Abgrenzung Wirths gegenüber der Tradition der europäischen Aufklärung und der Abgrenzung gegen-über den Franzosen) mit der freiheitlichen kontrastiert. Zugleich weist er auch auf die Unterschiede in der politischen Programmatik und der Wahl der Mittel unter den Hambachern hin. Wobei alle Akteure dann gleichermaßen der Reaktion der Fürsten ausgesetzt sind, die sich in den „Demagogenverfolgungen" des Vormärz nach dem Bundestagsbeschluss vom 28. Juni 1832 zeigen. Als Heuss in diesem Zusammenhang auf die Serie von Gerichtsprozessen, die am Ende zu „Gefängnisstrafen, Flucht, Exil, zerstörten Leben" geführt haben eingeht, zeigt er seine deutliche Sympathie für die freiheitlichen Elemente des Hambacher Festes: „Viel enttäuschter Glaube und leidvol-les Märtyrerschicksal ist in die Fundamente des Werdens von Volk und Reich der Deut-schen eingebaut.", bekräftigt aber am Schluss noch mal die Verbindung von Freiheit und Einheit: „Freiheit und Vaterland."

Emil Dovifat, gelingt es in seiner Rede sozusagen arbeitsteilig und auftragsgemäß – die Veranstaltung war ja vom „Pressverein" organisiert worden – die Freiheit der Presse in den Mittelpunkt zu stellen. Er hebt die Bedeutung der Journalisten als wichtiger Grup-pe der Akteure des Festes hervor und betont zugleich, dass die freie Rede während des

Festes gewissermaßen als Alternative zur und Umgehung der scharfen Zensur betrachtet werden kann, denen die liberalen Zeitungen der Zeit unterworfen waren. Auch er kritisiert Wirths Position aber von einem anderen Blickwinkel aus, wenn er ihm vorwirft aus „starkem Glauben an die schwungvoll einheitlich-nationale Lösung des Presseproblems" die presse- und freiheitsfeindliche Forderung aufgestellt zu haben, „die Journale, die als Hebel für die Nationalsache angesehen werden, müssen in das Eigentum des Volkes übergehen und ihre Redaktoren absetzbare Diener des Volkes werden." Er bezeichnet dies als eine gefährliche „ideologische Verirrung", die zu Meinungsterror und geistiger Vergewaltigung" des Volkes führen müsse. Er beschreibt dann am Beispiel der weiteren Entwicklung der Presselandschaft mit ihrer Aufspaltung in verschiedene Richtungen, wie der liberalen und konservativen, später der katholischen und sozialistischen Presse das Nebeneinander und zum Teil auch Gegeneinander der unabhängigen Presse als fundamentale Voraussetzung um die Freiheit der Meinungsäußerung zu sichern und warnt – sicher mit Blick auf die sich andeutende Entwicklung am Ende der Weimarer Republik – vor den Versuchen die Presse zu monopolisieren. Interessanterweise erläutert er seine Position historisch mit dem Rückblick auf die Zeit der Rheinlandbesetzung mit der Unterbindung der Pressefreiheit durch das alliierte Besatzungsregiment: „Nur in solch kranker Fieberluft konnte das Krebsgeschwür des Separatismus wachsen." Mit dieser nationalen Volte versucht er Vaterlandsliebe und nationale Einheit mit Meinungs- und Pressefreiheit zu verbinden: „Die Kraft des ganzen Volkes kann nur mit dem guten Willen des ganzen Volkes aufgerufen werden, und die Freiheit der Presse ist die Freiheit jedes seiner Teile, sich für eine Einheit einzusetzen, die allgemein erstrebt, aber noch sehr verschieden gedeutet wird."

---

1   Vgl. Kreutz 2016, S. 59f.; Würz 2005/06.
2   Vgl. Schiffmann 2006, S. 358f.
3   Ebd., S. 358.
4   Das „Gesetz zur Behebung der Not von Volk und Reich", kurz „Ermächtighungsgesetz" genannt, stand ganz in der Tradition der Notverordnungspolitik des Reichspräsidenten und der Präsidialregierungen in der Endphase der Weimarer Republik und übertrug der Exekutive zunächst für einen Zeitraum von vier Jahren das Gesetzgebungsrecht. Mit diesem Gesetz, dem mit Ausnahme der SPD alle Parteien im Reichstag zustimmten, wurde die Verfassung de facto außer Kraft gesetzt, das Parlament entmachtet und der Übergang zur Diktatur eingeläutet.
5   Zit. nach: Schiffmann 2006, S. 360f.
6   NSZ Rheinfront Nr. 125 vom 1. Juni 1932; zit. nach: Schiffmann 2005, S. 361.
7   Die Eiserne Front war ein 1931 gegründetes Bündnis antifaschistischer Organisationen wie des Reichsbanners Schwarz-Rot-Gold, des Allgemeinen Deutschen Gewerkschaftsbundes, des Allgemeinen freien Angestellten-bundes, der SPD und des Arbeiter-Turn und Sportbundes, die sich zur Abwehr des erstarkenden Nationalsozialismus zusammengeschlossen hatten. Auslöser war die Gründung der Harzburger Front rechtsradikaler Parteien und Verbände, die sich im Oktober 1931 gebildet hatte.
8   Zit. nach: Schiffmann 2006, S. 361.
9   Vgl. Pfeiffer 2018 (blexkom.halemverlag.de/emil-dovifat/).
10 Auf die umfassende historisch-politisch-ökonomisch ausgerichtete Betrachtung des Historischen Hambacher Festes durch Theodor Heuss wurde hier aus Platzgründen verzichtet und weil in der Historischen Einführung des Bandes bereits ausführlich darauf eingegangen wurde.

11 Während des Vormärzes wurden von den in Studentenverbindungen organisierten Heidelberger Studenten und von liberal eingestellten Professoren nationale, liberale und demokratische Ideen verbreitet. Am 5. März 1848 versammelten sich im Hotel Badischer Hof liberale und demokratische Politiker aus Südwestdeutschland zur Heidelberger Versammlung. Als der demokratische Studentenverein verboten wurde, zogen im Juli die Heidelberger Studenten aus Protest nach Neustadt a. d. H.

12 Quelle: „Entwurf der Gedenkrede zu dem Hambacher Fest. 28. Mai 1932. Von Theodor Heuss" (Maschinenschrift mit handschriftlichen Ergänzungen und Berichtigungen, 8 Seiten; Tippfehler berichtigt, ss und ß für durchgehend ss – Stadtarchiv Landau).

13 Der korrekte Name des sogenannten Pressvereins lautet: „Deutscher Vaterlandsverein zur Unterstützung der Freien Presse".

14 Hier spielt der Redner ohne konkreter zu werden auf die Zeit der alliierten Rheinlandbesetzung 1918 bis 1930 an, die u. a. die Einschränkungen des Postverkehrs und das Verbot von Zeitungen, Büchern und Flugschriften zur Folge hatte; vgl. Thielen 2013 (www.regionalgeschichte.net/bibliothek/aufsaetze/thielen-rheinlandbesetzung.html).

15 Zit. nach: Dovifat 1957 (2), S. 134f.

16 Aus Platzgründen und weil sich diese Darstellungen bereits in der Historischen Einführung des Bandes finden, wurde auf diesen ersten Teil der Rede von Heuss hier verzichtet.

ÜBER EIN EINIGES UND ÜBER EIN FREIES DEUTSCHLAND FÜHRT DER WEG ZUR EUROPÄISCHEN SOLIDARITÄT – HUGO BRAND UND DIE FEIER ZUM 120. HAMBACH-JUBILÄUM 1952

Nur wenige Jahre nach Gründung der beiden deutschen Staaten beging man das erste Hambach-Jubiläum der Nachkriegsgeschichte im Jahr 1952 als vergleichsweise kleine unpolitische Veranstaltung. Noch befand sich die Bundesrepublik angesichts der erst sieben Jahre zurückliegenden nationalsozialistischen Diktatur in einer frühen Findungsphase ihrer demokratischen Erinnerungskultur. Der damalige Landkreis Neustadt (heute Landkreis Bad Dürkheim) hatte das Hambacher Schloss erst im gleichen Jahr aus dem Wittelsbacher Ausgleichsfonds für 35.000 DM erworben.[1] Nachdem eine aufwendige Umbau- und Sanierungsplanung in den 1840er Jahren gescheitert war, blieb das Schloss auch die folgenden mehr als 100 Jahre lang eine Ruine. In diesem Zustand befand sich das Schloss auch noch 1952.

Die Feierlichkeiten zum 120. Jahrestag des Hambacher Festes wurden weder von Bundes- noch von Landesebene organisiert oder besonders wahrgenommen. Bundespräsident Theodor Heuss sagte der Einladung ebenso ab wie verschiedene Minister und andere Ehrengäste. Der Verkehrsverein Hambach plante die Feier schließlich als großes Volksfest. Statt einer historischen Gedenkveranstaltung war das Ziel eher ein Image- und Absatzgewinn für die örtlichen Winzer und den Fremdenverkehr. Nach Auseinandersetzungen mit dem pfälzischen Fremdenverkehrsverband über den Festcharakter – u. a. den Plan, ein großes Festzelt vor der Ruine aufzubauen, statt im festlichen Saalbau in Neustadt zu feiern – wurde der Rahmen bewusst klein gehalten.[2] Form und Ablauf der Feierlichkeiten im Mai 1952 führten im Nachgang zu deutlicher Kritik, vor allem durch die sozialdemokratische Presse. Die Anwesenheit einer Augsburger Trachtengruppe, zahlreicher Burschenschaftler und der Festcharakter mit „Bratwürstchen, Brezeln und Wein" entsprach für die Kritiker ganz und gar nicht dem bedeutsamen Anlass.[3]

Als Festredner für das Jubiläum, das am Wochenende des 24. und 25. Mai begangen werden sollte, gewann man den Hochstättener Pfarrer und Burschenschaft-

---

Abb. links: Blick zur festlich beflaggten Ruine des Hambacher Schlosses anlässlich der Festtage vom 24. bis 26. Mai 1957 zur 125. Wiederkehr des Hambacher Festes. Das Schloss war fünf Jahre zuvor vom damaligen Landkreis Neustadt an der Weinstraße käuflich erworben worden.

Abb. 1: Porträtfoto von Hugo Brand. Aufnahmedatum unbekannt.

ler Hugo Brand. Hugo Brand kam am 10. April 1910 in Kirchheimbolanden auf die Welt. Während seines Theologiestudiums in Erlangen trat er der dortigen Burschenschaft (Bubenruthio-Erlangen) bei, der er bis zu seinem Lebensende verbunden blieb. Beruflich zog es Hugo Brand zurück in die Pfalz, wo er nach dem Zweiten Weltkrieg das Pfarramt in Hochstätten (bei Bad Kreuznach) übernahm (Abb. 1).

Nach 1945 zeigte Brand besonderes Engagement im Kampf für demokratische Strukturen sowie grenzüberschreitende Versöhnung der ehemaligen Kriegsgegner. 1948 gründete er in seinem Landkreis den Sozialverband VdK (Verband der Kriegsgeschädigten), dessen Landesverband er als stellvertretender Vorsitzender vorstand. In den 1960er Jahren wirkte Hugo Brand im Arbeitsausschuss für europäische Agrarfragen mit, seit 1974 war er Mitglied der Europa-Union. Für sein Engagement erhielt Brand 1971 das Bundesverdienstkreuz und 1983 die deutsch-französische Robert-Schumann-Medaille Fraternité d'Armes. Am 8. März 1985 starb Hugo Brand an einem Herzinfarkt und wurde auf dem Friedhof seiner alten Pfarrgemeinde in Hochstätten beigesetzt.[4]

Auf dem Heimatabend am Samstag, dem 24. Mai 1952, hielt Hugo Brand die im Folgenden wiedergegebene Ansprache.

Hambach 1832 – 1952[5]

Meine sehr verehrten Damen und Herren!

Ich bin gebeten worden, Ihnen heute Abend in dieser festlichen Stunde etwas zu sagen über die Geschichte des Hambacher Festes im Jahre 1832 und dieses Fest in eine Beziehung zu setzen zu unserer gegenwärtigen Zeit im Jahre 1952. Mit dieser Formulierung des Themas ist gleichzeitig auch die Einteilung meiner Darlegungen gegeben. Ich will versuchen, Ihnen zuerst einen geschichtlichen Überblick über das Zustandekommen und über den Ablauf des Hambacher Festes im Jahr 1832 zu geben, um dann in einem zweiten Teil unsere gegenwärtige Situation in eine Beziehung zu stellen zum Jahre 1832, soweit dies verantwortbar und vertretbar ist.

Um das Zustandekommen und den Ablauf des Hambacher Festes im Jahr 1832 verstehen zu können, darf man seine Blicke nicht einfangen lassen durch die mannigfache Vielfalt der Erscheinungen jener Zeit, sondern muß die großen Linien suchen, die damals in einer geschichtlichen Stunde hier auf diesem alten Schlosse wie an einem Brennpunkt zusammenliefen. […]

In dieser Atmosphäre entstand der Plan, auch auf dem Hambacher Schloß ein Maifest zu feiern. Es war nicht das erste Fest dieser Art in den deutschen Landen. Aber da die damalige Regierung das geplante Fest verbot und dabei bis zur Verhängung des Belagerungszustandes schritt, wurde die Abhaltung des Festes zu einer Machtprobe, zu einer Prestigefrage! Und das gibt dem Hambacher Fest seine besondere Note! Mag es die Zähigkeit der führenden Männer des Volkes, mag es die feste, entschlossene Haltung der Neustädter Bürgerschaft, mag es die ungeschickte Behandlung der ganzen Sache durch die Regierung, mag es die dagegen aufflammende Empörung der gesamten Bevölkerung gewesen sein, die den letzten Durchdruck gab, genug, der vaterländische Preßverein unter Führung von Dr. Wirth und Dr. Siebenpfeiffer setzte die Genehmigung des Festes durch. Wochenlang war das Ringen hin- und hergegangen, war landauf und landab zum leidenschaftlich diskutierten Tagesgespräch geworden und hatte die Gemüter so erregt, daß sich die Frage: Genehmigung oder Verbot des Festes zu einem echten Kristallisationspunkt der gesamten Zeitproblematik entwickelt hatte und auch als solcher empfunden wurde. Es ging um die demokrati-

sche Freiheit, es ging um die Pressefreiheit, es ging um die Freiheit der Meinung und der politischen Willensbildung, es ging um die Durchsetzung dieser Freiheit für das Volk! Und man siegte in diesem Kampf! Welch eine Begeisterung, welch ein Jubel, nicht nur in der Pfalz, sondern weit darüber hinaus. Denn von überall her hatte man dieses Ringen mit leidenschaftlicher Anteilnahme verfolgt. Nun war es soweit! Das Hambacher Fest war schon ein Fanal, bevor es stattgefunden hatte. Und dann kam jener 27. Mai 1832! […]

Wenn wir uns fragen nach dem Sinn dieses Hambacher Festes, dann kann es bei all den verschiedenen Strömungen, die hier vorhanden waren, doch nur die eine Antwort geben: Es ging um Deutschlands Wiedergeburt. So stand es auf der Fahne, die Philipp Abresch aus Neustadt dem Festzug auf das Schloss vorangetragen hatte. Dies war das Wahrzeichen des Hambacher Festes, das ein Volksfest im besten und schönsten Sinne des Wortes war. Die Wiedergeburt Deutschlands, das war die Sehnsucht, das war die Sorge, das war der leidenschaftliche Wille all der Männer und Frauen, die dem Rufe nach Hambach gefolgt waren. Siebenpfeiffer hatte drei Monate vor dem Fest geschrieben: „Wir wollen unsere Freiheit nicht aus den Händen der Franzosen, nicht Frankreichs Fahne wollen wir aufpflanzen auf deutscher Erde, selbst nicht Amerikas Flagge soll bei uns wehen als Apostel der Freiheit, sondern Deutschlands Banner flattere hoch!" – Hier auf dem Hambacher Schloß brach 1832 die Sehnsucht nach einem freien und einigen deutschen Vaterlande in breitem Strome aus dem Volke auf, jene Sehnsucht, die in den Freiheitskämpfen gegen Napoleon wachgerufen und die infolge der innerdeutschen Entwicklung denn nur noch in einzelnen Kreisen der Gebildeten und insbesondere der studierenden deutschen Jugend erhalten geblieben war. Diesen glimmenden Funken entfachten Wirth und Siebenpfeiffer hier in Hambach zu einer gewaltigen Flamme der Begeisterung. Sie riß durch das Fest der deutschen Sehnsucht und Hoffnung auf dem Hambacher Schloßberg breiteste Volkskreise mit sich und schenkte ihnen trotz aller wirtschaftlichen Bedrängnis und nationaler Not wieder den Glauben an Deutschland und seine Zukunft. Mit diesen Worten faßt Dr. Johannes Bühler in seinem 1932 erschienenen Buch „Das Hambacher Fest"[6] den Sinn des Festes treffend zusammen. Im gleichen Buche heißt es dann: „Noch wehte das schwarz-rot-goldene Banner auf dem Hambacher Schloß, als dieses ‚Fest der deutschen Hoffnung' begann, den Freiheitsbestrebungen in Deutschland zum Verhängnis zu werden." Noch war kein Jahr verstrichen seit dem Feste, da war die völlige Unterdrückung jeder freiheitlichen Regung, insonderheit der freien Presse, von staatswegen organisiert und rücksichtslos durchgeführt. Die Männer von Hambach saßen in Untersuchungshaft, der Besitz jeden Zeichens, das an Hambach erinnerte, und wenn es nur ein bemalter Pfeifenkopf war, galt als Staatsverbrechen. Der zeitlich dem Hambacher Fest folgende, aus unreifen, romantischen Vorstellungen geborene Frankfurter Wachensturm trug wesentlich dazu bei, die Maßnahmen der Reaktion zu beschleunigen und zu verschärfen. Zwar

wurden die Hambacher in dem großen Schwurgerichtsprozeß in Landau, dem sogenannten Assisenprozeß, im August 1833 freigesprochen, aber die Möglichkeit einer Verwirklichung der in Hambach proklamierten Ideale schien weiter denn je entschwunden zu sein.

Aber wenn sich nun auch die Maßnahmen der Reaktion außerordentlich verschärften und versteiften, der Fluß der Geschichte ließ sich nur noch stauen, nicht mehr halten. Jeder von uns weiß, wie die geschichtliche Entwicklung dann doch einmal dorthin führte, daß Deutschland in Einigkeit und Freiheit sich als Volk und Reich konstituieren konnte.

Damit, meine verehrten Damen und Herren, habe ich versucht, Ihnen in der hier gegebenen Kürze einen geschichtlichen Überblick über das Hambacher Fest 1832 zu geben. Ich weiß, daß vieles lückenhaft bleiben mußte, doch hoffe ich, daß die großen Zusammenhänge einigermaßen klar geworden sind.

Und damit käme ich nun zum zweiten Teil meiner Ausführungen, in dem ich unsere gegenwärtige Situation in eine Beziehung stellen soll zu jenem Jahre 1832.

Das erste, was nun hier zu sagen ist, wäre dies: Wenn wir uns heute hier auf dem Hambacher Schloß versammelt haben als die Bevölkerung unserer engeren Heimat, als Sänger und Burschenschaftler in Deutschland, dann muß dieser Tag in erster Linie ein Tag der Erinnerung sein an jenen 27. Mai 1832. Es gehört zu den Lebensnotwendigkeiten eines jeden Volkes, daß es die Möglichkeit hat, sich immer wieder rückschauend in die großen Stunden seiner Vergangenheit zu vertiefen und aus dem reichen Schatze seiner Geschichte neue Kraft und neuen Mut für den einem Volke immer wieder gestellten Kampf um seine Existenz zu schöpfen. Ein Volk, das geschichtslos wird, verliert sich selbst. Darum möchte ich zuerst einmal sagen: Dieser Tag ist ganz schlicht eine Erinnerungsfeier an jenes denkwürdige Hambacher Fest vor 120 Jahren. Zu solcher Erinnerung haben wir nicht nur das Recht, sondern auch die Pflicht. Und doch darf Erinnerung nicht allein Kenntnisnahme des einst Geschehenen sein, sondern sie muß zur kritischen Würdigung werden. Wir müssen aus den guten und auch aus den bösen Dingen unserer Vergangenheit lernen können für unsere schwere Gegenwart.

Erwarten Sie nun von mir, meine verehrten Damen und Herren, keine Auswertung jener geschichtlichen Situation unserer deutschen Vergangenheit für unsere Gegenwart in einem speziell politischen, wirtschaftlichen oder kulturellen Sinne. Dazu bin ich nicht berufen und das steht mir nicht zu. Eines aber will ich auch hier versuchen: die großen geschichtlichen Parallelen aus jener Zeit in unsere Tage zu ziehen.

Das Hambacher Fest steht im Zeichen der ausgehenden Epoche der deutschen Kleinstaaterei. Das absolutistische Fürstentum stand in der Auflösung und die Geburt der Demokratie war im Vollzug. So darf man das Hambacher Fest 1832 im großen sehen als den Ausdruck der Sehnsucht des Volkes nach Einheit und nach Freiheit, nach wahrer Demokratie. Dieses Streben hat der gesamten geschichtlichen Entwicklung im europäischen Raume entsprechend seinen

Ausdruck gefunden in der Konstituierung eines deutschen Nationalstaates. Wir alle kennen die aus den Gegebenheiten erklärbare oft allzu stürmische Entfaltung und den ebenso stürmisch sich vollziehenden Niederbruch dieses deutschen Nationalstaates. Wir tragen wohl alle ohne Ausnahme die Wunden und Narben dieses geschichtlichen Ablaufs im eigenen Leben oder am eigenen Leibe. Es ist uns Deutschen nicht vergönnt gewesen, wie andere Völker in einer gleichmäßig und organisch sich entfaltenden Entwicklung Einheit und Freiheit auf demokratischer Grundlage wachsen zu sehen. Es würde zu weit führen, an dieser Stelle die Gründe dafür aufzuzeigen. Eines aber darf man sagen: Wir haben es erfahren und erkennen müssen, daß auch „Einheit" und „Freiheit" und „Herrschaft des Volkes" relative Begriffe sind, und daß sie, werden sie nicht in die rechte Relation, in die rechte Rückbeziehung gesetzt, nicht nur zum Segen, sondern auch zum Unsegen werden können. Wir haben es erlebt und können es ja auch in diesen abgelaufenen 120 Jahren überschauen, wie aus der von Idealisten einst angestrebten Freiheit zerstörende Willkür geworden ist, wir haben es erlebt, wie aus der ersehnten Einheit Terror und Knechtschaft werden konnte, wir haben es erlebt, wie der Demos des Volkes sehr rasch zu dämonischen Mächten sich gewandelt hat! Und wir haben für diese Erkenntnis sehr bitter zahlen müssen. Das sollte uns diese Erkenntnis umso wertvoller machen! Und wir sollten von dieser Erkenntnis aus ernüchtert und desillusioniert unsere gegenwärtige Situation sehen und verstehen lernen. Denn wieder erleben wir heute eine geschichtliche Stunde wie jene deutschen Menschen um die Zeit des Hambacher Festes. Damals war es der absolutistische Fürstenstaat, der geschichtlich zu Ende ging. Heute – und das ist eine Erkenntnis, die wir gerade in Deutschland haben müßten – heute ist es der Nationalstaat, der geschichtlich zu Ende geht im europäischen Raum. Wir erleben täglich – und es ist nur natürlich, daß wir es so oft mit Schmerzen erleben – wie die Kräfte der ausgehenden Epoche sich wehren gegen das Versinken in die Vergangenheit. Und dennoch steht unabwendbar und unüberwindbar über uns allen die Mächtigkeit einer neuen Zeit. Wir wissen dabei sehr wohl, daß wir den Weg in die höhere Einheit und Freiheit im europäischen Raume nicht gehen können nach dem Vorbild einer der beiden großen Weltmächte, die heute miteinander ringen um unseren abendländischen Kontinent. Der geschichtliche Weg der einen Macht geht von ganz anderen Voraussetzungen aus als sie uns gegeben sind, der Weg der anderen Macht ist uns verbaut durch die schmerzhafte Erfahrung zweier mißlungener Versuche unter Napoleon und Hitler, die europäische Einheit zu suchen im Zeichen der diktatorischen Gewalt. Wir müssen den Weg finden, der unserer ganzen europäischen Geschichte gemäß ist, und das ist der Weg über den Nationalstaat in die höhere Einheit. Hier liegt die große geschichtliche Aufgabe unserer Generation. Giselher Wirsing[7] hat kürzlich in der „Zeitwende" einen Artikel veröffentlicht unter dem Titel: „Europa im Weltganzen!" Darin umreißt er meinem Empfinden nach in weitsichtiger Schau die Problematik dieser Frage! Er sagt:

Europa ist weder eine Fortsetzung Asiens noch eine Gegenküste Amerikas, sondern eine geistige Wirkungseinheit, weil der europäische Mensch an Intensität seiner Schöpferkraft trotz allen politischen Wandlungen und Zerreißungen nichts eingebüßt hat. Für die Ausstrahlung dieser geistigen Wirkungseinheit auf das Erdganze war weder der frühere Reichtum noch ist die jetzige Armut Europas entscheidend. Darauf kommt es vielmehr an, ob das besondere Europäische als großer Entwurf der Menschheitsgestaltung fortwirken wird. Und dann führt Wirsing aus, wie heute Europa am Ende der Zeit seiner Nationalstaaten angekommen ist. Schon 1943 hatte er geschrieben, daß der zweite Weltkrieg [sic] der letzte der europäischen Bürgerkriege sein werde. Die jungen Völker aber in der außereuropäischen Welt treten erst heute in das erste Stadium des nationalstaatlichen Lebens ein. Wir in Europa sind bereits eine Runde weiter. Vor uns liegt darum aber auch nun die weltgeschichtliche Aufgabe, die nächsthöhere Ebene über der Form der Nationalstaaten zu finden und zu leben. Wenn Europa neue Formen der Zusammenarbeit zwischen den Nationen zu finden vermag, Formen, die jenseits aller imperialistischen Tendenzen liegen, dann bleibt es seinem weltgeschichtlichen Auftrag treu, geistige Wirkungseinheit zu werden und zu sein! Soweit Giselher Wirsing!

Meine Damen und Herren, ich sage dies aus dem Grunde, weil ich weiß, daß man nur von einer Zukunft reden darf, wenn man ein Ziel im neuen Lande weiß, zu dem man streben muß! Hier ist das Ziel, das die Zukunft uns stellt. Der Weg dorthin führt nicht über ein uns wesensfremdes, farbloses Weltbürgertum; der Weg dorthin kann für uns nur führen über die geschichtlich gewordene Größe des europäischen Nationalstaates, für uns selbst nur über Deutschland! Und gerade weil wir das weitgespannte Ziel, das über uns allen heute steht, als die geschichtliche Aufgabe unserer Zeit sehen, gerade darum müssen wir es umso schmerzhafter empfinden, daß uns als Deutschen die Einheit und die Freiheit fehlen. Denn nur über ein einiges und über ein freies Deutschland führt der Weg zur europäischen Solidarität, weil nur ein einiges und ein freies Deutschland den Beitrag zu leisten vermag, den die Größe dieser europäischen Aufgabe von uns fordert. Mit Knechten und Sklaven hat noch niemand auf die Dauer Geschichte machen können und solange noch das Herz Europas blutet an jenem Schnitt, der unser Volk zerreißt, und solange Deutschland noch dahinsiecht an den schweren Amputationen, die es erlitten hat, solange wird Europa sich nicht formen können. Das aber ist heute notwendig, um unser aller willen. Frankreich wird nicht leben, wenn Deutschland sterben muß; wir sind alle auf Gedeih und Verderb zueinander gewiesen! Nur Hand in Hand können wir die Zukunft gewinnen!

Und wenn auch heute wie einst 1832 die Schwerkraft einer ausrollenden vergehenden Epoche immer noch stark genug ist, dem aufkeimenden Leben einer neuen Zeit erfolgreich Widerstand zu leisten, lassen wir uns dadurch nicht beirren, meine Brüder und Schwestern, sondern lasst uns die Zeichen des neuen Tages am Horizont der Völker sehen und verstehen! Wir sollten den Mut nicht sinken und die Zuversicht nicht fallen lassen, daß dieser neue Tag kommen wird! Besinnen sollten wir uns aber viel mehr auf die Werte, die uns die rechte innere Haltung verleihen können, diesem neuen Tage wohlbereitet entgegen zu gehen. Diese Werte aber sehen wir heute viel deutlicher und klarer als sie die Väter sahen einst vor 120 Jahren. Denn wir wissen heute sehr genau, daß Zukunft oder Ende zuletzt nicht in unsere Hand gegeben sind, sondern in der Hand eines Höheren stehen. Als einst die Väter die schwarz-rot-goldene Fahne auf das Hambacher Schloß trugen mit der Aufschrift: „Deutschlands Wiedergeburt" – da haben sie das getan von der Überzeugung durchdrungen, daß sie diese Wiedergeburt würden erzwingen können mit der Macht ihrer Ideale und mit der Kraft ihrer glühenden Begeisterung. Wir heute sind ernüchtert und bescheiden geworden vor der Macht, die auch die Wege der Völker lenkt wie Wasserbäche. Haben wir erlebt, wie wenig mit unserer Macht getan ist und wie schnell menschliche Herrlichkeit und irdischer Glanz versinken können. Das aber ist für uns nur ein Grund mehr, uns zu dem zu wenden, der alles Leben Anfang, Mitte und Ende ist und immer bleiben wird, hin zu Gott! – Und zwar, und das möchte ich mit aller Deutlichkeit sagen, zu dem Gott Jesu Christi! Hier allein liegt die Wurzel jener Haltung, die die neue Zeit von uns fordern wird!

Freiheit? – Jawohl, aber gebunden in der Verantwortung vor diesem Herrn und Gott, und sie wird niemals zerstörende Willkür werden können.

Einheit? – Ja, aber gelebt im Geiste Jesu Christi, und sie kann nicht zum Terror sich verzerren – und wo der Mensch sich so sieht als Geschöpf und Kind dieses Vaters im Himmel, dort wird er auch die Würde nicht nur seiner selbst, sondern auch des anderen achten und ehren lernen!

Allein aus diesem Geiste heraus wird uns und den anderen Völkern die Kraft zuwachsen können, die uns gemeinsam die Zukunft bauen läßt, nämlich die Kraft der gegenseitigen Vergebung! Selten hat eine Zeit von ihren Menschen so starke und so große und so weite Herzen gefordert wie unsere Zeit, nicht nur im Ertragen und im Verkraften von Not und Leid, sondern noch viel mehr im gegenseitigen Sichvergebenkönnen! Wenn wir mit dem Kontobuch unserer europäischen Vergangenheit in die Zukunft schreiten wollen, wird diese Zukunft ihre Tore vor uns schließen! In diesem Sinne meine ich es, wenn ich sage: Deutschland muß ein christliches Land sein oder es wird seinen geschichtlichen Auftrag endgültig abzugeben haben. – Europa muß ein christliches Abendland sein oder es wird seine geschichtliche Bedeutung für immer verlieren!

Das ist die große Zukunft, die uns ruft, das ist das hohe Ziel, das uns alle verpflichten muß! Über die Einheit und Freiheit unseres lieben deutschen Vaterlandes hin zur höheren Einheit und Freiheit der europäischen Völker – das ist unser Weg! Jeder soll sein Vaterland lieben, so wie sich das

gehört; aber wir sollten doch heute alle so reif geworden sein, daß wir über der Liebe zu den Landen unserer Väter nicht mehr vergessen könnten, daß Europa das Land unserer Mütter geworden ist! Es gibt heute kein Land mehr in Europa, in dem nicht die Söhne des anderen Landes begraben liegen! Wohin wir uns auch wenden mögen, in Nord und Süd, in Ost und West, überall Gräber, die die Liebe der Mütter bargen, der Mütter aus allen Völkern. Das laßt uns nimmermehr vergessen!

Und darum kann ich nicht schließen ohne in tiefer Dankbarkeit all derer zu gedenken, die mit ihrem Opfer die Brücke gebaut haben, die uns in eine neue Zukunft führen soll, zu gedenken auch all derer, die fern von ihrem Vaterlande als Gefangene oder Vermisste dem Tage ihrer Heimkehr sich entgegen sehnen, der Heimkehr in das Land ihrer Väter!

Möchte es uns Gott in seiner Barmherzigkeit und Gnade schenken, daß sie alle bald heimkehren dürfen in ein einiges und freies Vaterland und in ein Europa, das endlich im Frieden und in Freiheit zum Lande der Mütter geworden ist!

So sei mein letztes Wort jenes Wort, das einst 1832 auch als Schluß gesprochen wurde, ein altes Wort und doch ein neuer Sinn!:

Es lebe Deutschland!
Es lebe Europa![8]

Kommentar

Hugo Brand stand mit seiner Rede vor einer schwierigen Aufgabe. Eine bundesdeutsche demokratische Erinnerungskultur, auf die er seine Ausführungen hätte
aufbauen können, gab es 1952 kaum. Auf landes- und bundespolitischer Ebene

*Abb. 2: Luftaufnahme des Hambacher Schlosses (damals noch Maxburg genannt) aus dem Jahr 1940.
Der Landkreis Neustadt an der Weinstraße erwirbt die Schlossruine und ihr Umland aus dem Wittelsba-
cher Ausgleichsfonds. Die Burgruine ist von Bäumen und Pflanzen überwuchert. Es folgen umfassende
Aufräumarbeiten, u. a. die Beseitigung von meterhohen Schuttmassen.*

waren die ersten Jahre nach Ende des Zweiten Weltkrieges in Westdeutschland geprägt von einer Suche nach demokratischen Traditionen im Kontext von Realpolitik, deutsch-deutscher Deutungskonkurrenz und der Debatte um den sogenannten
deutschen Sonderweg. Das Hambacher Fest spielte dabei lange Zeit eine untergeord-
nete Rolle. Etwas anders sah es auf Landesebene aus: In Rheinland-Pfalz forderte
der damalige Ministerpräsident Wilhelm Boden bereits im Jahr 1946 eine intensive
Auseinandersetzung mit der Erinnerungskultur des Hambacher Festes und legte damit den Grundstein einer frühen demokratischen Traditionsbildung. Dennoch stand
man auch hier noch am Anfang. Angesichts der Planungsumstände und des Ablaufs
handelte es sich bei der Veranstaltung 1952 um eine kleinere, ausschließlich regio-

nal wahrgenommene Feier, die kaum Auswirkungen auf die erinnerungspolitischen Positionen in Politik, Gesellschaft und Wissenschaft hatte.[9]

Selbst ereignisgeschichtlich stand die Hambach-Erinnerung 1952 noch auf wackligen Beinen. Hugo Brand gibt in seiner Rede eine sehr ausführliche Zusammenfassung der historischen Ereignisse in den deutschen Ländern, der Pfalz und rund um das Hambacher Fest. Stolze neun des insgesamt 15 Seiten umfassenden Redemanuskripts beschäftigen sich mit der Wiedergabe der Ereignisse 1832. Anscheinend ging Brand davon aus, dass seine Zuhörerschaft diesen Kontext benötigte und nur über wenig Vorkenntnisse des historischen Ablaufs verfügte. In späteren Festansprachen, etwa anlässlich der Jubiläen 1982 oder 2007, ist die ereignisgeschichtliche Einordnung deutlich kürzer gehalten. Wenn selbst bei einem lokalen Fest, das – wenn auch nicht ausschließlich, jedoch vornehmlich – von Einwohnerinnen und Einwohnern aus der näheren Umgebung besucht wurde , davon ausgegangen werden musste, dass nicht alle Anwesenden über die Ereignisse rund um das Hambacher Fest 1832 Bescheid wissen, beschreibt dies den Status der Hambach-Erinnerungen in den Nachkriegsjahren mehr als deutlich.

Umso erstaunlicher sind die Ausführungen, die Brand auf diese historische Einordnung folgen lässt. Hugo Brand gelingt in seiner Rede eine bemerkenswerte Einschätzung der politischen Zukunft Deutschlands und Europas und des demokratischen Miteinanders. Das Ziel, das er mit dem zweiten Teil seiner Rede verfolgt, formuliert er so: Er möchte die „gegenwärtige Situation in eine Beziehung stellen zu jenem Jahre 1832." In großen Teilen seiner Ansprache konzentriert sich Brand bei dieser Bezugnahme auf ein einziges großes Motiv: Europa. Wenige Wochen bevor im Juli 1952 die Pariser Verträge Gültigkeit erlangten und mit der Europäischen Gemeinschaft für Kohle und Stahl (EGKS) die erste supranationale Organisation überhaupt entstehen sollte, spricht Brand über eine Politik, die erst in den folgenden Jahren und Jahrzehnten Wirklichkeit werden sollte. Damit setzte er in seiner Rede einen inhaltlichen Schwerpunkt, der ihn auch in seiner täglichen Arbeit für die Aussöhnung der ehemaligen Kriegsgegner Frankreich und Deutschland begleitete.

Johann Georg August Wirth forderte in seiner Rede 1832 das „conföderierte republikanische Europa."[10] Geprägt von den Erlebnissen als Soldat im Zweiten Weltkrieg spricht Hugo Brand in seiner Rede von „Wunden und Narben", die alle aus dieser Zeit davongetragen haben. Während es den Hambachern 1832 um die Überwindung der absolutistischen Fürstenstaaten ging, fordert Brand 1952 die Überwindung der Nationalstaaten. In der „höheren Einheit und Freiheit im europäischen Raum" liegt laut Brand die einzige Möglichkeit für Europa, seinem „weltgeschichtlichen Auftrag" gerecht zu werden. In einem geeinten Europa sieht er die Überwindung der imperialistischen Tendenzen und neue Formen der Zusammenarbeit der Nationen. Doch die europäische Einigung hat für Brand nicht nur den Zweck, den Frieden zu sichern. Sie ist für ihn beinahe eine Art nächste Entwicklungsstufe der europäischen Staaten. Während andere Staaten außerhalb von Europa „erst heute in das erste Stadium des nationalstaatlichen Lebens eintreten", sei man nun in Europa schon weiter. Den Weg zu einem „europäischen Nationalstaat" sieht Brand nur über ein geeintes und freies Deutschland. Die Überwindung der Teilung Deutschlands und eine enge Verbindung mit Frankreich sind für ihn Voraussetzungen für eine bessere Zukunft. Hier zeigen sich deutliche Parallelen zu den Ansprachen des Hambacher Festes, allen voran die Rede von Johann Georg August Wirth.

Von besonderem Interesse ist das von Brand integrierte Zitat des Journalisten Giselher Wirsing (1907–1975). Wirsing war während der Zeit des Nationalsozialismus als Journalist, für den SD[11] und das Institut zur Erforschung der Judenfrage tätig. Bei verschiedenen Anlässen verfasste er eindeutig antisemitische Statements und unterstützte die „Nationalsozialistischen Europapläne"[12]. Nach dem Ende des Nationalsozialismus wurde Wirsing als „Mitläufer" eingestuft und war Mitbegründer einer der auflagenstärksten Wochenzeitungen der Bundesrepublik „Christ und Welt."[13] Als Zitatgeber für das Bild eines freiheitlichen europäischen Raums kann man Wirsing also deutlich kritisch sehen. Theodor Heuss, dem Hugo Brand im Anschluss an die Feierlichkeiten sein Redemanuskript zur Kenntnis zusandte, reagierte durchaus skeptisch in einem Antwortbrief: „Dass Sie jetzt Giselher Wirsing zitieren können, hat für mich einen eigentümlichen Reiz, und ich glaube, dass er vor 20 Jahren kaum recht zitierbar gewesen wäre, als er in der Diederichschen „Tat"[14] einer der vielleicht unfreiwilligen und nachher enttäuschten Ouvertürenkomponisten des Nationalsozialismus gewesen war."[15]

Schließlich schafft Brand im letzten Teil seiner Rede eine Verbindung zwischen der Erfüllung der politischen Ziele Freiheit und Einheit mit der Einhaltung der christlichen Werte. Hier kommt seine berufliche Position als Pfarrer zum Tragen. Die Passage erinnert stark an eine religiöse Ansprache während eines Gottesdienstes. In der Verantwortung vor Gott und einem Leben im Geiste Christi sieht Brand die Sicherheit, dass Freiheit, Einheit und die „Herrschaft des Volkes" nicht in Willkür, Terror und Knechtschaft münden. Damit bezieht sich Brand eindeutig auf die nationalsozialistische Vergangenheit und betont, dass politische Begrifflichkeiten immer mit ideellen Werten in Relation gebracht werden müssen, um deren Missbrauch zu verhindern. Brand bleibt in seinen Ausführungen jedoch recht vage und distanziert sich nicht offen vom Nationalsozialismus. Mit einer starken Metapher über die Verbindung von Vaterland (Nation) und Mutterland (Europa) beendet Brand seine Rede. Noch einmal geht er auf die „Opfer" der Vergangenheit ein und beschwört ein freies Vaterland und ein Europa in Frieden und Freiheit. Opfer des Nationalsozialismus?

Alle Opfer des Krieges? Diese direkte Bezugnahme vermeidet Brand mithilfe einer Metapher. Seine Formulierungen können sinnbildlich für die in den frühen 1950er Jahren noch stark von Verdrängung und Schweigen geprägte Erinnerung an die NS-Vergangenheit gesehen werden. Offene Äußerungen mit Begrifflichkeiten wie Holocaust oder „Drittes Reich" waren zu dieser Zeit kaum üblich.

Viele Aspekte in Hugo Brands Rede beweisen eine durchaus bemerkenswerte politische Klugheit und Weitsicht. Themen wie die Überwindung der Nationalstaaten hin zu einem geeinten Europa – wenn sie bei Brand auch angesichts des zeitlichen Horizonts noch unscharf und theoretisch bleiben – spielen selbst heute in der politischen Debatte noch eine Rolle. Brands Forderung nach einer christlichen Politik ist deutlich im Kontext seines beruflichen Hintergrundes zu sehen. Betrachtet man die Rede im Kontext der umstrittenen Jubiläumsveranstaltung in den schwierigen Zeiten der noch jungen Bundesrepublik, gehört sie trotz verschiedener Ambivalenzen zu den wichtigen Mosaiksteinen auf dem Weg der demokratischen Traditionsbildung in Westdeutschland und der Entwicklung des Hambacher Schlosses zu einem europäischen Erinnerungsort.

---

1   Der Wittelsbacher Ausgleichsfond ist ein vermögensrechtliches Übereinkommen zwischen dem Freistaat Bayern und dem ehemaligen Königshaus Wittelsbach. Heute befindet sich das Hambacher Schloss im Besitz der 2002 gegründeten Stiftung Hambacher Schloss.

2   Vgl. Schunk/Nestler 2006, S. 242f.

3   Vgl. ebd., S. 243f. Hier auch ausführliche Verweise auf die zitierten Pressestimmen.

4   Vgl. Kratsch 1985, S. 95–100.

5   Das ursprüngliche Redemanuskript wurde von den Bearbeiter:innen zur Veröffentlichung an den gekennzeichneten Stellen gekürzt. Die Kürzungen betreffen ausschließlich die Wiedergabe der historischen Ereignisse um das Hambacher Fest, die bereits in der Historischen Einführung dieser Publikation umfassend dargelegt wurden.

6   Vgl. Bühler (1) 1932.

7   Giselherr Wirsing (1907–1975) war ein deutscher Journalist. Wirsing unterstützte die Nationalsozialisten, war ab 1938 Hauptsturmführer in der SS und veröffentlichte antisemitische Schriften. In der Nachkriegszeit war er daher zunächst umstritten, wurde jedoch als „Mitläufer" eingestuft und gehörte zu den Mitbegründern der Wochenzeitung „Christ und Welt". In den 1950er Jahren distanzierte er sich vom Nationalsozialismus, verhinderte jedoch dessen erinnerungspolitische Aufarbeitung.

8   Zit. nach: Brand 1952 (Landesarchiv Speyer). Das Original-Manuskript wurde an den gekennzeichneten Stellen gekürzt.

9   Vgl. Schiffmann 2006, S. 362ff.

10 Wirth 1832, S. 48.

11 Sicherheitsdienst des Reichsführers SS.

12 Neuordnung Europas nach territorialen und völkischen Kriterien durch Eingliederung ins „Deutsche Reich".

13 Vgl. Löbbert, Raoul: Der Nazi von Christ und Welt. In: Christ & Welt vom 30. August 2012.

14 Bei „Die Tat" handelte es sich um eine Monatszeitschrift, die bis 1938 im Verlag von Euren Diederichs erschien. Ab 1939 erschien sie unter dem neuen Namen „Das XX. Jahrhundert".

15 Brief von Heuss an „Herrn Pfarrer Hugo Brand" vom 20. November 1952.

DER WEG ZUR EINHEIT DEUTSCHLANDS SOLLTE ALSO ZUR FREIHEIT EUROPAS FÜHREN – DIE REDE VON CARLO SCHMID ANLÄSSLICH DES 125-JÄHRIGEN JUBILÄUMS DES HAMBACHER FESTES AM 26. MAI 1957

Erst fünf Jahre vor dem 125-jährigen Festjubiläum 1957 war das Hambacher Schloss vom damaligen Landkreis Neustadt angekauft worden. Das Schloss war zu diesem Zeitpunkt eine Ruine ohne Infrastruktur und ohne geschlossene Räumlichkeiten. Bald darauf hatten die Planungen für erste Baumaßnahmen an der Ruine begonnen.[1] Bereits Anfang 1955 beschlossen Vertreter des rheinland-pfälzischen Kultusministeriums, des Bundesministeriums für gesamtdeutsche Fragen, der Bezirksregierung und des Landkreises Neustadt bei einer Besprechung zur Renovierung der Ruine, dass eine Arbeitsgruppe zur Vorbereitung des Jubiläums 1957 gegründet werden sollte.[2] Die Planungen schritten zunächst ohne große Probleme voran. Bundespräsident Theodor Heuss sagte seine Teilnahme zu, rief jedoch auch offen dazu auf: Macht mir keinen Wurstmarkt daraus![3] – wohl auch mit Hinblick auf das fünf Jahre zuvor stattgefundene Fest. Gegenwind bekam die Veranstaltung jedoch ab Ende März 1957. Die pfälzische SPD kritisierte das geplante Format als elitär und ganz und gar nicht im Sinne der Hambacher von 1832. Sie warf der CDU-geführten Landesregierung vor, sie wolle eine Feier ohne Öffentlichkeit und ohne die Partei, die der eigentliche Träger des demokratischen Gedankens sei – der SPD. Nach kurzen Streitigkeiten – die SPD hatte zwischenzeitlich eine eigene Jubiläumsveranstaltung angekündigt – einigte man sich doch noch, als die CDU öffentlich verlauten ließ, dass die Veranstaltung durchaus eine Angelegenheit des ganzen Volkes sei.[4]

Gefeiert werden sollte wieder ein ganzes Wochenende (Abb. 1). Am Freitag, den 24. Mai, fand im Neustadter Saalbau ein Konzert statt, samstags folgte eine Kundgebung

Abb. 1: Festteilnehmende vor der beflaggten Ruine des Hambacher Schlosses an den Festtagen vom 24. bis 26. Mai 1957 zur 125. Wiederkehr des Hambacher Festes von 1832.

Abb. 2: Festumzug durch Hambach 1957. Man erkennt einen aufwendigen Festwagen mit einem Miniaturnachbau des Schlosses. Im Hintergrund das ehemalige Gasthaus Engel, am oberen Bildrand in der Ferne die Schlossruine.

des deutschen Journalistenverbandes, die große Feier mit offiziellem Staatsakt am Sonntag, dem 26. Mai 1957. Dazu gehörte auch ein Festzug mit Trachtenvereinen, Burschenschaftlern und anderen Gruppen; abends gab es ein Feuerwerk (Abb. 2). Das Rednerfeld bestand aus verschiedenen Bundes- und Landespolitikern: Ernst Lemmer (CDU), Bundesminister für gesamtdeutsche Fragen; Max Becker (FDP), Bundestags-Fraktionsvorsitzender sowie der rheinland-pfälzische Ministerpräsident Peter Altmeier. Theodor Heuss hatte seine Teilnahme kurzfristig absagen müssen.

Zu den Rednern des 125-jährigen Hambach-Jubiläums gehörte auch der Vizepräsident des Deutschen Bundestages, Carlo Schmid (SPD), dessen Rede im Folgenden wiedergegeben wird. Carlo Schmid zählt zu den bedeutendsten deutschen Organisatoren eines demokratsichen Deutschlands nach dem Zweiten Weltkrieg und gilt heute als einer der Väter des Grundgesetzes. Schmid wurde am 3. Dezember 1896 in Südfrankreich geboren; 1908 zog die Familie ins württembergische Stuttgart. In den 1920er Jahren arbeitete Schmid als Rechtsanwalt, Amtsrichter und Referent für ausländisches öffentliches Recht und Völkerrecht.[5] 1940 wurde er zur Wehrmacht eingezogen und im Militärverwaltungsrat für Belgien und Nordfrankreich als Kriegsgerichtsrat im französischen Lille eingesetzt. Schmid engagierte sich in dieser Position wiederholt für die einheimische Bevölkerung sowie für französische Kriegsgefangene und knüpfte dabei auch Kontakte zur französischen Résistance sowie zum Kreisauer Kreis.[6]

Nach Ende des Zweiten Weltkrieges war Carlo Schmid intensiv am politischen Wiederaufbau Deutschlands beteiligt. 1946 trat er in die SPD ein und wurde kurz darauf

deren Landesvorsitzender in Würt-
temberg-Hohenzollern. Ab September 1948 hatte er als SPD-Frakti-
onsvorsitzender und Vorsitzender
des Hauptausschusses im Parlamentarischen Rat großen Anteil an der
Ausgestaltung des Grundgesetzes.[7]
Er sprach sich u. a. für die Aufnahme des Rechts auf Kriegsdienstver-
weigerung sowie des Konstruktiven
Misstrauensvotums ins Grundgesetz
aus, das negative Mehrheiten, insta-
bile Regierungen und häufige Regie-
rungswechsel wie in der Weimarer
Republik verhindern sollte (Abb. 3).[8]

Nach Gründung der Bundesrepublik Deutschland wurde Schmid Mitglied des Deutschen Bundestages,
zwischen 1949 und 1966 als dessen
Vizepräsident. Als stellvertretender
Vorsitzender des Auswärtigen Ausschusses des Bundestages beglei-

Abb. 3: Carlo Schmid bei der Unterzeichnung des
Grundgesetzes am 23. Mai 1949 in der Pädagogischen
Hochschule in Bonn.

tete er Konrad Adenauer 1955 in die Sowjetunion. Dabei setzte er sich für die
Aufnahme diplomatischer Beziehungen mit der Sowjetunion und die Freilassung
deutscher Kriegsgefangener ein. Bei der Bundespräsidentenwahl 1959 unterlag
Schmid in einer knappen Abstimmung dem CDU-Kandidaten Heinrich Lübke. Die
länderübergreifende Zusammenarbeit war ein wichtiger Teil seiner politischen Tätigkeit. Vor allem die europäische Integration der Bundesrepublik und die deutsch-
französische Freundschaft spielten dabei eine besondere Rolle. 1963 bis 1966 war
er Präsident der Versammlung der Westeuropäischen Union, daneben Vertreter der
Beratenden Versammlung des Europaparlaments in Straßburg.

1972 verzichtete Schmid auf eine erneute Kandidatur für den Bundestag und
schied aus dem SPD-Bundesvorstand aus, blieb aber als Koordinator der deutsch-
französischen Beziehungen seinen Zielen der internationalen Aussöhnung und
europäischen Integration treu. 1979 verabschiedete er sich aus der aktiven Politik
und arbeitete zuletzt an seinen „Erinnerungen".[9] Am 11. Dezember 1979 starb Carlo Schmid in Bonn.[10]

Der Weg zur Einheit Deutschlands sollte also zur Freiheit Europas führen.

Rede von Carlo Schmid am 26. Mai 1957

Ich habe in den letzten Tagen manchem Bekannten gesagt, dass ich am Sonntag, den 26.5.1957, auf dem Hambacher Schloss anlässlich der 125. Wiederkehr des Hambacher Festes eine Ansprache halten würde. Fast keiner meiner Bekannten – es sind recht gebildete Leute darunter – konnte sich unter dem Hambacher Fest irgendetwas vorstellen. Das ist schlimm, denn wir Deutsche haben nicht sehr viele Tage zu feiern, an denen eines Kampfes des Volkes für seine Freiheit und Einheit gegen die sture Obrigkeitlichkeit gedacht werden könnte. Wenn auch in Hambach keine Bastille gestürmt wurde, so ist doch dort die schwarz-rot-goldene Freiheitsfahne nicht nur an Couleurbändern von Studenten gezeigt worden, sondern dort wurde sie auf einer Kundgebung von fast 30.000 Menschen, die von beiden Seiten des Rheins zusammengekommen waren, gehisst, um einem Aufruf zu einem gesamtdeutschen Tage das Gepräge zu geben und auf dieser Fahne stand: Deutschlands Wiedergeburt.

Schlimmer als diese Unwissenheit war aber die Ironisierung des Hambacher Festes, die bei deutschen Historikern und Publizisten üblich geworden war, seitdem Bismarck die Einheit des deutschen Reiches mit Blut und Eisen[11] geschaffen hatte. Da pflegte man denn zu sagen, wer wirklich etwas bewirken wolle, müsse an die Stelle der Humanitätsduseleien des Hambacher Festes die harte Realpolitik der Kanonen setzen. Sicher, so kann man reden, obwohl man sich damit vielleicht grosser politischer Möglichkeiten begibt, die gerade im spontanen moralischen Akt eines Volkes liegen können. Es ist im übrigen eine der seltsamen Listen der Geschichte, dass es ein Teilnehmer des Hambacher Festes gewesen ist, der den deutschen Sprachschatz um das Wort „Realpolitik"[12] bereicherte…

Man sollte auch nicht vergessen, dass das Hambacher Fest es gewesen ist, das einem Friedrich Engels den ersten Eindruck praktischer politischer Möglichkeiten vermittelt hat, und dass aus Anlass dieses Festes jener Gefährte des Karl Marx in jugendlichem Feuer die Nation entdeckte und die Bedeutung der Einheit der Nation für den Fortschritt der Gesellschaft.[13]

Man hat immer gerne von der Wirkungslosigkeit des Hambacher Festes gesprochen. Das ist sicher richtig, wenn man politische Wirkung nur dort sieht, wo in den Machtverhältnissen unmittelbare Veränderungen erzwungen werden. Aber ist denn das Ausbleiben solcher Veränderungen für sich allein schon Wirkungslosigkeit?

In Hambach ist mehr geschehen, als nur die Abhaltung einer politischen Kirchweih. Dieser „Deutsche Maien", zu dem die Veranstalter des Festes aufgerufen hatten, hat nach den Worten eines Teilnehmers bewirkt, dass „ein tiefer Eindruck, ein unendlich großer moralischer Erfolg übrig blieb und das sei schon viel!"

Dem deutschen Volk ist durch den Ablauf dieses Festes und seine Folgen in jenen

Jahren des Vormärz zum Bewusstsein gebracht worden, dass Schwärmerei für sich allein noch nicht ausreicht, um die Welt zu verändern, mit der man fertig zu werden hat, sondern dass man handeln muss, wenn man sein Vaterland einrichten will. Und es hat wohl auch gelernt, dass man, um zu handeln, zunächst einmal Erfahrungen im Umgang mit der Macht sammeln müsse.

Man hat das Hambacher Fest oft mit dem Wartburgfest des Jahres 1817 verglichen, mit jenem unvergesslichen Tag, an dem die akademische Jugend Deutschlands die deutsche Burschenschaft gegründet hat. Nun, dieser Vergleich hinkt. Die Teilnehmer am Wartburgfest haben sich ganz der Vergangenheit zugewandt; von dieser Vergangenheit, einem verklärten Mittelalter, wollten sie die Kraft beziehen, die Gegenwart und die Zukunft zu gestalten.[14]

Heinrich Heine hat bitterböse Worte für dieses Wartburgfest gefunden, wo, wie er sagt, ein beschränkter Teutonismus viel von Glaube und Liebe geträumt habe; seine Liebe sei aber nichts anderes gewesen, als der Hass der Fremden, und in seiner Unwissenheit habe er nichts Besseres gewusst, als Bücher zu verbrennen.

In Hambach dagegen habe die moderne Zeit ihre Sonnenaufgangslieder gejubelt und der Mensch mit der Menschheit Bruderschaft getrunken. Habe man auch viel Unvernünftiges dort gesprochen, so sei doch die Vernunft selbst anerkannt worden, als jene höchste Autorität, die bindet und löst und den Gesetzen ihre Gesetze vorschreibt.

So verlockend es einem scheinen mag, diese Antithesen zu akzeptieren, so unrichtig ist es, das Wartburgfest und das Hambacher Fest nur in dieser Antithese zu sehen. Die Wartburg war nicht ganz Vergangenheit und Hambach war nicht ganz Zukunft.

Immerhin ist aus dem Wartburgfest die deutsche Nationalbewegung entstanden, wenn auch bewegt von einer romantischen Verklärung der alten Kaiserherrlichkeit. Aber wenn man dort von Freiheit sprach, so meinte man Freiheit in einem reichsritterlichen und reichsbürgerlichen Sinn.

In Hambach hat man die Freiheit als ein rationales Prinzip begriffen, als ein Prinzip, ohne das eine Integration eines Volkes zur Nation nicht möglich sei, und man hat die Einheit der Nation gefordert, weil sie eine Voraussetzung und Bürgschaft der Freiheit des Menschen und der Einzelpersönlichkeit ist. Und schließlich hat man Freiheit und Einheit gesehen als die notwendigen Voraussetzungen für den Fortschritt der Menschheit, wobei Fortschritt als Meisterung der bloßen Geschichtlichkeit des Daseins begriffen wurde.

Es waren die Burschenschaftler und die Handwerksgesellen, die zusammen den Geist haben entstehen lassen, der zum Hambacher Fest geführt hat und zu ihnen stieß der freie Journalist. Sie alle wollten zusammen kämpfen, Intelligenz und Proletariat für das, was sie nannten die allerschönste, die allersüßeste Braut, das Reich der Zukunft.

Freiheit, Einheit und Fortschritt gehörten für die Menschen des Hambacher

Festes zusammen, keines schien ohne das andere möglich und keines sollte nur um seiner selbst willen angestrebt werden.

Die Teilnehmer am Hambacher Fest waren sich durchaus nicht in allen Punkten einig. Es traten verschiedene Schwerpunkte in Erscheinung: die Menschen aus dem süddeutschen Raum, die sogenannten Konstitutionalisten, legten den Hauptakzent auf die staatsbürgerliche Freiheit im Sinne der liberalen Vorstellungen von 1830. Jene, die aus Norddeutschland kamen, legten den Hauptakzent auf die Einheit, und darum konnte in Hambach keine Parole von Durchschlagskraft gefunden werden. Denn Durchschlagskraft haben nur Parolen, die eindeutig sind und die Menschen nicht überfordern.

Aber beide Gruppen waren im Empfangen- und im Gebenwollen keine engstirnigen Nationalisten. Für sie war die Nation und war die demokratische Verfassung der Nation nichts anderes als ein Zeugnis der Selbstachtung, die ein Volk für sich selbst empfindet. Die Männer von Hambach waren auch als nationalbewusste Deutsche Weltbürger und Europäer.

Eine der Hauptantriebsfedern, die zum Hambacher Fest führten, war die Bewunderung der Deutschen für den Freiheitskampf der Polen.[15] Man hat heute vergessen, welch wesentlichen Beitrag diese Bewunderung eines tapferen Volkes, das gegen Fremdherrschaft kämpfte, für die Entstehung der deutschen Nationalbewegung beigetragen hat. Damals schon hat man den Freiheitskampf der Polen als eine Schutzwehr gegen den Despotismus des Zarenreiches betrachtet.

Man hat seit Heinrich von Treitschke[16] sehr viel über diese Polenschwärmerei des deutschen Volkes ironisiert. Ironisieren wir heute schon unsere Begeisterung für den Freiheitskampf der Ungarn?

Wir sollten wieder lernen, das polnische Volk als eine der großen Nationen Europas zu betrachten und nicht als ein Anhängsel Russlands, wie dieses Russland sich auch politisch organisiert haben möge. Und wir sollten heute wie vor 125 Jahren dem Freiheitskampf des polnischen Volkes, das durch einen neuen Zarismus bedroht war und ist, unsere Bewunderung zollen.

Die Juli-Revolution in Paris war das andere Ereignis gewesen, das die Menschen Westdeutschlands in Bewegung versetzte und ihnen die Schaffung der Einheit der Nation und eines parlamentarischen Regimes als Pflicht erscheinen ließ.

Wie stark der weltbürgerliche Sinn der Hambacher gewesen ist, zeigen am deutlichsten folgende Worte aus der Rede Wirths: *„In dem Augenblicke, wo die deutsche Volkshoheit in ihr gutes Recht eingesetzt sein wird, in dem Augenblicke ist der innigste Völkerbund geschlossen, denn das Volk liebt, wo die Könige hassen, das Volk verteidigt, wo die Könige verfolgen, das Volk gönnt das, was es selbst mit seinem Herzblut zu erringen trachtet und was ihm das Teuerste ist, die Freiheit, Aufklärung, Nationalität, Volkshoheit, auch dem Brudervolke; das deutsche Volk gönnt daher diese unschätzbaren Güter auch seinen Brüdern in Polen, Ungarn, Italien und Spanien."*

Deutschland habe die Aufgabe, den Völkern als Hüter des Rechts aller und der

Freiheit aller voranzugehen. Es ist, als hätten die Hambacher ein Wort Hegels in eine neue, humanere Realität umsetzen wollen, das Wort nämlich, dass keiner frei ist, wenn nicht alle frei sind.

Für die Internationalität des Festes ist bezeichnend, dass ein Advokat aus Straßburg den Deutschen den Willkommgruß der Straßburger Gesellschaft der Volksfreunde überbrachte, mit den Worten: *„Der Kultus der Freiheit ist allen gebildeten Völkern gemeinsam. Beharrt treu und redlich in eurem edlen Entschluss. Schließt den Bund der Völkereinheit unter euren getrennten Fürstenstaaten. Vernichtet die Fesseln, die der Absolutismus zu eurer Trennung geschmiedet."*

Der Weg zur Einheit Deutschlands sollte also zur Freiheit Europas führen. Aber diese Freiheit sollte mit sozialer Gerechtigkeit einher gehen und mit einer Umwandlung und Umformung unserer Gesellschaft.

So ist es bezeichnend, dass eine der wesentlichsten Forderungen der Hambacher gewesen ist: die Erhöhung der Frau zur Bürgerin.[17]

Aus Hambach ist nichts Praktisches hervorgegangen. Im Gegenteil, die Reaktion des Metternich'schen Systems wurde in allen Staaten des deutschen Bundes noch härter, noch bösartiger. Eine Reihe von Hambachern musste mit dem Kerker Bekanntschaft machen, viele mussten auswandern und wurden geachtete Bürger Frankreichs und der USA.

Damals entstand vielleicht der deutsche Typus, den man gerne den Biedermeiertypus nennt: ein Mensch der sich auf seinen Garten und seine Häuslichkeit und die Pflege der Innerlichkeit beschränkt und in den Dingen der Politik resigniert und letztlich die Gestaltung der Formen und Inhalte der nationalen Existenz der Obrigkeit zu überlassen geneigt ist.

Und dort, wo man nicht biedermeierlich resignierte, bekam nach dem Hambacher Fest das Wort „national" eine andere Bedeutung als früher und als in den Nachbarländern: es wurde eine Art von Gleichwort für Realpolitik, es bekam einen aggressiven Charakter. Und schließlich begann man sich in Deutschland, wenigstens im deutschen Bürgertum, auch mit der Vorstellung zu befreunden, dass man, wo man schon die Einheit habe, wohl die Freiheit im Sinn der achtundvierziger Jahre und der Veranstalter des Hambacher Festes entbehren könne. Es ist bezeichnend, dass die Deutschen der Wilhelminischen Zeit den Sedanstag[18] als Nationalfeiertag feierten und nicht, wie andere Staaten, einen Bastille-Sturm. Heute können wir das, dank dem Volk Berlins und der Zone, das am 17. Juni 53 für die Freiheit auf die Barrikaden ging[19].

Was können für uns die Lehren des Hambacher Festes sein? Man kann sie kurz zusammenfassen:

Es ist einmal die Erkenntnis, dass der Weg nach Europa über die Freiheit und Einheit der Nation geht.

Die Erkenntnis, dass die Einheit der Nation ihren Sinn darin findet, dass sie allen die Freiheit bringt, nämlich ein selbstgestaltetes und selbstverantwortetes Dasein, das des Menschen würdig ist.

Zu einem solchen Dasein gehört unverzichtbar die soziale Freiheit und Gerechtigkeit und gehört insbesondere die Freiheit des Geistes.

Schließlich: Einheit und Freiheit der deutschen Nation finden ihren letzten Sinn darin, dass damit endlich ein Europa möglich werden könnte, das seinen Namen verdient. Spricht man aber von Europa, dann wirft sich automatisch die Frage auf, ob es denn genüge, dass wir an Europa denken, wenn wir von Freiheit sprechen. Müssen wir Europäer uns denn nicht anstrengen, auch den Völkern in der Ferne Asiens und Afrikas zu helfen, die Fundamente zu legen, die Voraussetzung einer jeglichen möglichen Freiheit sind?

Wenn wir diesen weltweiten symbolischen Charakter des Hambacher Festes begreifen, dann werden wir auch begriffen haben, warum es einen aktuellen Sinn hat, auch heute noch den Tag von Hambach festlich zu begehen.[20]

Kommentar

Die Veranstaltungen im Mai 1957 anlässlich des 125. Jahrestages des Hambacher Festes waren die ersten großen Feierlichkeiten auf dem Schloss nach dem Ende des Zweiten Weltkrieges und nach Gründung der Bundesrepublik Deutschland. Das Jubiläum 1952 war noch weitgehend lokal geprägt gewesen. Während das 120-jährige Hambach-Jubiläum sowohl auf Landes- als auch auf Bundeseben kaum Beachtung gefunden hatte, änderte sich dies im Jahr 1957. Zumindest die rheinland-pfälzische Landesregierung hatte Hambach nun endgültig als identitätsstiftendes demokratisches Traditionsmoment entdeckt. Die „Entlegitimierung des deutschen Nationalismus"[21] gepaart mit dem Problem der nationalsozialistischen Belastung vieler Erinnerungsorte führte zur Suche nach neuen demokratischen Traditionslinien. Auf Bundesebene sollte das Hambacher Fest jedoch in einigen Kreisen noch viele Jahre mit dem Duktus einer unbedeutenden provinziellen – und letztlich erfolglosen – „weinseligen Schwärmerei" behaftet bleiben.[22] Trotz Einladung blieben Bundespräsident, Bundeskanzler, Bundesrat und der Großteil des Bundeskabinetts der Feier fern.

Die Feierlichkeiten erstreckten sich über das gesamte Wochenende vom 24. bis 26. Mai 1957. Höhepunkt bildete der offizielle Staatsakt am Sonntag auf dem Schloss. Die dort gehaltenen Reden waren geprägt von einem deutlichen Dualismus von Einheit und Freiheit im damals geteilten Deutschland.[23] Der amtierende rheinland-pfälzische Ministerpräsident Peter Altmeier betonte in seiner Rede, dass West- und Ostdeutschland „unauflöslich miteinander verknüpft"[24] seien. Mit Blick auf das Jubiläum sagte Altmeier weiterhin: „Die Wiederkehr des Hambacher Festes kann sich nicht in einem historischen Rückblick erschöpfen; ihr Sinn ist erst dann erfüllt, wenn sie in einem erneuten machtvollen Appell an die Völker ausklingt, die Freiheit und Einheit Deutschlands und Europas endlich in Frieden zu vollenden."[25]

Carlo Schmids Ansprache schließlich steht sinnbildlich für die Frühphase der bundesrepublikanischen Auseinandersetzung mit dem Hambacher Fest als Meilenstein der Demokratiegeschichte. Dabei setzte er deutliche Akzente auf die sozialdemokratische Hambach-Tradition. Die Rede ist inhaltlich vollkommen darauf ausgerichtet, Hambach als legitimen Faktor in der demokratischen Traditionsbildung zu klassifizieren. Gleich zu Beginn seiner Ausführungen, beschreibt Carlo Schmid die lückenhafte Erinnerung und den Mangel an Erinnerungskultur rund um das Hambacher Fest. Um dieses als rechtmäßigen festen Bestandteil der demokratischen Erinnerungskultur einordnen zu können, muss Schmid zunächst auf die frühere Hambach-Rezeption eingehen. Dabei gilt es im Kontext der bundesrepublikanischen Erinnerungspolitik der 1950er Jahre zunächst zwei Ziele zu erreichen: die Befreiung des Festes von seinem Odium des Scheiterns, wie auch des Nationalismus.

Letzteres war angesichts der versuchten Vereinnahmung in der Zeit des Nationalsozialismus besonders wichtig. Nur über eine Loslösung des Hambach-Motivs von völkisch-nationalistischen Interpretationen konnte das Hambacher Fest Einzug in die Erinnerungskultur der Nachkriegszeit halten. Auch deshalb legt Schmid in seiner Rede großen Wert auf die Gegenüberstellung von Wartburgfest und Hambacher Fest, um ein Übergreifen des in den 1950er Jahren stark negativ behafteten Nationalismus des Wartburgfestes auf das Hambacher Fest zu verhindern: „keine engstirnigen Nationalisten, sondern nationalbewusste Deutsche Weltbürger[26] und Europäer" seien die Hambacher gewesen.

Zur Erreichung des ersten der beiden Ziele muss Schmid in seiner Rede dafür eintreten, das Hambacher Fest nicht aus der Perspektive des Scheiterns zu beurteilen. Dafür spricht er sowohl die Historiographie nach Treitschke als auch die Sichtweise der „Realpolitik" direkt als Fehlinterpretationen des 19. Jahrhunderts im Hinblick auf den Liberalismus an. Heinrich von Treitschke hatte in seinem geschichtswissenschaftlichen Standardwerk „Deutsche Geschichte im neunzehnten Jahrhundert" 1889 geurteilt, das Hambacher Fest sei eine „Massenversammlung trinkender und lärmender Menschen" voller „falschem Idealismus" gewesen.[27] Schmid greift damit in der Tat einen Aspekt auf, der seit der Kaiserzeit den Diskurs um die Hambach-Rezeption mitbestimmte und die geschichtswissenschaftliche Auseinandersetzung mit der Demokratiegeschichte noch viele Jahre nach 1957 prägen sollte: Die Betrachtung der freiheitlichen Bewegungen und bürgerlichen Revolutionen des späten 18. und des 19. Jahrhunderts nicht ausschließlich aus der Perspektive des Scheiterns, sondern als Etablierung einer neuen politischen Kultur und als Meilensteine auf dem langen Weg zur parlamentarischen Demokratie in Deutschland.

Darüber hinaus liefert Carlo Schmid gleichsam Argumente, weshalb Hambach als Motiv für die demokratische Traditionsbildung dienen sollte und geht ausführlich auf die

Aspekte ein, die zur großen Bedeutung des Hambacher Festes für die Erinnerungskultur beitragen. Dabei konzentriert er sich auf die Herausarbeitung positiv-integrativer demokratischer Elemente des Festes, etwa den Freiheits-Gedanken und das inklusive Potenzial, das das Hambacher Fest aus sozialer Sicht besaß, da hier erstmals „Intelligenz und Proletariat" zusammengearbeitet hätten. Die herausgearbeiteten positiven Elemente besitzen an einigen Stellen von Schmids Rede auch direkte Bezüge zu seiner persönlichen und zur bundesrepublikanischen politischen Arbeit. Das Motiv „Europa" und die internationale Zusammenarbeit seien hierbei besonders betont. An zahlreichen Stellen nimmt Schmid Bezug auf die europäische Dimension des Festes und den integrativen Nationalismus der Hambacher. Dieser inhaltliche Schwerpunkt ist als ein direkter Bezug zu seinem Einsatz für die europäische Integration der Bundesrepublik zu sehen, um die er sich in den späten 1950er Jahren bemühte.

Ein weiterer wichtiger Aspekt von Carlo Schmids politischer Agenda wird in der Rede ebenfalls aufgegriffen: die Trennung der beiden deutschen Staaten. Von der Dualität der Motive Einheit und Freiheit war bereits die Rede. Dazu muss man beachten, dass Schmid seine Ansprache zu einer Zeit hielt, als die Hambacher Forderung nach der „Einheit" Deutschlands keineswegs erfüllt war. Generell wird die Situation des beginnenden Kalten Krieges deutlich, wenn er sagt, dass der Freiheitskampf der Polen schon zur Zeit des Hambacher Festes als „eine Schutzwehr gegen den Despotismus des Zarenreichs" betrachtet wurde. Bei zwei längeren Aussagen im weiteren Verlauf der Rede ist die Bezugnahme auf die getrennten deutschen Staaten weniger deutlich, doch scheint die Betonung, dass Einheit und Freiheit unabdingbar zusammengehören, keinesfalls zufällig zu sein, immer wieder taucht dieser Dualismus in der Rede auf.

Als Sozialdemokrat geht Carlo Schmid darüber hinaus auf die enge Verbindung zwischen Sozialdemokratie und Hambach-Erinnerung ein. Bereits seit Mitte des 19. Jahrhunderts, spätestens jedoch während der Kaiserzeit entwickelte sich eine direkte Traditionslinie von der sozialistischen und sozialdemokratischen Bewegung zu den Hambachern. Das Hambach-Gedenken wurde auf diese Weise auf weite Strecken durch die Arbeiterbewegung geprägt, auch da sich nationalliberale und konservative Kräfte lange Zeit schwer mit dem „revolutionären" Element des Hambacher Erbes taten.[28] Der damalige Fraktionsvorsitzende der rheinland-pfälzischen SPD Eugen Hertel brachte das sozialdemokratische Selbstbild in Bezug auf die Hambach-Tradition auf den Punkt, als er sagte: nur die SPD sei geeignet, „das Vermächtnis von Hambach zu pflegen und um seine Verwirklichung zu ringen."[29] Carlo Schmid bestätigt dies eindeutig mit der Formulierung, dass wahre „Freiheit" erst erreicht werden kann, wenn soziale Gerechtigkeit in der Gesellschaft herrscht. Die Ziele der Hambacher können gleichbedeutend also nur unter einer sozialdemokratischen Führung vollständig erfüllt werden.

1   Vgl. Kerler 1957.

2   Vgl. Schunk/Nestler 2006, S. 244

3   Vgl. Keim/Mathy (Hrsg.) 1982, S. 404.

4   Vgl. ebd., S. 244f.

5   Vgl. Wagner/Zündorf 2016, O.S.

6   Bei dem sogenannten Kreisauer Kreis handelte es sich um eine Widerstandsgruppe um den Juristen Helmut James Graf von Moltke. Er gilt als eines der wichtigsten bürgerlichen zivilen Zentren des antinationalsozialistischen Widerstands.

7   Tatsächlich stammt auch die Bezeichnung „Grundgesetz" von Schmid selbst, da er den provisorischen Charakter der neuen Rechtsgrundlage hervorheben wollte. Schmid betonte, dass es nicht um die Schaffung einer Verfassung oder gar um die Errichtung eines Staates gehe, sondern um eine Art Normalisierung der Verhältnisse in Legislative, Exekutive und Judikative.

8   Vgl. Reitz 2017, O.S.

9   Vgl. Raberg 2006, S. 13ff.

10 Zum Leben und Werk von Carlo Schmid sind bereits zahlreiche Aufsätze und Monografien erschienen, siehe u. a.: Hirscher 1986; Taddey 1997; Weber 1996.

11 Ursprünglich geht die Formulierung auf ein Gedicht von Max von Schenkendorf zurück („Das eiserne Kreuz"). Bismarck drückte damit seine Überzeugung aus, dass die deutsche Einheit nicht auf friedlichem, sondern nur auf militärischem Weg erreicht werden könne.

12 Der Begriff wurde 1853 im deutschen Sprachgebrauch durch die Publikation „Grundsätze der Realpolitik" von August Ludwig von Rochau nach der gescheiterten Revolution von 1848 in die politische Diskussion eingeführt. Er bezeichnet die Ausrichtung politischer Handlung an gegebenen Fakten, nicht an theoretischen Ideen und Werten. In der Realpolitik steht die Erreichung eines Zieles – und nicht eine Idee – im Vordergrund.

13 Anders als hier der Eindruck vermittelt wird, nahm Friedrich Engels – damals erst 12 Jahre alt – nicht selbst am Hambacher Fest teil. 1849 erlebte er jedoch als Adjutant die Feldzüge der Reichsverfassungskampagne.

14 Die Bewertung des Wartburgfestes ist heute weitaus differenzierter. In der frühen Gründungsphase der Burschenschaften vertraten diese zwar einen starken Nationalismus, repräsentierten jedoch ebenso revolutionäre, jakobinistische und liberal-demokratische Werte. Der illiberale Akt der Bücherverbrennung sowie der völkische Patriotismus und Antisemitismus der Burschenschaften im 20. Jahrhundert überlagerte lange Zeit eine nuanciertere Betrachtung. Schmid orientiert sich hier eng am negativen Urteil Heinrich Heines, den er teils wörtlich zitiert.

15 Wie in vielen anderen europäischen Ländern gab es auch in Polen eine Freiheitsbewegung, die nach der französischen Julirevolution 1830 in einen offenen Aufstand gegen die russische Herrschaft mündete. Im Oktober 1831 wurde der polnische Aufstand niedergeworfen. Besonders in Deutschland verfolgte man den Freiheitskampf der Polen mit Begeisterung. Man gründete Unterstützungsvereine, sogenannte Polenvereine, die Verbandszeug, Medikamente und Hilfsgüter sammelten und zum Kriegsschauplatz schickten. Besonders Frauen waren in den Polenvereinen aktiv. Nach der Niederlage des Aufstandes zogen ca. 30.000 polnische Emigranten durch Europa in Richtung Frankreich. Viele von ihnen nahmen am Hambacher Fest teil.

16 Heinrich von Treitschke (1834–1896) war ein deutscher Historiker und Mitglied des Reichstages im Deutschen Kaiserreich. Treitschke gehörte zu den bedeutsamsten Historikern des 19. Jahrhunderts. Als Anhänger eines kleindeutschen Nationalstaats unterstützte er die preußische Monarchie und die antiliberale und nationalistische Politik Bismarcks. Er wurde zur Gallionsfigur nationalistischer Historiographie. Ein von ihm 1879 veröffentlichter Aufsatz mit antisemitischer Tendenz löste den sogenannten Berliner Antisemitismusstreit aus. In diesem Aufsatz findet sich die Aussage „Die Juden sind unser Unglück", der später zum Motto des nationalsozialistischen Hetzblattes „Der Stürmer" wurde.

17 Im Kontext des Hambacher Festes gab es verschiedene, teils deutliche, Äußerungen zur Emanzipation und politischen Gleichstellung der Frauen. Philipp Jakob Siebenpfeiffer erwähnte die Frauen in der Einladung („Deutsche Frauen und Jungfrauen, deren politische Mißachtung in der europäischen Ordnung ein Fehler und ein Flecken ist") und in seiner Rede („das deutsche Weib, nicht mehr die dienstpflichtige Magd des herrschenden Mannes, sondern die freie Genossin des freien Bürgers") explizit. Die Rolle der Frauen im Vormärz und auf dem Hambacher Fest ist in der Forschung bislang nur wenig beachtet worden. Einen kurzen aber informativen Überblick gibt Zehendner 2005/06.

18 Gedenktag im Deutschen Kaiserreich, der an die Kapitulation der französischen Armee am 2. September 1870 im Deutsch-Französischen Krieg erinnerte.

19 Volksaufstand gegen die SED-Diktatur und Unrechtsherrschaft in der DDR. Der 17. Juni war zwischen 1954 und 1990 als Tag der deutschen Einheit ein Nationalfeiertag. Nach der Wiedervereinigung wurde der 3. Oktober zum Tag der Deutschen Einheit, der 17. Juni bleibt ein Gedenktag.

20 Zit. nach: Schmid o.J. (Archiv der sozialen Demokratie der Friedrich-Ebert-Stiftung).

21 Schiffmann 2006, S. 363.

22 Ebd., S. 365.

23 Vgl. Schunk/Nestler 2006, S. 245.

24 Ebd.

25 Keim/Mathy (Hrsg.) 1982, S. 386.

26 Hier lohnt sich ein Vergleich mit der nur wenige Jahre zuvor gehaltenen Rede des Pfarrers Hugo Brand, der 1952 noch sagte: „Der Weg dorthin führt nicht über ein uns wesensfremdes, farbloses Weltbürgertum; der Weg dorthin kann für uns nur führen über die geschichtlich gewordene Größe des europäischen Nationalstaates, für uns selbst nur über Deutschland!" Siehe S. 150–156 in diesem Band.

27 Treitschke 1889, S. 262.

28 Dazu ausführlich: Schiffmann 2006; Schneider 2006; Schneider 1982 (4).

29 Schunk/Nestler 2006, S. 245.

Briefmarke zum 150. Jubiläum des Hambacher Festes im Mai 1982.

HEUTE DARÜBER STREITEN, WER MEHR RECHT HAT, HAMBACH ZU FEIERN – DIE REDEN VON WILLY BRANDT UND BERNHARD VOGEL IM RAHMEN DER 150. WIEDERKEHR DES HAMBACHER FESTES AM 16. UND 18. MAI 1982

Am Verfassungstag des Landes Rheinland-Pfalz am 18. Mai 1979 verkündete Ministerpräsident Bernhard Vogel in seiner Regierungsansprache, das Hambacher Schloss solle bis 1982 so hergerichtet werden, „dass dieser Landtag die 150jährige Wiederkehr des Hambacher Festes am 18. Mai 1982 dort festlich begehen kann".[1] Vogels Absicht war es, das Hambacher Schloss „vernünftig und der überregionalen Bedeutung angemessen" nutzbar zu machen. Drei Jahre später und mit einem Gesamtaufwand von rund 8 Millionen DM war das Schloss wie geplant zu einer „Dokumentationsstätte zur Geschichte des Hambacher Festes"[2] und Ort für kulturelle Veranstaltungen im Sinne Hambachs ausgebaut worden.[3]

Abb. 1: Bernhard Vogel am Rednerpult auf dem Festakt des Landtags im Hambacher Schloss am 18. Mai 1982.

Der Festakt des rheinland-pfälzischen Landtags auf dem Hambacher Schloss zum 150. Jubiläum, bei dem Ministerpräsident Vogel die Festansprache hielt (Abb. 1), bildete erst den Beginn einer vom 18. bis zum 27. Mai andauernden Feierdekade. In diesen zehn Tagen wurde ein vielfältiges Programm geboten, das von wissenschaftlichen Tagungen, Vorträgen und Podiumsdiskussionen über einen Tag der Jugend mit abschließendem Open-Air-Konzert bis hin zu einem nachgestellten historischen Festzug und Tagen der offenen Tür in der neu eröffneten Dauerausstellung auf dem Hambacher Schloss reichte (Abb. 2).[4] Mit der umfassenden medialen Begleitung der Festdekade durch Rundfunk und Fernsehen erreichte das 150. Hambach-Jubiläum überregionale und bundespolitische Aufmerksamkeit.[5] Dies umso mehr, als Bundespräsident Professor Dr. Karl Carstens (1914–1992) die im Fernsehen übertragene Festansprache am 27. Mai hielt. Ihm folgten mit dem Präsidenten des Europaparlaments Piet Dankert (1934–2003), mit Bundeskanzler Helmut Kohl (1930–2017) und der Vizepräsidentin des Deutschen Bundestags Annemarie Renger (1919–2008) weitere Spitzenpolitikerinnen und -politiker.[6]

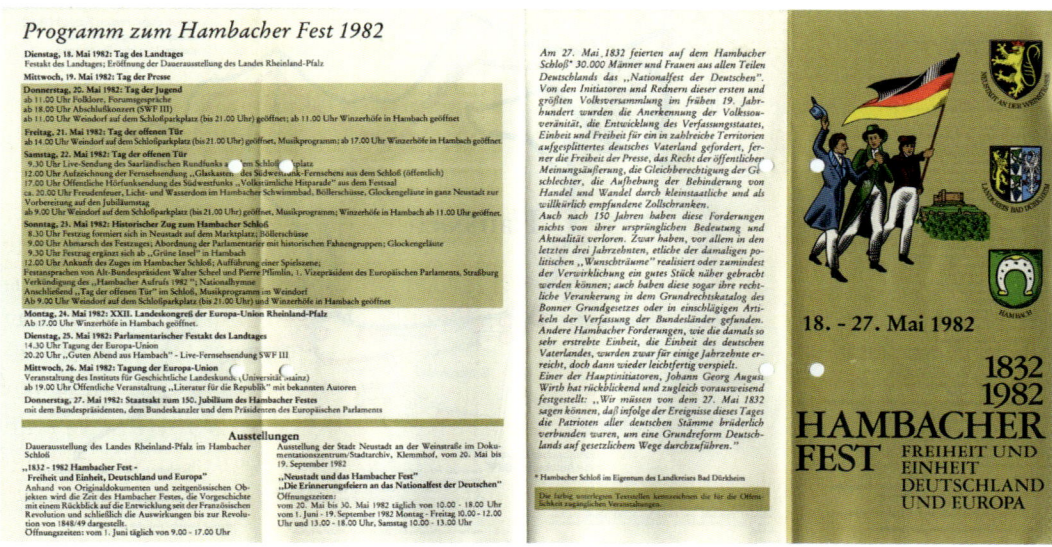

Abb. 2: Außenseite des Programmflyers zur Festdekade vom 18. bis 27. Mai 1982.

Noch bevor die offizielle Feierdekade begonnen hatte, wandte sich der Parteivorsitzende der SPD, Willy Brandt, am 16. Mai mit einer Rede an mehrere tausend Menschen auf dem Marktplatz in Neustadt an der Weinstraße (Abb. 3). Es war der Höhepunkt des zweitägigen Pfalztreffens der Sozialdemokraten. Hintergrund von Brandts

Auftritt unterhalb des Schlosses war, dass die CDU geführte rheinland-pfälzische Landesregierung alle anderen politischen Kräfte bei der Planung und Durchführung der Veranstaltungen zum 150. Hambach-Jubiläum ausgeschlossen hatte. Gedenkveranstaltungen der Parteien auf dem Schloss vor und nach dem Jubiläumstermin wurden nicht genehmigt. Das offizielle Festprogramm wurde von den Oppositionsparteien sowie auch von Gruppen der Friedensbewegung als CDU-Propaganda-Veranstaltung kritisiert.[7] Die Streitigkeiten im Vorfeld – insbesondere zwischen CDU und SPD um den Anspruch auf das Hambach-Erbe – drohten zwischenzeitlich die Feierlichkeiten zur 150. Wiederkehr des Hambacher Festes zu

Abb. 3: Redner Willy Brandt auf dem Marktplatz in Neustadt a. d. W. anlässlich des Pfalztreffens der Sozialdemokraten am 16. Mai 1982.

175

überschatten.[8] Letztlich entstand rund um die Feierdekade ein breites Spektrum an politischen, kulturellen und künstlerischen Alternativveranstaltungen im Gedenken an das Hambacher Fest, zu dem die verschiedenen politischen Parteien maßgeblich beitrugen.[9]

Abb. 4: Porträtaufnahme von Willy Brandt (1913–1992) aus dem Jahr 1984.

Die anlässlich des 150. Hambach-Jubiläums gehaltene Rede von Willy Brandt fiel zeitlich mitten in dessen Jahre als „Elder Statesman", da er zu diesem Zeitpunkt als ehemaliger Bundeskanzler auf eine erfolgreiche politische Laufbahn und einen ereignisreichen persönlichen Lebensweg zurückblicken konnte (Abb. 4). Herbert Ernst Karl Frahm, der den Namen Willy Brandt erst seit der Emigration führte, wurde am 18. Dezember 1913 als uneheliches Kind der 19-jährigen Verkäuferin Martha Frahm in Lübeck geboren. Nach dem Abitur begann er im Mai 1932 ein Volontariat bei einer Lübecker Schiffsmaklerfirma, Reederei und Spedition. Parallel dazu engagierte sich Herbert Frahm politisch – zunächst journalistisch und ab 1930 als Mitglied der SPD. Ein Jahr später schloss er sich der Sozialistischen Arbeiterpartei Deutschlands (SAPD, auch SAP genannt) an und wurde Gründungs- und Vorstandsmitglied des Lübecker Ortsverbands. Als die Partei 1933 verboten wurde und die Nationalsozialisten mit der Ausschaltung ihrer politischen Gegner begannen, emigrierte der damals 19-jährige Willy Brandt für sieben Jahre nach Norwegen. Infolge der deutschen Besetzung Norwegens flüchtete Brandt 1940 weiter nach Schweden, wo er bis zum Kriegsende blieb.

1945 kehrte Willy Brandt erstmals als Korrespondent für skandinavische Zeitungen aus dem Exil zurück. Drei Jahre später begann er seine politische Karriere im Nachkriegsdeutschland, zunächst als Abgeordneter der SPD im Deutschen Bundestag. Ab Oktober 1957 war Brandt zudem Regierender Bürgermeister von Berlin. Von 1964 bis 1987 übernahm Brandt auch den SPD-Parteivorsitz. Nachdem Kurt Georg Kiesinger (CDU) am 1. Dezember 1966 zum Bundeskanzler gewählt worden war und eine Große Koalition mit der SPD bildete, wurde Brandt Außenminister und Vizekanzler. 1969 gingen die SPD und er aus den Bundestagswahlen als Gewinner hervor, woraufhin er eine sozialliberale Koalition mit der FDP bildete und der vierte Bundeskanzler der Bundesrepublik Deutschland wurde. 1971 erhielt er für seinen wesentlichen Beitrag zum Frieden und zur Entspannung zwischen Ost und West (Ostverträge mit der UdSSR und Polen) den Friedensnobelpreis; diese Auszeichnung trug zum internationalen Ansehen des Bundeskanzlers und der Bundesrepublik Deutschland bei.

Am 7. Mai 1974 gab Brandt infolge der Affäre um den DDR-Spion Günter Guillaume, der sich als einer seiner engsten Mitarbeiter ins Bundeskanzleramt eingeschlichen hatte, seinen Rücktritt als Bundeskanzler bekannt, blieb aber Vorsitzender der SPD und behielt so maßgeblichen Einfluss auf deren Politik. Von 1976 bis 1992 war er Präsident der Sozialistischen Internationale und vom 17. Juli 1979 bis zum 1. März 1983 Mitglied des Europäischen Parlaments. In diesen Jahren hatte er mit erheblichen gesundheitlichen Problemen zu kämpfen. Im Mai 1992 zog er sich endgültig aus der Öffentlichkeit in sein Haus in Unkel in der Nähe der ehemaligen Bundeshauptstadt Bonn zurück, wo er am 8. Oktober 1992 starb.[10]

Abb. 5: Porträtaufnahme von Bernhard Vogel (*1932).

Zum Zeitpunkt seiner auf dem Hambacher Schloss gehaltenen Rede befand sich der rheinland-pfälzische Ministerpräsident Bernhard Vogel in seinem 7. Amtsjahr. Bernhard Vogel (Abb. 5) wurde am 19. Dezember 1932 in Göttingen als Sohn des Agrarwissenschaftlers und Professors für Tierzucht und Milchwirtschaft Hermann Vogel und dessen Frau Caroline geboren. Nach seinem Studium der politischen Wissenschaften, Geschichte, Soziologie und Volkswirtschaft, das er 1960 mit einer Promotion abschloss, blieb Bernhard Vogel als wissenschaftlicher Assistent seines Doktorvaters für weitere fünf Jahre an der Universität Heidelberg. Bereits während seines Studiums engagierte sich Vogel in der katholischen Jugend- und Erwachsenenbildung, z. B. als Bildungsreferent im Heinrich-Pesch-Haus in Ludwigshafen. 1968 war er Präsident des 82. Deutschen Katholikentages und leitete von 1972 bis 1976 das Zentralkomitee der deutschen Katholiken. 1960 trat Vogel in die CDU ein, wurde Kreisvorsitzender und drei Jahre später Mitglied des Heidelberger Stadtrats. In den Bundestag zog Vogel 1965 als Abgeordneter für den Wahlkreis Neustadt/Speyer ein, bis er im Mai 1967 auf Initiative von Helmut Kohl als damals jüngster Kulturminister in die von Ministerpräsident Peter Altmeier geführte Landesregierung von Rheinland-Pfalz berufen wurde.

Kohl führte damals die CDU-Landtagsfraktion in Mainz und war mit Vogel seit der Heidelberger Studienzeit befreundet. Als Kohl 1976 als Vorsitzender der CDU/CSU-Fraktion in den Bundestag wechselte, wurde Vogel zum vierten Ministerpräsidenten von Rheinland-Pfalz gewählt. Nach heftigen innerparteilichen Auseinandersetzungen, in deren Folge Vogel dann bei der Wahl zum Landesvorsitzenden unterlag, legte er 1988 sein Landtagsmandat nieder und trat von seinem Amt als Ministerpräsident zurück. Vier Jahre später berief man Vogel zum Regierungschef von Thüringen. Damit ist Vogel der bislang einzige deutsche Politiker, der in zwei Bundesländern an der Spitze der Landesregierung stand. Erst 2003 trat er aus Altersgründen vom Amt zurück. Heute lebt Bernhard Vogel in Speyer.[11]

Wir Sozialdemokraten stellen uns in die Tradition des Deutschen Mai von 1832.

Rede von Willy Brandt am 16. Mai 1982 auf dem Marktplatz in Neustadt an der Weinstraße

Bekenntnis zur Freiheit

I.

Ich grüße alle herzlich, die aus den Dörfern und Städten der Pfalz – manche auch aus anderen Teilen des Landes und der Bundesrepublik – zu unserer heutigen Veranstaltung gekommen sind. Mit ihr wollen wir nicht nur die Kette der traditionellen Pfalz-Treffen der Sozialdemokraten um ein weiteres Glied verlängern.[12] Wir wollen heute auch den besonderen Anlass feiern, der sich aus dem Kalender ergibt: Wir erinnern uns der 150. Wiederkehr des Hambacher Festes, des – wie man sagte – „Deutschen Mai" von 1832. Dabei bekennen wir uns in Dankbarkeit zu denen, die vor uns im Laufe dieser 150 Jahre immer wieder ihre Stimme erhoben haben für Freiheit und Einheit – in Deutschland und für Europa.

Die deutsche Geschichte ist nicht reich an Tagen, derer wir frohen Herzens gedenken. Unser ist ein schwieriges Vaterland, um an einen Satz Gustav Heinemanns zu erinnern.[13] Umso mehr gilt die Feststellung: Das Hambacher Fest war das Zentrum einer jener politischen Bewegungen in der deutschen Geschichte, auf die wir stolz sein können, an die wir gern anknüpfen.

Hambach war ein Bekenntnis zur Freiheit und zu Europa. Ein Bekenntnis zu Bürgerrechten und liberalen Reformen. Die Pressefreiheit gehörte selbstverständlich dazu. Die Gleichberechtigung der Frau kam jedenfalls einigen ins Visier. Und es war – im Anknüpfen an die französischen Revolutionen, zugleich an den Freiheitskampf der Polen – ein Bekenntnis zu dem, was die Arbeiterbewegung dann wenig später internationale Solidarität genannt hat.

Wir Sozialdemokraten stehen in der Tradition der frühen demokratischen Bewegungen in unserem Land. Wir sind Erben und Träger dessen, was der Neustädter Arzt und Stadtrat Dr. Hepp damals, vor 150 Jahren, „Deutschlands

Wiedergeburt" genannt hat.[14] Das Hambacher Freiheitsfest hat schon in der Mitte des vorigen Jahrhunderts seine Impulse weitergegeben an die sozialistische Bewegung. Die war damals, historisch noch gleichsam verpuppt, schon mit dabei. Zum Beispiel in der Gestalt von Johann Philipp Becker, der seinem Freund Friedrich Engels wichtige Eindrücke vom Hambacher Fest vermittelte.[15]

Ich will einen anderen nennen, der den Zusammenhang mit der jungen sozialistischen Bewegung deutlich macht: Karl Schapper – Gymnasiast, Burschenschaftler, „Verschwörer" aus dem Nassauischen –, der als Zwanzigjähriger mit auf den Schlossberg hinaufzog. Schapper war Präsident des Arbeitervereins zu Köln in der 48er Revolution, deren am weitesten nach vorn gerichteter Teil eine „sozial-demokratische Republik" erkämpfen wollte. Dann war er aktiv beteiligt an der Ersten Arbeiter-Internationale in London, jahrzehntelanger Exilgefährte, Mitkämpfer und Kritiker von Karl Marx (und denen von uns, die etwas einseitig „marxistisch" geschult wurden, ist er zu Unrecht in der Rolle eines Stänkerers in Erinnerung geblieben).[16]

Im Übrigen: Es waren ja nicht nur Studenten, Lehrer und städtische Freiberufler, es waren auch Handwerksmeister und Gesellen, Bauern und Winzer, die in Hambach zusammenströmten zu dem, was man die erste politische Massendemonstration in deutschen Landen genannt hat. Und zwar eine „in selbstdurchgeführter und garantierter Ordnung", was sich durchaus aktuell anhört

und im guten Sinne vernünftig geblieben ist.

Wir Sozialdemokraten stellen uns in die Tradition des Deutschen Mai von 1832 natürlich auch darum, weil die Arbeiterbewegung dann jene Forderungen und Ziele aufzunehmen und weiterzutragen hatte, die das deutsche Bürgertum in seiner Mehrheit leider vernachlässigte und im Stiche ließ. Das mindert nicht unseren Respekt vor jenen bürgerlichen Demokraten, die in den dreißiger und vierziger Jahren mit Verfolgungen und Prozessen überzogen wurden. Aber dies macht eben doch das Elend deutscher Geschichte aus: dass die bürgerliche Revolution in Ansätzen stecken blieb. Dass die schwarz-rot-goldene Fahne von 1832 und 1848 erst 1919 – von Sozialdemokraten – zur Fahne des Vaterlandes gemacht wurde. Wenn wir uns recht erinnern: Sie wehte keine anderthalb Jahrzehnte, weil die demokratische Republik nicht fest genug verankert worden war.[17]

Wir stellen uns in die liberal-demokratische Tradition ja nicht nur, weil wir historisch Umkämpftes und Erlittenes wachhalten wollen. Sondern weil wir entschlossen sind, die Demokratie nie mehr preiszugeben. Und weil wir auch heute für jene republikanischen und demokratischen Motive der Hambacher Bewegung eintreten, die immer wieder neu eingelöst werden müssen.

Wir Sozialdemokraten sind nicht die einzigen, die an die Tradition von Hambach anknüpfen. Wir freuen uns darüber, wenn sich viele auf den Geist des Hambacher Festes berufen. Aber es würde manchen gut anstehen, solche Erinnerung mit einem kritischen, zumal selbstkritischen Blick auf die deutsche Parteiengeschichte zu verbinden.

Die liberalen Schriftsteller Wirth und Siebenpfeiffer, die zu diesem ersten großen nationalen Volksfest aufriefen, bilden ganz gewiss die hellere, die mutigere, die zukunftsträchtigere Variante unter mehreren historischen Quellen des deutschen Liberalismus. Eine bessere Tradition gewiss als jene andere, deren Repräsentanten vor lauter Vorsicht nicht laufen konnten. Und die immer nur warnten, soviel demokratische Radikalität führe ja womöglich zum Sozialismus – während die geschichtliche Lehre doch gerade besagt: Die demokratische Republik muss konsequent zur sozialen Demokratie ausgebaut werden.

Wir haben nichts gegen staatliche Gedenkfeiern. Aber wir messen jeden – wie uns selbst – am Anspruch jenes Deutschen Mai. Hambach verstand sich – ich zitiere aus damaligen Reden – als „Kultus der Freiheit". Auf Hambach möge sich also nicht berufen, wer vom Ansatz und Prinzip her mauert, wenn wir sagen: mehr Demokratie wagen.

Das „große Werk der deutschen Reform" zu beginnen, hat Wirth, der Hauptredner in Hambach, gefordert. Auf Hambach möge sich also nur berufen, wer auch heute weiß, dass sich der demokratische und soziale Bundesstaat nur durch permanenten Reformwillen verwirklicht. Und wer zum Beispiel endlich einsieht, dass die „Erhöhung" der Frau zur „freien Genossin des freien Bürgers"

– wie sie es damals nannten – noch immer eine Aufgabe ist, die unsere Gesellschaft erst vollenden muss.[18]

Die Festredner von Hambach vor 150 Jahren wurden kurze Zeit darauf verhaftet. Das haben wir wohl nicht zu befürchten. Aber es mag einen symbolischen Sinn haben, dass wir auf Markt und Straße stehen und das Schloss uns verschlossen bleibt: Ein Fest der Regierenden ist Hambach ja wirklich nicht gewesen. Und wenn wir heute nach alter Übung unserer Pfälzer Freunde – wie zu Kaisers Zeiten, wie in der Weimarer Republik, wie auch vor 25 Jahren – „a rechtes Sozzi-Fescht" feiern, so empfinden wir uns nicht am Rande des Geschehens, sondern wir stehen mitten in unserem Volk.

II.

Heinrich Heine schrieb – rückblickend – in Paris: „Dort, auf Hambach, jubelte die moderne Zeit ihre Sonnenaufgangslieder und mit der ganzen Menschheit ward Brüderschaft getrunken." Und weiter: „Auf Hambach hielt der französische Liberalismus seine trunkensten Bergpredigten und sprach man auch viel Unvernünftiges, so ward doch die Vernunft selber anerkannt als jene höchste Autorität, die da bindet und löset und den Gesetzen ihre Gesetze vorschreibt."[19]

Wir kennen all die Vorurteile der die Zeit Beschreibenden, die sich auf die „Weltfremdheit" der Männer von 1832 beziehen. Auch Heine stöhnte: „O Schilda, mein Vaterland." Doch steht bei ihm auch der Satz, das Fest von Hambach gehöre „zu den merkwürdigsten Ereignissen der deutschen Geschichte".[20] Und vielleicht ist dieser zusätzliche Hinweis erlaubt: Im Interesse der Menschen und der Menschlichkeit konnte selten Wichtiges zustande gebracht werden, das nicht zunächst „weltfremd" genannt worden ist.

Es waren natürlich recht unterschiedliche Menschen, die da zusammenkamen, getrieben auch von unterschiedlichen Ideen und Motiven: Da waren königstreue Interessenvertreter, da waren Reformisten, da waren die sogenannten Verschwörer. Dass die „revolutionäre Fraktion ihr unseliges Wesen und ihr auf den Umsturz aller Grundlagen des inneren Staatenwohles gerichtetes Treiben ohne Scheu offen und dreist" verfolge, beklagte zehn Tage später die preußische Regierung in einer Note an die zuständige bayerische.

Es war ja kein Zufall, dass man sich hier in der Pfalz versammelte – in Rheinbayern, wie man damals sagte. Und es hängt natürlich auch mit der Pfälzer Geschichte zusammen, dass die deutschen Sozialdemokraten hier schon im Kaiserreich einen ins Gewicht fallenden Einfluss errangen. Möge die pfälzische Sozialdemokratie hieraus immer wieder neue Kraft schöpfen!

Auf dem damaligen Volksfest waren es die süddeutschen Liberalen, die bürgerliche Freiheiten an [die] erste Stelle setzten. Und andererseits die norddeutschen, denen die Vereinigung des Reiches oberstes Ziel war. Aber geeint hat

sie über alle Unterschiede hinweg doch der Geist der Aufklärung und des weltbürgerlichen Freiheitsstrebens. Es dominierte ein jung-deutscher und nicht ein romantisch-nationalistischer Geist – eben jener, den Heine in der Pariser Juli-Revolution wiedererstanden sah und den er gegen alles Teutonische hochhielt.[21] So gehört es recht wohl zum Geist von Hambach, dass heute ein Vertreter der französischen Kultur dabei ist und zu uns gesprochen hat. Ich danke Professor Savage.

Weltbürgerliches, europäisches Freiheitsstreben: Wie wenig selbstverständlich war es damals in Deutschland. Wie rasch ist es nach der stecken gebliebenen 48er Revolution den Deutschen wieder als politisches Ziel entglitten. Hambach ist darum zugleich eine der verschenkten Chancen deutscher Geschichte: Für eine historische Sekunde tritt aus dem Wolkengemisch von Befreiungswillen, der ins Weite will, und Nationalismus, der ins Enge treibt, die politische Idee eines freien Europa auf der Grundlage von Aufklärung und Demokratie hervor. Für einen glücklichen Augenblick scheint im politischen Willen die Verschmelzung von allem möglich, womit das letzte Jahrhundert zunächst so kraftvoll gegen eine überlebte Welt hatte antreten wollen.

Diese Verschmelzung ist geschichtlich gescheitert – an fortdauernder Unterdrückung und Klassenherrschaft, aus denen Hass quoll. Ein Hass, der sich in zerstörerischen Nationalismus umlenken ließ und die Völker dieses Kontinents gegeneinander aufbrachte. Es ist die Tragödie Europas im 19., auch im 20. Jahrhundert, und es ist die Tragödie Deutschlands. So sang Heine:

Aber wir verstehen uns bass,
wir Germanen, auf den Hass.
Aus Gemütes Tiefen quillt er,
Deutscher Hass!
Doch riesig schwillt er.[22]

Es ist der Geburtsfehler des modernen Deutschland gewesen – jenes Landes, dessen Revolutionen zu spät kamen, gescheitert sind oder verspielt wurden –, dass hier mehr als anderswo Vaterlandsliebe, das Zugpferd des Freiheitsstrebens, umschlug in unfruchtbaren Nationalismus. Dass wegen der nicht erreichten, jedenfalls nie von Demokraten erreichten, nationalen Einheit und Identität die Gefühle im Hass auf andere Nationen gänzlich sich ihren verderblichen Lauf suchen durften.

Der Dichter in Paris wusste, wovon er sprach. Er hatte den völkisch-chauvinistischen Rausch im Gefolge der Befreiungskriege miterlebt. Und sein Misstrauen witterte noch in den patriotischen Reden von Hambach getarnten Hass, maskierte Überheblichkeit. Wie weit er damit überzog, vermag heute keiner mehr zu entscheiden. Er hatte nur wenige Jahre davor miterlebt, wie die Burschenschaftler neben den Edikten der Fürsten und der Besatzungsmacht auch den Code Napoléon verbrannt hatten – jenes Gesetzbuch bürgerlicher Befreiung, das auch den deutschen Staaten erst Verfassungen gegeben hatte. Jenes Gesetz, das gerade hier in Hambach ermöglicht hatte, die Veranstaltung des Festes vor Gerichten gegen Verbote der Obrigkeit durchzusetzen. Hambach war ja zuallererst auch die Feier einer Verfassung, bescheiden, wie sich diese ausnehmen mag. Heine hatte das Fratzenhafte und Widrige der Deutschtümelei erlebt. Er hatte auch den Rassenhass der „Alldeutschen" erlebt. Hat er geahnt, dass dieser deutsche Rausch noch über ein Jahrhundert weiterwirken, dass er ein so entsetzliches Ende nehmen werde?

Hambach, in der Tat, war von einem anderen Geist geprägt. Von einem Patriotismus, der sich mit Freiheitsliebe und internationaler Solidarität untrennbar verband. Johann Georg Wirths Ansprache endete so:

„Es lebe das freie, das einige Deutschland! Hoch leben die Polen, der Deutschen Verbündete!" (Mit Verbündeten meinte er kein Bündnis von Mächten, sondern die Solidarität mit dem polnischen Volk, das in jenen Jahren gerade wieder unterdrückt und seiner wenigen Rechte beraubt worden war – und es waren in Hambach polnische Freiheitskämpfer dabei, die auf ihrem Weg nach Paris in Neustadt Halt machten.) „Hoch leben die Franken" (das sind die Franzosen), „der Deutschen Brüder, die unsere Nationalität und Selbstständigkeit achten! Hoch lebe jedes Volk, das seine Ketten bricht und mit uns den Bund der Freiheit schwört! Vaterland – Volkshoheit – Völkerbund hoch!"[23]

Jedes dieser Worte können wir auch heute mit Leben erfüllen, zu jedem können wir uns auch heute bekennen.

III.

Völkereinheit hat man damals gefordert in Hambach, ein konföderiertes republikanisches Europa. Wie aktuell – dem Sinn nach – auch dies, nach einhundertfünfzig Jahren! Vor allem, wenn wir den Satz nicht zur Phrase verkommen lassen wollen, dass das deutsche Volk die Ausgewogenheit seiner nationalen Identität – seine durch geschichtliche Verbrechen und durch die Teilung gebrochene nationale Identität – nur in einem geeinten Europa zurückgewinnen könne. Aktuell auch dann, wenn wir von der Idee Europa mehr erwarten, als die heutige Wirklichkeit der vielfachen institutionellen Unzulänglichkeiten uns verheißt.

Nationale Identität, Patriotismus, womöglich nationale Einheit: Davon wird jetzt wieder öfter geredet. Leiser und fragender im eigenen Land, lauter und verworrener im Ausland – auch in Frankreich: ob die Deutschen wohl wieder zu einem Faktor der Unberechenbarkeit in Europa würden. Gerade in Berufung auf das Hambacher Fest sage ich: Wir Deutschen haben gebrochen mit jener unseligen Tradition des Hasses, der Überheblichkeit und des Militarismus. Ich bekräftige hier meinen Satz: Ein guter Deutscher darf kein Nationalist sein.

Wir haben der Aussöhnung mit Frankreich, der Freundschaft mit dem Westen die Verträge mit dem Osten, die Suche nach allseitig guter Nachbar-

schaft hinzugefügt. Der Warschauer Vertrag vom Dezember 1970 hatte seinen besonderen Rang.[24] Das polnische Volk steht großen Schwierigkeiten gegenüber, und dies kann keinen Europäer gleichgültig lassen. Doch gerade weil ich die Geschichte kenne, habe ich gesagt und bleibe dabei: Es steht uns Deutschen nicht zu, die polnische Krise mit falschen Zurufen zu begleiten. Wo wir hilfreich sein können, dürfen wir uns nicht versagen. Wir grüßen Polen und wünschen ihm jeden möglichen Erfolg im Ringen um Unabhängigkeit, Versöhnung und Arbeiterrechte.[25]

Deutsche Patrioten waren die Männer und Frauen von Hambach, und gerade darum waren sie europäisch und weltbürgerlich gesinnt. An solchen Patriotismus lasst uns anknüpfen. Er bedeutet heute jene Verantwortung gegenüber unseren Nachbarn, die objektiv beide deutschen Staaten verbindet: Von deutschem Boden darf nie wieder Krieg ausgehen. Er bedeutet auch, für Lebensinteressen einzutreten. Dazu gehört das energische Bemühen, auf einen beiderseitigen Rüstungsabbau hinzuwirken und nach Möglichkeit abzuwenden, dass Deutschland noch mehr zum Zielgebiet möglicher nuklearer Vernichtungsschläge wird.[26]

Ich bitte das Ausland, solchem Patriotismus nicht zu misstrauen. Der Wille zum Frieden hat einen zweifachen Sinn: zum einen das Gelöbnis, Frieden zu wahren. Und zum anderen den Wunsch, alle anderen möchten den Frieden bewahren helfen, damit wir miteinander überleben können.

Das bessere – freiheitliche, kulturbewusste, europabewusste – Deutschland hat seine bitteren Erfahrungen im Kampf gegen nationalistische Verirrung und kriegerisches Geschrei. Gerade die deutsche Arbeiterbewegung, die patriotisch und internationalistisch gesinnt war, die in dem Glauben lebte, mit den Sozialisten der anderen europäischen Länder gemeinsam die Kriegsgefahr abwehren zu können, und die doch mit diesen gemeinsam 1914 von Nationalismus und Kriegsbesessenheit überrollt wurde.

Dies gehört mit zu unserem Erbe, zu den geschichtlichen Erfahrungen der Deutschen. Der noch viel schlimmere Zeitabschnitt von 1933 bis 1945 hat weiterwirkende Spuren hinterlassen.

Wir haben viel Schutt beiseite geräumt. Wir haben neu aufgebaut. Wir waren daran gegangen, den Frieden in Europa sicherer zu machen. Neue Gefahren haben sich breitgemacht. Das Wettrüsten hat unglaubliche Dimensionen angenommen. Ebenso Hunger und das Elend in der Welt. Friedenspolitik ist unser oberstes nationales Anliegen. In der Tat gibt es nichts Wichtigeres als harte Arbeit für den Frieden.

Liebe Freunde, für Sozialdemokraten – und mit ihnen für alle jene, die den Fortschritt wollen, nicht den Stillstand, die Reformen wollen zur vernünftigen und vorteilhaften Veränderung des Bestehenden –, für uns alle ist es im Augenblick keine leichte Zeit. Unsicherheit breitet sich aus im Lande. Das Vertrauen in die Politik, auch in unsere Politik, ist geringer geworden. Die schleichende Krise der Weltwirtschaft und die hohe Arbeitslosigkeit dämpfen den Mut, für eine bessere Zukunft zu streiten. Aber gerade darum müssen wir den Mut haben, am Ball zu bleiben.

Der Münchner Parteitag Ende vorigen Monats hat dabei vorangeschoben. Er war ein Parteitag, auf dem wir Sozialdemokraten unsere Kraft zusammengenommen haben, um die schwierigen Zeiten durchzustehen. Ein Aufbruch nach vorne sollte er werden, so habe ich es mir gewünscht, und er ist dieser Erwartung nahegekommen. Er hat, über alles Ringen der Meinungen hinweg, gezeigt: Wir Sozialdemokraten stehen zusammen im Kampfe um unsere gemeinsame Sache. Wir denken nicht daran, uns aus der Verantwortung drängen zu lassen. Und der Bundeskanzler weiß: Er hat seine Partei und die Fraktion im Bundestag hinter sich, wo immer es um die Politik geht, für die wir von den Wählern ein Mandat erhalten haben. An uns Sozialdemokraten wird die Bonner Koalition nicht scheitern.[27]

Wir sind nicht ratlos, wir werden hart arbeiten, um uns als Partei der Arbeit neu zu bewähren. Wir werden in der breiten Öffentlichkeit unsere Vorschläge und Forderungen zu den wirtschafts- und sozialpolitischen Fragen deutlicher machen müssen – wohl wissend, dass manches sich erst im Laufe der nächsten Jahre durchsetzen lassen wird.

Jedenfalls werden wir nicht jenen Konservativen das Feld überlassen, die die Arbeitslosigkeit verharmlosen, oder die jetzt sogar die große Chance wit-

184

tern zur großen Umverteilung zulasten der breiten arbeitenden Schichten. Wir werden solchen Vorhaben unseren entschiedenen Widerstand entgegensetzen und uns verstärkt engagieren: für den Frieden, für Arbeitsplätze, für mehr Gerechtigkeit. Wenn wir offen genug bleiben für das, was die Menschen bewegt und was ihre berechtigten Erwartungen sind; wenn wir entschlossen bleiben, dies in Politik umzusetzen und durchzusetzen; und wenn wir selbstbewusst und mutig genug sind, unsere Sache zu vertreten – am Arbeitsplatz, in der Nachbar-

schaft, im Freundeskreis –, dann werden wir Vertrauen sichern und neu gewinnen, dann werden wir in unserem Lande Mehrheiten schaffen.

Jetzt aber soll dies wieder ein großes Familienfest der pfälzischen Sozialdemokraten sein. Und es sollte uns so viel Spaß machen, dass sich die schon etwas ärgern, die uns vom Schloss fernhalten wollten:

Es lebe die Hambacher Tradition!
Es lebe die pfälzische
Sozialdemokratie![28]

Dieser Tag ist ein Gedenktag, aber er ist vor allem ein Tag des Nachdenkens.

Rede von Bernhard Vogel am 18. Mai 1982 auf dem Hambacher Schloss

Herr Präsident, meine Damen und Herren Abgeordneten, verehrte Gäste, Bürgerinnen und Bürger, die durch den Hörfunk und das Fernsehen mit uns hier im Hambacher Schloß verbunden sind!

Dieser heutige 18. Mai 1982 ist für das Land Rheinland-Pfalz ein Feiertag. Die Entscheidung der Bürger für unsere Landesverfassung am 18. Mai 1947, die Entscheidung dieses Landtags für das Grundgesetz der Bundesrepublik Deutschland am 18. Mai 1949 sind in einer Landschaft vollzogen worden, für deren Menschen das Eintreten für politische und religiöse Freiheit und das Be-

kenntnis zur nationalen Einheit wesentlicher Bestandteil der geschichtlichen Erfahrung ist.

Das Hambacher Fest von 1832 war dazu ein ganz entscheidender Anstoß. Sich 150 Jahre später daran zu erinnern, geschieht aber nicht nur aus Dankbarkeit und aus geschichtlichem Bewußtsein. Wir erinnern uns an die Anfänge unserer Demokratie und an die Gefahren, denen sie vor allem ausgesetzt war, um uns heute die Grundwerte von Freiheit, Solidarität und Gerechtigkeit wieder stärker in das Bewußtsein unseres Staates und unserer Gesellschaft zu rufen.

Sicher, dieser Tag ist ein Gedenktag, aber er ist vor allem ein Tag des Nachdenkens über die heutige Verfassung unseres Staates und über seine künftigen Ziele. Darum habe ich zu Beginn dieser Legislaturperiode im Mai 1979 angeregt, das Hambacher Schloß wiederherzustellen, damit dieser Landtag die

150. Wiederkehr dieses heutigen Festes hier festlich begehen kann. Ich meine, wir haben Grund, uns dieses Tages zu freuen, und wir haben Grund, auf unser Land stolz zu sein und auch ein wenig dankbar. Ich glaube, ich drücke damit nur aus, was die übergroße Mehrheit unserer Bürger empfindet: Sie bejaht unsere Verfassungsordnung, sie lebt gerne in Rheinland-Pfalz. Aber das heißt nicht, daß sie nicht viele Fragen an die Zukunft und an uns als ihre gewählten Repräsentanten stellt. Das heißt schon gar nicht, daß wir etwa zufrieden sind.

Mit bedeutendem finanziellem Aufwand ist das Hambacher Schloß restauriert worden, ein Schloß, das mittelalterliche Burg und romantische Schloßkonzeption des 19. Jahrhunderts in sich vereint und das seit 1525, seit den Bauernkriegen, Ruine gewesen ist. Zumindest hier in der Pfalz, wo Freiheit, Demokratie und Einheit der Nation seit dem Vormärz im politischen Bewußtsein der Bevölkerung lebendig geblieben sind, ist das Verständnis nie verlorengegangen, mit dieser mittelalterlichen Burg und mit dem Hambacher Fest in einer guten demokratischen Tradition zu stehen. Wir haben in Deutschland nur wenige Stätten, an denen wir die Geschichte unserer Demokratie auch durch Bauwerke optisch anschaulich machen können: die Paulskirche in Frankfurt, das Rastatter Schloß, das Weimarer Nationaltheater, den Reichstag in Berlin, den Bundestag in Bonn.

Sicher, das Hambacher Schloß ist keine deutsche Bastille, und der 27. Mai 1832, der Zug der Patrioten hinauf aufs Schloß, ist kein deutsches Gegenstück zum 14. Juli 1789. Von hier ist kein weltgeschichtlicher Umsturz, keine Revolution ausgegangen. Aber von hier, von Hambach aus, erfolgte der Aufbruch der Deutschen auf ihrem Weg zur freiheitlichen Demokratie. Die Verbindungslinie zu 1789 ist deutlich, und für jeden, der sich auf die Anfänge der deutschen Demokratie besinnt, ist Hambach die erste Station. Hier in Hambach hat sich zum erstenmal das Selbstbewußtsein deutscher Demokraten deutlich und nachdrücklich zu Wort gemeldet.

Tausende zogen hierher, als der Ruf zur Feier eines Verfassungsfestes erging; denn der Jahrestag der für ihre Zeit vergleichsweise liberalen bayerischen Verfassung, die zum erstenmal ein Parlament gewährt hatte, stand ja an. Wir wissen, meine Damen und Herren, daß die Pfälzer zu einem politischen Fest und zu einem Volksfest gleichzeitig gekommen sind. Wir wissen, daß es die Bürgerlichen waren, Rechtsanwälte, Journalisten, Publizisten, Ärzte, Kaufleute, die den Ton angaben. Wir wissen, daß viel Bedeutsames, oft Zitiertes, viel Grundsätzliches und Wesentliches gesagt wurde, aber auch Unvernünftiges und Widersprüchliches und Utopisches. Wir brauchen keine Scheu zu haben, wenn das 150 Jahre später genauso sein sollte. Wichtig ist, daß Hambach 1832 kein kurz aufflackerndes Lokalereignis war. Die hier vorgetragenen Ideen haben ihre Wirkung und ihren Nachhall in der deutschen Tradition, in der demokratischen Geschichte über die Paulskirche von 1848, die Weimarer Nationalversammlung bis ins Grundgesetz und alle Länderverfassungen gehabt.

Die Hambacher wollten Verfassung, wollten Volksherrschaft und Republik. Die Hambacher wollten Einheit der Nation, Freiheit der Bürger, vor allem Pressefreiheit, Gerechtigkeit für den Menschen. Sie wollten Freiheit für die unterdrückten Völker, aus aktuellem Anlaß vor allem für die Polen, und sie wollten ein konföderiertes Europa.[29]

Vieles davon ist unbestritten Wirklichkeit geworden, auf jeden Fall in unserem Land und in einem Teil unseres Vaterlandes. Wir haben Verfassung, Republik und repräsentative Demokratie. Wir haben Grundrechte und Freiheitsrechte, wir haben einen sozialen Rechtsstaat; bei uns gelten die Menschenrechte, und wir haben Ansätze zu einem konföderierten Europa.

Sie alle, die Abgeordneten unseres Landtages, sind frei, geheim und gleich gewählt. Sie sind Vertrauensleute unserer gesamten Bevölkerung. Dieses Parlament arbeitet öffentlich und setzt das Recht, so wie es von den Hambachern einst gefordert wurde. Wünsche, Interessen und Ziele unserer Bevölkerung spiegeln sich in diesem Parlament wider, nicht die Ziele jedes einzelnen für sich, aber jene, die sich zum politischen Willen zusammenfassen lassen, die einer gemeinsamen politischen Grundüberzeugung folgen.

In der repräsentativen Demokratie bündelt sich dieser politische Wille in Parteien und Fraktionen. Aber sie verkörpern gemeinsam die Grundlage, in demokratischer Freiheit zu handeln. Die Gemeinsamkeit, so meine ich, sollte stärker sein als die Unterschiede. Wir sollten das gelegentlich, wie etwa heute vormittag, auch öffentlich bezeugen. Wir sollten gelegentlich Gegensätzliches und Kontroverses bewußt zurückstellen, weil das Gemeinsame unserer demokratischen Tradition so wichtig ist, daß es nicht übergangen werden darf. Natürlich gibt es Mehrheiten und Minderheiten und demokratischen Gegensatz, da gibt es Streit und Widerspruch, aber jeder Abgeordnete ist Vertreter des ganzen Volkes und nicht einer Partei. Auch diese Regierung, die Minister und der Ministerpräsident, sind Regierung und Minister und Ministerpräsident des ganzen Volkes, nicht nur einer Mehrheit oder einer Partei. Darum leiten wir unsere Rechte und Pflichten nicht aus der Nachfolge zu früheren Herrschern ab, sondern, wie die Hambacher das wollten, aus der Beauftragung auf Zeit durch das Volk. Auch die Berechtigung, dieses Fest zu feiern, leiten wir davon ab.

Zu Recht berufen sich alle modernen politischen Bewegungen in Deutschland in ihrem Ursprung auf Hambach. Nur waren damals die Elemente noch ungeschieden und für das Bewußtsein der damaligen Zeit miteinander versöhnt. Sich heute darüber zu streiten, wer mehr Recht hat, Hambach zu feiern, macht Spaß, und darum sollte es auch ruhig geschehen, aber es ist völlig müßig und bringt niemandem etwas ein.

Was die Landesregierung betrifft, so hat sie, soweit sie Verantwortung trägt, die Vorbereitung dieses Jubiläums auf Gemeinsamkeit und Vielfalt, auf Offenheit für alle angelegt. Jeder soll sich zu Wort melden können, jeder soll dann allerdings darauf Rücksicht nehmen, daß der andere das Recht auf eine andere Meinung ebensosehr hat.

Meine Damen und Herren, wir haben das Hambacher Schloß nicht nur restauriert, damit es für Festveranstaltungen und Feste genutzt werden kann. Nein, es soll als eine der Ursprungsstätten der deutschen Demokratie allen offenstehen, die es besuchen wollen, nicht nur in diesem Jahr, sondern für die Zukunft. Dieses Hambacher Schloß und die Stadt Neustadt werden im Jahr dieses Jubiläums Ziel und Schauplatz ganz unterschiedlicher Veranstaltungen und Manifestationen sein.

Auch wenn wir die Auffassung der Veranstalter nicht immer teilen werden, sie sind uns willkommen als Gäste, willkommen als Bürger, die ihre politischen Ansichten hier vertreten. Aber jeder, der sich auf den Boden Harnbachs begibt, stellt sich in die Verantwortung, freiheitliche Demokratie zu bewahren und fortzuentwickeln, die hier gewährte Freiheit im Zeichen der Freiheit zu gebrauchen und sie nicht etwa gegen den Geist der Freiheit zu mißbrauchen.

Wer in diesem Land seine politischen Wünsche vorstellt, repräsentiert den Erfolg der 150jährigen Geschichte unserer demokratischen Freiheit, die über weite Jahrzehnte der letzten 150 Jahre aller-

dings eine Leidensgeschichte und nicht ein Königsweg der Demokratie war. Alle, die sich im Umfeld dieses Festes versammeln, sind Nutznießer der errungenen demokratischen Freiheit, die allen gesichert ist. Vieles von dem, was die Hambacher gefordert haben, ist verwirklicht – ich habe davon gesprochen –, nicht in allen Einzelheiten, aber im Grunde und in den Grundtendenzen ist unsere Verfassung die Verwirklichung dessen, was Hambach gewollt und gefordert hat.

Nur, meine Damen und Herren, genügt das? – Ich meine, nein. Kritische Fragen begleiten uns als Parlament und Regierung. Ich will einige aufgreifen, die beispielsweise die Jugend heute stellt und die unser Land auch angehen:

Wir finden Freiheit in Recht und Gesetz verwirklicht. Aber haben wir nicht zuviel Einengung, Gängelung und Bindung des Bürgers durch zu viele Gesetze, durch zu viele Vorschriften und zuviel Reglementierung?

Wir haben den sozialen Rechtsstaat, und es gibt viele soziale Leistungen. Aber leben wir nicht zu sehr von der materiellen Seite des Rechtsstaates und lassen den Geist sozialer Gerechtigkeit verschwinden? Ein dichtes Netz sozialer Möglichkeiten bewahrt den Arbeitslosen vor der größten materiellen Not. Aber läßt es ihm damit auch schon Gerechtigkeit widerfahren, indem es Not verhindert?

Wir haben wirtschaftlichen Wohlstand durch viel technischen Fortschritt erreicht. Inzwischen ist bei uns der Optimismus auf den ungehinderten Fortschritt verflogen, der auch die Hambacher beflügelt hat. Haben wir rechtzeitig die Folgen des Fortschritts bedacht? Oder woher kommt die Angst, die heute so vielen, die Transparente und Fahnen durch die Straßen tragen, aufs Gesicht geschrieben ist? Was tun wir, um dieser Angst Herr zu werden?

Wir haben eine Europäische Gemeinschaft geschaffen. Aber in Brüssel streiten sich die Agrarminister in unerträglicher Weise. Wir haben nicht viel, ja nicht genug getan, um das Gedränge um die Futterkrippe und das taktische Kämpfen von Regierungen um Einflußbereiche zu überwinden. Wo bleibt der tatsächliche politische Kompromiß und die politische Konföderation?

Meine Damen und Herren, wir sprechen ständig nur von uns. In Hambach 1832 war nicht nur an Frankfurt am Main, an München und Karlsruhe, an Koblenz und Köln gedacht, sondern auch an Leipzig und Jena, an Weimar – das Hambacher Jahr ist das Todesjahr Goethes gewesen – und an Potsdam und andere Plätze. Was ist dort heute Wirklichkeit? Wie steht es mit der Einheit der Nation, und wie steht's mit der polnischen Freiheit, wie mit der Freiheit der unterdrückten Völker? Wir dürfen hier in Hambach in diesem Jahr nicht nur von uns sprechen. Wir haben auch die Verpflichtung, für die Freiheit, vor allem für die Freiheit aller Deutschen, Zeugnis in Hambach abzulegen.

Auf einige dieser kritischen Fragen gibt es Antworten, teilweise unterschiedliche, je nach Parteizugehörigkeit, auch einige unterschiedliche in den Parteien. Die Alltagsarbeit von Landtag und Landesregierung, die Schwerpunkte, die wir setzen, sind davon bestimmt. Nur weil hart gearbeitet worden ist, haben wir es erreicht, daß dieses Land Rheinland-Pfalz zu sich selbst gefunden hat, daß es stabil und selbstbewußt geworden ist, daß viele Deutsche hier zu Hause sein möchten. Aber vor allem eines bleibt doch wohl wichtig, daß wir nicht in den Tag hinein leben, sondern daß wir die demokratischen Normen und Werte im politischen Alltag stärker beachten. Wir müssen uns auf die geistigen Grundlagen all dessen, was wir da tun, besinnen. Wir müssen uns davor hüten, daß sie in der alltäglichen Geschäftigkeit untergehen.

Volksherrschaft, meine Damen und Herren, heißt nicht, daß jeder seinen Willen durchsetzt. Demokratie ist das System, die Interessen des einzelnen zur Gesamtheit und zum Wohle aller zu vereinigen. Das darf aber kein abstrakter demokratischer Befehl von oben sein, in dem sich nur der Wille einer Regierung und einer Mehrheit ausdrückt. Demokratie heißt freie Diskussion über Probleme und ihre Lösungen, aber Demokratie heißt ebenso, daß demokratische Entscheidungen fallen und diese Entscheidungen dann für alle verbindlich sind. Das heißt, wir haben politische Probleme zu lösen – einige habe ich angedeutet –, aber wir haben mehr zu tun als das. Für das weitere Schicksal unserer Demokratie kommt es darauf an, daß wir die Glaubwürdigkeit der Politiker und die Folgerichtigkeit ihrer Lösungen in der Öffentlichkeit der demokratischen Diskussion darzustellen und durchzusetzen wissen und daß wir in dieser Weise Demokratie zu leben verstehen, auch als ein Stück Vorbild für die Bürger, die dies von uns erwarten.

Darüber nachzudenken ist die eigentliche Verpflichtung dieser Hambacher Tage, damit wir mit einer veränderten Gesinnung in unseren Alltag nach Mainz zurückkehren, damit wir uns wirklich in der Tradition des Hambacher Festes befinden. Gelingt uns das, können wir die Fahne der deutschen Demokratie, die wir in unserem Parlament aufbewahren, guten Gewissens an die kritische Jugend von heute in der Gewißheit weitergeben, daß wir eine freiheitliche Demokratie überlassen, die zu bewahren und fortzusetzen lohnt.

Meine Damen und Herren, die Jugend von heute, nicht wir, wird das nächste Hambacher Jubiläum feiern. Deswegen sollten wir in der Freude über dieses Feiern das Nachdenken über unsere Verantwortung nicht vergessen, damit dieses Jubiläum auch von Kindern und Enkeln gefeiert werden kann.[30]

Kommentar

Bei den Hambach-Reden von Willy Brandt und Bernhard Vogel im Jahr 1982 handelt es sich um zwei voneinander unbhängige Reden. Sie wurden an zwei verschiedenen Tagen und Orten gehalten und beinhalten weder Aussagen, die als Antworten auf das Gesagte zu deuten sind noch solche, die den Anderen persönlich betreffen. Insbesondere der erste größere Sinnabschnitt ist bei beiden Reden inhaltlich jedoch relativ ähnlich gestaltet. Sowohl Brand als auch Vogel sprechen über den Kontext der jeweiligen Zusammenkunft, thematisieren die Forderungen der Hambacher von 1832 und gehen auf die Bedeutung und Tradition des Hambacher Festes ein. Sie unterscheiden sich wiederum darin, welchen Aspekt sie stärker ins Zentrum stellen.

Nachdem Brandt die Bedeutung des Hambacher Festes eher allgemein als „Zentrum einer jener politischen Bewegungen in der deutschen Geschichte, auf die wir stolz sein können" eingeführt und die zentralen Hambacher Forderungen aufgezählt hat, geht er ausführlich auf die besondere Verbindung der (pfälzischen) Sozialdemokratie zum Hambacher Fest ein. Anhand von mehreren Argumenten versucht Brandt zu begründen, inwiefern die Sozialdemokraten „in der Tradition der frühen demokratischen Bewegung" stehend „Erben und Träger" der Hambacher Idee von „Deutschlands Wiedergeburt" seien. Er stellt dabei die Idee der sozialen, freiheitlichen Demokratie in den Vordergrund und grenzt sie von nationalistischen Phasen der deutschen Geschichte ab.

Dass Brandt die Verbindung der Sozialdemokratie zum Hambacher Fest so deutlich herausstellt, mag auch damit zusammenhängen, dass er sich mit seiner Rede als Parteivorsitzender der SPD an politische Gesinnungsgenossen auf einem traditionellen Pfalztreffen der SPD wandte. Andererseits legitimiert Brandt damit indirekt auch den seit dem 50. Jahrestag des Hambacher Festes 1882 bestehenden Anspruch der Sozialdemokraten auf das Erbe von Hambach und führt diesen gleichsam fort.[31] Seine Ausführungen schließt Brandt mit einem Seitenhieb gegen die Organisatoren der Festdekade. Ironisch stellt er fest, sie hätten zwar heute keine Verhaftungen wie damals zu befürchten. Es könne jedoch durchaus einen symbolischen Sinn haben, dass sie auf der Straße und nicht auf dem Schloss stünden. Ein Fest der Regierenden sei Hambach ja wirklich niemals gewesen.

Auch bei Vogel finden sich Anspielungen auf die Auseinandersetzungen um die Frage, wer mehr Recht darauf habe, Hambach zu feiern. In diesem Zusammenhang spricht er eine Mahnung aus. In Anbetracht der errungenen demokratischen Freiheit, für die über 150 Jahre leidvoll gekämpft worden sei und deren Nutznießer all jene seien, die sich im Umfeld des Festes versammeln werden, trage jeder die „Verantwortung, freiheitliche Demokratie zu bewahren und fortzuentwickeln, die hier gewährte Freiheit im Zeichen der Freiheit zu gebrauchen und sie nicht etwa gegen den Geist der Freiheit zu mißbrauchen". Ob der rheinland-pfälzische Ministerpräsident hier eine spezielle Gruppierung im Sinne hatte, geht aus der Rede nicht hervor. Zu bedenken wäre im engeren Zusammenhang die von den grünen und alternativen Bewegungen im Vorfeld der Festdekade erhobene Ankündigung, sich im Geist der „Hambacher Rebellen" zusammenzuschließen, um „dem den Industriegesellschaften innewohnenden Drang zur Vernichtung entgegenzuwirken".[32] Denkt man etwas weiter an diverse Widerstandsaktionen und Proteste der – um den NATO-Doppelbeschluss 1979 sich neu formierenden – Friedensbewegung, die von einer breiten Bevölkerungsschicht getragen wurde, jedoch eine unterschiedliche Anhängerschaft vereinte[33], dann mag man den mahnenden Ton Vogels zu deuten wissen, der sich noch konkreter in der Festansprache von Bundespräsident Carstens ausdrückte.[34]

Insgesamt konzentriert sich Vogel im ersten Sinnabschnitt seiner Rede im Vergleich zu Brandt stärker auf die Bedeutung des Hambacher Festes allgemein. Für ihn ist Hambach der erste Meilenstein der deutschen Demokratiegeschichte, denn „von hier, von Hambach aus, erfolgte der Aufbruch der Deutschen auf ihrem Weg zur freiheitlichen Demokratie." Explizit betont Vogel dabei die überregionale Strahlkraft der Hambacher Ideen, indem er ihnen Wirkung und Nachhall in der demokratischen Geschichte bescheinigt: von der Paulskirche 1848, der Weimarer Nationalversammlung bis ins Grundgesetz und alle Länderverfassungen. Damit verleiht Vogel seinem zuvor ausgesprochenen Postulat Nachdruck, dass „Hambach 1832 kein kurz aufflackerndes Lokalereignis" gewesen sei. Zum weiteren Beweis vergleicht er die liberalen Errungenschaften der Bundesrepublik Deutschland mit den Hambacher Forderungen, die er als weitgehende Erfüllung der damaligen Wünsche beschreibt. In dieser Interpretation unterscheiden sich Vogel und Brandt deutlich voneinander. Vogel sieht die Forderungen der Hambacher durch die demokratische Verfassung der Bundesrepublik Deutschland erfüllt. Er orientiert sich damit an der Verfassungsnorm und nicht an der Verfassungsrealität. Brandt hingegen sieht die Forderungen der Hambacher erst erfüllt, wenn auf nationaler wie globaler Ebene soziale Gerechtigkeit eingetreten und der Kampf gegen „Nationalismus und Kriegsbesessenheit" erfolgreich zum Abschluss gebracht worden sei. Auffällig ist zudem, dass beide Redner im Kontext der Hambacher Forderung nach „Einheit der Nation" die aktuelle Situation des geteilten Deutschlands ansprechen. Während Brandt bis auf den Schlussteil weitgehend über die Vergangenheit spricht, schlägt Vogel in seiner Rede schneller den Bogen in die eigene Gegenwart. Seinen Blick richtet er mehr noch auf die Zukunft. Denn wie er selbst zu Anfang formuliert, ist der Tag des Hambach-Jubiläums ein „Gedenktag, aber ist vor allem ein Tag des Nachdenkens über die heutige Verfassung unseres Staates und über seine künftigen Ziele".

Brandt hingegen setzt sich kritisch mit der Vergangenheit auseinander, wobei er über die Themen Einheit und Nation versus Nationalismus reflektiert. Aus seinen Ausführungen geht deutlich hervor, wie negativ Brandt – selbst Zeuge und Opfer des Nationalsozialismus – zum Nationalismus-Begriff eingestellt war. Dabei unterscheidet er den Geist des Hambacher Festes deutlich von dem Nationalismus, der die Befreiungskriege davor oder die Zeit der beiden Weltkriege danach geprägt habe. Im Rückblick auf die dunkleren Seiten der deutschen Geschichte sticht die Eigentümlichkeit des Hambacher Festes bei Brandt umso eindrücklicher hervor. Für Brandt ist der anders geartete Hambacher Nationalismus bzw. Patriotismus untrennbar „mit Freiheitsliebe und internationaler Solidarität" verbunden. Diesen Geist versucht Brandt auch mit der deutschen „nationale[n] Identität" seiner Gegenwart in Einklang zu bringen. Mit Bezug zur Hambacher Forderung nach einem „konföderierte[n] republikanische[n] Europa" postuliert er, dass die Ausgewogenheit der nationalen Identität des deutschen Volkes nur in einem geeinten Europa zurückzugewinnen sei. An dieser Stelle verhehlt Brandt nicht, dass im In- und Ausland skeptische Fragen über die Entwicklung Deutschlands in Europa kursieren, denen er die Aussöhnung mit Frankreich, freundschaftliche Beziehungen zum Westen und Verträge mit dem Osten entgegenhält.[35] Brandt selbst hatte als Bundeskanzler unter dem Motto „Wandel durch Annäherung" und nicht zuletzt durch seinen symbolischen Kniefall in Warschau im Vorfeld der Warschauer Vertragsunterzeichnung 1970 maßgeblich zur Verbesserung der deutsch-polnischen Beziehungen beigetragen.

Zum Schluss greifen sowohl Vogel als auch Brandt tagespolitische Themen auf, die auf ihre jeweilige Zuhörerschaft gemünzt sind. Vogel konzentriert sich auf „kritische Fragen" aus der politischen Alltagsarbeit von Landtag und Landesregierung, während

Brandt in Anlehnung an den Münchner Parteitag des vergangenen Monats Stellung zur Lage der sozialdemokratischen Politik bezieht. In Brandts Beteuerungen des Zusammenhalts der Sozialdemokraten im Kampf um die gemeinsame Sache sowie des Statements „[a]n uns Sozialdemokraten wird die Bonner Koalition nicht scheitern", deuten sich zugleich die innerparteilichen Spannungen und die aufgeladene bundespolitische Situation an. Noch im Herbst desselben Jahres wird es zum Bruch der sozialliberalen Koalition und der Bildung einer CDU-FDP-Regierung kommen.[36]

1   Zit. nach: Landkreis Bad Dürkheim (Hrsg.) 1982, S. 18. Vogel hatte das Thema Ausbau des Schlosses bis zum 150. Jubiläumsjahr bei einer Kreisbereisung in Neustadt 1978 für sich entdeckt. Vgl. Schiffmann 2006, S. 378.
2   Zit. nach: Ebd., S. 19.
3   Vgl. Schiffmann 2006, S. 378f. Das Schloss blieb nach wie vor Eigentum des Landkreises. Später teilten sich Land und Landkreis die Unterhaltungs- und Betriebskosten.
4   Festdekade des Hambach-Jubiläums. In: Staats-Zeitung Nr. 18 vom 10. Mai 1982, S. 3 (Stadtarchiv Neustadt). Dort ist das komplette Programm einzusehen.
5   Über das Regionalprogramm des Südwestrundfunks (Südwest 3) sowie teilweise im Ersten liefen neben täglichen Zusammenfassungen Live-Übertragungen wie die vom historischen Festzug mit Ansprachen vom amtierenden Präsidenten der Europa-Union Dr. Walter Scheel (1919–2016) und dem ersten Vizepräsidenten des Europäischen Parlaments Pierre Pflimlin (1907–2000). Hinzu kamen Filme über die Folgen des Hambacher Festes, Beiträge zum Verständnis der Bedeutung der Hambacher Ereignisse oder Live-Talkshows etc. mit einer abschließenden Bilanz „10 Tage Hambach 1982". Live auf dem Bildschirm. In: Staats-Zeitung Nr. 18 vom 10. Mai 1982, S. 3 (Stadtarchiv Neustadt). Siehe auch: Das ZDF würdigt Hambach-Jubiläum. In: Staats-Zeitung Nr. 19, S. 2 (Stadtarchiv Neustadt).
6   Vgl. Keim/Mathy (Hrsg.) 1982, S. 407–418.
7   Vgl. Schiffmann 2006, S. 380.
8   Vgl. ebd. Siehe auch: Katsch 1982 o. S. Vgl. Schiffmann 2006, S. 380. Zur Sozialdemokratie und zum Hambach-Erbe, siehe: Schneider 1982 (4).
9   Vgl. Das Festprogramm Mai/Juni 1982. In: Die Pfalz am Rhein. Festausgabe: 150 Jahre Hambacher Fest 55/3 (1982), S. 169ff. sowie: 150 Jahre Hambacher Fest. Ein Rückblick auf das diesjährige Jubiläum. In: Die Pfalz am Rhein 55/5 (1982), S. 403–415.
10 Aus der umfangreichen Forschungsliteratur zu Willy Brandt wurden der biografischen Skizze folgende Werke zugrunde gelegt: Koch 1992; Lorenz 2012; Faulenbach 2013.
11 Vgl. Martin 2003. Siehe auch: Speyer: Bernhard Vogel wird 85. In: Die Rheinpfalz vom 17. Dezember 2017.
12 Das erste Pfalztreffen der SPD hatte 1908 stattgefunden und sich seitdem zu einer festen Größe sozialdemokratischer Feste etabliert.
13 Der Satz stammt aus der Antrittsrede Gustav Heinemanns als Bundespräsident am 1. Juli 1969 und lautet vollständig: „Es gibt schwierige Vaterländer. Eines davon ist Deutschland. Aber es ist unser Vaterland." Lindemann (Hrsg.) 1977, S. 3.
14 Dr. Philipp Hepp war Mitglied des Hambacher Festausschusses und hielt 1832 die Begrüßungsansprache. Seine Rede ist ebenfalls in Wirths Festschrift abgedruckt.
15 Zu Johann Philipp Becker siehe den Beitrag in dieser Publikation.
16 Zur Biografie von Karl Schapper siehe: Kuhnigk 1980.
17 Unter der sozialdemokratisch geführten Regierungskoalition von Reichsministerpräsident Philipp Scheidemann wurden die Farben Schwarz-Rot-Gold in der Weimarer Reichsverfassung vom August 1919 als Reichsfarben festgeschrieben. Nach 1933 erhoben die Nationalsozialisten Schwarz-Weiß-Rot in Abgrenzung zur Weimarer Republik zu den Nationalfarben des Deutschen Reiches. 1949 nahm der Parlamentarische Rat die Tradition von Schwarz-Rot-Gold als Farben der Einheit und Freiheit wieder auf, was im Grundgesetz der Bundesrepublik Deutschland verankert ist: „Die Bundesflagge ist schwarz-rot-gold." Traub 2022.
18 Die zitierten Passagen stammen aus Siebenpfeiffers Festrede. Siehe dazu den Beitrag in diesem Sammelband.
19 Briegleb (Hrsg.) 1971, S. 88. Heinrich Heine (1797–1856) beschäftigte sich 1840 in seinem Werk über den Hambacher Festteilnehmer Ludwig Börne mit den Ereignissen von 1832, über die sich Börne schriftlich wie in Gesprächen mit Heine überschwänglich geäußert hatte. Skeptischer urteilte Heine, dass in Hambach die Chance auf eine Revolution vertan worden sei.

20 Ebd., S. 84.

21 Mit „jung-deutschem Geist" meint Brandt die literarisch-politische Bewegung „Junges Deutschland" zur Zeit des Vormärz. Es handelte sich nicht um eine feste Gruppe mit einheitlichem Programm, sondern um einen losen Zusammenschluss von Autoren und Autorinnen, zu denen auch Heinrich Heine zählte. Verbunden waren sie durch ihr liberales Denken. Sie lehnten den Idealismus der Romantik ab. Statt schöner Worte sollte Literatur kritisch sein und der Aufklärung dienen.

22 Das zitierte Gedicht von Heinrich Heine mit dem Titel „Diesseits und jenseits des Rheins" entstand zwischen 1844 und 1848. Vgl. Heine 1992, S. 276.

23 Das Zitat stammt nicht wie von Brandt angenommen aus der Ansprache von Wirth, sondern ist aus dem letzten Abschnitt von Siebenpfeiffers Rede. Siehe dazu den Beitrag in diesem Sammelband.

24 Gemeint ist der 1970 zwischen der Bundesrepublik Deutschland und der Volksrepublik Polen geschlossene Vertrag mit dem Ziel, Grundlagen für die Normalisierung ihrer Beziehung zu schaffen. Der Vertrag wurde von Bundeskanzler Willy Brandt und dem polnischen Ministerpräsidenten Józef Cyrankiewicz sowie den Außenministern beider Länder unterzeichnet.

25 Brandt spielt hier auf die Entwicklungen in Polen seit den 1970er Jahren an. Es kam infolge einer zunehmenden wirtschaftlichen Rezession zu landesweiten Streiks, Demonstrationen und Aufständen, gegen die die Behörden gewaltsam vorgingen. Sie gipfelten im politischen und sozialen Aufbegehren der Gewerkschaftsbewegung Solidarnosc und in der Verhängung des Kriegszustands 1981 bis 1983.

26 In den frühen 1980er Jahren waren die innen- und außenpolitischen Debatten der Bundesrepublik stark von den polarisierenden Kontroversen über den sogenannten NATO-Doppelbeschluss bestimmt.

27 Der Münchner Parteitag der SPD hatte im April 1982 stattgefunden. Siehe dazu: Faulenbach 2011, S. 730ff.

28 Zit. nach: Bundeskanzler-Willy-Brandt-Stiftung (Archiv der sozialen Demokratie, Willy-Brandt-Archiv) 2016. Mit freundlicher Genehmigung von Frau Prof. Dr. Brigitte Seebacher.

29 Hier spielt der Redner auf das Kriegsrecht in Polen 1981–1983 an, mit dessen Verhängung die Volksrepublik Polen unter W. Jaruzelski die Demokratiebewegung und die unabhängige Gewerkschaft Solidarnosc gewaltsam zu zerschlagen versuchte, Bürgerrechte aufhob und eine das ganze Land erfassende Verhaftungs- und Unterdrückungswelle auslöste.

30 Zit. nach: Landtag Rheinland-Pfalz (Hrsg.) 1982, S. 12ff.

31 Vgl. Schiffmann 2006, S. 380.

32 Keim/Mathy (Hrsg.) 1982, S. 404.

33 Für einen Überblick zur Protestgeschichte siehe: Gassert 2018.

34 Carstens betonte, dass jetzt im freiheitlich-demokratischen Rechtsstaat „derjenige, der die Revolution fordert, notwendigerweise ein Kämpfer gegen die Freiheit" sei. Wer jetzt gegen diesen Staat kämpfe, könne sich nicht auf Hambach berufen. Gewalt als Mittel zur Erreichung politischer Ziele könne und dürfe kein Thema sein. Vgl. Schiffmann 2006, S. 382.

35 Vgl. zur Aussöhnung mit dem Westen: Winkler 2014; Rödder 2004. Zur neuen Ostpolitik: Schmidt 2014.

36 Vgl. Faulenbach 2011, S. 693–755. Siehe auch: Bücker/Schlimbach 1983 und Hertel 1988.

DAS ERBE VON HAMBACH ALS PROTEST GEGEN UNTERDRÜCKUNG UND KRIEG – DIE REDEN VON OSKAR LAFONTAINE UND RONALD REAGAN AM 5. UND 6. MAI 1985

„Wir stellen uns bewußt in die demokratische Tradition Hambachs und rufen deshalb zum Hambacher Fest am 5. Mai in Neustadt an der Weinstraße auf", – so lautete der Schlusssatz des Aufrufs zum „Fest für den Frieden", das der SPD-Bezirk Pfalz und die Jungsozialisten Rheinland-Pfalz (Jusos) am 5. Mai 1985 auf der Festwiese in Neustadt veranstalteten.[1] Es handelte sich um eine Gegendemonstration zu der für den kommenden Tag geplanten Rede Ronald Reagans an die Jugend auf dem Hambacher Schloss.[2]

Abb. 1: Kokarde zum Anstecken in den Farben der deutschen Fahne anlässlich des Staatsbesuchs von Ronald Reagan auf dem Hambacher Schloss 1985.

Der amerikanische Präsident war anlässlich des 40. Jahrestages der Beendigung des Krieges zu Gast in der Bundesrepublik. Neben dem Konzentrationslager Dachau und dem Soldatenfriedhof in Bitburg besuchte er in Begleitung von Bundeskanzler Dr. Helmut Kohl (1930–2017) und Ministerpräsident Bernhard Vogel (*1932) am 6. Mai 1985 auch das Hambacher Schloss (Abb. 1).[3] In seinen einführenden Grußworten sprach Bundeskanzler Kohl über die deutsch-amerikanische Freundschaft. Er spannte einen geschichtlichen Bogen vom Hambacher Fest 1832 bis zum Ende des Zweiten Weltkriegs. Dabei betonte er die fortwährende Unterstützung der amerikanischen Freunde beim Einsatz für Demokratie, nationale und europäische Einheit. Im Anschluss hielt Reagan seine „Rede an die Jugend der Welt" (Abb. 2).[4]

Dass ein Mann wie Reagan an diesem geschichtsträchtigen Ort Worte an die Jugend richtete, hielten die Organisator:innen der Gegenveranstaltung des „Festes für den Frieden" für unangemessen. Überhaupt sprachen sie dem amerikanischen Präsidenten die Berechtigung ab, sich auf die Hambacher Traditionen zu berufen, weil dieser durch seine Politik des Wettrüstens die Kriegsgefahr erhöhe, in Lateinamerika souveräne Nationen bedrohe und mit seiner Wirtschaftspolitik das Elend der Entwicklungsländer vergrößere.[5] Gemäß dem Leitspruch der Veranstaltung „153 Jahre Hambacher Fest.

Unsere Botschaft an Reagan" stand Reagans Politik im Zentrum der Festreden. Das Wort ergriff dabei u. a. die Witwe des nicaraguanischen Politikers Enrique Schmidt-Cuadra, der wenige Monate zuvor im sogenannten Contra-Krieg durch Konterrevolutionäre mit US-amerikanischer Unterstützung getötet worden war.[6] Zu den Rednern auf dem „Fest für den Frieden" gehörten auch SPD-Politiker wie Hans-Jürgen Wischnews-

Abb. 2: US-Präsident Reagan grüßt zusammen mit seiner Frau Nancy die versammelte Jugend vor dem Hambacher Schloss am 6. Mai 1985.

ki (1922–2005), der zu dieser Zeit Schatzmeister der SPD war, sowie Oskar Lafontaine, dessen Rede im Folgenden zusammen mit Reagans Ansprache wiedergegeben wird (Abb. 3–4).[7]

Einen Monat, bevor das „Fest für den Frieden" stattfand, hatte Lafontaine gerade erst das Amt des Ministerpräsidenten im Saarland angetreten. Am 16. September 1943 wurde Oskar Lafontaine in Saarlouis-Roden im Saarland geboren. Nach dem Abitur studierte er Physik an den Universitäten Bonn und Saarbrücken und schloss 1969 mit dem Diplom ab. Bereits während seines Studiums trat Lafontaine 1966 in die SPD ein, war zunächst bei den Jusos aktiv und wurde zwei Jahre später Mitglied im Landesvorstand der SPD im Saarland. Damit begann seine politische Karriere, die ihn in Spitzenämter auf allen Ebenen führte: Oberbürgermeister in Saarbrücken (1976–1985), Ministerpräsident des Saarlandes (1985, 1990 und 1994), Bundeskanzlerkandidat der SPD bei der Bundestagswahl 1990, Vorsitzender der SPD (1995–1999) und Bundesfinanzminister im Kabinett von Gerhard Schröder (1998–1999). Zwischen 1991 und 1994 war Lafontaine zudem Bevollmächtigter der Bundesrepublik Deutschland

Abb. 3: Die Redner vom 5. Mai 1985, von links nach rechts: Willi Rothley, Hans-Jürgen Wischnewski, Maria Schmidt-Cuadra und Oskar Lafontaine.

Abb. 4: Gäste auf der Festwiese am 5. Mai 1985 mit Demonstrationsplakaten im Hintergrund.

für kulturelle Angelegenheiten im Rahmen des Vertrags über die deutsch-französisch Zusammenarbeit. Am 11. März 1999 trat Oskar Lafontaine für Politiker und Medien völlig überraschend von seinen hohen Ämtern als SPD-Vorsitzender und Bundesfinanzminister zurück. Über die Motive für diesen radikalen Schritt nur sechs Monate nach dem glänzenden SPD-Wahlsieg 1998 herrscht bis heute keine endgültige Klarheit, auch wenn die inhaltlich-programmatischen und persönlichen Differenzen mit Kanzler Gerhard Schröder unübersehbar waren.

Abb. 5: Porträtaufnahme von Oskar Lafontaine aus dem Jahr 2021.

Als die SPD nicht den von ihm herbeigesehnten Kurs- und Kanzlerwechsel vollzog, trat er am 30. Mai 2005 aus der Partei aus und in die neu gegründete Partei „Arbeit und soziale Gerechtigkeit – die Wahlalternative" (WASG) ein. 2007 wurde Lafontaine zusammen mit Lothar Bisky Vorsitzender der Partei DIE LINKE, – eine Fusion aus WASG und Linkspartei. PDS. Von 2009 bis 2022 war er Fraktionsvorsitzender der Linkspartei im saarländischen Landtag. Im Oktober 2021 teilte er der Öffentlichkeit seinen Rückzug aus der Politik mit, was er u. a. mit dem veränderten politischen Profil der Linkspartei begründete. Im März des darauffolgenden Jahres gab er endgültig seinen Parteiaustritt bekannt, womit er einem möglichen Parteiausschluss zuvorkam, der aufgrund innerparteilicher Streitigkeiten im Raum stand. Seit 2014 ist Oskar Lafontaine mit der Politikerin Sahra Wagenknecht verheiratet, mit der er zusammen in Merzig im Saarland lebt (Abb. 5).[8]

Als Reagan seine Ansprache auf dem Hambacher Schloss hielt, befand er sich bereits im vierten Amtsjahr seiner Präsidentschaft. Ronald Wilson Reagan wurde am 6. Februar 1911 in Tampico im Bundestaat Illinois geboren. Im heimatlichen Bundesstaat absolvierte er nach Abschluss der High School 1932 sein Studium der Wirtschaft, Soziologie und Theaterwissenschaft. Im Anschluss begann Reagan seine berufliche Laufbahn als Sportreporter für den Rundfunk und knüpfte erste Kontakte nach Hollywood, wo er zwischen 1937 und 1964 als Schauspieler für verschiedene Filmgesellschaften tätig war. Neben seiner ersten Rolle in „Love is in the Air" spielte er in weiteren 52 Filmen mit. 1962 wurde Reagan aktives Mitglied der Republikaner und übte zwischen 1964 und 1974 das Amt des Gouverneurs von Kalifornien aus. Nach zwei gescheiterten Versuchen, sich als Präsidentschaftskandidat der Republikaner aufstellen zu lassen, setzte er sich 1980 gegen innerparteiliche Mitbewerber und dann auch mit großer Mehrheit gegen den amtierenden Präsidenten Jimmy Carter von den Demokraten durch. Regan

Abb. 6: Offizielles Präsidentschaftsporträt Ronald Reagans vom 3. Juni 1985.

war damit der 40. Präsident der Vereinigten Staaten und blieb es auch nach der kommenden Präsidentschaftswahl von 1984. Am Ende seiner zweiten Amtszeit schlug Reagan seinen Vizepräsidenten, George Bush Senior, als Nachfolger vor, der im November 1988 die Wahl gegen den demokratischen Kandidaten Michael Ducatis gewann. Danach zog er sich mit seiner zweiten Frau, der Schauspielerin Nancy Davis, nach Kalifornien zurück. 1994 gab er öffentlich bekannt, dass bei ihm die Alzheimer-Krankheit diagnostiziert wurde. Am 5. Juni 2004 starb Reagan im Alter von 93 Jahren in seinem Haus in Kalifornien an einer Lügenentzündung (Abb. 6).[9]

Heute hier in Hambach appellieren wir an das Volk der Vereinigten Staaten, den Humanismus Abraham Lincolns zur Grundlage seiner Außenpolitik zu machen.

Oskar Lafontaines Rede am 5. Mai 1985 in Neustadt an der Weinstraße

Liebe Freundinnen und Freunde,

wir sind hier, unweit von Hambach, auch in Erinnerung an das Hambacher Fest vom 27. Mai 1832, zusammengekommen. Obwohl die Geschichtsschreibung Hambach auch heute ein Fest der Widersprüche nennt, verbinden wir mit diesem Fest die Idee des Friedens, die Idee der sozialen Gerechtigkeit, die Idee der freiheitlichen Demokratie und den Kampf gegen Unterdrückung und Ausbeutung.

Für den Frieden einzutreten, haben wir angesichts der weltweiten Hochrüstung heute Anlaß mehr denn je. Wir fordern die Staaten dieser Erde auf, zu erkennen, daß Rüstung in der Geschichte der Menschheit niemals zum Frieden, sondern immer zum Krieg geführt hat.

Das Datum des vor uns liegenden 8. Mai verpflichtet uns in Deutschland besonders. Der 8. Mai, liebe Freundinnen und Freunde, ist für uns kein Feiertag, sondern er ist für uns ein Tag des Gedenkens. Ein Tag, an dem wir nochmals aus der Geschichte unseres eigenen Landes die Lehre ziehen wollen, daß von deutschem Boden niemals mehr ein Krieg ausgehen darf. Der 8. Mai ist jener Tag des Jahres 1945, an dem unser Volk vom Faschismus befreit wurde, und an dem die Generation vor uns sich geschworen hat: Nie wieder Krieg!

Vor dem 8. Mai erinnern wir uns hier, daß Rüstung bereits Krieg bedeutet, Krieg mit der Dritten Welt und Krieg mit der Natur. 40 Jahre nach dem 8. Mai 1945 sehen wir, daß die deutsche Politik dabei ist, die Lehren dieses Tages zu vergessen, daß sie sich einer Politik unterwirft, deren Folgen jeder sehen kann.

Hambach steht für die Idee der sozialen Gerechtigkeit. Der soziale Friede, liebe Freundinnen und Freunde, ist Grundlage des Friedens im Innern wie des Friedens mit den anderen Völkern. Wer zum sozialen Frieden nicht fähig ist, wer nicht fähig ist zum Ausgleich der Interessen im Inneren, der ist ebensowenig fähig, mit seinen Nachbarn in Frieden zu leben.

Ist es Zufall, so fragen wir heute, daß der Abbau der sozialen Gerechtigkeit einhergeht mit der Verschlechterung der Beziehungen der Völker untereinander?

Da Freiheit und soziale Gerechtigkeit untrennbar miteinander verbunden sind, appellieren wir hier von Hambach an die Bundesregierung, ihre Politik des Sozialabbaus endlich aufzugeben. Es dient dem sozialen Frieden nicht, wenn die Schultern der Schwachen die Last der Krise tragen und wenn die Reichen immer reicher werden. Hambach, das war ein Protest gegen die soziale Ungerech-

tigkeit jener Zeit. Ein Protest gegen eine Politik, die dem Nächsten nicht geben wollte, was man für sich selbst beanspruchte.

Heute protestieren wir hier gegen die Massenarbeitslosigkeit. Wir protestieren gegen eine Politik, die diese Massenarbeitslosigkeit verursacht. Wir warnen davor, über sogenannte Beschäftigungsförderungsgesetze[10] die Schutzrechte der Arbeitnehmer weiter abzubauen.

Wir wissen und nehmen es mit Bedauern zur Kenntnis, daß auf dem Weltwirtschaftsgipfel[11] gefordert wurde, diesen verhängnisvollen Weg weiterzugehen. Wir bedauern, daß die führenden Frauen und Männer der westlichen Industrienationen nicht sehen wollen, was wirklich unter ihrer Nasenspitze geschieht. Rüstung führt zum Sozialabbau in den fortgeschrittenen Industrienationen, in Ost und West.

Rüstung führt zu Arbeitslosigkeit, da dem Wirtschaftskreislauf wertvolle Mittel entzogen und in den unproduktiven Rüstungssektor gelenkt werden und, das wollen wir nie vergessen, Rüstung führt zum Tod in der Dritten Welt.

Wie sollen wir es denn bewerten, wenn man in gewissen Zeitabständen der Toten des Zweiten Weltkrieges gedenkt, während der Toten des Dritten Weltkrieges, der Verhungernden in der Dritten Welt, in den Industriestaaten in Ost und West nicht gedacht wird. Vielmehr wird ihr täglicher Tod verdrängt, um auf dem falschen Weg der Mitleidslosigkeit und Teilnahmslosigkeit weiterzuschreiten.

Ich sprach, liebe Freundinnen und Freunde, von dem Weg der Industriestaaten in Ost und West. Heute aber, nach dem Weltwirtschaftsgipfel der westlichen Industriestaaten, rufen wir den Verantwortlichen zu: Welch ein Signal für die Menschheit hätte es bedeutet, wenn ihr beschlossen hättet, einen Teil eurer gigantischen Rüstungsausgaben dafür herzugeben, den Hunger in der Welt zu bekämpfen. Wie stündet ihr da, wenn nicht immer noch das absurde Ziel der realen Steigerung der Rüstungsausgaben euer Denken beherrschen würde, sondern wenn ihr einmal fähig wäret, in einer total überrüsteten Welt einzusehen, daß ein Stopp der Rüstungsausgaben ein Gebot der Menschlichkeit ist.

Im Anblick des 8. Mai wird der Verbrechen der Schergen Hitlers in den Konzentrationslagern gedacht. Noch besser wäre daran getan, daraus die Lehren zu ziehen und der Verbrechen zu gedenken, die heute geschehen. Wer für sich in Anspruch nimmt, liebe Freundinnen und Freunde, der Verbrechen jener Zeit zu gedenken, der muß auch fähig sein, der Verbrechen unserer Zeit zu gedenken und in diesem Gedenken sein politisches Handeln zu verändern.

Sicher, der 8. Mai bedeutet das Ende von Auschwitz, aber wir stimmen dem katholischen Bischof Hunthausen von Seattle[12] zu, wenn er die Atomwaffen das Auschwitz unserer Zeit nennt. Die Menschheit hat verlernt, sich vorzustellen, was sie herstellt. Wir müssen wieder eine Vorstellung davon bekommen, daß es die menschlichen Möglichkeiten über-

steigt, die Vernichtung der eigenen Existenz zu verantworten. Hier, im Schatten des Hambacher Schlosses, fordern wir die Staaten dieser Erde auf, die Menschheit endlich von der Geisel der atomaren Rüstung zu befreien. Der Drohung der atomaren Selbstvernichtung können wir nicht begegnen durch den Traum von der Unverwundbarkeit. Es ist technischer Unsinn, zu glauben, man könne im Weltraum ein Sicherheitssystem installieren, das einen Schutz gegen Atomwaffen bietet. Wir brauchen nicht die Militarisierung des Weltraumes, sondern wir brauchen Brot für die Dritte Welt und Arbeitsplätze in Europa.

Der Traum von der Unverwundbarkeit, liebe Freundinnen und Freunde, ist ein Kindheitstraum, der, wenn er zur Grundlage sogenannter Realpolitik wird, in infantiles Handeln umschlägt. Infantil nur noch kann man es nennen, wenn das, was sich Sicherheitspolitik nennt, einen Widerspruch nach dem anderen produziert. Ganze Heerscharen von sogenannten Rüstungskontrollexperten wechseln in diesen Tagen wieder einmal die Fronten.

Hieß es noch bis vor kurzem, nur die gesicherte gegenseitige Zerstörung, welch schreckliches Wort, sei die Grundlage des dauerhaften Friedens, so heißt es jetzt, es sei besser, den Frieden auf Abwehrwaffen denn auf Angriffswaffen zu stützen. SALT 1 und SALT 2[13] können wir vergessen, waren doch diese Verträge Ergebnis einer Sicherheitspolitik, die jetzt einer neuen Theorie weichen muß, einer Theorie, die in wenigen Monaten vielleicht einer noch abenteuerlicheren wiederum weichen muss.

Teilhaben müssen wir an den technologischen Segnungen dieses gigantischen Aufrüstungsprogramms, tönt es in Deutschlands Provinzen. Als wäre wissenschaftliche Forschung nur in Verbindung mit Rüstungsprogrammen denkbar. Wie lange wollen wir eigentlich noch übersehen, daß die Japaner uns bewiesen haben, daß niedrige Rüstungsausgaben technologischem Fortschritt eher förderlich denn hinderlich sind, liebe Freundinnen und Freunde.

Stünde es unserem Lande nicht besser an, wenn schon andere der tödlichen Utopie der Unverwundbarkeit nachjagen, die geforderten Gelder beispielsweise in die Krebsforschung zu investieren, um unter Beweis zu stellen, daß es bei Gott noch humane Zielsetzungen gibt, die ebenfalls wissenschaftlichen Fortschritt zur Folge haben können? Wenn die Weltraumforschung uns neue Perspektiven vermitteln kann, dann die Perspektiven, die Ulf Merbold[14], der erste bundesdeutsche Astronaut, gesehen hat nach seinem Weltraumflug. Er sagte damals: „Unsere Erde ist ein faszinierender Planet. Wenn man in der Lage ist, in 90 Minuten um die Erde zu fliegen, dann empfindet man es plötzlich als aberwitzig, daß es dort unten noch Kriege gibt, daß dort unten noch Kriege ausgefochten werden, daß Hunger herrscht und daß die Umwelt nur materieller Vorteile wegen belastet wird. Ich denke", so Ulf Merbold, „daß wir es künftig nicht

mehr entschuldigen dürfen, wenn da irgendwelche Lokalmatadore, und lokal sind aus der Perspektive des Alls eben auch die USA und die UdSSR, nur um ihres nationalen Vorteils willen das Wohl der Menschheit aufs Spiel setzen."

Unser Treffen in Hambach ist für uns anläßlich des Besuchs des amerikanischen Präsidenten Veranlassung, unsere Verbundenheit mit dem amerikanischen Volk zu bekunden. Wissen wir doch, was wir diesem Volk zu verdanken haben. An die Befreiung vom HitlerFaschismus wurde bereits erinnert, aber wir denken heute auch an die Bürgerrechtsbewegung, an den Studentenprotest und gerade heute an die amerikanische Friedensbewegung, der wir unsere Solidarität bekunden.

Wir erinnern in der demokratischrepublikanischen Tradition von Hambach an die amerikanische Unabhängigkeitserklärung vom 4. Juli 1776. In ihr heißt es:

„Folgende Wahrheiten erachten wir als selbstverständlich: Daß alle Menschen gleich geschaffen sind, daß sie von ihrem Schöpfer mit gewissen, unveräußerlichen Rechten ausgestattet sind, daß dazu Leben, Freiheit und das Streben nach Glück gehören; daß zur Sicherung dieser Rechte Regierungen unter den Menschen eingesetzt werden, die ihre rechtmäßige Macht aus der Zustimmung der Regierten herleiten, daß wenn immer irgendeine Regierungsform sich diesen Zielen abträglich erweist, es Recht des Volkes ist, sie zu ändern oder abzuschaffen und eine neue Regierung einzusetzen und diese auf solchen Grund-

sätzen aufzubauen und ihre Gewalten in der Form zu organisieren, wie es ihm zur Gewährleistung seiner Sicherheit und seines Glücks geboten zu sein scheint."

Welch ein Programm für Nicaragua[15] – die amerikanische Unabhängigkeitserklärung! Hambach, und dies wollen wir heute auch nicht vergessen, war eine Symphatiekundgebung für die polnischen Demokraten, deren Aufstand 1831 niedergeworfen worden war.

In der Tradition des Hambacher Festes appellieren wir an die beiden sogenannten Supermächte, ihre Vor- und Hinterhofmentalität endlich aufzugeben, die sie von Verbrechen zu Verbrechen stolpern läßt. Das Erbe von Hambach bedeutet Protest gegen Unterdrückung und Krieg. Wir bekunden unsere Solidarität mit den unterdrückten Völkern dieser Erde, mit der polnischen Solidarnosz[16] und dem afghanischen Volk.[17]

Wir erinnern heute daran, daß derjenige nur glaubhaft seine Solidarität mit der polnischen Gewerkschaft Solidarnosz bekunden kann, der nicht Freiheitsrechte der Gewerkschaften im eigenen Land abbauen will.

In der Tradition von Hambach, deshalb sind wir zusammengekommen, bekunden wir heute aber auch unsere besondere Solidarität mit den unterdrückten Völkern in Mittel- und Südamerika und ganz besonders mit dem Volk von Nicaragua.

Heute anläßlich des Besuchs des amerikanischen Präsidenten erinnern wir uns der Worte des demokratischen Senators James William Fulbright[18], mit dessen Namen das deutsch-amerikanische Austauschprogramm für Wissenschaftler und Studenten verbunden ist, mit anderen Worten, die deutsch-amerikanische Freundschaft. Fulbright schreibt:

„Es gibt zwei Amerikas, das Amerika Abraham Lincolns und Adlai Stevensons ist das eine und das Amerika Teddy Roosevelts[19] und der modernen Superpatrioten das andere; das eine ist großzügig und human, das andere engherzig und egoistisch; das eine ist selbstkritisch, das andere ist selbstgerecht; das eine ist vernünftig, das andere romantisch; das eine hat Humor, das andere ist feierlich; das eine ist suchend, das andere autoritativ; das eine ist gemäßigt, das andere ist von leidenschaftlicher Heftigkeit; das eine ist einsichtig, das andere im Gebrauch großer Macht arrogant."

„In den Jahren unserer großen Machtfülle", so immer noch dieser demokratische Senator, „neigten wir dazu, der Welt Rätsel aufzugeben, indem wir ihr einmal das Gesicht des einen Amerika, dann wieder das Gesicht des anderen und manchmal auch beide Gesichter zugleich zeigten." Viele Menschen auf der ganzen Erde sind zu der Ansicht gekommen, daß Amerika einerseits großzügig und weitsichtig sein kann, daß es aber andererseits nicht viel weniger zu Kleinkrämerei und Groll fähig ist. Das Ergebnis ist, daß man die Handlungen der USA nicht voraus berechnen kann. Die Folge davon sind wiederum Befürchtungen und ein Mangel an Vertrauen zu den Zielen der Vereinigten Staaten.

Die Unbeständigkeit der amerikanischen Außenpolitik beruht nicht auf einem Zufall, sondern sie ist Ausdruck zweier verschiedener Seiten des amerikanischen Charakters. Beide kennzeichnet eine Art Moral, aber auf der einen Seite ist es eine Moral des Sinns für Anständigkeit, der durch das Bewußtsein menschlicher Unzulänglichkeit gemildert wird, und auf der anderen Seite eine Moral der absoluten Selbstsicherheit, die noch von einem Kreuzzugsgeist angefeuert wird. Den einen repräsentiert Abraham Lincoln, der es – nach den Worten der Rede zu seiner zweiten Amtseinführung – seltsam fand, ,,daß es Menschen gibt, die es wagen, Gottes gerechten Beistand dafür zu erbitten, daß sie ihr Brot aus dem Schweiß von den Gesichtern ihrer Mitmenschen kneten können", der aber hinzufügte, und dies soll nicht unterschlagen sein, „laßt uns nicht richten, auf das wir nicht gerichtet werden." Den anderen repräsentiert Theodore Roosevelt, der in seiner Jahresbotschaft an den Kongreß am 6. Dezember 1904 ohne seine eigene Fähigkeit und die seines Landes über Recht und Unrecht entscheiden zu können, in Frage zu stellen oder anzuzweifeln, die Verpflichtung der USA proklamierte, eine „Polizeigewalt" innerhalb der westlichen Hemisphäre auszuüben, und dies mit der Begründung, daß chronisches Unrecht oder ein Unvermögen, das eine allgemeine Lockerung der Bande einer zivilisierten Gesellschaft zur Folge hat, in Amerika schließlich das Eingreifen einer zivilisierten Nation erforderlich machen könnten.

Theodore Roosevelt hat natürlich niemals bezweifelt, daß das „Unrecht" von den lateinamerikanischen Nachbarn ausgehen werde und daß selbstverständlich die USA die „zivilisierte" Nation sein werden, deren Pflicht es sei, die Dinge in Ordnung zu bringen. Nach 25 Jahren weltweiter Machtentfaltung müssen die Vereinigten Staaten nun entscheiden, welche der beiden Seiten ihres nationalen Charakters Vorrang haben soll, der Humanismus Lincolns oder die Arroganz jener, die die USA zum Gendarmen der Erde machen wollen.

Heute hier in Hambach appellieren wir an das Volk der Vereinigten Staaten, den Humanismus Abraham Lincolns zur Grundlage seiner Außenpolitik zu machen. Im Geiste dieser Politik fordern wir Freiheit und Selbstbestimmung für das Volk von Nicaragua!

Im Geiste dieser Tradition begrüßen wir die jüngsten Entscheidungen des amerikanischen Kongresses und des amerikanischen Senats, die uns ermutigen.

In der republikanisch-demokratischen Tradition von Hambach wissen wir uns mit dem Amerika verbunden, das die Unabhängigkeitserklärung formulierte, in der das Recht auf Selbstbestimmung der Völker in unvergleichlicher Weise festgeschrieben ist.

In der Tradition des Hambacher Festes wissen wir uns mit dem Amerika des großen republikanischen Präsidenten Abraham Lincoln verbunden, einem Amerika, das weiß, daß die Freiheit nicht teilbar ist, daß die Freiheit untrennbar mit sozialer Gerechtigkeit verbunden ist.

Einem Amerika, das mit uns aufgerufen ist, die uneingelöste Formel der bürgerlichen Französischen Revolution politisch zu verwirklichen: Die Brüderlichkeit, die in Hambach, liebe Freundinnen, auch Schwesterlichkeit heißt, weil Siebenpfeiffer schon vor 153 Jahren an dieser Stelle das Bild einer strahlenden Zukunft beschwor, in der „das deutsche Weib nicht mehr die dienstpflichtige Magd des herrschenden Mannes, sondern die freie Genossin des freien Bürgers" sein werde.

Liebe Freundinnen und Freunde, im Vorfeld dieser Veranstaltung haben Demokraten in diesem Lande erklärt, es sei ein Skandal, daß Hans-Jürgen Wischnewski und daß ich hier sprechen würden. Ich sage, es wäre ein Skandal gewesen, wenn wir hier nicht gesprochen hätten - wenn wir geschwiegen hätten.

Dem unverbindlichen Lächeln des Gipfels setzen wir die Hambacher Tradition entgegen, eine demokratisch republikanische Tradition, im besten Sinne des Wortes, die uns verpflichtet, überall und wo immer es geht, zu kämpfen gegen Unterdrückung, gegen Terror und Folter, zu kämpfen gegen die Ausbeutung der Dritten Welt, aber auch gegen die Ausbeutung im Inneren, immer zu streiten für soziale Gerechtigkeit und niemals zu vergessen, daß wir den Frieden sichern wollen, den Frieden für uns, aber auch den Frieden für alle Völker dieser Erde.[20]

Die Demokratie wird erst vollendet sein, wenn alle Deutschen und alle Europäer endlich frei sind.

Ronald Reagans Rede auf dem Hambacher Schloss am 6. Mai 1985

Herr Bundeskanzler Kohl, verehrte Gäste, meine jungen Freunde aus Deutschland und Europa!

Danke schön. Nancy und ich sind sehr froh, heute bei Ihnen sein zu dürfen und zu erleben, daß die Ideale des ersten Hambacher Festes noch heute lebendig sind. Mit ihnen an diesem geschichtsträchtigen Ort sein zu dürfen, macht dies für mich zu einem ganz besonderen Tag.

Sie haben uns bereits ein Geschenk der Hoffnung und Schönheit mit dem Anblick dieses markanten alten Schlosses gegeben, mit dem Geist ihrer Jugend – dem Geist der Zukunft Deutschlands – und, jawohl, mit der Wärme, die wir in den Herzen der Deutschen verspüren. Vielleicht sage ich es nicht so richtig, aber das kann ich Ihnen doch sagen: Wir fühlen uns hier zu Hause!

Mit Ihrem Gruß ehren Sie auch die 237 Millionen Amerikaner, die ich vertreten darf. Ich möchte hinzufügen, daß wohl mehr Amerikaner – dies wurde ja schon gesagt – ihre Wurzeln in diesem Lande, in diesen Städten und in Ihren Familien haben, als in irgendeinem anderen Ort oder Volk dieser Welt.

Es erscheint mir angebracht, daß wir dort zusammentreffen, wo so vieles begann, so viel Gutes für unsere beiden Länder und Nationen. Von Rheinland-Pfalz aus sind Tausende aufgebrochen, um nach einer Fahrt über den gewaltigen Ozean, um die Grenzen Amerikas weiter hinauszustecken im Kampf um Unabhängigkeit. Ja – ein Regiment unter der Führung des Grafen Christian und des Grafen Wilhelm von Forbach[21] kam aus Zweibrücken. Sie kämpften an unserer Seite, waren bei uns an dem Tag, an dem wir die historische Schlacht von Yorktown[22] gewannen, dem Tag, an dem die amerikanische Revolution triumphierte.

Von diesem Hügel und von dieser guten Erde aus wurde die Freiheit proklamiert und der Traum von Demokratie und nationaler Einheit in der deutschen Seele geweckt. Ich bin nur ein Besucher Ihres Landes, aber ich bin stolz, heute mit Ihnen an diesen Mauern des Hambacher Schlosses zu stehen. Dies sind historische Mauern, Wiege einer großen Vergangenheit und Wegweiser einer vielversprechenden Zukunft, die für die Ewigkeit in diesen weit offenen Himmel geschrieben ist.

Erinnern wir uns an jenes erste Freiheitsfest, das hier im Jahr 1832 abgehalten wurde. Welche noble Vision hat die ersten Patrioten begeistert und mit Stolz erfüllt? Nicht Gewalt, nicht die Zerstörung der Gesellschaft und keine weit hergeholten utopischen Ideen.

Nein, Ihre Vision, Ihr Aufschrei waren revolutionär im wahrsten Sinne des Wortes. Jene ersten Patrioten riefen nach einem freien, demokratischen und vereinten Deutschland – und wir tun dies heute erneut. Sie riefen nach Solidarität mit den Freiheitskämpfern in Polen – und auch wir tun dies heute hier. Und sie schwenkten die Farben Schwarz-Rot-Gold, um die Wiedergeburt des menschlichen Geistes und der Menschenwürde anzukündigen – und diese Farben wehen auch heute hier in vollem Stolz.

Der Traum ist durch viele in jenem Jahr verkündet worden. Aber es war ein Student, sein Name war Karl Heinrich Brüggemann[23] – sagte man mir –, dessen Leidenschaft und Eloquenz uns noch heute in den Ohren klingen: „Alle germanischen Völker", sagte er, „werden und müssen größere Würde erlangen, die Zeiten der Tyrannei sind vorüber, und freie Staaten werden [...] hervorblühen; [...] patriotische Völker werden in Zukunft das neue Europa feiern."

Das neue Europa – 153 Jahre sind vergangen und haben großen Wandel und viel Fortschritt gebracht. Aber das neue Europa harrt noch seiner Vollendung. Warum? Wir wissen die Antwort. Nicht, weil die Freiheit nicht für die europäischen Menschen gewirkt hat, sondern weil zu vielen Europäern verwehrt wurde, für die Freiheit zu wirken. Nicht weil die Demokratie erprobt und als unzulänglich verworfen wurde, sondern weil einige die Erprobung der Demokratie verbieten, weil sie wissen, sie würde erfolgreich sein.

Europa ist heute geteilt durch Betonmauern, durch elektrischen Stacheldraht und verminte und hergerichtete Streifen, ja Todesstreifen – der lebendige Ausdruck der zwingendsten Wahrheit unserer Zeit: Die Zukunft gehört den Freien.

Sie stehen im Frühling Ihres Lebens. Die Welt braucht Ihren Idealismus, Ihren Mut und Ihre guten Taten. Lassen Sie sich von einem, dessen eigenes Leben schon viele Jahre währt, zu viele, sagen meine Kritiker in den Vereinigten Staaten, einige Betrachtungen über die Zukunft vortragen, über eine kreative Zukunft, die uns gehören kann; wenn wir nur unseren Verstand einsetzen und versuchen aus der Geschichte zu lernen. Lassen Sie mich einen Augenblick auf Ihre Verantwortung und auf Ihre Zukunftschancen eingehen.

Auf vielfache Weise waren die Herausforderungen von 1832 – als Tausende junger Deutscher hierherkamen, um gegen die Unterdrückung zu protestieren – ähnlich wie heute. In jenem Jahr, 1832, erlebte Deutschland raschen Wandel; die industrielle Revolution breitete sich über Europa aus. Aber angesichts dieser neuen Probleme widersetzten sich starke Kräfte innerhalb Deutschlands und außerhalb des Landes der Demokratie und der nationalen Einheit.

Die großen Hoffnungen von 1832 und erneut von 1848 wurden enttäuscht. Obwohl es auch die demokratischen Bewegungen oft schwer haben, sind wir uns aber sicher, daß der Totalitarismus, unter welchem Namen auch immer er auftreten mag, niemals die deutschen Hoffnungen und Wünsche in einem vereinten Europa erfüllen wird.

Die Sache der deutschen Einheit ist eng verknüpft mit der Sache der Demokratie. Wie Bundeskanzler Kohl in seiner Botschaft zur Lage der Nation im letzten Februar sagte: „Europa ist geteilt, weil ein Teil Europas unfrei ist; Deutschland ist geteilt, weil ein Teil Deutschlands nicht frei ist."

Und die Demokratie wird erst vollendet sein, Europa wird erst vereint sein, wenn alle Deutschen und alle Europäer endlich frei sind.

Aber wenn die nationale Einheit auch nicht sofort erreicht werden kann, können doch Sie, die Jugend Deutschlands, die Zukunft Deutschlands, die Kraft demokratischer Ideale beweisen, indem Sie sich selbst der Sache der Freiheit hier in Europa und anderswo und überall verschreiben.

Manche hören es vielleicht nicht gerne, aber die Geschichte ist nicht auf der Seite derer, die Begriffe wie Revolution, Freiheit und Frieden manipulieren. Die Geschichte ist im Gegenteil auf der Seite derjenigen, die für eine wahre Revolution des Friedens in Freiheit auf der ganzen Welt kämpfen.

Nichts könnte unsere Herzen froher stimmen als der Tag, an dem es keine Mauern mehr geben wird, keine Waffen, die Familien und Freunde trennen. Nichts würde uns glücklicher machen als ein Abkommen, das die Erde für immer von Kernwaffen befreien würde – und wir werden niemals aufhören, dafür zu beten und dafür zu arbeiten und niemals auch nur einen Augenblick aufhören zu versuchen, diesen Tag näher zu bringen.

Aber, meine jungen Freunde, ich muß auch für Realismus plädieren. Denn solange es keinen Wandel auf der anderen Seite gibt, müssen die Vereinigten Staaten ihre eigene Verpflichtung erfüllen – den Fortbestand der Freiheit zu sichern. Die vorderste Grenze der europäischen Freiheit beginnt in Berlin, und ich versichere Ihnen, daß Amerika zu Ihnen hier in Europa stehen wird und daß Amerika zu Ihnen in Berlin stehen wird.

Wenn man den Totalitarismus genau versteht, dann tut man genauso viel für die Freiheit und den Frieden, wie wenn man Waffensysteme entwickelt. Am Anfang der Weisheit steht aber der Realismus, und wo Weisheit und Mut sind, wird es auch Sicherheit geben – Ihre Sicherheit.

Ihre Zukunft liegt vor Ihnen; übernehmen Sie Ihre Verantwortung und nutzen Sie Ihre Chancen mit Begeisterung und mit Stolz auf die Stärke Deutschlands. Erkennen Sie, daß es keine Grenzen gibt für Ihr persönliches Fortkommen. Im Gegensatz zu Ihren Vettern auf der anderen Seite der Mauer, haben Sie Ihre Zukunft in Ihren eigenen Händen – Sie können Ihren Träumen bis zu den Sternen folgen. Wir besitzen etwas, das so kostbar ist, wenn man sich nur daran erinnern möchte – die ewige Jugend der Freiheit macht sie unwiderstehlich auf der ganzen Welt, für alle Menschen.

Und wir, die wir in dieser großen Kathedrale der Freiheit leben, dürfen nie vergessen: Wir sehen unsere Zukunft glänzend vor uns, wir sehen neue Zinnen der Freiheit aufragen und – auch dieses

– wir können das Ende der Tyrannei vorhersehen, wenn wir nur an unsere größten Stärken glauben – an unseren Mut, an unseren Selbstwert, an unsere unbegrenzte Fähigkeit zur Liebe.

So wollen wir uns fragen, wo liegt denn der Kern der Freiheit? Und in der Antwort liegt die Hoffnung für die Zukunft der Menschheit und der Grund, warum es keine Mauern um jene geben kann, die entschlossen sind, frei zu leben. Jeder von uns, jeder von Ihnen ist nach dem beständigsten, mächtigsten Bild der westlichen Zivilisation geschaffen. Wir sind nach dem Bilde Gottes geschaffen – nach dem Bilde Gottes unseres Schöpfers.

Darin liegt unsere Stärke, und darin liegt unsere Freiheit. Darin liegt unsere Zukunft. Und durch diese Kraft, nicht durch Drogen, nicht durch Materialismus, nicht durch irgendwelche anderen Ismen, können wir zur Brüderlichkeit finden; und Sie können das neue Europa schaffen – ein demokratisches Europa, das Ost und West vereint; und endlich frei ist, vollständig frei ist.

Nun sagen manche Leute, Europa sei an seiner Zukunft verdrossen, Europa wage nichts mehr. Verzeihen Sie mir, aber ich halte solche Dinge für Unsinn. Und ich hoffe, daß Sie diese Meinung teilen.

Sie, Deutsche und Europäer, waren es, die Amerika und der Welt die Werte und Lebenskraft der jüdisch-christlichen Kultur gegeben haben. Europa hat im Laufe der Geschichte mehr Tragik und mehr Triumphe erlebt, als jeder andere

Teil der Welt. Immer wenn das Leid Sie beugte, haben Sie sich wieder erhoben – unter der Führung großer Männer wie Adenauer und Schuman, Churchill und Monnet.

Heute, nur 40 Jahre nach dem verheerendsten Krieg der Menschheit, ist Westeuropa im Glanz aus seinen Ruinen auferstanden. Heute steht Europa, wie Schloß Hambach, als ein strahlendes Wahrzeichen für die Unbezwingbarkeit des Geistes freier Menschen.

Kein Land der Welt war je schöpferischer als Deutschland. Und kein anderes kann besser dazu beitragen, unsere Zukunft zu gestalten. Wir haben bereits ein Wunder erlebt, Ihr Wirtschaftswunder. Fachleute erwarteten, es würde Jahrzehnte dauern, bis Deutschlands Wirtschaft ihren Vorkriegsstand wieder erreichen würde. Sie haben nicht einmal ein Jahrzehnt gebraucht. Fachleute sagten, die Bundesrepublik könne keine Millionen von Flüchtlingen aufnehmen, aus der Asche des Nazismus keine Demokratie errichten und sich mit seinen Nachbarn aussöhnen. Sie haben alles dies geschafft.

Deutschlands Erfolg hat gezeigt, daß unsere Zukunft nicht von Fachleuten und Regierungsplänen abhängt, sondern von den Schätzen des menschlichen Geistes – Einfallsreichtum, Verstand, Mut und Glauben. Wir erinnern uns an Ludwig Erhard[24] und sein Geheimnis; wie er Deutschland einen Weg in die Freiheit bahnte, indem er Chancen schuf, Steuern senkte, um jedem Mann und jeder Frau einen Lohn zu bieten, die es wag-

ten, zu träumen und ihre Zukunft selbst zu schaffen – Ihre Bauern, Gewerkschafter, Handwerker, Techniker – all die deutschen Helden, die dazu beitrugen, die Splitter einer zerbrochenen Gesellschaft wieder zusammenzufügen.

Ich möchte Sie heute ermutigen, sich vielleicht mit Ihren Freunden zusammenzutun, um heute oder in der Zukunft ein eigenes Unternehmen zu gründen, der Teil einer neuen Bewegung des Fortschritts zu werden – in einem Zeitalter des Unternehmers. Das Kleinunternehmen wird die meisten der neuen Arbeitsplätze in der Zukunft schaffen.

Menschliche Zuversicht und Fähigkeiten entdeckten Öl, wo es nur Sand gab. Heute entdecken wir eine neue Welt der Computer, der Mikrochips und Biotechnologie. Solche neuen Technologien können neue Chancen bringen, Arbeitsplätze schaffen, Durchbrüche in der Medizin bewirken, unsere Welt sauberer und menschlicher machen, die Kommunikation verbessern und die Menschen der Welt enger zusammenführen. Eine der führenden amerikanischen Computerfirmen wurde von zwei Studenten in der Garage hinter ihrem Haus gegründet.

In der Bundesrepublik Deutschland entwickelte Technologie kann Ihre Luft und Ihr Wasser rein machen, die Umwelt für Ihre Kinder bewahren. Und weil Sie frei sind, in einer Demokratie leben, können Sie dazu beitragen, all dies geschehen zu lassen. Sie können Ihrer Stimme Gehör verschaffen, damit die Technologie für uns und nicht gegen uns arbeitet. Meine jungen Freunde, Sie können nicht nur Ihr eigenes Leben in die eigenen Hände nehmen, sondern Sie können dazu beitragen, die Zukunft zu erfinden.

Neue Technologien könnten uns eines Tages in die Lage versetzen, uns sicherer zu verteidigen, nicht nuklear, nicht, um den Menschen zu schaden, sondern um Raketen daran zu hindern, unseren Boden zu erreichen; eine nichtnukleare Verteidigung, nicht um den Weltraum zu militarisieren, sondern um die Arsenale auf Erden zu entmilitarisieren. Vorerst müssen wir uns auf ein System verlassen, das auf der Androhung der nuklearen Vergeltung basiert, eine gegenseitig gewährte Vernichtung, könnte man sagen. Aber eines Tages könnten Ihre Kinder geschützt sein, und der Krieg könnte durch ein System verhindert werden, das man als gegenseitig gewährleistetes Überleben bezeichnen könnte; eines Tages könnte die von Ihrer Generation entwickelte Technologie Kernwaffen veraltet erscheinen lassen.

Wenn wir im Weltraum zusammenarbeiten, wie wir das mit Ihrem ausgezeichneten Astronauten Ulf Merbold getan haben, dann können wir zusammen die Zukunft schaffen. Wir haben aus den Flügen unserer Raumfähren genug gelernt, um zu wissen, daß wir im Weltraum seltene Kristalle und Medikamente in weit größeren Mengen herstellen können, Medikamente, um Krankheiten zu behandeln, an denen Millionen leiden. In der Schwerelosigkeit des Weltraums können wir Medikamente gegen den Herzinfarkt entwickeln, und den Faktor

8 herstellen, ein seltenes und teures Medikament gegen die Bluterkrankheit. Wir können die Beta-Zelle untersuchen, die Insulin produziert und die uns die erste dauernde Heilung der Zuckerkrankheit für die Menschheit verspricht. Wir wissen aus einem unserer Flüge, daß dies im Raum möglich ist. Zu Ihren Lebzeiten werden Männer und Frauen im Weltraum leben und arbeiten.

Wir werden das Außergewöhnliche zum Alltäglichen machen – so wirkt eben die Freiheit. Und diese Geheimnisse unserer Zukunft gehören nicht nur uns hier in Europa und Amerika, sondern allen Menschen an allen Orten, zu allen Zeiten. Betrachten Sie Singapur, Hongkong und Taiwan – winzige Punkte auf dem Globus, dichtbevölkert und mit wenigen natürlichen Ressourcen. Aber heute sind sie erstaunliche Erfolgsbeispiele – mächtige kleine Lokomotiven des Wachstums und des Fortschritts, die die Welt antreiben dank ihrer dynamischen Politik der Anreize, in der Innovation, Risiko und harte Arbeit belohnt werden.

Die Zukunft wartet auf Ihren schöpferischen Geist. Aus Ihren Reihen kann ein neuer Bach kommen, ein neuer Beethoven, ein neuer Goethe oder ein neuer Otto Hahn[25] für die Zukunft Deutschlands. Ihre Zukunft wird ein weiterer Meilenstein auf jenem gleichen langen Wege sein, den damals die großen Patrioten hier in Hambach vor 153 Jahren einschlugen – eine Reise, die mit einem Traum begann und die nicht zu Ende sein wird, bis dieser Traum wahr geworden sein wird; bis die Zeiten der Tyrannei vorbei sind; bis es keine Angst vor politischer Folter mehr gibt; bis das Joch der Armut für immer von allen Menschen auf der Welt genommen sein wird.

Das ist die Vision der Freiheit; und sie ist gut; und Sie müssen von hier hinausgehen und dafür sorgen, daß sie Wirklichkeit wird.

Meine jungen Freunde, glauben Sie mir, wir leben in einer herrlichen Zeit, um zu leben und frei zu sein. Denken Sie daran, daß in Ihren Herzen die Sterne Ihres Schicksals leuchten; denken Sie daran, daß alles von Ihnen abhängt; denken Sie daran und vergessen Sie keinen Augenblick, daß, wie Schiller gesagt hat: „Denn wer den Besten seiner Zeit genug getan, der hat gelebt für alle Zeiten."

Und ich möchte hier etwas einfügen, was ich nicht vorgesehen hatte und was vielleicht nicht in Ihren Skripten steht:

Es gibt ein Gedicht bei uns aus einer Geschichte, die sich bei uns zugetragen hat, in dem die Worte stehen: Es kann niemand sterben, so lange er atmet und sagt: Dies ist mein Land, dies ist mein Heimatland.[26]

Ich danke Ihnen für Ihr Willkommen; ich danke Ihnen für Ihre Herzlichkeit, für Ihre Freundlichkeit; für diesen absolut herrlichen Tag, den ich nie vergessen werde, so wenig wie ich Sie nie vergessen werde.

(In deutscher Sprache):
Mein Herz ist mit Ihnen –
Gottes Segen![27]

Kommentar

Inhaltlich stehen die Hambach-Reden von Oskar Lafontaine und Ronald Reagen des Jahres 1985 in keinem Zusammenhang. Sie wurden wie die Reden von Willy Brandt und Bernhard Vogel drei Jahre zuvor an zwei verschiedenen Tagen und Orten sowie auf zwei eigenständigen Veranstaltungen gehalten. Allerdings ist Lafontaines Rede entsprechend des Mottos der Gegenveranstaltung durchaus als Botschaft an Reagan zu verstehen.

Im ersten Teil seiner Rede richtet sich Lafontaine zunächst an alle Staaten der Welt und insbesondere an die eigene Bundesregierung. In Zentrum steht der Wunsch nach Frieden und dessen aktueller Gefährdung. Das betrifft zum einen den Frieden der Völker untereinander, den Lafontaine durch das „weltweite Hochrüsten" in Gefahr sieht. Kritisch beurteilt er die Folgen der Rüstung und zeigt sich enttäuscht über den Verlauf des jüngsten Weltwirtschaftsgipfels der westlichen Staaten. Umso dringlicher wirkt sein Appell an alle Staaten der Erde, die auf Selbstvernichtung ausgerichtete „atomare Rüstung" aufzuhalten. Zum anderen hebt er den Aspekt des sozialen Friedens hervor. Von der eigenen Bundesregierung fordert Lafontaine ihre – wie er es nennt – „Politik des Sozialabbaus" zu beenden, die dem sozialen Frieden als Grundlage des Friedens im Inneren wie des Völkerfriedens entgegenstehe. Immer wieder zieht er zur Untermauerung seiner Botschaften zwei historische Ereignisse quasi als moralische Grundlage heran. Mit dem bevorstehenden 8. Mai und 40. Gedenktag der Befreiung vom Faschismus begründet er die besondere Verantwortung der deutschen Politik, es nie wieder zu einem Krieg kommen zu lassen. Im gleichen Atemzug unterstellt er, dass die deutsche Politik aufgrund ihrer Rüstungspolitik im Begriff sei, die Lehren des 8. Mai 1945 zu vergessen. Dabei bezieht sich Lafontaine in seinen Ausführungen wiederholt auf das Hambacher Fest, mit dem er „die Idee des Friedens, die Idee der sozialen Gerechtigkeit, die Idee der freiheitlichen Demokratie und den Kampf gegen Unterdrückung und Ausbeutung" verbindet. Es ist vor allem der Protest gegen die soziale Ungerechtigkeit, in der er eine Parallele des „Festes des Friedens" zum Hambacher Fest sieht. Durch das Einbeziehen des historischen Ortes in seine Forderungen in Formulierungen wie „appellieren wir hier von Hambach an die Bundesregierung" oder „im Schatten des Hambacher Schlosses, fordern wir" verleiht er seinen Äußerungen zusätzlich Nachdruck.

Diese Rhetorik greift Lafontaine auch im zweiten Teil seiner Rede auf. Hier ist es wiederum der Gedanke der Völkerfreundschaft, den er mit Bezug auf Hambach betont und der sich als roter Faden durch seine Ausführungen zieht. Obwohl Lafontaine Reagan nie namentlich erwähnt, schwingt Kritik an dessen Außenpolitik mit. Dazu gehören – in Anlehnung an die Hambacher Sympathiebekundungen für den polnischen Freiheitskampf – Solidaritätsbekundungen an die durch die beiden Supermächte „unterdrückten Völker dieser Erde", vor allem in Mittel- und Südamerika. Insbesondere das namentlich erwähnte Nicaragua war in den 80er Jahren eng mit Reagans Namen verbunden, der die rechtsgerichteten Contra-Rebellen finanziell und militärisch unterstützte, zunächst offiziell und dann auf illegalem Weg, wie sich im Zuge der sogenannten Iran-Contra-Affäre bald herausstellte.[28] Zugleich solidarisiert sich Lafontaine mit der „amerikanischen Bürgerrechtsbewegung, dem Studentenprotest und der amerikanischen Friedensbewegung". Kritik und Solidarität liegen deshalb so nahe beieinander, weil Lafontaine in längerer Ausführung zwischen zwei verschiedenen Amerikas unterscheidet. Das humanistische Amerika, für das Abraham Lincoln stehe und das Amerika Teddy Roosevelts, das für sich die Rolle einer Weltpolizei beanspruche. Explizit fordert er von den Vereinigten Staaten eine Entscheidung für eine Seite ihres vermeintlichen ambivalenten „nationalen Charakters". Lafontaine selbst rät in Berufung auf die Tradition des Hambacher Festes sich am Humanismus Abraham Lincolns zu orientieren und fordert eindringlich diesen zur Grundlage der amerikanischen Außenpolitik zu machen.

Im Vergleich zu Lafontaines Rede treten die Bezüge zum Hambacher Fest in der Rede Ronald Reagans weniger unmittelbar hervor. Die Bedeutung des „geschichtsträchtigen Ort[es]" als „Wiege einer großen Vergangenheit und Wegweiser einer vielversprechenden Zukunft" anerkennend, bildet das Hambacher Fest bei Reagan die übergeordnete Klammer, die seine Ausführungen verbindet. Zu Beginn charakterisiert er die „ersten Patrioten" als Visionäre mit einer klaren Zukunft vor Augen, die sie mit Begeisterung erfüllt habe. Während er diese Vision erläutert, betont er, dass die Ideen von damals heute wieder von Bedeutung seien und verdeutlicht dies am Thema Europa. Indem er feststellt, dass das heutige Europa durch Betonmauern und Stacheldraht getrennt sei und viele Menschen weder in einer Demokratie noch in umfassender Freiheit leben, veranschaulicht er die Aktualität der Rufe von damals „nach Freundschaft und Zusammenarbeit in einem freien, demokratischen und vereinten Europa". Das Gleiche gilt für die Hambacher Vision eines „freien, demokratischen und vereinten Deutschlands", auf die Reagan hinsichtlich des gegenwärtig geteilten Deutschlands eingeht. Zwar liege eine gewisse Ernüchterung in der Erkenntnis, dass die Vollendung beider Projekte noch nicht gleich erreicht werden könne. Im nächsten Schritt liefert Reagan seinem jugendlichen Publikum jedoch zahlreiche Ermutigungen, die darin begründet sind, die ihnen zuteil gewordene Freiheit zu nutzen und Verantwortung für die Gestaltung der Zukunft zu übernehmen. Sie, die nach dem „mächtigsten Bild der westlichen Zivilisation geschaffen sind". Aus den vielen positiven Begriffsassoziationen (Freiheit, Zukunft, Stärke, Kraft) lässt sich unschwer eine Aufwertung des Westens erkennen. Das trifft auch auf Westdeutschland zu. In diesem Zusammenhang führt er den versammelten Jugendlichen ihre grenzenlosen Möglichkeiten und Freiheiten im Unterschied zu den Menschen auf der anderen Seite der Mauer vor Augen. Ausgehend von der Prämisse, „Einfallsreichtum, Intellekt, Mut und Glauben" garantiere Deutschland eine erfolgreiche Zukunft, bestärkt Reagan die Jugend darin, sich beruflich in Bereichen zu engagieren, die er als „neue Bewegung des Fortschritts" beschreibt. Dazu zählen neue Technologien sowie die Erforschung des Weltraums, wodurch eines Tages positive Veränderungen in der Medizin, Umwelt, Sicherheit und dem gesellschaftlichen Zusammenleben bewirkt werden könnten. Am Ende seiner Rede schließt Reagan die anfangs rhetorisch gesetzte Klammer, indem er seinem jugendlichen Publikum bewusst macht, dass wie einst die Hambacher vor 153 Jahren nun sie die Visionäre seien, in deren Händen die Gestaltung der Zukunft liege. Der Schluss seiner Rede, mit der er sich vom Hambacher Schloss verabschiedet, enthält eine klar formulierte Botschaft an die Jugend: „Die Zukunft wartet auf Ihren schöpferischen Geist [...] Sie müssen von hier hinausgehen und dafür sorgen, daß sie [die Vision der Freiheit] Wirklichkeit wird. [...] [D]enken Sie daran, daß alles von Ihnen abhängt."

---

1   Aufruf zum „Fest für den Frieden", abgedruckt in der „Frankfurter Rundschau" Nr. 87 vom 15. April 1985, zit. nach: Rothley/Geis (Hrsg.) 1986, S. 10.
2   Vgl. Kunz 2013, S. 1.
3   Vgl. Steininger 2019, S. 127–135.
4   Vgl. Kohl (1985). In dem von der Pressestelle der Staatskanzlei 1986 herausgegeben Heftchen sind neben Kohls Begrüßungsworten, auch die des Ministerpräsidenten Vogel abgedruckt sowie die Reagan-Rede. Es gibt alle Reden in deutscher und englischer Version. Vgl. Pressestelle der Staatskanzlei Rheinland-Pfalz (Hrsg.) 1985.
5   Vgl. Aufruf zum Fest für den Frieden, zit. nach: Rothley/Geis (Hrsg.) 1986, S. 10.
6   Vgl. Kunz 2013, S. 2. Der Contra-Krieg war ein von 1981 bis 1990 mit maßgeblicher Unterstützung der Vereinigten Staaten geführter Guerilla-Krieg der rechtsgerichteten Contra-Rebellen gegen die linksgerichtete sandinistische Regierung Nicaraguas.

7   Einen Überblick zum „Fest des Friedens" bietet die vom SPD-Bezirk Pfalz herausgegebene Dokumentation, die neben den abgedruckten Festreden auch die Umstände der Veranstaltung beleuchtet sowie die kontroversen Reaktionen auf die Gegenveranstaltung zu Reagans Rede darlegt: Rothley/Geis (Hrsg.) 1986.

8   Die biografische Skizze beruht auf: Werner 1996; sowie die Biografie von Oskar Lafontaine auf der Homepage des Deutschen Bundestages (http://webarchiv.bundestag.de/archive/2013/1212/bundestag/abgeordnete17/ biografien/L/lafontaine_oskar.html).

9   Grundlage der biografischen Skizze ist die online abrufbare Biografie Reagans von: Haunhorst/Wirtz 2016.

10 Grundlage des 1985 verabschiedeten Gesetzes waren die Koalitionsvereinbarungen der neuen CDU/CSU/FDP-Regierung, die eine flexiblere Lebensarbeitszeit ohne zusätzliche Belastung der Wirtschaft vorsah. Kernbestimmung war die erleichterte Zulassung befristeter Arbeitsverträge. Vgl. König 1992, S. 180f.

11 Dieser hatte vom 2. bis 4. Mai 1985 unter dem Vorsitz des deutschen Bundeskanzlers Helmut Kohl in Bonn stattgefunden.

12 Raymond Gerhardt Hunthausen (1921–2018).

13 Abkürzung für „Strategic Arms Limitation Talks", Abrüstungsverhandlungen und -abkommen zwischen den USA und der UdSSR zur Begrenzung der strategischen Waffen (Atomwaffen und Trägersysteme). SALT I wurde 1972 und SALT II 1979 unterzeichnet.

14 Ulf Dietrich Merbold (*1941), deutscher Physiker und ehemaliger Astronaut, der 1983 der erste Westdeutsche und zweite Deutsche im All war.

15 Am 19. Juli 1979 hatte die sandinistische Befreiungsfront FSLN die Macht in Nicaragua unter Revolutionsführer Daniel Ortega übernommen. Die dagegen gebildete Opposition (Contras) wurde von den USA unter Präsident Reagan in ihrem Guerilla-Krieg unterstützt, die in dem neuen Regime eine Gefahr für ihre strategische Sicherheit und auch ihre wirtschaftlichen Interessen sahen.

16 Die Solidarnosz war eine vom Staat unabhängige, gewerkschaftliche Massenbewegung, die 1980 aus sozialen Unruhen hervorging. Sie kämpfte für Freiheit und Demokratie in Polen, verknüpft mit Arbeitnehmer- und Bürgerrechten. Seit 1981 offiziell verboten, arbeitete sie im Untergrund weiter. Vgl. Schubert/Klein 2020.

17 Seit dem Staatsstreich afghanischer Kommunisten im April 1978, der einen Aufstand nach sich gezogen hatte, woraufhin die Sowjetunion militärisch intervenierte und eine neue kommunistische Regierung eingesetzt hatte, herrschte Krieg zwischen der sowjetisch gestützten Regierung und den von den USA unterstützten Widerstandsgruppen der Mudschahedin. Vgl. Barfield 2010, S. 234–238.

18 James William Fulbright (1905–1995), US-amerikanischer Politiker und Mitglied der Demokratischen Partei.

19 Abraham Lincoln (1809–1865), 16. Präsident der Vereinigten Staaten von Amerika und Mitglied der Republikanischen Partei; Adlai Ewing Stevenson Jr. (1900–1965), US-amerikanischer Politiker und Mitglied der Demokratischen Partei, für die er zwei Mal als Kandidat bei den Präsidentschaftswahlen antrat; Theodore (Teddy) Roosevelt Jr. (1858–1919), 26. Präsident der Vereinigten Staaten und Mitglied der Republikanischen Partei.

20 Zit. nach: Rothley/Geis (Hrsg.) 1986, S. 29–35.

21 Graf Christian von Forbach, später Freiherr von Zweybrücken (1752–1817), kommandierte das königlich französische Regiment Royal Deuxponts („Zweibrücken") zur Unterstützung George Washingtons im Amerikanischen Unabhängigkeitskrieg. Stellvertretender Kommandeur war sein Bruder Wilhelm von Forbach (1754–1807).

22 In der Schlacht bei Yorktown 1781 siegten die französisch-amerikanischen Truppen unter dem Befehl von Comte de Rochambeau und George Washington gegen die britische Armee im Amerikanischen Unabhängigkeitskrieg. In der Folge erkannte Großbritannien die Unabhängigkeit der ehemals britischen Kolonien an.

23 Karl Heinrich Brüggemann (1810–1887), Redner auf dem Hambacher Fest 1832.

24 Ludwig Wilhelm Erhard (1897–1977), deutscher Politiker (CDU) und Wirtschaftswissenschaftler sowie der zweite Bundeskanzler der Bundesrepublik Deutschland.

25 Otto Hahn (1879–1968), deutscher Chemiker und Atomforscher, der den Nobelpreis für Chemie für die Entdeckung der Kernspaltung des Urans erhielt.

26 Das Zitat stammt aus dem narrativen Gedicht „The Lay of the last Minstrel, Canto VI" des schottischen Dichters und Schriftstellers Sir Walter Scott (1771–1832) aus dem Jahr 1805. Diese spontan eingefügte Passage Reagans ist im abgedruckten Redetext der Staatskanzlei nicht enthalten.

27 Zit. nach: Reagan (1985). Die englische Originalfassung der Rede ist ebenfalls online über die Reagan-Library abrufbar (https://www.reaganlibrary.gov/research/speeches/50685a).

28 In der sogenannten Iran-Contra-Affäre 1986 stellte sich heraus, dass die CIA heimlich unter Umgehung des Senats und des Kongresses aber mit Unterstützung der Regierung Reagan den gewaltexzessiven Guerilla-Krieg in Nicaragua mit illegalen Waffenverkäufen an den Iran finanziert hatte. Siehe das 4. Kapitel von: Barberio 2020.

Aufnahme vom Hambacher Schloss aus dem Jahr 2007. Zug von 10.000 Schüler:innen und 600 Lehrkräften hinauf auf das Schloss zum „Hambacher Fest der Jugend".

EINHEIT IN FREIHEIT – DIE REDE VON HANS-DIETRICH GENSCHER AM 1. OKTOBER 2000

ur Gedenkveranstaltung, die nicht einem Jubiläum des historischen Hambacher Festes im Mai 1832, sondern der 10-jährigen Feier der deutschen Einheit geschuldet war, hatte die Bundestagsfraktion der FDP unter dem großflächigen blau-gelben Plakat mit dem Slogan „Einheit in Freiheit" auf das Hambacher Schloss eingeladen. Hauptredner war der ehemalige langjährige Außenminister Hans-Dietrich Genscher, zusammen mit Altkanzler Helmut Kohl, einer der allseits geschätzten Architekten der deutschen Einheit, der seinerzeit die Durchreise von tausenden DDR-Bürgern in die Bundesrepublik ausgehandelt hatte, die in der Prager Botschaft ausharrten. Die parteipolitisch motivierten, teilweise kleinkariert anmutenden Auseinandersetzungen um die jeweiligen Anteile am Prozess der Wiedervereinigung hatten dazu geführt, dass eine gemeinsame zentrale Einheitsfeier am 3. Oktober in Berlin gescheitert war, weil man sich nicht auf eine gemeinsame Rednerliste einigen konnte. So durfte Genscher dort nicht reden, aber auch Gorbatschow war nicht eingeladen worden. So war denn die Veranstaltung auf dem Hambacher Schloss eine Art Gegenveranstaltung, die sich von dieser kleinlichen Rechthaberei absetzen, zugleich aber den Anteil der Liberalen an der historischen Vorbereitung des Einheitsprozesses herausstellen sollte, angefangen von ihrer Unterstützung der Westbindung bis zur sozialliberalen Ostpolitik, aber auch des NATO-Doppelbeschlusses und des KSZE-Prozesses. Die Einheit des Landes in Freiheit sei stets bestimmendes Ziel liberaler Nachkriegspolitik gewesen.

Hans-Dietrich Genscher (*21.3.1927 in Reideburg – †31.3.2016 in Pech) war der Sohn des aus bäuerlicher Familie stammenden Juristen Kurt Genscher und der Bauerstochter Hilda Kreime. Er wuchs im nationalkonservativem Milieu auf, besuchte in Halle (Saale) das städtische Reformrealgymnasium. Er war seit 1943 Luftwaffenhelfer, absolvierte den Reichsarbeitsdienst und meldete sich noch im Januar 1945 freiwillig zur Wehrmacht. Dort wurde er zu einer Pioniereinheit eingezogen und geriet im Mai 1945 in amerikanische und dann in britische Kriegsgefangenschaft. Nachdem er die Reifeprüfung nachgeholt hatte, absolvierte er von 1946 bis 1949 ein Studium der Rechtswissenschaft und Volkwirtschaftslehre an den Universitäten in Halle und Leipzig. Im August 1952 ging er über Westberlin in die Bundesrepublik und arbeitete nach dem zweiten juristischen Staatsexamen als Rechtsanwalt in Bremen. Seine Parteikarriere begann er schon 1946 als Mitglied der LDP in Sachsen-Anhalt, wurde dann Mitglied der FDP und stieg schnell innerhalb der Partei auf: 1959–1965 FDP-Geschäftsführer der Bundestagsfraktion, 1962–1964 Bundesgeschäftsführer, 1968 stellvertretender Bundesvorsitzender und 1974–1985 Parteivorsitzender (Abb. 1); 1982 leitete er den Wechsel der FDP von der sozialliberalen Koalition zur Koalition mit der CDU/CSU ein, die eine Abwahl des Kanzlers Helmut Schmidt und eine Wahl Helmut Kohls zum Bundeskanzler ermöglichte, unter dem er dann in mehreren Wahlperioden bis 1992 Außenminister und Vizekanzler war. Nach seinem Rücktritt 1992 wurde Genscher zum Ehrenvorsitzenden der FDP ernannt. Als langjähriger Außenminister (1974–1992) hatte er entscheidenden Anteil an der Anerkennung Deutschlands bei den Partnern in der EU und NATO und am gelingenden Prozess der deutschen Wiedervereinigung.

Abb. 1: Hans-Dietrich Genscher (1927–2016), Bundesaußenminister 1974–1992; FDP Vorsitzender 1974–1985.

Die deutsche Einheit gehört niemandem allein!

Rede von Hans-Dietrich Genscher im Oktober 2000

Wir Liberalen begehen den Tag der Deutschen Einheit in Dankbarkeit und in Hochachtung vor den vielen Unbekannten in den Straßen der DDR, die sich Freiheit und Einheit friedlich und mit Verantwortung erkämpft haben. Wir lassen uns durch nichts und durch niemanden unsere täglich neue Freude darüber nehmen, dass wir wieder in einem Land in Freiheit leben können. Wer was gewollt oder nicht gewollt, wer was getan oder nicht getan, wer mehr oder weniger an der Einheit beteiligt war – dieser ebenso kleinliche wie peinliche Streit wird der Bedeutung und der Würde des Tages der Deutschen Einheit nicht gerecht. Das schafft neue Gräben, wo der Wille zur Einheit für die Zukunft unseres Landes ge-

braucht wird. Das schafft Zwietracht, obwohl wir doch genug Anlass haben, uns gemeinsam zu freuen. Die Einheit gehört niemandem allein; sie gehört auch keiner Partei allein, auch nicht der eigenen; sie gehört allein dem Volk, denn es war das Volk, das sie erkämpft hat. „Wir sind das Volk!" und dann: „Wir sind ein Volk!", das ist Botschaft und Verpflichtung des Jahres 1989. Freiheit und Einheit – mit dieser Forderung haben sich hier im Hambacher Schloss vor nunmehr 168 Jahren Liberale der Reaktion und den Feinden der Einheit entgegengestellt. Und auch der Volksaufstand vom 17. Juni 1953 gehört zu den stolzen Daten deutscher Freiheitsgeschichte. Als Deutsche damals mit dem Willen zu Freiheit und Einheit auf die Straße gingen, in Berlin und überall in der DDR, da war das die erste Freiheitsrevolution im sowjetischen Machtbereich. Ihrer gedenken wir, wenn wir den zehnten Jahrestag der Deutschen Einheit begehen. Und wir gedenken der vielen liberalen Freunde, die in der sowjetischen Besatzungszone Leben und Freiheit aufs Spiel setzten, für Freiheit und Einheit. Wir erinnern uns dabei an Arno Esch, der als junger Student in Moskau erschossen wurde, an Wolfgang Natonek, an Günther Kröber und an Hermann Marx und viele, viele andere. Und wir wissen auch, dass sich mit dem gleichen Mut Sozialdemokraten der Zwangsvereinigung mit SED entgegenstellten und viele Christdemokraten der Vereinnahmung als Blockpartei ebenso. Sie alle sind Freiheitszeugen eines Volkes, dass nach der moralischen und geschichtlichen Katastrophe Hitler-Deutschlands unser Volk seinen Platz auf der Seite der Freiheit für immer eingenommen hat. 1989 sind in der früheren DDR Menschen aus allen politischen Lagern für Freiheit und Einheit auf die Straße gegangen, so wie ihre Nachbarn in Polen, in der Tschechoslowakei, so wie die Ungarn mit einer reformkommunistischen Führung, so wie die Menschen in der Sowjetunion, ermutigt von Gorbatschow und Schewardnadse. Was 1989 geschah, war eine europäische Freiheitsrevolution. Wir verdanken es den Deutschen in der damaligen DDR, dass wir diesmal sagen können: Wir Deutschen waren dabei, als es um Europas Freiheit und Einheit ging. Das ist die historische Verpflichtung, deren wir uns heute bewusst sein müssen, dass wir diese Einheit Europas bewahren und vertiefen. Die Historiker werden einmal sagen, das Jahr 1989 war das europäischste Jahr des 20. Jahrhunderts. Heute geht es darum, dass das 21. Jahrhundert das europäischste Jahrhundert in der Geschichte unseres Kontinents

wird. Wenn wir uns dieser Verantwortung bewusst sind, dann ehren wir damit auch die Bekannten und die Unbekannten, die als Bürgerrechtler und in Friedensgruppen – so ehren wir alle Menschen, die 1989 ihr Schicksal in die Hand nahmen. Und wir denken an die vielen, die in Verzweiflung und Hoffnungslosigkeit mit ihren Familien Heimat und gewohnte Umgebung verließen für eine Zukunft in Freiheit. Die Tausende von DDR-Bürgern in der Prager Botschaft, denen ich gestern vor elf Jahren sagen konnte, der Weg ist frei, sie waren dorthin gekommen, um für sich und ihre Familien Freiheit zu gewinnen. Aber sie machten Geschichte, denn ihr Freudenschrei wurde überall in der Welt gehört. Dieser Schrei brachte die Mauer zum Wanken. Dieselbe Mauer, die vorher schon erschüttert wurde als das kleine tapfere Volk der Ungarn als erstes die Kraft gefunden hatte, den Eisernen Vorhang zu öffnen. Wenn wir über die Aufnahme neuer Mitglieder in die Europäische Union sprechen, dann dürfen wir das Volk der Ungarn nicht vergessen, und auch nicht das Tschechien von Vaclav Havel und nicht das Polen von Solidarnosc und auch nicht all die anderen Völker Mittel- und Südosteuropas. Es wird mir unvergesslich bleiben, wie mir am Morgen nach Öffnung der Mauer, am 10. November 1989 in Warschau der damalige außenpolitische Berater von Lech Walesa und spätere Außenminister des demokratischen Polen, Bronislaw Geremek, sagte: Das ist ein großer Tag auch für Polen, denn wenn Deutschland vereint sein wird, wird Polen Nachbar der westlichen Gemeinschaften sein. Das bestätigte, was die Liberalen, die sich vor 168 Jahren hier in diesem Hambacher Schloss getroffen haben, den Deutschen und den Polen zuriefen: „Ohne Polens Freiheit keine deutsche Freiheit und ohne Polens Freiheit kein dauernder Friede, kein Heil für die europäischen Völker". Heute ist Polen unser Verbündeter in der NATO, und es ist unsere historische Verantwortung als Volk in der Mitte Europas, auch unseren östlichen Nachbarn den Weg auch in die Europäische Union zu öffnen. Wir Deutschen als Volk in der Mitte Europas haben immer wieder im Gegensatz zu unseren Nachbarn gestanden. Heute haben wir die historische Chance, auch unseren politischen Standort in der Mitte Europas einzunehmen, so wie wir geographisch im Herzen Europas als das Land mit den meisten Nachbarn leben.

Liebe Freunde,

das erste konkrete Programm für die deutsche Vereinigung war der „Brief zur Einheit" als Teil des Moskauer Vertrages und des Grundlagenvertrages mit der DDR, der die Unterschrift unseres Freundes Walter Scheel trägt. Das erfüllt uns mit Stolz. „[...] auf einen Zustand des Friedens hinzuwirken", heißt es dort, „in dem das deutsche Volk in freier Selbstbestimmung seine Einheit wiedererlangt". Das war ein politisches Konzept anstelle hohler Proteste. Die Geschichte unserer Partei, das Einheitsbekenntnis von Theodor Heuss, das Einheitsbeharren von Reinhold Maier, und die selbstquälerische Suche eines Thomas Dehler, die Entschlossenheit von Wolfgang Döring, Karl-Hermann Flach und Wolfgang Schollwer, das alles spiegelt wider, wie die-

se liberale Partei um den richtigen Weg zur deutschen Einheit gerungen hat. Zwei Mal – 1969, als es darum ging, die Ostverträge durchzusetzen, und 1982, als es darum ging, mit dem NATO-Doppelbeschluss einem expansiven, die Entspannungspolitik gefährdenden Streben der Sowjetunion ein entschlossenes Nein entgegenzusetzen – hat unsere Partei ihre Existenz aufs Spiel gesetzt, um unserer Verantwortung für Freiheit und Einheit für Deutschland und Europa gerecht zu werden. Wir erinnern uns an den Kölner Parteitag 1989, als wir nicht nur für die Bundesregierung, sondern für das ganze Bündnis einen Beschluss über die Modernisierung nuklearer Kurzstreckenraketen verhinderten. Ein solcher Beschluss hätte in dramatischer Weise den Auflösungsprozess im sowjetischen Machtbereich stoppen können. Die ganze Freie Demokratische Partei stand hinter mir, als ich am 27. April 1989 im Deutschen Bundestag erklärte: „Die Mitglieder der Bundesregierung leisten den Eid, ihre Kräfte dem Wohle des deutschen Volkes zu widmen. Die Verpflichtung aus diesem Eid endet nicht an der Grenze mitten durch Deutschland. Die damit begründete nationale Verantwortung schließt meine Heimat, schließt die Stadt, in der ich geboren bin, und schließt die Menschen, die in der DDR leben, nicht aus, nein, diese Verantwortung schließt diese Menschen ein. Wie ernst wir es meinen mit der deutschen Nation, das erweist sich nicht in Sonntagsreden, das erweist sich in dem täglichen Bemühen, Frieden und Stabilität und Menschenrechte in Europa zu stärken, in dem Bemühen um Zusammenarbeit und Abrüstung. Und das Friedensgebot unseres

Grundgesetzes gilt gegenüber allen europäischen Völkern. Nein, meine Damen und Herren, die deutsche Vereinigung war alles andere als eine Laune der Geschichte. Sie war das Ergebnis einer langfristig angelegten, auf die Verantwortung für die Einheit der Nation und die Einigung Europas gerichteten Politik. Sie hatte ihre Grundlage in der festen Einbindung unseres Landes in die Gemeinschaft der westlichen Demokratien. Und sie war das Ergebnis der mutigen und entschlossenen Vertragspolitik mit dem Osten und unserer gestaltenden Rolle im KSZE-Prozess. Die Ostverträge und die Schlussakte von Helsinki waren Außenpolitik aus europäischer Verantwortung. NATO-Mitgliedschaft, Ost-Verträge und die Zustimmung zur Schlussakte von Helsinki wurden möglich, weil die Freie Demokratische Partei diese Politik wollte. Die Einheit unseres Landes war stets bestimmendes Ziel liberaler Nachkriegspolitik. Und wir sagen auch bei dieser liberalen Veranstaltung, wir werden nicht vergessen, dass wir die Mitgliedschaft im westlichen Bündnis zusammen mit Dr. Konrad Adenauer durchgesetzt haben, dass wir mit Willy Brandt die Ost-Verträge gestalteten und ermöglichten, dass wir mit Helmut Schmidt den Weg frei machten für die KSZE, und dass wir mit Helmut Kohl den NATO-Doppelbeschuss ebenso ermöglichten, wie wir die Chance der Einheit – eröffnet durch die Menschen in der DDR – 1989 und 1990 nutzten. Die Schlussakte von Helsinki und der KSZE-Prozess, beides Kernstücke liberaler Außenpolitik, führten zum ersten Mal westliche Werte in das West-Ost-Verhältnis ein. Menschenrechte und Selbstbestimmungsrecht, Recht auf Information und Reisemöglichkeit, die Lösung humanitärer Fragen, Zusammenarbeit in allen Bereichen anstelle von Konfrontation – das hatte mit einer unvorstellbaren Dynamik systemöffnende Wirkung. Bei den 2+4-Verhandlungen konnte ich auf die Schlussakte von Helsinki Bezug nehmen, als es um die Freiheit der Entscheidung Deutschlands über seine Bündniszugehörigkeit, also in Wahrheit um seine Zugehörigkeit zur NATO, ging und als mit der friedlichen Veränderbarkeit der Grenzen und dem Selbstbestimmungsrecht auch die Berufungsgrundlage für die friedliche Vereinigung der Deutschen geschaffen war.

Aber hätten wir die Chance zur Einheit wirklich nutzen können, wenn wir nicht Vertrauen und Zustimmung unserer Nachbarn und Verbündeten und ein neues Verhältnis zur neuen sowjetischen Führung gehabt hätten? Was wäre geschehen, wenn wir 1989/90 auf den Widerspruch unserer Partner gestoßen wären? Ich stelle diese Frage so eindringlich, weil ich gerade in diesen Tagen immer wieder von der angeblich negativen Einstellung unserer europäischen Nachbarn lese. Es ist richtig, wir konnten uns in jeder Phase des Vereinigungsprozesses auf die Vereinigten Staaten von Amerika verlassen. Mit Präsident George Bush und meinem Kollegen und Freund James Baker als Repräsentanten der Weltmacht USA hatten wir Anwälte unserer Vereinigung an unserer Seite. Das hat die Freundschaft zwischen Deutschen und Amerikanern noch weiter vertieft. Aber zur geschichtlichen Wahrheit gehört auch, dass François Mitterrand von der historischen Notwendigkeit der deutschen Einheit sprach und die Unterstützung Frankreichs erklärte. Margret Thatcher muss ich nicht verteidigen, sie hat in ihren Memoiren ihre Skepsis gegenüber der deutschen Einheit bekannt. Aber ihr Außenminister Douglas Hurd hat mich ebenso unterstützt wie mein Freund Roland Dumas. Natürlich haben alle unsere Freunde, auch die Amerikaner, Fragen gestellt, die wir im Bewusstsein unserer historischen Verantwortung, der Irrwege unserer Geschichte und unserer uneingeschränkten Zugehörigkeit zu der Gemeinschaft der westlichen Demokratien beantwortet haben. Es war die Frage nach der deutschen Ostgrenze. Immer wieder habe ich in jenen Monaten erklärt: Jeder soll wissen, was wir vereinen wollen, die Bundesrepublik Deutschland, die DDR, das ganze Berlin – nicht weniger, aber auch nicht mehr. Und dem polnischen Außenminister Krzysztof Skubiszewski, dem Außenminister des demokratischen Polen, habe ich am 27. September 1989 vor der Vollversammlung der Vereinten Nationen zugerufen, dass Deutschland keinerlei Gebietsansprüche gegen Polen hat und auch in Zukunft nicht erheben wird. Und natürlich war es für unsere Partner wichtig zu wissen, ob das vereinte Deutschland Mitglied der NATO bleiben will. In Tutzing erklärte ich am 31. Januar 1990 dazu: „Die Bundesrepublik Deutschland muss sodann die Frage beantworten, wie sie es im Falle der deutschen Einheit mit ihrer Mitgliedschaft in der Europäischen Gemeinschaft und im westlichen Bündnis hält. Die Antwort ist eindeutig, unsere Mitgliedschaft in der EG im Falle der Einheit ist unwiderruflich und der Wille zu fortschreitender In-

tegration hin zur politischen Union auch. Das gleiche gilt für die Mitgliedschaft im westlichen Bündnis. Ein neutralistisches Gesamtdeutschland wollen wir nicht." In einem nicht einfachen Ringen mit unserem sowjetischen Kollegen Eduard Schewardnadse konnte am 12. Februar 1990 in Ottawa der Verhandlungsrahmen für die äußeren Aspekte der deutschen Vereinigung festgelegt werden. Der Weg für die 2+4-Verhandlungen war frei. Schon bei der Einsetzung dieses Verhandlungsforums konnte ich in Ottawa empfinden, was das für Schewardnadse und die neue sowjetische Führung bedeutete. Dann haben wir bei den nächsten Verhandlungsrunden am 5. Mai 1990 in Bonn, am 22. Juni in Ost-Berlin, am 17. Juli in Paris und am 12. September in Moskau und in zahlreichen Verhandlungen meiner Beamten im 2+4-Kreis um jenes Dokument gerungen, das die Außenminister am 12. September 1990 in Moskau in Gegenwart von Michail Gorbatschow unterzeichnet haben. Bei diesen Verhandlungen und meinen Begegnungen mit Eduard Schewardnadse in Windhuk und Genf, in Brest und in Münster, und im August 1990 noch einmal in Moskau, habe ich gespürt, was für ihn und für Gorbatschow diese Entwicklung bedeutete. Und unvergesslich werden mir die Worte seiner Frau Raissa bleiben, als sie mir bei dem Treffen im Kaukasus sagte: „Herr Genscher, Sie müssen sich bewusst sein, was mein Mann mit dieser Politik auf sich nimmt. Auch Deutschland muss seine Zusagen einhalten." Hier haben zwei Männer die Welt verändert, mit großer Verantwortung und auch als ein großes persönliches

Wagnis. Ich hätte mir gewünscht, dass sie in den letzten zehn Jahren wenigstens bei einer der offiziellen Einheitsfeiern als ausländische Ehrengäste zu Wort gekommen wären.

Ich danke Ihnen, lieber Herr Gerhardt und der ganzen Führung der F.D.P., dass Sie Michail Gorbatschow am 12. September 2000 als Redner eingeladen haben, als wir den zehnten Jahrestag der Unterzeichnung dieses für unser Volk so bedeutsamen Vertrages begingen. Wir Liberalen wollen nicht, dass Dankbarkeit und historisches Bewusstsein zu Fremdworten in der Politik werden. In den 2+4-Verhandlungen habe ich erleben können, wie sehr meine westlichen Kollegen mit mir zusammen bemüht waren, Eduard Schewardnadse die Zustimmung zu erleichtern und durch eine für unvorstellbar gehaltene Beschleunigung der Verhandlungen das Fenster der Gelegenheit zu nutzen. Die deutsche Frage galt doch bis 1989 als die komplizierteste Frage der internationalen Politik. Die Verhandlungen haben gezeigt, dass mit Verantwortung und gutem Willen auf allen Seiten auch eine solche Frage lösbar wird. Entscheidend war es, dass die USA bei der Begegnung mit Gorbatschow Anfang Juni in Washington die Zustimmung zur freien Bündniswahl, dass hieß zur NATO-Mitgliedschaft des vereinten Deutschland, abringen konnten. So wurde es möglich, dass Helmut Kohl und ich im Kaukasus über die Dauer des Aufenthalts der sowjetischen Streitkräfte auf dem Gebiet der DDR, über die Höhe unserer Entschädigungszahlungen für die Rückführung dieser Streitkräfte und über die Stärke der Streitkräfte des

vereinten Landes verhandeln konnten.

Meine Damen und Herren,

hüten wir uns vor Legendenbildungen über das Verhalten unserer westlichen Nachbarn. Dass sie Gewissheit haben wollten über unsere Zugehörigkeit zur NATO und zur Europäischen Gemeinschaft, das war doch ein Verlangen, das wir selbst hatten. Wir jedenfalls wollten beide Mitgliedschaften für das vereinte Land, und wir haben sie erreicht. Und es war auch legitim, dass sie Gewissheit haben wollten, ob Deutschland mit einer offenen Grenzfrage in seine Einheit gehen wollte. Als ich den Grenzvertrag mit Polen am 14. November 1990 unterzeichnet habe, war ich mir des Schmerzlichen bewusst, das das für viele Menschen in unserem Land bedeutete. Aber ich wusste auch, wie viele europäische Bruderkriege der Streit um Grenzen in Europa ausgelöst hatte. Der Teufelskreis von Unrecht und neuem Unrecht musste ein und für alle Mal unterbrochen werden. Und nach allem, was geschehen war von 1933 bis 1945, war es an uns, den Deutschen, diesen Teufelskreis ein und für alle Mal zu beenden. Das ist die Verantwortungspolitik, die wir meinen, wenn wir von der Politik des vereinten Deutschland sprechen. Mit diesem Grenzvertrag wurde nichts aufgegeben, was nicht Hitler mit seinem verbrecherischen Krieg längst verspielt hatte.

Meine Damen und Herren,

keine der Fragen, die unsere Nachbarn uns stellten, hatten wir uns nicht auch selbst gestellt. Ich hoffe jedenfalls, dass jeder sie sich selbst gestellt hat. Und deshalb warne ich vor einer Legendenbildung, die unsere europäischen Nachbarn als Gegner unserer Einheit erscheinen lässt. Das träufelt Gift in das Verhältnis guter Nachbarschaft. Heute geht es darum, dass wir den Blick nach vorn richten und uns vergewissern über unsere Zukunftsverantwortung. Der Fall der Mauer in Berlin und die deutsche Einheit waren zugleich das Ende der Spaltung Europas und der Welt. „Nichts wird mehr so sein, wie es war. Nicht im Osten, aber auch nicht im Westen", habe ich am 8. November 1989, am Tage vor dem Fall der Mauer im Deutschen Bundestag gesagt und hinzugefügt: „Wir müssen schon jetzt den Deutschen in der Bundesrepublik sagen, dass große Leistungen notwendig sein werden für die Einheit der Nation." Ich wehre mich gegen den modischen Begriff von den Lasten der Einheit Deutschlands. Für uns ist die Einheit nicht Last, sondern Chance und Anlass zur Freude. Und die Lasten im Osten sind Erblasten von 40 Jahren sozialistischer Politik und die Lasten im Westen sind das Ergebnis einer langen und recht unbedenklichen Politik des „Weiter so, Deutschland". Wir haben über unsere Verhältnisse gelebt und müssen uns jetzt den Verhältnissen anpassen. Jede Reform, die heute notwendig ist, hätten wir auch durchführen müssen, wenn es die deutsche Einheit nicht gegeben hätte. Wer die Bilanz deutscher Einheit im Finanztransfer ausdrücken will, hat Sinn und Wert der Freiheit nicht verstanden. Ich möchte es ganz klar sagen: Niemand ist mit leeren Händen in das vereinte Deutschland gekommen! Die Deutschen aus der Bundesrepublik kamen mit einer lebendigen Demokratie und einer leistungsfähigen Wirtschaft

und die Deutschen aus der DDR mit dem kostbaren Gut selbst und friedlich errungener Freiheit. Das hat uns alle in einem ganz ideellen Sinne reicher gemacht. Die Deutschen in der damaligen DDR haben mit ihrer Freiheitsrevolution die Frage nach dem Willen der Deutschen zur Freiheit für immer beantwortet. Und deshalb will ich auch mit aller Klarheit sagen: Wir dürfen uns diese Freiheit nicht neu von Fremdenhaß und gewalttätigem Rechtsextremismus zerstören lassen! Wir lassen nicht zu, dass Rechtsextremismus und Fremdenhaß als eine ostdeutsche Besonderheit abgetan werden. Es gibt sie genauso im Westen – und das gilt für die geistigen Brandstifter und Schreibtischtäter besonders. Die deutsche Einheit ist auch nicht allein eine politische und wirtschaftliche Angelegenheit. Es ist nie gelungen, uns kulturell zu teilen. Und die Kultur ist es, die den Menschen befähigt, auch in dem Anderen den Menschen in seiner Würde zu erkennen. Thomas Dehler hat die Aufgabe liberaler Politik so definiert: „Der Mensch hat seine Würde als Ebenbild Gottes, als Träger einer unsterblichen Seele, als einmalige, unverwechselbare Persönlichkeit. Diese Würde im irdischen Leben zu wahren, ist unsere Verpflichtung." Das ist das Postulat des alles überragenden Artikels 1 unserer Verfassung: „Die Würde des Menschen ist unantastbar." Das verlangt, dass wir gerade an diesem Tag, an dem wir der Einigung unseres Volkes in Freiheit gedenken, uns bewusst werden, dass in der Achtung vor der kulturellen Identität anderer Völker, anderer Religionen, anderer Traditionen der Schlüssel zum friedlichen Zusammenleben der Völker liegt. Hier liegt auch die Verantwortung der Erwachsenen gegenüber den Kindern. Ein mieser Türken-Witz kann im Herzen eines türkischen Kindes eine Wunde hinterlassen, die nie mehr heilt. Aber Kinder, die aufwachsen in der Achtung vor anderen Völkern, vor anderen Kulturen, vor anderen Überzeugungen, vor einem anderen Glauben und vor einem Anderssein, die kann man nicht mehr aufhetzen gegen andere, wenn sie erwachsen sind. Von Christa Wolff stammt das Wort: „Wann der Krieg beginnt, das weiß man. Aber wann beginnt der Vorkrieg?" Wir Liberalen fragen dazu: Wo beginnt er? Er beginnt in den Hirnen und Herzen. Deshalb kämpfen wir Liberalen mit Herz und Verstand für aktive Toleranz und Achtung vor den Anderen. An diesem zehnten Jahrestag müssen wir uns noch einmal bewusst werden, wie Recht Thomas Mann 1953 in seiner großen Rede an die deutsche Jugend hatte: „Wir wollen ein europäisches Deutschland und nicht ein deutsches Europa." Das war die Absage an alle Überheblichkeit und Vorherrschaftsansprüche. Und unser Europa, das heute eine neue Kultur des Zusammenlebens hat, die beruht auf Gleichberechtigung und Ebenbürtigkeit der Völker, der großen und kleinen, sollte als seinen Beitrag für die neue Weltordnung eben diese neue Kultur und das Wissen um Gleichberechtigung und Ebenbürtigkeit aller Völker und Regionen verständlich machen. Der Theologe Hans Küng sagt zu

Recht: „Der kategorische Imperativ Kants findet sich nicht nur in der Bibel, sondern in allen schriftlichen Zeugnissen der großen Weltreligionen wieder, das sollte den Fundamentalisten", so fügt er hinzu, „die es überall gibt, zu denken geben."

Meine Damen und Herren,
wir blicken dankbar auf zehn Jahre deutsche Einheit zurück. Die innere Vereinigung ist weiter als manche es wahrhaben wollen. Eine junge Generation wächst heran, für die die Zeit der Teilung immer mehr Geschichte wird, die aber die gemeinsame Zukunft als gemeinsame Herausforderung sehen. Jetzt müssen wir entschlossen daran gehen, das größere Europa zu schaffen. Wir haben die Chance, für eine neue Weltordnung der Ebenbürtigkeit und Gleichberechtigung und nicht der Vorherrschaft und Unterdrückung zu arbeiten. Das am Beginn eines neuen Jahrhunderts feststellen zu können, ist eine wahrhaft große Chance. Weil die deutsche Einheit in Freiheit stets unsere Sache war, weil wir jede der dafür notwendigen Entscheidungen mit bewirkt haben, begehen wir diesen Tag in Freude und mit Zuversicht. Und wir versprechen den Bürgerinnen und Bürgern unseres Landes und allen unseren Nachbarn: Wir werden alles tun, damit diese neue Chance nicht verspielt wird.

[Rede online abrufbar http://www.genscher.de/html/rede_11.pdf]

Kommentar

Der langjährige Außenminister Hans-Dietrich Genscher, unbestritten einer der Architekten der deutschen Einheit, legt in seiner Rede überall erkennbar Wert darauf, die rote Linie liberaler Außenpolitik zu verdeutlichen, die durch die Unterstützung der Westbindung einerseits und das Bekenntnis zur neuen Ostpolitik Willy Brandts und Walter Scheels andererseits die Voraussetzungen geschaffen habe, dass eine Einheit in Freiheit möglich geworden sei.

So stellt er die mutige Tat der vielen Menschen in der DDR an den Anfang seiner Rede, „die sich Freiheit und Einheit friedlich und mit Verantwortung erkämpft haben." Zugleich grenzt er sich vom kleinlichen Parteienstreit um die Frage ab, wer mehr oder weniger an der Einheit beteiligt war, reklamiert aber auf der von der Bundestagsfraktion der FDP ausgerichteten Veranstaltung die besondere Rolle seiner Partei: „Die Einheit gehört keiner Partei allein, auch nicht der eigenen; sie gehört allein dem Volk, denn es war das Volk, das sie erkämpft hat."

Im Folgenden rekapituliert er die Geschichte der seit dem 17. Juni 1953 gescheiterten Versuche in Ostdeutschland Freiheit und Einheit zu erringen und würdigt deren Opfer als „Freiheitszeugen". 1989 seien dann Menschen aus allen politischen Lagern, ermutigt von reformkommunistischen Führungen und in der UdSSR von Gorbatschow und

Schewardnadse für Freiheit und Einheit auf die Straße gegangen. Er deutet 1989 als Jahr einer europäischen Freiheitsrevolution: „Wir verdanken es den Deutschen in der damaligen DDR, dass wir diesmal sagen können: Wir Deutschen waren dabei, als es um Europas Freiheit und Einheit ging."

Dabei stellt er den für ihn selbst als Außenminister, aber auch für viele Zeitgenossen bewegendsten Moment heraus, in dem er Tausenden von DDR-Bürgern in der Prager Botschaft sagen konnte, der Weg ist frei. „Sie machten Geschichte, denn ihr Freudenschrei wurde überall auf der Welt gehört. Dieser Schrei brachte die Mauer zum Wanken." (Abb. 2–3) Dabei dürfe nicht vergessen werden, dass es die Ungarn, die

Abb. 2: Bundesaußenminister Genscher verkündet am 30 September 1989 vom Balkon der Prager Botschaft den dorthin geflüchteten DDR-Bürgern ihre Ausreisegenehmigung in die Bundesrepublik.

225

Abb. 3: Der ehemalige Bundesaußenminister Hans-Dietrich Genscher (FDP) mit der Gedenktafel zum 20. Jahrestag seiner berühmten Rede vom 30. September 1989 auf dem Balkon der Deutschen Botschaft in der tschechischen Hauptstadt Prag.

Tschechen und die Polen waren, die als erste den „Eisernen Vorhang" öffneten und sich damit Dankbarkeit und einen Zugang zur Europäischen Union verdient hätten. Schon auf dem Hambacher Fest vor 168 Jahren hätten die Liberalen den Deutschen und den Polen zugerufen: „Ohne Polens Freiheit keine deutsche Freiheit und ohne Polens Freiheit kein dauernder Friede …".

Von ganz entscheidender Bedeutung, so Genscher, sei aber das Vertrauen und die Zustimmung der Nachbarn und Verbündeten gewesen, um 1989/90 die Chance zur Einheit nutzen zu können, das betreffe die westlichen Verbündeten genauso wie die östlichen Partner. Ohne die Zustimmung von Gorbatschow und Schewardnadse und die Unterzeichnung der Grenzverträge mit Polen und der Tschechoslowakei hätten die 2+4-Verhandlungen nicht erfolgreich zu Ende gebracht werden können. Aber auch die innergesellschaftliche Toleranz und Achtung vor den Anderen, die „Absage an alle Überheblichkeit und Vorherrschaftsansprüche" hebt er hervor und zitiert Thomas Manns Rede von 1953: „Wir wollen ein europäisches Deutschland und nicht ein deutsches Europa".

Am Schluss seiner Rede appelliert er an die junge Generation, „für die die Zeit der Teilung immer mehr Geschichte wird, die aber die gemeinsame Zukunft als gemeinsame Herausforderung sehen."

226

FREIHEIT, EINHEIT UND EUROPA – REDE DES BUNDES-PRÄSIDENTEN RICHARD VON WEIZSÄCKER ANLÄSSLICH DES 175. JUBILÄUMS DES HAMBACHER FESTES AM 26. MAI 2007

Richard Karl Freiherr von Weizsäcker (Abb. 1) wurde am 15. April 1920 in Stuttgart geboren und starb am 31. Januar 2015 in Berlin im Alter von 94 Jahren. Er war in vielen unterschiedlichen Funktionen in den 1980er und 1990er Jahren einer der wichtigen und zugleich angesehensten Politiker Deutschlands.

Von 1984 bis 1994 amtierte er als sechster Bundespräsident der Bundesrepublik Deutschland. Er stieg rasch zum beliebtesten Politiker Deutschlands auf, der den Diskurs der Republik in einer Zeit heftiger erinnerungspolitischer Kämpfe auf dem schwierigen Gebiet des deutschen Geschichtsbewusstseins maßgeblich beeinflusste und dafür im In- und Ausland viel Zustimmung und Anerkennung erhielt.

Sein Vater Ernst von Weizsäcker war als Diplomat im hochrangigen Staatsdienst tätig und wurde im Zuge der Nürnberger Prozesse 1949 als Kriegsverbrecher zu einer Haftstrafe von sieben Jahren verurteilt. Er hatte Deportationslisten für französische Juden und Jüdinnen in das Konzentrationslager Auschwitz unterzeichnet und beteiligte sich somit an den Verbrechen gegen die Menschlichkeit durch das NS-Regime.

Abb. 1: Richard von Weizsäcker, Bundespräsident 1984–1994.

Nach seinem Abitur wurde Richard von Weizsäcker 1938 zum Reichsarbeitsdienst eingezogen und trat kurz darauf in die Wehrmacht ein, in der er bis 1945 diente. Nach dem Krieg schloss er in Göttingen sein Studium der Rechtswissenschaften ab, das er kurz vor Ausbruch des Zweiten Weltkrieges in Oxford und Grenoble begonnen hatte. Im Anschluss an seine Promotion arbeitete er für verschiedene international tätige Unternehmen wie die Mannesmann AG und Boehringer Ingelheim. 1954 trat er der Christlich-

Demokratischen Union Deutschlands (CDU) bei. Von 1969 bis 1981 war er Mitglied des Deutschen Bundestages, in den letzten beiden Jahren als Vizepräsident. Von 1981 bis 1984 war er Regierender Bürgermeister West-Berlins: In diese Zeit fiel auch sein vielbeachteter Besuch in Ost-Berlin.

Besonders prägend für von Weizsäckers Amtszeit als Bundespräsident war seine Rede anlässlich des 40. Jahrestages der deutschen Kapitulation vom 8. Mai 1945 vor dem Deutschen Bundestag, in der er diesen Tag als „Tag der Befreiung" bezeichnete und sich für einen bewussten Umgang mit den Verbrechen des Nationalsozialismus stark machte:

„Der 8. Mai war ein Tag der Befreiung. Er hat uns alle befreit von dem menschenverachtenden System der nationalsozialistischen Gewaltherrschaft. Niemand wird um dieser Befreiung willen vergessen, welche schweren Leiden für viele Menschen mit dem 8. Mai erst begannen und danach folgten. Aber wir dürfen nicht im Ende des Krieges die Ursache für Flucht, Vertreibung und Unfreiheit sehen. Sie liegt vielmehr in seinem Anfang und im Beginn jener Gewaltherrschaft, die zum Krieg führte. Wir dürfen den 8. Mai 1945 nicht vom 30. Januar 1933 trennen. [...] Es geht nicht darum, Vergangenheit zu bewältigen. Das kann man gar nicht. [...] Wer aber vor der Vergangenheit die Augen verschließt, wird blind für die Gegenwart. Wer sich der Unmenschlichkeit nicht erinnern will, der wird wieder anfällig für neue Ansteckungsgefahren."

„Seine Rede vom 8. Mai 1985, am 40. Jahrestag der bedingungslosen Kapitulation des ‚Dritten Reiches', ist für viele die bedeutendste politische Rede der deutschen Nachkriegsgeschichte. Durch sie wurde er für die Bundesrepublik zu einer geistig-moralischen Autorität, die mit ihren Botschaften weit über seine Amtszeit hinaus Gehör und Anerkennung fand."[1]

1989 wurde er für eine zweite Amtszeit als Bundespräsident gewählt, in der er nach dem Mauerfall der erste Bundespräsident des geeinten Deutschlands war. Zeit seines Lebens war der Träger zahlreicher persönlicher Ehrungen und Auszeichnungen zudem in verschiedenen Initiativen und Gremien aktiv; insbesondere ist hier sein Engagement beim Deutschen Evangelischen Kirchentag zu nennen.

Im kollektiven Gedächtnis ist Richard von Weizsäcker – vor allem durch seine Rede zum 8. Mai 1945 – als Symbolfigur eines öffentlichen Wandels der deutschen Erinnerungskultur verankert.

„Freiheit, Einheit und Europa"

Rede Richard von Weizsäckers am 26. Mai 2007

I. Zu meiner Freude sind wir hier von neuem beisammen, um uns an das Hambacher Fest zu erinnern. Aber was geht es uns an, 175 Jahre später? Vielen Deutschen sind Ort, Termin und Anlass kaum noch bekannt. Gewiss, über das Quasi-Revolutionsjahr 1848 wissen die meisten von uns etwas. Die Frankfurter Paulskirche ist und bleibt mit Recht ein ehrwürdiges Monument unserer Geschichte. Sie ist es auf ihre Weise auch in unserer Gegenwart. Doch was sich hier in der damaligen bayerischen Rheinpfalz auf dem Hambacher Schloss ereignet hat, das war etwas anderes, das gerade deshalb die Erinnerung bis in unsere heutige Zeit lohnt. Es war eine beispiellose bürgerschaftliche Initiative wie nie zuvor. Rund dreißigtausend Teilnehmer waren dem Aufruf zum Fest gefolgt. Sie kamen aus vielen Himmelsrichtungen, Deutsche vor allem, Polen in großer Schar, Franzosen und andere, ein wahrer Anmarsch zur Demokratie. Damals herrschte in Europa eine Struktur der Staaten vor, wie sie der Wiener Kongress von 1815 vorgegeben hatte. Es war die Zeit nach der Französischen Revolution, nach den Stein-Hardenberg'schen Reformen. Die während der Freiheitskriege gegen Napoleon gegebenen Verfassungs-versprechen waren uneingelöst geblieben. Könige und Fürsten regierten wie zuvor. Denn auf dem Wiener Kongress unter Metternichs Führung hatte ein wesentlicher Posten gefehlt: das Volk. Es war kaum zur Sprache gekommen. Und so waren Krone und Volk auseinander geraten. Dies war jedoch nicht ohne Folgen geblieben. In wachsendem Maß war es zu Widerstand und Aufruhr gekommen. Die Pariser Julirevolution von 1830 rüttelte Europa auf. Der Polenaufstand 1830/31 fand die lebhafteste Anteilnahme in Europa. Vor allem unter den Deutschen herrschte Bewunderung für den Freiheitskampf der Polen. Belgien setzte sich mit seiner neuen Unabhängigkeit durch. In zahlreichen Schweizer Kantonen kam es zu Verfassungsrevisionen. Großbritannien erlebte eine bedeutende Wahlrechtsreform. In ungarischen, italienischen und spanischen Gebieten kamen gärende Tendenzen zur Geltung. Dies alles hatte den Boden für die Einladung nach Hambach bereitet. Und so wurde das Fest zur ersten politischen Volksversammlung im Verlauf unserer deutschen Geschichte, mit grenzüberschreitender Wirkung. Der Aufruf nach Hambach wurde zu einer wahrhaft zündenden Fanfare.

II. Redakteure und Anwälte waren es, Burschenschafter und Studenten, Handwerker und Bauern, die von nah und fern herbeiströmten. Auf dem Fest wurden viele große Reden gehalten, feurige und nüchterne, romantische und visionäre. Aber wer konnte die vielen wichtigen Forderungen umsetzen? Gab es überhaupt hinreichend klare Ergebnisse? Zunächst kam es bald nach dem Ende der Veranstaltung nur zu Repressalien gegen die wichtigsten Sprecher. Und dennoch sind es die erklärten großen Ziele des Festes, die uns bis in die Gegenwart packen: „Freiheit, Einheit und Europa". Sie waren es, die damals die Transparente zierten. Sie sind die Signale, vor denen wir jetzt und hier zu bestehen haben. Es ist ihre Entwicklung mit ihren gewaltigen Hindernissen und langsamen Fortschritten, die uns bis heute unmittelbar angeht. Wir sind hier nicht zu einem bloßen Veteranenfest versammelt. Vielmehr wollen wir Rechenschaft darüber ablegen, was wir in Hambach gelernt haben. Sind wir verantwortlich damit umgegangen?

III. An der Spitze stand die Forderung nach Freiheit: Souveränität des Volkes, freie Wahlen, Freiheit der Presse, Freiheit der Versammlung und Rede, Gleichberechtigung von Mann und Frau, freier Handel. Das kam einer Revolutionierung der Verhältnisse nahe. Es wirkte wie eine verspätete Annäherung an die Französische Revolution. Hegel hatte ja dazu gesagt: Die Franzosen machen die Dinge; wir Deutschen liefern nur die Philosophie. Nun, ganz so war es dann eben doch nicht geblieben. Das Revolutionsjahr hatte auch weit hinein nach Deutschland gewirkt. Friedrich Schiller hatte damals die französische Ehrenbürgerwürde übernommen, die er freilich nach dem Durchbruch des Jakobinertums wieder zurückgab. Danach war das Kapitel von Napoleon mit seinem tiefen Einfluss auf die Landkarte und Stimmung in Deutschland gefolgt. Der Dichter Kleist hatte ihn als die Inkarnation des Bösen empfunden. Die schon erwähnten Befreiungskriege wirkten da und dort wie ein Erweckungserlebnis. Doch dabei blieb es nicht. Später, zumal in der Romantik wuchs Napoleon beinahe zu einer Lichtgestalt empor. Und so suchten nun wieder viele Deutsche auf ihre Weise, wie Schiller vor ihnen, Anteil an den revolutionären Strömungen aus dem Nachbarland. Das alles war ein kräftiger Rückenwind für die Stimmung in Hambach und gegen die Restauration. Aus den Forderungen nach Freiheiten hier auf dem Schloss möge ein Beispiel den Verlauf und die Entwicklung verständlich machen, die uns auch ganz aktuell in der Gegenwart beschäftigt, wiewohl im Zeichen anderer und neuer Herausforderungen: die Pressefreiheit. Die beiden großen Anführer und Redner in Hambach waren Philipp Siebenpfeiffer und Johann Wirth. Sie waren revolutionäre Demokraten, missionarische Journalisten und Verleger. Sie gründeten Vaterlandsvereine zur Unterstützung der freien Presse. *„Die Zensur ist der Tod der Pressefreiheit und somit der Verfassung, welche mit dieser steht und fällt".* Das schrieb Siebenpfeiffer. Und als die Regierung seine Druckerpresse versiegelte, klagte er dagegen. Druckerpressen zu versiegeln, das sei so verfassungswidrig wie Backöfen zu versiegeln. Beides braucht die Demokratie: die freie Presse und das tägliche Brot. Wir hatten seit dem Hambacher Fest immer von neuem Anlass, dem Aufruf zu Freiheit für die Medien zu folgen. Dies gilt auch für die Gegenwart, zunächst zum Beispiel in unseren auswärtigen Beziehungen. Wo immer wir mit anderen Ländern eine offene Zusammenarbeit um des Friedens und der Versorgung willen suchen und brauchen, kommen wir ernsthaft nur vorwärts, wenn auch dort die Freiheit der Rede und Information und insbesondere der Presse nicht immer wieder unterdrückt wird. Jeder von uns kennt dafür die heutigen Beispiele. Bei uns selbst herrscht Pressefreiheit. Es sind nicht, wie damals zu Hambachs Zeiten, Zensur oder staatliche Fesseln, die unsere Medien prägen. Stattdessen aber verlagert sich immer wieder einmal das Verlags- und Presseinteresse auf gewerbliche kapitalistische Gewinnziele. Wo bleiben die nötige Information und der ernsthafte Kommentar, wenn die reißerische Unterhaltung im Vordergrund steht? Wie steht es mit dem qualitativen Wert der Pressefreiheit, wenn die Jagd nach Quote und Auflage, wenn Rendite das Niveau des Journalismus zu dominieren droht? „Bad news is good news": gut für wen? Gewiss sind dies Anfragen an die Medien ebenso wie auch an uns, ihre Konsumenten. Im Kern aber geht es um die Kraft der Demokratie. Wenn Zeitungsverlage in die Hand von Finanzinvestoren fallen, deren einziges Ziel der rasche Profit ist, dann gerät die Öffentlichkeit unter den Einfluss des so leicht verkäuflichen Populismus. Wir alle sind zu unserer Information und Bildung lebenslang auf zuverlässige Information und sorgfältige Kommentierung

angewiesen. Die Qualität der Presse ist ein öffentliches Gut, auf das keine Demokratie verzichten kann. Die Übergänge sind schmal. Wie bleibt der legitime Wunsch des Bürgers auf seine private Lebensführung ohne heimliche Medienscheinwerfer geschützt, wo doch gerade die publizierte entkleidende Indiskretion Markterfolge bringen kann? Andererseits, der nachforschende, aufspürende Journalismus gehört zur Funktion der freien Presse. Sie hat soeben durch das unlängst ergangene sogenannte Cicero-Urteil neue Kraft erhalten, weil es den Journalisten vor rechtlicher Verfolgung schützt, sofern er seine Informationsquelle nicht offenlegen will. Die legitime investigative, also neugierige Arbeit des Journalisten wird umso eher verstanden und akzeptiert, soweit sie sich nun nicht ihrerseits primär von sensationellen gewinnbringenden Ergebnissen leiten lässt. Pressefreiheit war ein prägendes Motiv der Einladung zum Hambacher Fest vor 175 Jahren. Sie war das zentrale Thema der beiden Hauptsprecher der Versammlung. Sie bleibt unserer geballten Aufmerksamkeit bis in unsere heutige Zeit überantwortet, im internationalen Bereich wie in unserer eigenen Demokratie. Ich nenne sie hier nur als eines von mehreren Beispielen aus der Reihe der Hambacher Forderungen nach Freiheit, das uns bis heute unmittelbar herausfordert. Eine andere Aufgabe zum Wohle der Bürgerfreiheit stellt sich in der Gegenwart zuweilen schärfer und anders als zu Zeiten des Hambacher Festes. Es ist der Konflikt zwischen der staatlichen Pflicht, für die Sicherheit der Bürger zu sorgen, und dem verfassungsgemäßen Respekt vor ihrer Freiheit. Wir alle kennen die Beispiele, mit denen eine Demokratie heute fertigwerden muss, im Zeichen der offenen Grenzen, der Globalisierung, der terroristischen Gefahren. Den Schutz des freien Bürgers sicherzustellen, ist eine große Verantwortung, der wir aber nur gerecht werden können, wenn die Freiheit nicht um ihres eigenen Schutzes willen unangemessen eingeengt wird. Über das rechte Maß gibt es bei uns lebhafte Auseinandersetzungen. Das ist notwendig. Es ist ein gutes Zeichen unseres Freiheitsverständnisses, wie wir es auch in den wichtigsten Reden des damaligen Hambacher Festes nachlesen können. Das Ziel der Freiheit mit seinem rechten Maß bleibt eine immer lebendige Herausforderung an uns, die Hambacher Erben.

IV. Aber das Erbe des Jahres 1832 greift weiter. „Freiheit und Einheit", so lautete damals die Parole. Die allermeisten auswärtigen Hambacher Festteilnehmer demonstrierten für die Freiheiten in ihrem eigenen Land. Sie fühlten sich zugleich durch die Gleichgesinnten aus anderen Ländern ermutigt. Doch die Lage der deutschen Teilnehmer war etwas anders: Ihnen ging es um ein Land, um ihr Land, das es offenbar gar nicht mehr oder noch nicht wieder gab, das sie aber mit derselben Kraft suchten wie die Freiheit. Daher gehörten für sie Freiheit und Einheit als Ziele ausdrücklich zusammen. Was wollten die Hauptsprecher? Zuerst die Einheit? Dann und dadurch die Freiheit in der Einheit? Oder bedurfte es zunächst der Freiheit als Rüstzeug, um damit den Weg zur Einheit bestehen zu können? Je mehr wir heute diesen damaligen Fragen auf die Spuren kommen, desto klarer zeigt sich, dass wir uns den Hambacher Parolen bis in die Gegenwart hinein zu stellen haben. Dazu bedarf es eines kurzen Überblicks über den harten Kampf um Ziel und Qualität der Einheit auf deutschem Boden während der letzten zwei Jahrhunderte. In der Tat ist es gerade 200 Jahre her, dass der Kaiser in Wien die Krone des Heiligen Römischen Reiches Deutscher Nation 1806 niedergelegt hatte. Mit einer gewissen Assistenz des russischen Zaren hatte damals Napoleon über das Alte Reich verfügt. Auf den französischen Kaiser folgte der Wiener Kongress im Jahre 1815. Nun wuchs erst recht die offene deutsche Frage heran: Was ist Deutschland? Die beiden halbwegs mächtigen Staaten waren Österreich und Preußen. Beide kehrten alsbald zu ziemlich absoluten Monarchien zurück. Wo blieben Einheit und Freiheit? In der Mitte Europas kam nicht mehr als der praktisch machtlose Deutsche Bund zustande. Immerhin war er Ausdruck des allgemeinen europäischen Wunsches, in der Mitte des Kontinents kein Vakuum, sondern eine gewisse Ordnung entstehen zu lassen. Nun begann allmählich die Industrialisierung. Eine deutlichere liberale Richtung wuchs heran. Die Suche nach Einheit und Nation verstärkte sich. Vater Jahn mit der Turnbewegung und Sängerfeste traten hervor. Dies kulminierte auf der ersten demokratisch-republikanischen Großveranstaltung, deren Erinnerung uns hier heute zusammenführt, 1832 in Hambach mit der lauten und kräftigen Forderung nach einem einigen Deutschland. Hier bekannte man sich zur Einsicht in eine Nation nach ihrem Hambacher Begriff: Die Nation ist ein täglicher Volksentscheid darüber, wie sich die Bürger ihr Zusammenleben in Freiheit wünschen. Der Franzose Renan nannte es später „le plébiscite de tous les jours". Dafür hatte das Hambacher Fest seine Farben Schwarz Rot Gold. Sie wurden zum Symbol des freien Volkes auf dem Weg zur Einheit. Eine der originalen Fahnen aus Hambach ziert heute den Plenarsaal des Landtages von Rheinland-Pfalz, dieses schönen, nun sechzigjährigen Bundeslandes mit seinen so wertvollen, reichhaltigen historischen, kulturellen und menschlichen Beiträgen zur deutschen Nation. Dann kam es zur ebenso hoffnungsvollen wie ergebnisarmen Revolution des Jahres 1848. Die Delegierten in der Frankfurter Paulskirche kamen zu keinem Ergebnis. Und der Berliner König wollte, wenn überhaupt, eine Krone nicht vom Volk, sondern nur aus der Hand der Fürsten akzeptieren. Dennoch lebte eine deutsche Nationalbewegung verstärkt fort. Sie feierte 1859 zu Schillers 100. Geburtstag ein nationales Fest ohnegleichen. Danach kam die Zeit Bismarcks. Ihm war kein Ruf als Anhänger einer nationalen Bewegung vorausgegangen. Er erstrebte die kleindeutsche Lösung ohne Wien, gewiss nicht allein mit Blut und Eisen, aber wahrlich auch nicht gemäß dem Hambacher Modell. Es wurde ein Deutschland unter preußischer Führung aus der Hand der deutschen Fürsten in Versailles, dem Schloss des soeben besiegten Frankreichs. Deutschland war die verspätete Nation. Alle wichtigen Nachbarn hatten diesen Weg hinter sich. War nun die offene deutsche Frage beantwortet? Niemand wusste genauer als Bismarck, dass es zentral darauf ankam, das Reich nicht aus der Mitte heraus zu einer neuen Gefahr für das europäische Gleichgewichtssystem werden zu lassen. So suchte er eine Politik der Mäßigung und des Ausgleichs zwischen dem Westen und dem Osten Europas. Die geopolitische Lage war bestimmend. Er war ihr gewachsen. Er verlieh dem Deutschen Reich eine zeitlang wirklich Gewicht, ohne Europa in ernste Unruhe zu versetzen. Nur er vermochte es. Zugleich wuchs das neugebildete Reich zu einer bedeutenden Macht heran. Nach Bismarck setzten sich andrängende Forderungen in Richtung auf deutsche Kolonien und Seegeltung durch. Das friedliche Arkadien, als das Deutschland zuvor angesehen worden war, verlor sich. „La patrie de la pensée" – die Heimat des Denkens, wie Madame de Staël es genannt hatte, strebte jetzt nach Macht und Glanz. Die Ziele für die Bildung einer Nation, die wir aus Hambach kennen, waren in den Hintergrund gerückt. An den nationalen Feiertagen zeigte es sich. Während es in Frankreich der Quatorze Juillet wurde und blieb, also der Tag des Freiheitskampfes des Volkes, wurde es hierzulande der Sedan-Tag, also der Sieg gegen den Nachbarn auf dem Weg zur eigenen Nation. Allgemein heizten sich nationale Gefühle auf. Es wurde etwas Bedeutendes, einer bestimmten Nation anzugehören, ja sich anderen Nationen überlegen zu fühlen. Das Bild des eigenen Landes wurde überhöht, das des Nachbarn herabgesetzt. Gewiss war Deutschland nicht Urheber, sondern nur verspäteter Teilhaber dieses Nationalismus. Er aber war es, der den Sinn der Nation vergiftete. Anstatt die Völker in ihrer Freiheit zu verbinden, wurden sie nun im Namen von Nationen bedroht und entzweit. Hambach war entschwunden. Deutschland war zu einem Staat auf der Suche nach einem Imperium geworden, wie Churchill es nannte und als die Hauptursache für den Ausbruch des Ersten Weltkrieges empfand. Gewiss hatten die Briten keinen imperialen Monopolanspruch auf der Welt. Doch indem die Deutschen auch in die Welt ausgriffen, führten sie schließlich die meisten ihrer Nachbarn zu einer großen Koalition gegen sich zusammen. Der Erste Weltkrieg kam. An seinem Ende war Deutschland besiegt.

V. Der kluge Amerikaner George Kennan hatte den Ausbruch des Ersten Weltkrieges als die Urkatastrophe der aufgeklärten Welt bezeichnet. In der Tat, das nationale Selbstbewusstsein der Sieger war nur allzu nachhaltig gestärkt, das deutsche Nationalgefühl gedemütigt. Nichts weniger als Freiheit und Befriedung Europas war die Folge. Amerikas Präsident Woodrow Wilson vollbrachte zwar eine große Tat, um die es schon 90 Jahre zuvor in Hambach gegangen war: Er verhalf den Polen endlich zur Wiedererlangung ihrer nationalen Souveränität. Aber ihm, dem Erfinder des Völkerbundes, war es nicht gelungen, sein eigenes Land zur Teilnahme zu bewegen. In den USA war eine neue Phase der Isolation angebrochen. Im geschlagenen Deutschland waren beim Übergang zur Republik die Zahl und die Kräfte der aktiven Demokraten viel zu lange viel zu schwach. Die radikalen Flügel rechts und links verstärkten sich. In Zeiten großer sozialer und wirtschaftlicher Not kam Hitler an die Macht und versetzte dem Gedanken einer deutschen Nation den Todesstoß, indem er für die germanische Rasse Lebensraum und rassische Weltherrschaft beanspruchte. Er rüstete für den Waffengang und für sein grauenhaftes Ziel, ein ganzes Volk, die Juden, auszurotten. Die Folgen waren der verbrecherische Krieg mit der halben Welt und der Völkermord im deutschen Namen. Deutschland wurde zerstört, besiegt, besetzt und geteilt. Was konnte das Wort deutsch noch bedeuten? Ob Deutschland überhaupt noch als Staat existierte, war unklar. Und dennoch ging die deutsche Geschichte 1945 nicht zu Ende. Durch die Teilung war Deutschland nun aus seiner historischen Mittelposition in eine doppelte Randlage geraten, der Osten des Westens auf der einen, der Westen des

Ostens auf der anderen Seite. Die geteilte Mitte Europas blieb dennoch auch Mitte. Wieder gab es eine deutsche Frage, die offen war und unbequem. Wir und unsere Nachbarn lernten, mit dieser Offenheit zu leben und Antworten auf sie zu suchen.

VI. Auf dieser Suche wenden wir uns nun zuletzt dem dritten Ziel des Hambacher Festes von 1832 zu, dem Ziel Europa. Damals war es darum gegangen, im gemeinsamen Verlangen nach Freiheit sich gegenseitig grenzüberschreitend voran zu helfen. Ein konföderiertes, republikanisches Europa sollte heranwachsen, ohne konkrete historisch-politische Planungen, ein Europa der Völker in ihrer tiefen übereinstimmenden Sehnsucht nach Freiheit. Es geschah auf der Basis der in Hambach vorherrschenden Überzeugung, dass der Weg zu einem konföderierten Europa nur über die Nationen gehen könne und gehen solle. Damals sahen es die Bürger so. Aber auf dem Hambacher Fest fehlte die seherische Gabe, wie sich diese Nationen demnächst bei sich selbst und vor allem in ihrem Verhältnis zueinander entwickeln würden. Der Glaube an den übereinstimmenden Freiheitswillen der Völker war ja das eine. Die sich ständig verschärfende machtpolitische Rivalität der Nationen und Bündnisse aber war das andere. Und so wies der Weg in Richtung auf den Nationalismus, der nichts anderes eindeutiger zur Illusion verdammte als eben ein konföderiertes Europa. Am Ende bedurfte es der grau-

enhaften Lehren aus den Weltkriegen, die erst die Augen der nationalen Politiker dafür öffneten, dass nur eine europäische Zusammenarbeit den Nationen einen Weg in die Zukunft ermöglichte. Winston Churchill, dereinst überzeugter britischer Imperialist, der noch im Februar 1945 in Jalta dabei war, als dort Roosevelt und Stalin mit einer Demarkationslinie von Norden nach Süden den europäischen Kontinent geteilt hatten, kam im Frühjahr 1946 nach Zürich und rief uns mit dem Mut und der Weitsicht einer kurzen und klaren Rede auf, die Vereinigten Staaten von Europa zu schaffen. Es galt, mit dem neuen Tumult unter den Siegern und mit Chaos und Verzweiflung bei den Verlierern fertigzuwerden. Lasst uns eine europäische Familie schaffen, so rief er aus. Die beiden großen Nationen Frankreich und Deutschland sollen als Partner die Sache anführen. Das Vereinigte Königreich, das Commonwealth of Nations, die USA und die Sowjetunion sollen als Freunde das neue Europa fördern. Der Appell war von singulärer historischer Kraft. Er legte einen Grundstein für die kommende Zeit. So entstand zunächst das neue vereinigte Westeuropa, ganz freiwillig, trotz Jalta, ohne Siegereinfluss, aus tiefer historischer Einsicht nach den bitteren Lehren der letzten hundert Jahre. Mit friedlichen Mitteln wuchs es heran. Sein freiheitlicher und wirtschaftlicher Erfolg entwickelte sich zum wirkungsvollsten Magneten für eine allmähliche gesamteuropäische Annäherung. Mit der Gipfelkonferenz von Helsinki 1975 erhielten die Bürgerkräfte auch im Osten einen entscheidenden Auftrieb. Natürlich nahm niemand Bezug auf Hambach. Und doch zeigten sich in der polnischen Solidarność-Bewegung, bei der Prager Charta 77 bis hin schließlich zu großen freiheitlichen Demonstrationen in Leipzig und vielen anderen Städten dieselben elementaren Bürgerkräfte, die so lange unterjocht geblieben waren. „Wir sind das Volk" – die Mauer öffnete sich am 9. November 1989. „Wir sind ein Volk" – am 3. Oktober 1990 wurde Deutschland vereinigt. Die alte Frage von Ernst Moritz Arndt „Was ist des Deutschen Vaterland?" fand eine eindeutige Antwort auf der Basis einer wahrhaft freiheitlichen Verfassung. Wir haben unsere Einheit keinem Nachbarn aufgezwungen, sondern sie mit ihrer Zustimmung erreicht. Und unter besonders nachdrücklichem Einsatz von uns Deutschen kam es am 1. Mai 2004 zur europäischen Aufnahme der demokratischen Nationen aus dem Osten und Südosten.

VII. So ebnete sich der Weg zu einem konföderativen Europa der Völker. Wir Deutschen liegen in der Mitte des Kontinents. Wir haben neun Nachbarn, mehr als alle anderen Staaten der Welt außer Russland und China. Deshalb hatte im Lauf der Jahrhunderte auch unsere Geschichte uns nie allein gehört. Stets blieb sie geprägt durch Einwirkungen von außen hinein und von innen hinaus. Heute fürchtet sich kein Nachbar mehr vor uns. Und wir fühlen uns von keinem bedroht. Damit, erst damit hat die offene deutsche Frage ihre historische Antwort erhalten. Noch einmal sei es gesagt: Das alles geschah ganz gewiss nicht in bewusster Erinnerung an das Hambacher Fest von 1832. Aber seine großen Ziele Freiheit – Einheit – Europa sind heute wie nie zuvor mit Leben erfüllt. Sie lohnen es, dass wir uns der damaligen großen Völkerversammlung und ihren Einberufern mit Achtung und Dankbarkeit erinnern und mit dem Bewusstsein, dass die Gedanken von Hambach unser Auftrag bleiben.

Kommentar

Richard von Weizsäcker geht in seiner Rede vom Hambacher Dreiklang „Freiheit, Einheit und Europa" aus, gibt zunächst einen kurzen historischen Überblick über die Ereignisgeschichte, die Motive und die Folgen des Hambacher Festes, um dann die aus seiner Sicht zentralen Fragen an die Gegenwart zu stellen: „Wir sind hier nicht zu einem bloßen Veteranenfest versammelt. Vielmehr wollen wir Rechenschaft darüber ablegen, was wir in Hambach gelernt haben. Sind wir verantwortlich damit umgegangen?"

In Zentrum seiner Betrachtungen des ersten Komplexes der *Freiheit* stellt Weizsäcker neben Aspekten, die zentral zu einer Souveränität des Volkes gehören, wie Wahl-, Versammlungs- und Redefreiheit, die Pressefreiheit als Ausgangspunkt und zentrale Forderung des Hambacher Festes. Er sieht in der weiteren Entwicklung und aktuell die Presse- und Medienfreiheit in Deutschland und Europa nicht mehr durch staatliche Einschränkungen, sondern durch „gewerblich kapitalistische Gewinnziele" und den „qualitativen Wert der Pressefreiheit" bedroht, „wenn die Jagd nach Quote und Auflage, wenn Rendite das Niveau des Journalismus zu dominieren droht". Die Qualität der Presse sei ein öffentliches Gut, auf das keine Demokratie verzichten könne.

Im Folgenden untersucht er, von der Hambacher Doppelforderung „Freiheit und Einheit" ausgehend, deren Verhältnis im Laufe der weiteren Entwicklung und konstatiert, dass mit den Freiheitskriegen gegen die Herrschaft Napoleon zunächst die nationale Entwicklung eines als Staat ja nicht existierenden Deutschlands im Vordergrund gestanden habe und es so unter Bismarck zu einer nationalen Einheit ohne Freiheit und nach dessen Abgang zum Ende seiner Politik des Ausgleichs und der Mäßigung und zu einer Überhöhung des Nationalismus gekommen sei. Dies zeige sich auch daran, dass man in Deutschland nicht wie in Frankreich mit dem 14. Juli den Tag des Freiheitskampfes des Volkes, sondern den Sedan-Tag, also den Sieg gegen den Nachbarn auf dem Weg zur eigenen Nation gefeiert habe: „Anstatt die Völker in ihrer Freiheit zu verbinden, wurden sie nun im Namen von Nationen bedroht und entzweit. Hambach war entschwunden. Deutschland war zu einem Staat auf der Suche nach einem Imperium geworden." Auch die „Urkatastrophe" des Ersten Weltkrieges konnte durch den Frieden von Versailles trotz der Gründung des Völkerbundes keinen Weg zu Freiheit und Einheit weisen, stattdessen führten das gedemütigte Nationalgefühl und die Belastungen zu Revisionismus und verstärktem Nationalismus und mit der Herrschaft des Nationalsozialismus zum rassistisch begründeten Kampf um die Weltherrschaft, die in einem fürchterlichen Raub- und Vernichtungskrieg und im Völkermord geendet habe.

So sei die deutsche Rolle in der Mitte Europas erst nach dem Ende des Zweiten Weltkrieges im zunächst westeuropäischen Einigungsprozess neu und friedlich bestimmt worden. Aufgrund der Freiheitsbewegungen im Osten habe die Idee eines gemeinsamen friedlichen Europas vor allem in den 1980er Jahren erheblichen Zuspruch und Auftrieb erhalten und schließlich zur deutschen Einheit führen können: „Wir haben unsere Einheit keinem Nachbarn aufgezwungen, sondern sie mit ihrer Zustimmung erreicht. [...] Heute fürchtet sich kein Nachbar mehr vor uns. Und wir fühlen uns von keinem mehr bedroht. Damit, erst damit hat die offene deutsche Frage ihre historische Antwort erhalten." Damit seien die großen Ziele Freiheit – Einheit – Europa heute wie nie zuvor mit Leben erfüllt.

---

1   So der ehemalige Bundestagspräsident Wolfgang Schäuble in seinem Vorwort, vgl. Weizsäcker 2020, S. 10.

DIE 30.000 MENSCHEN, DIE SICH HIER ZU EINER MASSENDEMONSTRATION VERSAMMELTEN, WAREN EUROPÄISCHE FREIHEITSHELDEN – DIE REDE VON MARTIN SCHULZ ZUM 180. JUBILÄUM DES HAMBACHER FESTES AM 25. MAI 2012

Anlässlich des 180. Jahrestages des Hambacher Festes luden der Landtag und die rheinlandpfälzische Landesregierung zu einer gemeinsamen Feierstunde auf dem Hambacher Schloss ein. Wie der damals amtierende rheinlandpfälzische Ministerpräsident Kurt Beck betonte, sahen sich das Land und die Landesregierung in besonderer Weise dazu verpflichtet, „[d]as Hambacher Schloss als bedeutende Stätte für die Entwicklung der Demokratie in Deutschland und die europäische Zusammenarbeit zu erhalten und zu pflegen".[1] Insbesondere Letzteres spiegelte sich in den Erinnerungsfeierlichkeiten des Jahres 2012 insofern wider, als diese im Zeichen eines ganz bestimmten und hochaktuellen politischen Themas stattfinden sollten, das Beck prägnant auf den Punkt brachte: „Wir befinden uns an einer Wegscheide in der Entwicklung und Zusammenarbeit unserer Staaten. Dabei liegt die Lösung auf die Herausforderungen nicht in einem ‚weniger Europa'. Ich bin fest davon überzeugt, dass genau das Gegenteil richtig ist. Wir müssen noch mehr Europa wagen." Die Zukunft Europas und der Europäischen Union (EU) standen somit auch im Mittelpunkt der Hambach-Feierlichkeiten vom 25. Mai 2012. Entsprechend der europäischen Dimension des Hambachgedenkens bestand die Runde der Podiumsdiskussion neben vier jugendlichen Vertreter:innen aus dem „Vierernetzwerk": dem rheinlandpfälzischen Landtagspräsidenten Joachim Mertes, aus der polnischen Generalkonsulin, Jolanta Róża Kozłowska, sowie dem französischen Generalkonsul, Jean-Claude Tribolet. Und mit dem SPD-Politiker Martin Schulz hatten die Organisatoren den damals amtierenden Präsidenten des Europäischen Parlaments eingeladen, die Hauptrede an jenem Tag zu halten (Abb. 1).[2]

Abb. 1: Ministerpräsident Kurt Beck, Martin Schulz und Landtagspräsident Joachim Mertes am 25. Mai 2012 vor dem Hambacher Schloss.

Martin Schulz wurde am 20. Dezember 1955 in Hehlrath nahe der deutsch-holländischen Grenze geboren. Nachdem Schulz sein Abitur am privaten katholischen Heilig-Geist-Gymnasium in Würselen abgeschlossen hatte, absolvierte er zwischen 1975 und 1977 eine kaufmännische Lehre als Buchhändler. Im Anschluss arbeitete er im Verlagswesen, bis er 1982 seinen eigenen Buchladen in Würselen gründete und für die kommenden zwölf Jahre leitete.[3] Parallel zum beruflichen Werdegang entfaltete Schulz seine Tätigkeit auf politischer Ebene. Bereits im Alter von 19 Jahren war er der Sozialdemokratischen Partei Deutschlands (SPD) beigetreten und hatte sich für deren Jugendorganisation (Jusos) in Würselen engagiert. 1987 wählten ihn die Würseler in das Amt des Bürgermeisters, das er elf Jahre lang inne hatte.[4] Zugunsten seines seit der Europawahl 1994 bestehenden Mandats verzichtete Schulz 1998 auf das Bürgermeisteramt und wurde von diesem Zeitpunkt an Mitglied des Europäischen Parlaments. Hier übernahm Schulz mit der Jahrtausendwende den Vorsitz der deutschen EU-Abgeordneten der SPD sowie 2002 den stellvertretenden und 2004 den Vorsitz der sozialdemokratischen EU-Fraktion. Schließlich war Schulz zwischen 2012 und 2017 Präsident des Europäischen Parlaments.[5] Für sein Engagement zur Stärkung des Parlaments und der demokratischen Legitimation in der EU wurde Martin Schulz 2015 mit dem Internationalen Karlspreis zu Aachen für die Einheit Europas ausgezeichnet.[6]

Darüber hinaus gehörte Schulz auf bundespolitischer Ebene seit 1999 durchgehend dem Bundesvorstand und dem Parteipräsidium der SPD in Deutschland an. Mit seiner 2016 verkündeten Entscheidung, als Prä-

Abb. 2: Aktuelle Aufnahme von Martin Schulz (*1955) als Mitglied des Deutschen Bundestages.

sident des Europäischen Parlaments für keine weitere Amtszeit zu kandidieren, vollzog er zugleich den endgültigen Wechsel in die Bundespolitik.[7] Von 2017 bis 2018 war Schulz SPD-Vorsitzender und trat bei der Bundestagswahl im Jahr 2017 als Kanzlerkandidat der SPD an. Seit 2017 ist Schulz Abgeordneter des Deutschen Bundestages, stellvertretendes Mitglied im Auswärtigen Ausschuss und stellvertretendes Mitglied im Ausschuss für die Angelegenheiten der Europäischen Union (Abb. 2).[8]

Der Traum vom Europa der Völker

Rede von Martin Schulz am 25. Mai 2012

Sehr geehrte Damen und Herren,

vor 180 Jahren zogen Fahnen schwingend und singend Studenten und Abgeordnete; Handwerker und Bauern; Journalisten und Anwälte; Tagelöhner und Dienstboten; Polen, Franzosen und Deutsche Seite an Seite auf das Hambacher Schloss; vereint unter dem Ziel: Freiheit, Einheit und Demokratie. Freiheit, Einheit und Demokratie – das ist auch heute noch eine mitreißende Forderung. Freiheit, Einheit und Demokratie – das ist uns auch heute noch gegenwärtige Verantwortung. Die Menschen, die sich hier vor 180 Jahren versammelten, haben ihren ganz eigenen Beitrag zum jahrhunderte währenden Kampf für ein demokratisches Europa erbracht. Freiheit, Einheit und Demokratie – das ist ihr Vermächtnis an uns.

In Europa teilen wir ein gemeinsames philosophisch-kulturelles Erbe. Wir teilen Ideen und Normen: eine vom Volk ausgehende Herrschaft, Gewaltenteilung, Pressefreiheit und Menschenrechte. Von dem Demos im antiken Athen bis zum Sturz der griechischen Militärdiktatur, von den mittelalterlichen Freistädten – in denen der Satz galt „Stadtluft macht frei" – bis zur Direktwahl zum Europäischen Parlament. Von der Bill of Rights in England – bis zur EU-Grundrechtecharta, von der Französischen Revolution – bis zur Solidarnosc

zieht sich der Kampf für Demokratie und Menschenrechte als roter Faden durch die europäische Geschichte. Europas Weg zur Demokratie war nie geradlinig; er wurde von blutigen Revolutionen und Gegenrevolutionen immer wieder unterbrochen und immer wieder zurückgeworfen. Erst nach dem Zweiten Weltkrieg triumphierte erstmals eindeutig die Demokratie über Diktatur, Faschismus und Religionskriege.

Heute leben wir in einer Gesellschaft, in der es eine freie Presse und unabhängige Gerichte gibt, parlamentarische Demokratie und politische Teilhabe, allgemeines, gleiches Wahlrecht und verbriefte Bürgerrechte. Wir leben in einer Gesellschaft, in der der Mensch im Mittelpunkt steht. In einem geeinten Deutschland, in einem geeinten Europa. Dafür, dass wir heute in einer solchen Gesellschaft leben dürfen, haben über die Jahrhunderte unzählige Menschen ihr Leben dem Kampf für die Demokratie verschrieben; Ungezählte litten unter Folter, Gefängnisstrafen, dem Verlust ihrer bürgerlichen Existenz, mussten Flucht und Exil auf sich nehmen; ungezählte verloren ihr Leben. Die 30.000 Menschen, die sich hier zu einer Massendemonstration versammelten und die Souveränität des Volkes, freie Wahlen, Gleichberechtigung von Mann und Frau, Pressefreiheit, Versammlungsfreiheit und Meinungsfreiheit forderten waren europäische Freiheitshelden. Sie waren ungeheuer mutig.

Meine Damen und Herren, erinnern wir uns, es war die Zeit des Wiener Kongresses und der Restauration. Nach dem Sturz Napoleons im Frühjahr 1814 sollte in Wien im „Palais im Ballhaus" ein Kongress aller am Krieg beteiligten Staaten eine Nachkriegsordnung aushandeln. Das geschah unter der Führung des österreichischen Staatskanzlers Fürst von Metternich, der Volkssouveränität als „Wurzel der Anarchie" bezeichnete. Die Uhr sollte zurückgedreht, die alte Ordnung vor der Französischen Revolution wieder hergestellt werden – nach innen wie nach außen. Der „Krater der Revolution" ein für alle mal wieder geschlossen werden. Es folgte die Unterdrückung nationaler, liberaler und demokratischer Bestrebungen – doch die Ideen der Freiheit, Demokratie und Unabhängigkeit waren nicht mehr aus der Welt zu schaffen. In den Jahren 1830/31 war Europa in Aufruhr: die Pariser Julirevolution; die Unabhängigkeit Belgiens im Oktober; der Freiheitskampf der Polen gegen die russische Besatzungsmacht im November, dessen grausame und blutige Niederschlagung die Hambacher Demonstranten tief bewegte.

Eine Welle nationaler und demokratischer Freiheitsbewegungen spülte durch Europa; ihre Ideen verbreiteten sich rasant schnell; auch durch überall regelrecht aus dem Boden schießende Druckereien, die mit Flugblättern zur Entstehung einer „Öffentlichkeit" beitrugen. Die Bestrebungen der bayerischen Regierung, unter deren Verwaltung die Pfalz damals stand, mit strengen Zensurerlassen die Presse zu reglementieren, war der Funken, der das revolutionäre Feuer endgültig entfachen sollte: Der Landtag ging gegen den Zensurerlass auf die Barrikaden. König Ludwig der Erste löste daraufhin den Landtag

einfach auf; journalistische Aktivitäten wurden bestraft, Zeitungen verboten. Man wich auf Flugblätter und Maueranschläge aus. „Die Zensur ist der Tod der Pressfreiheit und somit der Verfassung" schrieb damals der Jurist, Journalist und Mitinitiator des Hambacher Festes Philipp Siebenpfeiffer.

Wir haben heute eine freie Presse, und es ist unsere Verantwortung, dafür Sorge zu tragen, dass es auch so bleibt. Verantwortung sowohl in Europa. Dafür setzt sich auch das Europäische Parlament ein, wenn es etwa über die Pressefreiheit im Berlusconi-Italien[9] oder über das neue Mediengesetz der Orban-Regierung in Ungarn debattiert[10]. Als auch Verantwortung außerhalb Europas. Indem wir eine wertegeleitete Außenpolitik verfolgen, Meinungs- und Pressefreiheit von unseren Handels- und Gesprächspartnern einfordern. Indem wir auch die heutigen Freiheitshelden unterstützen. Was zu Zeiten des Hambacher Festes den Demokratieaktivisten heimlich gedruckte Flugblätter waren, sind den Bloggern in Tunesien, Ägypten und Iran heute Tweets und Facebook-Einträge. Das Medium hat sich geändert – das Ziel ist das gleiche geblieben: Freiheit.

Meine sehr geehrten Damen und Herren, vor einem Jahr begann hoffnungsfroh der Arabische Frühling.[11] Vielen unserer Nachbarvölker hat er Freiheit gebracht. Wir konnten bei den Wahlen in Tunesien, Ägypten und zuletzt in Jemen, die strahlenden Gesichter von Menschen sehen, die zum ersten Mal ihr Wahlrecht frei und geheim ausüben durften. Diese strahlenden

Gesichter erinnern uns daran, dass jede Gesellschaft zwar ihren eigenen Realitäten und Zwängen unterliegen mag, doch uns alle der Traum eint, frei darüber zu bestimmen, wer uns regiert. Aus dem Erbe des Hambacher Festes erwächst für uns die Aufgabe die Transitionsprozesse des Arabischen Frühlings zu unterstützen.

Dem Europäischen Parlament kommt dabei eine besondere Verantwortung zu. Wir wollen diesen jungen Parlamenten Freund und Partner sein. Wir wollen einen offenen und beständigen Dialog mit ihnen führen. Gerade unsere Abgeordneten aus mittel- und osteuropäischen Ländern können durch ihre eigenen Erfahrungen gute Ratgeber im demokratischen Transformationsprozess sein. Denn den Parlamenten wird in den kommenden Jahren eine Schlüsselrolle dabei zukommen, das Freiheits-Versprechen des Arabischen Frühlings in den neuen Verfassungen einzulösen. Diese Verantwortung wahrnehmen, heißt auch, das große wirtschaftliche Potenzial der Mittelmeerregion zu nutzen und in enger Partnerschaft dafür zu sorgen, dass gerade die junge Generation Aussicht auf Wachstum und Jobs hat. Demokratie braucht immer auch Hoffnung, das dürfen wir nicht vergessen.

Freiheit, Einheit und Demokratie. Die Einheit, die die Redner vor 180 Jahren hier forderten, war die Einheit des Vaterlandes, basierend auf einer Verfassung und auf der Volkssouveränität. Damals ging es den Teilnehmern des Hambacher Festes darum, sich gegenseitig in ihrem Freiheitskampf zu unterstützen; das war das einigende Element: das Streben der Völ-

ker nach Freiheit, die sie nur durch nationale Einheit zu realisieren glaubten. Doch schon damals träumten sie von einem konföderierten Europe, einem Europa der Völker, das auf den Nationen aufbauen sollte. Deutsche, Franzosen und Polen schritten damals Seite and Seite zum Hambacher Fest; die polnische Flagge wehte ebenso wie die schwarz-rot-goldene über der Burg. Auf Transparenten war die Forderung „Freiheit, Einheit und Europa" zu lesen. Der Jurist, Schriftsteller und Mitinitiator des Hambacher Festes, Johann Georg August Wirth, schloss seine Rede mit einem dreimaligen hoch auf das „conföderierte republikanische Europa!"

Doch die „Wiedergeburt des Vaterlandes" sollte zunächst Vorrang haben. Sie wussten noch nicht um die Janusköpfigkeit des Nationalismus – der eine ungemein einigende Kraft nach innen entfaltet, Solidarität zwischen Menschen schafft, die sich noch nie von Angesicht zu Angesicht gesehen haben, und auch Identität stiftet – gleichzeitig aber auch ungeheuer zerstörerische Kräfte nach außen entfaltet – Kräfte die Europa in die Katastrophe der beiden Weltkriege führen sollten.

Erst aus der Erfahrung des historischen Tiefpunkts der europäischen Geschichte heraus, gelang es den Gründungsvätern und müttern der Europäischen Union, den Traum vom Europa der Völker zu realisieren. Auch weil sie im Gegensatz zu ihren Vorkämpfern auf dem Hambacher Fest begriffen hatten, dass dafür ein institutioneller Rahmen notwendig ist. Ein freies und geeintes Deutschland sollte es – abgesehen von der Weimarer Republik – auch erst sehr viel später geben: erst nach dem Fall der Berliner Mauer, erst mit der Wiedervereinigung. Und es ist kein Zufall, dass dieses vereinte Deutschland erst in und mit der Einheit Europas vollends verwirklicht wurde. Auch Europa musste lange auf seine Einheit warten: Von den Anfängen des Einigungsprozesses mit dem Schuman-Plan 1950, über die Grundsteinlegung des Gemeinsamen Marktes in den Römischen Verträgen 1958 bis heute zu einer Gemeinschaft mit 27 Staaten und 500 Millionen Bürgerinnen und Bürgern hat das europäische Projekt eine atemberaubende Entwicklung durchlaufen. Portugal, Spanien und Griechenland schüttelten ihre Diktaturen ab. Vor zwei Jahrzehnten fiel die Berliner Mauer, löste sich die Sowjetunion auf und machte damit den Weg frei für die Einigung Europas. Die Ostererweiterung beendete die künstliche Trennung Europas durch den Eisernen Vorhang dann endgültig. Die Beitrittsperspektive unterstützte die friedliche Transformation der Länder in Zentral- und Osteuropa und trug damit zu Sicherheit, Stabilität und Wohlstand in ganz Europa bei. Niemals dürfen wir Jene vergessen, die wie ihre geistigen Vorfahren beim Hambacher Fest ihr Leben dem Kampf gegen die Unterdrückung und dem Kampf für die Freiheit und die Demokratie verschrieben haben. Der Eiserne Vorhang, die Diktaturen in Südeuropa sind nicht einfach gefallen, sie wurden durch friedliche Proteste von Menschen gegen ein verbrecherisches System zu Fall gebracht.

Sehr geehrte Damen und Herren, ich möchte meine Rede heute mit einer Mahnung abschließen. Wir wollen heute nicht nur wohlklingende Sätze über unsere Geschichte verlieren, sondern das Erbe des Hambacher Festes ernst nehmen: „Freiheit, Einheit und Demokratie"; Freiheit, Einheit und Europa – wie ist es heute um die Demokratie in Europa bestellt?

Es gibt zwei Entwicklungen die mich sehr beunruhigen:

Erstens: Die Finanz- und Wirtschaftskrise hat sich immer mehr zu einer Vertrauenskrise ausgeweitet. Die Menschen verlieren zusehends das Vertrauen in die Demokratie und in die Handlungsfähigkeit demokratischer Institutionen. Die Menschen zweifeln zusehends daran, ob die Demokratie noch in der Lage und willens ist, sich dem Diktat der Finanzmärkte entschieden entgegen zu stellen. Die Menschen verstehen nicht, warum Banken mit riesigen Summen gerettet werden, aber kein Geld da ist, um in Wachstum und Arbeitsplätze zu investieren. Dass der Eindruck sich verstärkt, Politik sei getrieben von anonymen Marktkräften, Spekulanten und Rating-Agenturen dürfen wir nicht zulassen, – dadurch wird die gesamte Legitimität unseres politischen Systems in Frage gestellt. Denn: Warum soll ich zu einer Wahl gehen, wenn die Politik eh nichts mehr zu sagen hat? Das ist gefährlich. Unter dem Ereignisdruck der Märkte, die nach schnellen Signalen verlangten, haben viele Regierungen die Parlamente von wichtigen Entscheidungen weitgehend ausgeschlossen.

Ja, Parlamente sind oft unbequem und langwierig. Das müssen Parlamente aber auch sein! Sie müssen politische Entscheidungen ans Licht der Öffentlichkeit zerren und sie dort beraten, verändern und manchmal sogar verwerfen. Dafür brauchen sie Zeit. Ja, Demokratie und Parlamentarismus brauchen Zeit. Und wenn wir uns diese Zeit nicht mehr nehmen wollen, verändern wir unser Gesellschaftsmodell. Dann werden wir letztendlich tatsächlich eine marktkonforme Demokratie haben – und nicht einen demokratiekonformen Markt, wie ich ihn mir wünsche.

Auf europäischer Ebene wurde zweitens, das Europäische Parlament durch den Trend zur Vergipfelung, also durch die Inflation von Treffen der Regierungschefs, immer mehr ausgeschlossen. Das erinnert in der Tat an die Zeit des Wiener Kongresses im 19. Jahrhundert, als Regierungen um nationale Interessen hinter geschlossenen Türen „wie Vieh schacherten". Zum ersten Mal vollzieht sich durch die „Selbstermächtigung des Rates" ein „Abbau der Demokratie" wie es der deutsche Philosoph Jürgen Habermas so treffend benennt. Diese sogenannte Unionsmethode – das Handeln der Regierungen ersetzt zunehmend das Handeln von Parlament und Kommission – was wir in Brüssel die Gemeinschaftsmethode nennen. Die Gemeinschaftsmethode ist kein technischer Begriff, sondern die Seele der Europäischen Union. Denn Gemeinschaftsmethode das heißt: Konflikte durch Dialog und Konsens zu lösen. Anstelle des Rechts des Stärkeren Solidarität und Demokratie zu setzen. Den Interessenausgleich zwischen kleinen und großen Staaten, zwischen Nord und Süd, Ost und West zu bewältigen und das Wohl Aller über Partikularinteressen zu stellen. Ist die Unionsmethode nun wirklich so viel effizienter? Ich denke das Krisenmanagement der Regierungschefs in den vergangenen zwei Jahren spricht für sich selbst. Die EU-Regierungschefs sind also gut beraten, wenn Sie es bei der Gemeinschaftsmethode belassen.

Auch die Forderung nach Einheit sollten wir uns also zu Herzen nehmen. Das Nachkriegs-Europa fußt auf der nüchternen Erkenntnis, dass sich unsere Interessen nicht mehr von jenen unserer Nachbarn trennen lassen; auf der Einsicht, dass die EU eben kein Nullsummenspiel ist, in dem einer verlieren muss, damit ein anderer gewinnt. Es ist genau umgekehrt: Entweder verlieren wir alle – oder wir gewinnen alle. Alleine sind wir schwach – gemeinsam sind wir stark. Die nationalen Identitäten, für die auf dem Hambacher Fest gestritten wurde, sind nach wie vor stark und ich kann mir nicht vorstellen, dass wir in Europa jemals aufhören werden uns als Deutsche, Franzosen oder Polen zu fühlen. Das ist auch gut so! Denn unsere nationale Vielfalt und unsere spezifischen Erfahrungen sind unser Reichtum in Europa. Aber im globalisierten 21. Jahrhundert brauchen wir die Europäische Union, um unser soziales und demokratisches Gesellschaftsmodell zu bewahren. Denn mit 27 Staaten, 500 Millionen Bürgerinnen und Bürgern sowie dem größten und reichsten Binnenmarkt der Welt lässt sich deutlich mehr bewegen: Das ist gebündelte Souveränität und die bedeutet mehr Handlungsmacht.

Mein Freund, der luxemburgische Premierminister Jean-Claude Juncker, erzählt immer gerne, wenn er den chinesischen Premierminister trifft, legt er ihm den Arm um die Schulter und sagt zu ihm: gemeinsam vertreten wir 1,3 Milliarden Menschen. Gerade wir in Deutschland vergessen das oft: dass wir in der internationalen Arena bald nur mehr ein Fliegengewicht sein werden. Vielleicht könnten wir noch einige Jahre im transkontinentalen Wettbewerb mithalten. Aber wo stehen wir in ein paar Jahrzehnten? Heute hat Deutschland 82 Millionen Einwohner, Tendenz fallend – China hat 1,3 Milliarden, Tendenz steigend. Die EU ist der Versuch im globalisierten 21. Jahrhundert unser soziales und demokratisches Gesellschaftsmodell angesichts neuer aufsteigender Mächte zu wahren – in Einheit und Freiheit. Das ist die Gesellschaft, in der ich leben will. Ich will, dass auch meine Kinder und nachfolgende Generationen, in diesem Europa leben können. Dafür lohnt es sich jeden Tag zu kämpfen.[12]

Kommentar

Gleich zu Beginn seiner Rede verdeutlicht Martin Schulz, dass er die Bedeutung des Hambacher Festes über die Wirkung als lokales und deutsches historisches Ereignis hinaus in einem größeren Kontext sieht. Vor 180 Jahren hätten die Hambacher, d. h. Deutsche, Franzosen und Polen, gemeinsam für das Ziel von Freiheit, Einheit und Demokratie zusammengewirkt und mit ihrem Fest einen Beitrag in dem Jahrhunderte währenden Kampf um ein „demokratisches Europa" geleistet. Schulz verortet das Hambacher Fest somit in der europäischen Demokratiegeschichte. Nachdem er einige Stationen dieses Kampfes um „Demokratie und Menschenrechte" benannt hat, betont er zugleich auch den Anteil der Menschen der vergangenen Jahrhunderte daran, dass es heute eine freie Presse und unabhängige Gerichte, parlamentarische Demokratie und politische Teilhabe sowie Wahl- und Bürgerrechte gebe. Und zu diesen Menschen gehören für Schulz jene 30.000, die im Jahr 1832 am Hambacher Fest teilgenommen haben. Es seien ihre Ideen gewesen, die in seinen Augen aus den Hambachern heute „europäische[n] Freiheitshelden" machen. Ihr Vermächtnis liegt nach Schulz in ihren Forderungen nach „Freiheit, Einheit und Demokratie", auf die er im Verlauf seiner Rede wiederholt eingeht.

Zunächst greift der Redner im Hinblick auf die Forderung von ‚Freiheit' vertiefend das Thema der Meinungs- und Pressefreiheit auf. Nach einem kurzen Rückblick auf die vorherrschende Restaurations- und Zensurpolitik in der ersten Hälfte des 19. Jahrhunderts und den Bestrebungen die zunehmenden Freiheitsregungen in Europa zu unterdrücken, macht er auf die Verbote und Maßnahmen im Vorfeld des Hambacher Festes aufmerksam. Ausgehend von einem Zitat Siebenpfeiffers, wonach die Zensur der Tod der Pressefreiheit und damit auch der Verfassung sei, erinnert Schulz daran, dass es heute zwar eine freie Presse gebe, aber es in unser aller Verantwortung liege, diese zu bewahren und sich aktiv dafür einzusetzen. Dabei bezieht er such auf die aktuellen Entwicklungen in Italien und Ungarn, wo sich zu diesem Zeitpunkt bereits Tendenzen zur zunehmenden Einschränkung der Pressefreiheit andeuteten.[13] Anschließend schlägt Schulz den Bogen über die heimlich gedruckten Flugblätter als wichtigstes Agitationsmedium der Hambacher hin zu aktuellen Medien wie Facebook und Tweets der „heutigen Freiheitshelden". Das sind für Schulz Blogger in Tunesien, Ägypten und dem Iran, die im Kontext des im Jahr davor begonnenen „Arabischen Frühlings" mit ihren Beiträgen über die sozialen Mediennetzwerke einen Anteil an den Freiheitsbestrebungen in der Arabischen Welt geleistet hätten: „Das Medium hat sich geändert – das Ziel ist das gleiche geblieben: Freiheit." Bemerkenswert ist, dass Schulz aus dem Erbe des Hambacher Festes die Aufgabe für alle Europäer ableitet, die demokratischen Transferprozesse des Arabischen Frühlings zu unterstützen. In diesem Zusammenhang weist er auf die bedeutende Rolle des Europäischen Parlaments als Ratgeber für die künftige Realisierung des demokratischen Transformationsprozesses in den Staaten des Nahen Ostens und Nordafrikas hin.

Danach widmet sich Schulz der Hambacher Forderung nach ‚Einheit', indem er diese zunächst historisch kontextualisiert. Damals hätten die Redner die Einheit des Vaterlandes auf der Grundlage einer Verfassung und der Volkssouveränität angestrebt, da sie allein darin die Verwirklichung ihres Ziels von Freiheit sahen. Diese Vorstellung habe jedoch nicht nur das eigene Land betroffen. Wie Schulz weiter ausführt, habe den Hambachern vielmehr ein „konföderierte[s] Europa" vorgeschwebt. Europa sollte ein Zusammenschluss aller freien und national geeinten Völker sein. Unter Verweis auf die unmittelbar folgenden Jahrzehnte, in denen der dominante Nationalismus und zwei Weltkriege die Realisierung der Vorstellungen eines konföderierten Europas unmöglich machten, sei es Schulz zufolge letztlich den „Gründungsvätern- und müttern der Europäischen Union" gelungen, die Hambacher Idee zu verwirklichen. Schulz stellt hier explizit eine Verbindung von Hambach nach Europa her, indem er die Hambacher als Vorkämpfer der Gründungsväter- und mütter der Europäischen Union begreift. Dabei betont Schulz, dass auch das freie und geeinte Deutschland erst zusammen mit der Einheit Europas vollendet worden sei. Nachdem Schulz Stationen jenes Einigungsprozesses der Europäischen Union benannt hat, ruft er dazu auf, auch all jener zu gedenken, die wie „ihre geistigen Vorfahren beim Hambacher Fest" gegen die Unterdrückung und für Freiheit und Demokratie in diesem Prozess gekämpft hätten.

Dass Demokratie nichts Selbstverständliches ist, macht Schulz unmissverständlich deutlich. Seine Rede auf der Jubiläumsfeier nutzt er dazu, eine tagespolitische Mahnung dahingehend auszusprechen, das Erbe des Hambacher Festes ernst zu nehmen. Dabei geht er gezielt auf die Frage nach dem heutigen Stand der Demokratie in Europa ein und spricht zwei Entwicklungen an, die er für besorgniserregend hält. Zum einen konstatiert er eine im Zuge der Finanz- und Wirtschaftskrise zu beobachtende Vertrauenskrise der Menschen gegenüber der Handlungsfähigkeit demokratischer Institutionen. Dies habe bereits einige Regierungen dazu veranlasst, ihre Parlamente bei wichtigen Entscheidungen nicht miteinzubeziehen. Für Schulz führe dies über kurz oder lang zu einer „marktkonforme[n] Demokratie" statt eines „demokratiekonformen Markt[es]" wie er ihn für wünschenswert hält. Zum anderen stellt Schulz fest, dass auch das Europäische Parlament zunehmend von politischen Entscheidungen ausgeschlossen werde, indem diese vorrangig auf den immer häufiger stattfindenden Gipfeltreffen der Regierungschefs getroffen würden. Schulz bezeichnet diese Tendenz in Anlehnung an den Philosophen Jürgen Habermas als „Abbau der Demokratie". Statt Konflikte gemeinschaftlich durch Dialog und Konsens zwischen EU-Parlament und EU-Kommission zu lösen, verhandelten die Regierungen hinter geschlossenen Türen, was Schulz an die Zeiten des Wiener Kongresses im 19. Jahrhundert erinnert. Schulz kritisiert diese Entwicklungen und plädiert für eine Fortführung des Hambacher Erbes, indem er den Wert der gemeinschaftlichen europäischen Union bekräftigt. Mit einem Aufruf zur aktiven Verteidigung und Unterstützung der demokratischen Werte, damit auch künftige Generationen in einem demokratischen Europa leben können, beendet der amtierende Präsident der Euorpäischen Parlaments seine Rede.

---

1 Staatskanzlei Rheinland-Pfalz 2012.

2 Ebd.

3 Vgl. Der Präsident des Landtags Rheinland-Pfalz 2013.

4 Vgl. Europäisches Parlament, Informationsbüro in Deutschland (Hrsg.) 2016, S. 83; Kopeinig 2016, S. 75ff.

5 Vgl. Kopeinig 2016, S. 83f.

6 Vgl. ebd., S. 91–125; Europäisches Parlament, Informationsbüro in Deutschland (Hrsg.) 2016, S. 83.

7 Vgl. Kopeinig 2016, S. 206f.

8 Vgl. Biografie von Martin Schulz auf der Homepage des Deutschen Bundestages (https://martin-schulz.eu/).

9 Vgl. ebd.

10 Zu den kritischen Momenten der italienischen Pressefreiheit im Zuge der Medienpolitik Berlusconis, wozu der Ausbau eines eigenen Lokalsendernetzes oder Entlassungen und Neubesetzung wichtiger Posten der öffentlich-rechtlichen Rundfunkanstalt Radiotelevisione Italiana (RAI) gehören, siehe ausführlich: Stille 2006, insb. S. 60–87, S. 168–179 u. S. 305–337.

11 Durch das im August 2010 beschlossene neue Mediengesetz hatten Viktor Orbán und seine Regierung eine neue Medienbehörde geschaffen: die „Staatliche Behörde für Medien und Nachrichtenübermittlung". Zusammen mit dem ebenfalls neu gebildeten Medienrat, dessen Präsident vom Ministerpräsidenten ernannt wird, reguliert die neue Medienbehörde seitdem nicht nur den Medienmarkt, sondern kontrolliert und sanktioniert die ungarischen Medien auch inhaltlich. Vgl. Vásárhelyi 2011, S. 157f. Dort finden sich auch weitere Maßnahmen der Medienpolitik unter Orbán.

12 Der Begriff „Arabischer Frühling" bezeichnet eine mit dem Jahr 2010 beginnende Serie von Protesten, Aufständen und Revolutionen in der arabischen Welt, die sich gegen die dort herrschenden autoritären Regime sowie die politische und soziale Struktur der Länder richten. Vgl. Bersch 2020.

13 Zit. nach: Der Präsident des Landtags Rheinland-Pfalz (Hrsg.) 2013, S. 15–24.

14 Siehe zu Italien: Stille 2006 und Ungarn: Vásárhelyi 2011.

DER ANFANG PARLAMENTARISCHER UND DEMOKRATISCHER STRUKTUREN IN DEUTSCHLAND – DIE FESTREDE VON NORBERT LAMMERT AUF DEM HAMBACHER SCHLOSS ANLÄSSLICH „200 JAHRE BEZIRKSTAG PFALZ" AM 24. SEPTEMBER 2016

Im Jahr 2016 feierte eine besondere pfälzische Institution ihren 200. Jahrestag, deren Anfänge bis ins späte 18 und frühe 19. Jahrhundert zurückreichen: der Bezirkstag Pfalz. Heute repräsentiert dieses Gremium den Bezirksverband Pfalz, der als Kommunalverband zahlreiche Einrichtungen unterhält, beispielsweise Museen und Kliniken, verschiedene Institutionen fördert sowie eine Reihe an Preisen verleiht.[1]

Anlässlich des 200. Jubiläums des Bezirkstages veranstaltete der Bezirksverband eine ganze Reihe von Festen, Tagen der offenen Tür, Vorträgen und Ausstellungen. Die Feierlichkeiten auf dem Hambacher Schloss standen dabei mit einem großen Festakt im Mittelpunkt. Die Jubiläumsfeier des Bezirkstages fand am 24. September 2016 statt. Zahlreiche Honoratioren nahmen an der Veranstaltung teil, darunter die rheinland-pfälzische Ministerpräsidentin Malu Dreyer, die Präsidentin des bayerischen Landtages Barbara Stamm, der Speyerer Weihbischof Otto Georges und Landeskirchenpräsident Christian Schad (Abb. 1). Die Festrede hielt der damalige Präsident des Deutschen Bun-

Abb. 1: Von links nach rechts: Bundestagspräsident Norbert Lammert, die Präsidentin des bayerischen Landtags Barbara Stamm, Ministerpräsidentin Malu Dreyer und der Vorsitzende des Bezirksverbands Theo Wieder vor dem Hambacher Schloss am 16. September 2016.

destages, Prof. Dr. Norbert Lammert. Neben der Festansprache vor rund 300 geladenen Gästen hielten u. a. auch der Bezirkstagsvorsitzende Theo Wieder und die rheinland-pfälzische Ministerpräsidentin Malu Dreyer eine Ansprache.[2]

Norbert Lammert wurde 1948 in Bochum geboren. Nach seinem Studium an der Ruhr-Universität Bochum und in Oxford wurde er im Fachbereich Sozialwissenschaften promoviert. Bereits 1964 trat Lammert in die Junge Union, zwei Jahre später in die CDU ein. Seine politische Laufbahn begann Norbert Lammert als Mitglied des Rates der Stadt Bochum (1975–1980) und stellvertretender Kreisvorsitzender der CDU Bochum (1977–1985). 1980 wurde er über die Landesliste der CDU in den Bundestag gewählt, dem er bis 2017 ununterbrochen angehörte. Daneben übte Lammert freiberufliche Tätigkeiten in

Abb. 2: Prof. Dr. Norbert Lammert bei seinem Besuch in der Akademie der Konrad-Adenauer-Stiftung in Berlin am 18. Januar 2018.

der Erwachsenenbildung aus und nimmt bis heute einen Lehrauftrag an der Ruhr-Universität Bochum wahr. Seit 2001 ist er stellvertretender Vorsitzender, seit 2018 Vorsitzender der Konrad-Adenauer-Stiftung. Zwischen 2005 und 2017 bekleidete Norbert Lammert das Amt des Bundestagspräsidenten. Lammert lebt mit seiner Familie in Berlin, Bochum und Überlingen am Bodensee (Abb. 2).[3]

Die erste demokratische Tugend ist Verantwortung.

Rede von Norbert Lammert am 24. September 2016

Sehr geehrter Herr Vorsitzender, lieber Herr Wieder, Frau Landtagspräsidentin, Frau Ministerpräsidentin, liebe aktive und ehemalige Kolleginnen und Kollegen aus dem Deutschen Bundestag, dem rheinland-pfälzischen und bayerischen Landtag, den kommunalen Vertretungskörperschaften, sehr geehrte Repräsentanten der Kirchen, aus Wirtschaft und Wissenschaft, aus Kultur und öffentlicher Verwaltung, meine sehr geehrten Damen und Herren.

Die Einladung zu diesem Festakt habe ich besonders gerne angenommen. Nicht nur als Präsident eines Parlamentes, das sich den Anfängen demokratischer und parlamentarischer

Strukturen in Deutschland ganz besonders verpflichtet fühlt, sondern auch als langjähriges Mitglied einer sehr ähnlichen Versammlung wie dem pfälzischen Bezirkstag, nämlich der Verbandsversammlung des Regionalverbandes Ruhr. Diese Verbandsversammlung vertritt noch mehr Einwohner, als der pfälzische Bezirkstag, hat dafür aber leider deutlich weniger Zuständigkeiten und noch deprimierend weniger Geld zur Verfügung. Sie kann sich auch nicht annähernd in dieser historischen Tradition vergleichen, wie wir sie heute gemeinsam feiern wollen. Gleich zu Beginn möchte ich den Mitgliedern des pfälzischen Bezirkstages ganz herzlich zu diesem stolzen Jubiläum gratulieren und verbinde das mit allen guten Wünschen für die nächsten 200 Jahre.

Der Deutsche Bundestag steht heute, wie Sie, Herr Wieder[4], das formuliert haben „irgendwie" in der Tradition der demokratischen Bestrebungen, die hier im Hambacher Schloss einen ganz prominenten Ausgangspunkt hatten. Zwischen dem Hambacher Fest und dem heutigen Grundgesetz gibt es ganz sicher Verbindungen, aber wohl keine gerade Linie. Nirgendwo in Europa war der Weg zu einer stabilen und belastbaren Demokratie so lang und schwierig, so ungerade und durch so viele Aufbrüche, Rückschläge und Verirrungen geprägt, wie in Deutschland.

Umso wichtiger ist es, die historischen Entwicklungen in Erinnerung zu behalten, die demokratischen Traditionen zu würdigen und zu pflegen, die

in Deutschland zerbrechlicher gewesen und vielleicht auch gefährdeter geblieben sind, als in anderen Ländern. Das Hambacher Schloss, in dem dieser Festakt stattfindet, gehört zweifellos zu den herausragenden Symbolen für den ersten freiheitlichen Aufbruch in der jüngeren deutschen Geschichte. Hier hat die erste demokratische Großdemonstration der deutschen Geschichte stattgefunden. Damals haben sich etwa 30.000 Menschen, die übrigens noch nicht schnell über das Internet zu dieser Demo aufgefordert werden konnten, auf den – im wörtlichen und übertragenen Sinne – steilen Weg zu dieser Schlossruine gemacht, um gegen die Einschränkungen der in der Französischen Revolution proklamierten Bürgerrechte einzutreten: Für eine freiheitliche gesamtdeutsche Verfassung, gegen Zensur, für Redefreiheit und Pressefreiheit, für demokratisch gewählte Parlamente, für ein geeintes und freies Europa. Weil es damals nichts von dem gab, was uns inzwischen schlicht selbstverständlich geworden ist: Weder einen deutschen Nationalstaat, noch demokratisch gewählte Parlamente und Regierungen und schon gar nicht ein geeintes Europa. Dass das Hambacher Fest überhaupt stattfinden konnte, steht – nach den Befunden der Historiker – in engem Zusammenhang mit dem damaligen Landgraf.[5] Denn dass das Fest nicht an einem Verbot der damaligen Regierung in München scheiterte, die nicht völlig zu Unrecht Aufruhr und Tumult befürchtete, hatte mit der Haltung der Mitglieder des damaligen Landtages zu tun. Ein Organisator des Festes hat sich anschließend überschwänglich bei den Mitgliedern des Landtages für ihre Teilnahme bedankt.[6] Das wurde geradezu spiegelbildlich von der bayerischen Staatsregierung umso lebhafter beklagt. Während sich die Mitglieder des Landrates mit dem Hinweis verteidigten „dass durch die Gegenwart vieler Notabeln des Kreises allenfallsigen Unordnungen vorgebeugt hatte werden sollen".

Die Antwort des Königs auf die Protokolle des pfälzischen Landrats lässt ein deutliches Missfallen erkennen: *„Missbeliebig sehen wir Uns veranlasst, die in dem besonderen Protokoll der diesmaligen Landesratsverhandlungen häufig gebrauchte anmaßende Sprache zu rügen. Die uns leider die Überzeugung geben muss, dass der Landrat unsere wohlwollenden Absichten und Gesinnungen verkennt, sich von der künstlich hervorgebrachten Aufregung des kleineren Kreis der Bewohner des Rheinkreises nicht rein erhalten hat."* Die Epoche, auf die wir heute zurückblicken, war eine Phase politischer und gesellschaftlicher Neuordnung nach einem Vierteljahrhundert revolutionärer Entwicklungen und kriegerischer Auseinandersetzung. Nach dem Wiener Kongress wurden Staatsgebilde zum Teil neu erfunden, zumindest aber neu geordnet. Deutschland gilt nun als Deutscher Bund, als Zusammenschluss von 41 deutschen Einzelstaaten, der am 6. November 1816 einen regelmäßig tagenden Bundestag bekam. Das geschah exakt einen Monat vor der konstituierenden Sitzung des Landrats der Pfalz. Der damals eingerichtete Bundestag war selbstverständlich kein Parlament. Er war weder frei gewählt, noch mit Gesetzgebungskompetenzen ausgestattet. Wenn überhaupt, war er vergleichbar mit dem heutigen Bundesrat, der aber auch kein Parlament ist, sondern eine Vertretung von Regierungen im Rahmen unserer fortgeschrittenen Verfassungsordnung.

Es lohnt unter mancherlei Gesichtspunkten, sich mit den damaligen Verhältnissen und den damals entstandenen Entwicklungen zu beschäftigen. Es war die Zeit nach den napoleonischen Kriegen und den Verhandlungen und Ergebnissen des Wiener Kongresses, die durch eine merkwürdige Mischung aus Restauration und Reformbemühungen gekennzeichnet war. Die Restauration mit dem damals - weder zum ersten, noch zum letzten Mal - unternommenen Versuch, verlorene Verhältnisse wiederherzustellen, das, was man für außerordentlich bewährt, jedenfalls schwer verzichtbar fand, möglichst mit Klauen und Zähnen zu verteidigen. Und es lässt sich für diesen, wie für nahezu alle anderen vergleichbaren Versuche feststellen: Nichts ist aussichtsloser, als den Status Quo unter Denkmalschutz stellen zu wollen. Das gelingt nie. Fast immer klüger ist, die sich abzeichnenden unvermeidbaren Änderungen zu gestalten, statt den gutgemeinten, aber hoffnungslosen, Versuch zu unternehmen, sich gegen ihn zu stellen, um ihn verhindern zu wollen.

Es ist kein Zufall, dass das, was damals in der Pfalz mit tatkräftiger Handschrift der bayerischen Regierung stattgefunden hatte, eine Parallele in Preußen in den Reformbemühungen des Freiherr vom Stein[7] gefunden hat. Freiherr vom Stein gilt als einer der Väter unseres heutigen Verständnisses von kommunaler Selbstverwaltung. Er hat bei seinen eigenen Bemühungen in Preußen auf die Erfahrungen hier in der Pfalz ausdrücklich Bezug genommen hat. Er hat in den – später in ganz Bayern eingeführten – Landräten ein Mittel gesehen, „um zu verhindern, dass die örtliche Verwaltung despotische Formen annehme." Anstatt einer schwachen Beaufsichtigung aus der Entfernung, sorgte die örtliche Verwaltung für die Kontrolle aus der Nähe, „die durch die Versammlung der aufgeklärtesten und einflussreichsten Männer der Provinz ausgeübt werde."

Der damalige Landrat – Herr Wieder hat das vorhin bereits erläutert – war nicht gewählt, sondern ernannt. In einem vergleichsweise aufwendigen komplizierten und mehrstufigen Verfahren mit Wahlmännern, die am Ende aus besonders hoch Besteuerten eine Vorschlagsliste entwickelten, aus der heraus dann wiederum der König die damals 20 Mitglieder dieses Landrats auswählte. Dieses Verfahren war in einem Gesetz in 24 Artikeln auf knapp 4 Seiten geregelt. Unser heutiges Wahlrecht hat 55 Paragrafen auf 20 Seiten und ist leider nicht so gut, wie es lang ist. Ich nutze auch diese Gelegenheit mit Nachdruck auf notwendigen Änderungsbedarf in

unserem Wahlsystem hinzuweisen, bevor wir von den Folgen der nicht veränderten Regelungen in einer denkbar unangenehmen Art und Weise überrascht werden.

Der demokratische Verfassungsstaat hat sich nicht nur weiterentwickelt, sondern – wenn wir über einen deutschen Verfassungsstaat reden – er hat sich mit einem bemerkenswerten Perfektionsergeiz entwickelt. Wir haben nicht nur ein umfangreiches Wahlrecht, wir haben dazu noch eine Bundeswahlordnung, ein Wahlprüfungsgesetz, das Gesetz über die allgemeine und repräsentative Wahlstatistik und eine Bundeswahlgeräteverordnung. Was alles nicht schadet, aber auch kein Ersatz für von Zeit zu Zeit notwendige Justierungen von betroffenen Regelungen ist. Aufschlussreich ist, wie die damaligen Zeitgenossen diese neue Institution wahrgenommen haben und wie sehr sie sie tatsächlich als einen epochalen Fortschritt in der Entwicklung der Region und auch des Landes verstanden haben. Die Neue Speyerer Zeitung hat am 12. Oktober geschrieben. *„Was andere Gegenden unter dem Namen Landstände sehnlichst wünschen, was der Engländer als sein Right of Petition[8] mit Recht so hoch und werthält, das haben nun auch wir. Eine neue fröhliche Schöpfung wird nach so vielen Leiden unter uns aufblühen und es soll keinem mehr einfallen, diese gesegneten Länder mit einem anderen geschweige gar mit Polen oder Russland zu vertauschen."* Zitat 1816, damit keine Verwechslung entsteht.

252

Wenn wir heute über Entwicklungslinien parlamentarischer Vertretung in Deutschland nachdenken, müssen wir uns vor Augen zu halten, dass das, was damals zweifellos als historischer Fortschritt etabliert wurde, natürlich kein Parlament in unserem heutigen Verständnis war: Es war weder gewählt noch entscheidungskompetent. In der Eröffnungsansprache des damaligen Regierungspräsidenten von Zwack-Holzhausen heißt es *„Da Sie, meine Herren,* (Einschub: Dass es sich ausschließlich um Herren handelte, hat damals noch jeder für normal gehalten) *außerdem noch Ihre eigenen Wünsche und Vorschläge der königlichen Regierung vortragen können, ist Ihnen durch das Gesetz gestattet. Sprechen Sie dabei offen und frei nach Ihrer Überzeugung. Der König hört die Stimme seines Volkes gern."* Und um voreiligen Schlussfolgerungen unmissverständlich entgegenzutreten, hat er hinzugefügt *„Nur allein der König vermag zu beurteilen, was seinem ganzen Volke den Bedürfnissen des Staats und dem Wohl des Reiches zukommt."* Das ist jetzt 200 Jahre her. Aber auch im 21. Jahrhundert gibt es in unserer Nachbarschaft Volksvertretungen, die nicht frei gewählt sind oder keine Gesetzgebungskompetenzen haben.

Was hier angefangen hat, war für die damaligen Verhältnisse nicht nur neu, sondern ein gewaltiger Schritt der Möglichkeit der Artikulationen von Interessen einer betroffenen Bevölkerung. Der pfälzische Landrat wurde schnell zum Vorbild für andere Regionen, wie etwa Ba-

den und Altbayern, wo man lüstern auf den Rheinkreis sah. Das Wort „lüstern" stammt nicht von mir, sondern von dem damaligen altbayerischen Abgeordneten Ecker. Was ich noch aufschlussreicher finde – das kann man auch in der Gegenwart gelegentlich beobachten –, ist, dass manchmal einzelne Personen in ihrer Reformfreudigkeit und Aufgeschlossenheit für neue Entwicklungen dem Zeitgeist deutlich ein Stück voraus sind. Als nämlich zu Beginn der 1820er Jahre die Ausdehnung der Institutionen des Landrats auf ganz Bayern angedacht wurde, schrieb der damalige Kronprinz Ludwig[9]: *„Bereits vor einigen Tagen hatte ich, unangenehm mich überraschend, erfahren, dass wir bloß zu vernehmende Landräte bekommen würden."* Also solche, die nur ein Anhörungsrecht besitzen. Das reichte seinen Ansprüchen nicht: *„Solche wünsche ich nicht. Sondern die des Rheinkreises. In der von mir gewesen werdenden Teilhabe erregenden bayerischen Wochenschrift sah ich des rheinischen Landrates Äußerung beim Schlusse seiner jüngsten Sitzung. Küssen hätte ich die Männer mögen, so gefiel mir fast alles, was sie sprachen."* Ähnliche Liebesbekundungen sind im modernen Verfassungsstaat vom heutigen Souverän, dem Volk, über dem von ihm gewählten Repräsentanten in den Parlamenten leider nicht mehr überliefert. Sie sehen, es gibt nicht nur Fortschritte in der Geschichte. Man muss immer wieder auch mit Rückschlägen rechnen.

Es besteht kein Zweifel daran, dass das, was auf kommunaler und regionaler Ebene begonnen hat, tatsächlich der Anfang parlamentarischer und demokratischer Strukturen in Deutschland war. Die Kommunen und die regional verfassten Vertretungsorgane waren nicht nur Mutter, sondern auch Geburtshelfer der parlamentarischen Demokratie in Deutschland. Dieses im frühen 19. Jahrhundert entwickelte Verständnis von kommunaler Selbstverwaltung hat nun seinen folgerichtigen Ausdruck sowohl im Grundgesetz, als auch in den Landesverfassungen – in der rheinland-pfälzischen wie auch der bayerischen – gefunden und steht insofern dem Gestaltungsehrgeiz anderer politischer Gremien auf einer verbindlichen Weise im Wege. Sie können nicht all das, was sie gerne regeln wollen, auch selber regeln. Beides gibt einen verfassungsrechtlich verbrieften Anspruch der Kommunen auf Selbstverwaltung ihrer eigenen örtlichen Angelegenheiten.

Mir ist bei früherer Gelegenheit und bei einem ähnlichen Anlass ein interessantes Zitat vor Augen gekommen, das ich Ihnen nicht vorenthalten möchte und das aus genau dieser Zeit stammt. Das Zitat stammt von einem erst sehr viel später bekanntgewordenen Franzosen, Alexis de Tocqueville[10], der nicht nur, aber insbesondere mit seinen Studien über die Demokratie in Amerika großes Aufsehen erregt hat. Ein Historiker und Publizist, der unter den Politikwissenschaftlern als einer der Väter der vergleichenden Regierungslehre gilt. De Tocqueville hat sich mit den unterschiedlichen Strukturen

auf der kommunalen Ebene und mit der Bedeutung kommunaler Selbstverwaltung beschäftigt und folgende bemerkenswerte Formulierung dazu gefunden: *„Und doch ruht die Kraft der freien Völker in der Gemeinde. Die Gemeindeinstitutionen sind für die Freiheit, was die Volksschulen für die Wissenschaft sind. Sie machen sie erst dem Volke zugänglich. Ohne Gemeindeinstitutionen kann sich ein Volk eine freie Regierung geben. Aber den Geist der Freiheit besitzt es nicht."* Das ist ein starker Satz. Den Geist der Freiheit zu beschwören, fällt an diesem Ort und zu diesem Anlass besonders leicht. Es ist leider aber auch wieder einmal besonders nötig geworden: In einer Zeit, die durch eine erstaunliche Mischung von Kleinmut und Übermut, von Kleingeistigkeit und Überheblichkeit, von nationalistischer Großkotzigkeit und provinzieller Enge gekennzeichnet ist.

Eine freiheitliche Gesellschaft benötigt sowohl demokratisch gewählte Regierungen und politisch verantwortliche Parlamente, als auch und insbesondere eine aktive Bürgergesellschaft. Demokratie lebt von der Beteiligung ihrer Bürgerinnen und Bürger. Es gibt keine andere Staatsform, die so sehr wie die Demokratie das Engagement ihrer Bürgerinnen und Bürger verdient und braucht. Autoritäre Regime brauchen es nicht und mögen es auch nicht. Wenn es sein muss, verbieten sie es. Demokratien stehen und fallen, im wörtlichen und übertragenen Sinn, mit dem Engagement ihrer Bürgerinnen und Bürger.

Die erste deutsche Demokratie, die keine 14 Jahre alt geworden ist, ist nicht an ihrer Verfassung gescheitert, sondern am fehlenden Engagement der Demokraten. Von Roman Herzog, unserem früheren Bundespräsidenten, stammt der schlichte, aber kluge Satz „Es gibt viele demokratische Tugenden. Bequemlichkeit gehört nicht dazu." Das ist deswegen ein besonders kluger Satz, weil er nicht nur für das Verhältnis der Bürger zu ihrem Staat gilt, er gilt auch umgekehrt für das Verhältnis der Politik gegenüber der Gesellschaft. Die erste demokratische Tugend ist Verantwortung: Verantwortung für sich selbst, für die eigene Familie, für die eigene Stadt, für die eigene Region, für das eigene Land. Das muss eingeübt werden und dafür muss es rechtliche und tatsächliche Voraussetzungen geben. Dass diese nicht vom Himmel fallen, dafür ist leider oder Gott sei Dank, die deutsche Geschichte ein besonders eindrucksvolles Bespiel. In diesem Sinne ist der heutige Tag nicht nur ein stolzes Jubiläum. Er ist auch der Tag, um all denjenigen Dank und Respekt zu zeigen, die diese Entwicklungen möglich gemacht haben. Das Feiern macht aber nur Sinn, wenn wir das als Verpflichtung zur Eigenverantwortung betrachten. In diesem Sinne wünsche ich dem Bezirkstag alles Gute für die nächsten Jahre.[11]

Kommentar

Der Bezirksverband als regionale Selbstverwaltungskörperschaft ist bis heute in Rheinland-Pfalz einzigartig. Der Bezirkstag Pfalz gehört zu den geschichtsträchtigsten politischen Gremien Deutschlands. Während die Pfalz zwischen 1797, bzw. 1801, und 1815 offiziell zu Frankreich gehörte, wurde im Département du Mont-Tonnerre auch die französische Gesetzgebung eingeführt. Um 1800 entstanden hier erste Organe der kommunalen Selbstverwaltung, wie ein Generalrat (Conseil général), später ein „Bezirksrath", der durch ein kompliziertes Wahlmännersystem unter den Höchstbesteuerten gewählt wurde und u. a. die Steuern auf die einzelnen Bezirke verteilte sowie über Steuerbeschwerden entschied.[12] Nachdem die Pfalz 1816 an das Königreich Bayern überging, blieben die in der französischen Zeit eingeführten freiheitlichen Gesetze („Rheinische Institutionen") ein Dauerthema. Tatsächlich bestätigte der bayerische König Maximilian I. Joseph den Pfälzern den Erhalt der Institutionen, sodass die Pfalz daraufhin über Jahrzehnte auf staatsrechtlicher Ebene eine Sonderstellung erhielt. Auch der Generalrat wurde 1816 vom bayerischen König unter der neuen Bezeichnung „Landrath" bestätigt und bildete eine Art Interessensvertretung der Pfälzer in Bayern. Im Laufe der Zeit entwickelte sich der Landrath zum heutigen Bezirkstag und zu einem demokratisch gewählten Gremium der kommunalen Selbstverwaltung. Seine frühen Wurzeln machen ihn zu einem eindrucksvollen Beispiel demokratischer Traditionsbildung in Deutschland.[13]

Norbert Lammert hielt diese Rede also anlässlich des Jubiläums eines der traditionsreichsten Kommunalverbände in Deutschland. Die Veranstaltung fand 2016 noch während Lammerts Amtszeit als Präsident des Deutschen Bundestages statt. Als Präsident einer der wichtigsten demokratischen Institutionen Deutschlands fühlt sich Lammert den Anfängen der demokratischen und parlamentarischen Traditionen in Deutschland besonders verpflichtet. Auch angesichts dessen, hebt er in seiner Rede diese parlamentarischen Traditionen hervor. Es ist Teil der deutschen Geschichte – und im Besonderen der deutschen Demokratiegeschichte –, dass diese Traditionen nicht in einer direkten Linie mit unseren heutigen Institutionen verbunden sind. Und doch bestehen enge Verknüpfungen zwischen den demokratischen Strukturen der Bundesrepublik Deutschland und den frühen Formen der kommunalen Selbstverwaltung in der ersten Hälfte des 19. Jahrhunderts.

Dass Politiker:innen die demokratiegeschichtliche Erinnerungskultur in der Bundesrepublik mit den liberalen Bewegungen des Vormärz (teils auch darüber hinaus) verbinden, ist heute keine Besonderheit mehr. Dies ist einer der Aspekte des Wahrnehmungswandels gegenüber der deutschen Demokratiegeschichte im Allgemeinen, der seit einigen Jahren in Politik und Gesellschaft zu erkennen ist. Der inhaltliche Schwerpunkt in Lammerts Rede verdeutlicht, welche Bedeutung die Themen Erinnerungskultur und Demokratiegeschichte für ihn als Politiker besitzen. In verschiedenen anderen Zusammenhängen ging Lammert auch schon in der Vergangenheit auf diese Bedeutung ein. Dabei war es ihm stets ein Anliegen, dass nicht nur an „die schwierigen Zeiten" und an die „leidvolle Gewaltgeschichte des 20. Jahrhunderts" erinnert wird, sondern zugleich auch an die deutsche Einheits- und Freiheitsgeschichte und an die Gemeinsamkeiten in Europa. An die gemeinsame Geschichte, die Überwindung der Teilung Europas, an die gemeinsame Basis der „Verbindung von Einheit und Freiheit."[14] In den frühen modernen demokratischen Bewegungen im Anschluss an die Französische Revolution, z. B. der Mainzer Republik als „erstem radikaldemokratischem Versuch deutscher Jakobiner, eine Republik zu gründen" [so in seiner Rede am 18. März 2013 im rheinland-pfälzischen Landtag][15], zu der auch die pfälzischen Liberalen des Vormärz und das Hambacher Fest gehören, sieht Lammert die Versuche der Etablierung einer demokratischen Ordnung. Die Erinnerungskultur zu diesen demokratischen Gehversuchen seien „unverzichtbarer Bestandteil des Selbstverständnisses unseres Landes."[16]

Von Bedeutung ist außerdem der letzte Teil von Lammerts Rede. Hier wird deutlich, welche Werte ihm besonders am Herzen liegen: das aktive Engagement der Bürger:innen in einer Demokratie. Dieses Thema weist natürlich eine bedeutende Verbindung zum historischen Hambacher Fest von 1832 auf, sowie auch zu den Anfängen der Institution, die an diesem Tag ihr 200. Jubiläum beging – dem Bezirkstag Pfalz. Lammert spricht davon, dass eine Demokratie nicht nur eine „demokratisch gewählte Regierung und politisch verantwortliche Parlamente" braucht, sondern vor allem eine aktive Bürgerschaft. Lammert betonte diesen Aspekt nicht nur in der 2016 gehaltenen Rede, sondern auch bei anderen Gelegenheiten. Die Tatsache, dass er dies in dieser Rede erneut zum Gegenstand macht, zeigt noch einmal den hohen Stellenwert, den die aktive Beteiligung am demokratischen Prozess für Lammert hat: „Nehmen Sie bitte das Königsrecht einer Demokratie, aller Demokraten, in regelmäßigen Abständen selbst darüber befinden zu können, von wem sie regiert werden wollen, so ernst wie es ist."[17] – so sein Appell an die Zuhörer:innen bei seiner Abschiedsrede als Bundestagspräsident. Die Parallelen zu seiner Wortwahl bei der Rede in Hambach sind unverkennbar.

---

1   Sein Verbandsgebiet umfasst die kreisfreien Städte Frankenthal, Kaiserslautern, Landau, Ludwigshafen am Rhein, Neustadt an der Weinstraße, Pirmasens, Speyer und Zweibrücken sowie die Landkreise Bad Dürkheim, Donnersbergkreis, Germersheim, Kaiserslautern, Kusel, Rhein-Pfalz-Kreis, Südliche Weinstraße und Südwestpfalz.

2   Siehe die Homepage des Bezirksverband Pfalz zum 200-jährigen Jubiläum auf dem Hambacher Schloss (https://www.bv-pfalz.de/preise-events/200-jaehriger-geburtstag-wurde-gebuehrend-gefeiert/).

3   Die biografische Skizze beruht auf der Biografie Norbert Lammerts im Online-Archiv des Deutschen Bundestags (https://www.bundestag.de/abgeordnete/biografien18/L/lammert_norbert-258676); sowie auf der online abrufbaren LeMO-Biografie: Mainzer 2022.

4   Theo Wieder (*1955), seit 2004 Vorsitzender des Bezirkstags der Pfalz.

5   Vermutlich meint Lammert in diesem Zusammenhang eigentlich den pfälzischen „Landrath".

6   Nach Bekanntwerden des Hambacher Festes hatte die bayerische Regierung die Veranstaltung zunächst verboten, musste sich dann aber einer massiven Welle an Protestationen, juristischen Eingaben und Zeitungsaufrufen beugen, die gegen das Verbot protestierten. Mehr dazu u.a.: Hüls 2004, S. 270ff.

7   Heinrich Friedrich Karl Reichsfreiherr vom und zum Stein (1757–1831) war preußischer Minister und gilt heute als einer der bedeutendsten Staatsreformer in der deutschen Geschichte. Er begründete mit den preußischen Reformen den endgültigen Wandel Preußens zu einem aufgeklärten Nationalstaat.

8   Die „Petition of Right" ist eine Petition, die das Parlament von England 1628 an König Karl I. gerichtet hat. In der Petition wurde die Anerkennung von vier Grundsätzen angestrebt: keine Besteuerung ohne Zustimmung des Parlaments, keine Inhaftierung ohne Grund, keine Einquartierung von Soldaten gegen den Willen der Bürger und kein Kriegsrecht in Friedenszeiten. Die Petition gilt als eines der wichtigsten Dokumente in der Verfassungsgeschichte Großbritanniens und der Geschichte der Menschenrechte.

9   Kronprinz Ludwig (1786–1868) folgte 1825 als Ludwig I. seinem Vater Maximilian I. auf den Thron des Königreichs Bayern.

10 Alexis de Tocqueville (1805–1865).

11 Zit. nach einem unveröffentlichten Redemanuskript, freundlicherweise bereitgestellt von Prof. Dr. Norbert Lammert.

12 Siebenpfeiffer 1830, S. 164ff.

13 Paul 2016, S. 11ff. Siehe auch die Homepage des Bezirksverbands Pfalz zur Verwaltungsgeschichte (https://www.bv-pfalz.de/politik-verwaltung/geschichte/).

14 Lammert 2009, S. 40.

15 Vgl. Berkessel/Matheus/Sprenger (Hrsg.) 2019, S. 9; Präsident des Landtags von Rheinland-Pfalz (Hrsg.) 2014.

16 Lammert 2017, S. 20ff.

17 Zitat aus der Abschiedsrede des Bundestagspräsidenten Lammert von der letzten Sitzung des 18. Deutschen Bundestages 2017, Youtube-Video (https://youtu.be/jHbNT1L-1lI).

Das Hambacher Schloss um 2018.

EUROPA, DAS SIND WIR ALLE! – GRUSSWORT VON MALU DREYER BEI DER ERÖFFNUNG DES DEMOKRATIE-FEST „HAMBACH!" AM 14. SEPTEMBER 2018

„och Demokratie muss jeden Tag auf's Neue gelebt werden. Daher ist dieses Festival so wichtig. Wir brauchen die Jugend, wir brauchen engagierte Menschen, die sich für unser demokratisches Miteinander einsetzen: Für Freiheit, Offenheit und Vielfalt", so die Begrüßungsworte von Konrad Wolf, damals Kulturminister und Vorstandsvorsitzender der Stiftung Hambacher Schloss, auf dem Demokratiefestival „Hambach!"[1]

Das Demokratiefestival fand vom 14. bis 16. September 2018 auf dem Hambacher Schloss sowie an verschiedenen weiteren Orten in und um die Stadt Neustadt an der Weinstraße statt. Hauptakteure waren das wandernde Kunst- und Kulturprojekt „Matchbox" des Kulturbüros der Metropolregion Rhein-Neckar, die Stiftung Hambacher Schloss sowie das Jugendkulturfestival „Querfälltein" der Stadt Neustadt an der Weinstraße (Abb. 1). Verschiedene künstlerische Projekte luden in diesen Tagen zu Austausch und Diskussion über die Themen Freiheit, Demokratie und Europa ein. Im Zentrum standen dabei zwei übergeordnete Fragen: Wie lässt sich die immer noch revolutionäre Idee von Freiheit, Gleichheit, Recht und Solidarität im 21. Jahrhundert leben? Und welche Zugänge bieten Kunst und Kultur in diesem Zusammenhang?[2]

Abb. 1: Blick vom Schlosshang auf die „Matchbox"-Bühne vom 14. bis 16. September 2018 auf dem Hambacher Schloss.

Das Demokratiefestival 2018 sollte ein großes und junges europäische Begegnungsfest sein, was sich bereits am Publikum bei der Eröffnung am 14. September zeigte. Im Festsaal des Hambacher Schlosses waren neben zahlreichen Politiker:innen auch 130 jugendliche Workshop-Teilnehmer:innen sowie 40 internationale Künstler:innen aus insgesamt 15 Ländern vertreten. Slam-Poet Nektarios Vlachopoulos sorgte für eine lockere Stimmung, wobei er dem Publikum mit seiner Ironie durchaus auch den Spiegel vor Augen hielt. Einen ernsteren Ton schlug dagegen die rheinland-pfälzische Ministerpräsidentin Malu Dreyer in ihrer Eröffnungsrede an, die im Folgenden wiedergegeben wird (Abb. 2).[3]

Abb. 2: Ministerpräsidentin Malu Dreyer auf dem Demokratiefest 2018.

Zu diesem Zeitpunkt befand sich die persönlich eng mit Neustadt verbundene SPD-Politikerin in ihrer zweiten Amtszeit als rheinland-pfälzische Ministerpräsidentin. In Neustadt an der Weinstraße wurde Malu Dreyer am 6. Februar 1961 geboren. Nach dem Abitur 1980 studierte sie zunächst Anglistik und Theologie an der Johannes Gutenberg-Universität Mainz, wechselte dann aber zum Fachbereich Rechtswissenschaften. Dort arbeitete sie nach ihrem zweiten Staatsexamen als wissenschaftliche Assistentin, bis sie als Staatsanwältin nach Bad Kreuznach ging. Nach dreijähriger Tätigkeit beim Wissenschaftlichen Dienst des rheinland-pfälzischen Landtags wurde sie am 18. Mai 1995 hauptamtliche Bürgermeisterin von Bad Kreuznach. Von 1997 bis 2002 arbeitete Dreyer als Dezernentin für Soziales, Jugend und Wohnen der Landeshauptstadt Mainz, wonach sie als Ministerin für Arbeit, Soziales, Familie und Gesundheit in das Kabinett des rheinland-pfälzische Ministerpräsidenten Kurt Beck wechselte. Das Ministerium führte Dreyer für die kommenden zehn Jahre. Am 16. Januar 2013 wurde Dreyer zur Ministerpräsidentin von Rheinland-Pfalz gewählt und in ihrem Amt bei den Landtagswahlen 2016 und 2021 bestätigt. Seitdem führt sie die Koalition aus SPD, Bündnis90/Die Grünen und FDP fort. Von Dezember 2017 bis Dezember 2019 gehörte sie zudem zu den fünf stellvertretenden SPD-Bundesvorsitzenden. Nach dem Rücktritt von Andrea Nahles 2019 führte sie die SPD kommissarisch bis zur Wahl der neuen Vorsitzenden. Seit 2015 lebt Malu Dreyer zusammen mit ihrem Ehemann in Schlammatdorf, einem inklusiven und generationsübergreifenden Wohnprojekt nahe der Benediktinerabtei St. Matthias in Trier.[4]

Ideen für mehr Demokratie und soziale Gerechtigkeit in Europa

Grußwort von Malu Dreyer vom 14. September 2018

Lieber Konrad Wolf, sehr geehrter Herr Oberbürgermeister Marc Weigel, sehr geehrter Herr Thomas Kraus, sehr geehrte Frau Ulrike Dittrich, sehr geehrte Frau Pascale Trimbach, sehr geehrter Herr Abgeordneter Peter Simon, sehr geehrter Herr Fraktionsvorsitzender Dr. Bernhard Braun, sehr geehrte Frau Abgeordnete Giorgina Kazungu-Haß, sehr geehrter Herr Oberbürgermeister Dr. Peter Kurz, meine Herren und Damen, liebe Gäste,

ich bin begeistert, wie viele Menschen – vor allem junge Menschen! – hier heute zusammengekommen sind, um Ideen für mehr Demokratie und soziale Gerechtigkeit in Europa auszutauschen und zu entwickeln!

Auf dem Hambacher Schloss haben sich schon viele Menschen getroffen, die sich dem Thema Demokratie gewidmet haben: Kinder, Jugendliche, Politiker, Bundespräsidenten.

Junge Europäer und Europäerinnen wie Sie, die den Willen und die Möglichkeit zum Gestalten mitbringen, die nicht in eingefahrenen Gleisen denken, sondern fragen und hinterfragen, die ihre Zukunft selbst in die Hand nehmen, sind leider noch zu selten unsere Gäste.

Daher heiße ich Sie ganz besonders herzlich willkommen!

Aber auch all die anderen Gäste dieses Wochenendes möchte ich begrüßen, die gekommen sind, um die in den Workshops der letzten Tage entwickelten Ideen kennenzulernen und zu diskutieren, und die bestimmt viele Anregungen mit in ihren Alltag nehmen können.

Und mein besonderer Gruß, verbunden mit meinem herzlichen Dank, gilt allen Kooperationspartnern und –partnerinnen, Förderinnen und Fördern und Unterstützerinnen und Unterstützern, die dieses großartige Demokratiefest möglich gemacht haben

Sehr geehrte Herren und Damen,

am 17. Juni 2016 bekam - im Rahmen eines feierlichen Festakts - das Hambacher Schloss das Europäische Kulturerbe-Siegel verliehen.

Was diese Verleihung bedeutet, ist bereits im Antrag auf den Punkt gebracht:

„Mit der Auszeichnung geht die Chance einher, das Hambacher Schloss als Teil eines Netzwerkes zu etablieren, um mit anderen ausgezeichneten Stätten innerhalb der Europäischen Union gemeinsame kultur- und bildungsfördernde Projekte zu entwickeln. Des Weiteren bietet sich die Möglichkeit, durch die Auszeichnung und das mögliche Netzwerk den Bekanntheitsgrad des Hambacher Schlosses auch über die deutschen Grenzen zu steigern."

Das Hambacher Schloss ist eine lebendige Stätte demokratischer Geschichte und eines der attraktivsten touristischen Ziele in Rheinland-Pfalz. Insbesondere steht es symbol- und beispielhaft für die europäische Einigung sowie für die Ideale und die Geschichte Europas.

Auf der am Schloss angebrachten Tafel steht:

„Das Hambacher Schloss – und das Hambacher Fest, zu dem 1832 30.000 Menschen aus Deutschland, Frankreich und Polen kamen – ist ein Symbol für den Kampf um bürgerliche Freiheiten und ein Versammlungsort für diejenigen, die sich in Deutschland und Europa Gleichheit, Toleranz und Demokratie verpflichtet fühlen.

Aufgrund seiner wichtigen Rolle für die Geschichte und Kultur Europas steht es auf der Liste der Europäischen Kulturerbestätten der Europäischen Union."

Was hier eher formalistisch klingt, wird an diesem Wochenende mit vollem Leben erfüllt!

Schon 1832 kamen rund 30.000 junge Europäerinnen und Europäer aus Polen, Frankreich, England, Italien und Deutschland zum Hambacher Fest zusammen. Sie forderten nationale Einheit, Freiheit, Versammlungsfreiheit, Meinungsfreiheit, Bürgerrechte, die Neuordnung Europas auf der Grundlage gleichberechtigter Völker und religiöse Toleranz.

All diese Themen sind auch heute immer noch wichtig. Und ich würde sogar sagen, sie sind heute aktuell wie lange nicht, denn die aktuellen politischen Debatten um den Stand der Demokratie verdeutlichen, wie gefährdet und wie wenig selbstverständlich auch heute noch und heute wieder demokratische Grundhaltungen und der Erhalt unserer Demokratie sind.

Als Bundespräsident Frank-Walter Steinmeier kürzlich zu Besuch hier oben auf dem Schloss war, befand er, dass der damalige Ruf „Hinauf, hinauf zum Schloss" heutzutage eigentlich umgetextet werden müsse in „Hinab, hinab auf die Straßen und Plätze", da wir wieder mehr werben, debattieren und streiten müssen für die Demokratie in Deutschland und Europa. Dem kann ich mich nur anschließen:

Das Hambacher Fest ist mit seinen Ideen zwar nun einerseits seit 186 Jahren modern und aktuell, und mit Blick auf seine Rezeption und Botschaft auch erfolgreich.

Aber jeder Erfolg, jede Erinnerung, muss irgendwann aufgefrischt und aktualisiert, d. h. in unsere Zeit übersetzt und vermittelt werden!

Unsere Verpflichtung ist es, die Demokratie in unserem Land zu erhalten, vor allem junge Menschen dafür zu sensibilisieren und im steten Dialog mit der Geschichte demokratische Strukturen und Prozesse immer wieder aufs Neue auszuhandeln, zu definieren und gemeinsam weiterzuentwickeln.

Die derzeitigen politischen und wirtschaftlichen Entwicklungen sind so schnelllebig, dass die EU kaum Schritt halten kann: Eurokrise, Brexit, Terrorgefahr, Schließung der Grenzen, Globalisierung, soziale Ungerechtigkeit [...]

Die Folge ist eine steigende Tendenz in Teilen der Politik und der Bevölkerung, den Nationalstaat wieder in den Mittelpunkt zu stellen und sich von „Europa" abzugrenzen.

Sie dagegen sind heute hier, um Ideen zu entwickeln und Vorschläge für ein Überwinden dieser Fliehkräfte auszutauschen. Sie suchen gemeinsam Standpunkte für mehr Demokratie sowie soziale Gerechtigkeit in Deutschland und in Europa.

Und auch hierfür kann das Hambacher Fest eine Orientierung bieten, denn über die engere nationale Perspektive hinaus markierte es mit den Forderungen nach einer europäischen Einigung und nach „Conföderierten Staaten von Europa" eine wichtige Botschaft der Solidarität aller in Europa, die sich für Demokratie einsetzen.

Auch der Bundespräsident hat es betont: Die Menschen auf dem Hambacher Fest demonstrierten zwar für die nationale Einheit Deutschlands, aber sie waren keine Nationalisten, die sich gegen andere Nationen stellten, sondern im Gegenteil von der europäischen Idee schon damals beseelt!

Und Europa besteht eben nicht nur aus politischen Institutionen, sondern es ist auch Alltag. Europa, das sind wir alle!

Deshalb ist es gut und wichtig, dass Sie Verantwortung zeigen. Sie sind hierhergekommen, um mitzureden, um sich einzumischen.

Damals wie heute lebt Demokratie davon, dass wir uns gemeinsam und jeden Tag aufs Neue für Gleichberechtigung, Toleranz und Vielfalt starkmachen. Sie verlangt von uns, dass wir aufeinander zugehen, Unterschiede akzeptieren und Gemeinsamkeiten stärken. Sie baut darauf, dass wir bereit sind, mit- und nicht gegeneinander zu handeln.

Demokratie ist nicht bequem, sie bedarf stets einer kritischen Auseinandersetzung mit der Gegenwart und einer aktiven Teilhabe aller Bürger und Bürgerinnen.

Und wie schon gesagt: Sie ist nicht selbstverständlich, sondern wir alle müssen uns immer wieder für sie starkmachen!

Vor allem aber braucht Demokratie, damit sie zukunftsfähig bleibt, junge Menschen, die sich engagieren und die Zukunft in einer immer stärker vernetzten Welt gemeinsam gestalten wollen – Menschen wie Sie!

Ich finde es daher großartig, dass Sie heute hier sind und danke Ihnen sehr für Ihr Kommen und Ihr Engagement!

Sehr geehrte Herren und Damen,

Zum 175-jährigen Jubiläum des Hambacher Festes hatte die Landesregierung das historische Motiv des Hambacher Fests in Plakaten und Anzeigen aktualisiert. Der Claim hieß damals: „Kaum machen wir eine Party, wird gleich Demokratie draus."

Und es wurde damals ein Jahr lang in Berlin geworben für das Hambacher Schloss mit einem Bild des Festes und dem Satz: „Demokratie ist der schönste Grund zu feiern".

Ich denke, beides passt auch wunderbar auf dieses Wochenende und wünsche Ihnen eine gute - inspirierte sowie inspirierende-, aber auch fröhliche Veranstaltung – eben ein richtiges Fest!

In diesem Sinne: Frohes Feiern!

Kommentar

Im Sinne der Ausrichtung des Demokratiefestivals „Hambach!" 2018 widmet sich Ministerpräsidentin Malu Dreyer in ihrer Eröffnungsrede voll und ganz dem Thema Europa.
Dazu erläutert Dreyer die wichtige Rolle des Hambacher Schlosses für die Geschichte und
Kultur Europas. Über die Bedeutung als lebendige und touristisch attraktive Stätte der Demokratiegeschichte hinaus stehe das Hambacher Schloss symbolisch „für die europäische
Einigung sowie für die Ideale und die Geschichte Europas". Mit Bezug zum Demokratiefestival stellt sie daran anknüpfend fest: „Was hier eher formalistisch klingt, wird an diesem
Wochenende mit vollem Leben erfüllt!" Mit formalistisch meint Dreyer die Aufgaben, die
mit der Auszeichnung des Hambacher Schlosses mit dem Kulturerbesiegel und als Europäische Kulturerbestätte einhergehen. Dazu gehöre, „gemeinsame kultur- und bildungsfördernde Projekte" innerhalb der Europäischen Union zu entwickeln. Und mit dem Demokratiefestival 2018 sei genau ein solches Projekt in der Praxis gelungen, für das sich
zahlreiche Akteur:innen sowie internationale Künstler:innen zusammengetan haben.

Wie wichtig sie eine solche Veranstaltung wie das Demokratiefestival „Hambach!" letztlich auch für das Fortbestehen der Demokratie hält, drückt sich in ihren Ausführungen
über die Aktualität der Hambacher Forderungen aus, die in ihren Augen „heute aktuell
wie lange nicht" seien. Zur Begründung führt sie die aktuellen Debatten zum Zustand der
Demokratie an, aus denen sie die Erkenntnis ableitet, dass der Erhalt der Demokratie niemals selbstverständlich und immer auch gefährdet sei. Als weitere Belastungen führt sie
eine Reihe von aktuellen politischen und wirtschaftlichen Entwicklungen auf, die sie als
derartig „schnelllebig" bezeichnet, dass die EU kaum mithalten könne: „Eurokrise, Brexit,
Terrorgefahr, Schließung der Grenzen, Globalisierung, soziale Ungerechtigkeit". Die Frage,
die Dreyer damit indirekt in den Raum stellt, ist, wie sich die Zukunft Europas gestalten
lasse, wenn sich immer mehr Menschen vom europäischen Gedanken abwenden. Sie erkennt eine steigende Tendenz in Politik und Bevölkerung, sich von Europa abzugrenzen
und den Nationalstaat hervorzuheben. Als Antwort verweist Dreyer auf das Hambacher
Fest, deren Teilnehmenden keine Nationalisten gewesen seien, die sich gegen andere Nationen gestellt hätten, sondern mit ihren Forderungen nach einem Zusammenschluss der
europäischen Staaten „eine wichtige Botschaft der Solidarität aller in Europa, die sich für
Demokratie einsetzen" sendeten. Und im Engagement überzeugter Europäer:innen sieht
Dreyer letztlich auch den grundlegenden Lösungsansatz. Engagement bedeutet laut Dreyer, dass wieder mehr für die Demokratie in Deutschland und Europa geworben, debattiert
und gestritten werden müsse. Davon lebe letztlich eine Demokratie, die niemals bequem
sei und stets einer kritischen Auseinandersetzung bedürfe. Unter dem Slogan „Europa,
sind wir alle!" macht die Ministerpräsidentin deutlich, dass das Gelingen des ‚Europa-Pro-
jekts' jedoch nicht nur von politischen Institutionen, sondern insbesondere vom gemeinsamen gesellschaftlichen Engagement abhänge. Daher gilt der abschließende Dank der

Ministerpräsident:innen all jenen Europäer:innen, die am diesjährigen Demokratiefestival teilnehmen. Darin liegt für Dreyer der Beweis, dass sie Verantwortung zeigen und ihre Zukunft aktiv mitgestalten wollen, indem sie mitreden, hinterfragen und neue Ideen und Vorschläge entwickeln, wie diese „Fliehkräfte" überwunden werden könnten.

---

1   Zit. nach dem Beitrag zum Demokratiefestival auf der Homepage der Staatskanzlei Rheinland-Pfalz vom 14. September 2018: https://www.rlp.de/de/aktuelles/einzelansicht/news/detail/News/ministerpraesidentin-dreyer-demokratie-braucht-engagierte-junge-menschen/.
2   Vgl. die Homepage zum Demokratiefestival „Hambach!" der Metropolregion Rhein-Neckar: https://www.hambach-festival.de/. Dort ist auch eine Dokumentation zu den künstlerischen Projekten abrufbar.
3   Vgl. Hambacher Schloss: Malu Dreyer fordert den Nachwuchs zum Wählen auf. In: Die Rheinpfalz vom 15. September 2018.
4   Die biografischen Angaben wurden der offiziellen Homepage von Malu Dreyer (https://www.malu-dreyer.de/) sowie aus dem Lebenslauf der Ministerpräsidenten auf der Homepage der Staatskanzlei Rheinland-Pfalz (https://www.rlp.de/de/regierung/ministerpraesidentin-malu-dreyer/lebenslauf/) entnommen.

EIN DEMOKRATIEFEST MIT LICHT UND SCHATTEN –
NEUSTADTER DEMOKRATIE-FEST UND HAMBACHER FREIHEITSPREIS 2022

In den letzten Jahren sah sich die Stiftung Hambacher Schloss, als die für den organi-satorischen Betrieb aber auch für den Wertehorizont der am zentralen rheinland-pfäl-zischen Erinnerungsort der Demokratiegeschichte gelebten Erinnerungskultur verant-wortliche Einrichtung des Landes, zunehmend neuen Herausforderungen ausgesetzt.

So hatte mit dem „Neuen Hambacher Fest" dessen Initiator, der Finanzwissenschaftler, Unternehmer, Fondsmanager und politische Aktivist Professor Dr. Max Otte, im Mai 2018 bundesweit für Aufsehen gesorgt. Immerhin über 1.000 Teilnehmer:innen mach-ten sich am frühen Samstagmorgen des 5. Mai zu ihrer „Patriotenwanderung" auf den Weg durchs pfälzische Neustadt hinauf zum Hambacher Schloss. Im Vorfeld war die Veranstaltung als Versuch einer Instrumentalisierung und Verfälschung der Geschichte im Sinne einer nationalen Umdeutung des ehemaligen Freiheitsfestes heftig kritisiert worden. Diese kritische Haltung und die Einschätzung der Teilnehmer:innen als natio-nal-konservativ bis rechtspopulistisch wurde auch mit den dann auf dem Hambacher Schloss auftretenden Hauptrednern begründet – neben Otte selbst, Mitglied der soge-nannten Werteunion innerhalb der CDU/CSU (und späterer Bundespräsidentenkandidat der AfD), Thilo Sarrazin, ehemaliges SPD-Mitglied, ehemaliger Finanzminister und Vor-standsmitglied der Deutschen Bank und „Querdenker" („Deutschland schafft sich ab."), der EURO-Kritiker Prof. Joachim Starbatty, der damalige AfD-Vorsitzende Prof. Jörg Meuthen sowie die ehemalige Bürgerrechtlerin und CDU-Abgeordnete Vera Lengsfeld. In ihren Reden[1], die nur zum Teil überhaupt Bezug auf das historische Hambacher Fest nehmen, wurde unter dem Slogan „Wir sind Hambach. Holen wir uns das Hambacher Fest dahin, wo es hingehört, als Protestveranstaltung gegen die Obrigkeit [...]", die damalige Fürstenherrschaft, die Unterdrückung von Meinungs- und Pressefreiheit einfach auf die heutigen Verhältnisse einer parlamentarischen Demokratie und entsprechend legitimierten Regierung übertragen. Im Zentrum der Kritik stand dabei die „Masseneinwanderung" seit der Flüchtlingskrise ab 2015 mit der ein Verlust der Rechtsstaatlichkeit einhergegangen sei. So wurde der Protest unter das Leitbild des Widerstandskampfes gegen Diktaturen gestellt.

Auch im Mai 2022 sollte mit dem vom Neustadter Unternehmer Dr. Wolfgang Kochan-ek geplanten „Zug auf das Schloss", das von der Stadt Neustadt und der Stiftung Ham-bacher Schloss zum 190. Jahrestag veranstaltete große Demokratiefest gestört werden. Die Stadt Neustadt hielt gemeinsam mit der Stiftung Hambacher Schloss an der Orga-nisation des Demokratiefestes in der Neustadter Innenstadt und auf dem Hambacher

Schloss fest (Abb. 1). Vom 26. bis zum 29. Mai 2022 fanden im Rahmen eines vielfältigen Programms von Konzert-, Theater- und Tanzveranstaltungen über Straßenkunst, Mitmachaktionen für Erwachsene und Kinder, historische Stadtführungen und Diskussionsforen bis zum Weindorf im Rathaus-Innenhof rund 100 Veranstaltungen statt, an denen sich 40 Vereine, Institutionen, Privatpersonen und Künstlerinnen und Künstler beteiligten. Das Fest endete am Sonntagabend mit der erstmaligen Verleihung des „Hambacher Freiheitspreises" an den ehemaligen Bundespräsidenten Joachim

Abb. 1: Mitmachaktion auf dem Neustadter Marktplatz im Rahmen des Demokratiefestes.

Gauck. Aber nicht nur der frühere Bundespräsident, sondern auch die Neustadter Schubert-Schule erhielt eine Auszeichnung für ihr Engagement für die Demokratie mit dem ebenfalls zum ersten Mal verliehenen „Johann-Philipp-Abresch-Preis" der Stadt Neustadt.

Das Demokratiefest selbst wurde jedoch am Samstag von rund 2.500 „Querdenkern und Verschwörungstheoretikern" einer nicht angemeldeten Demonstration massiv gestört: Die Festgäste auf dem Schloss wurden bedrängt, ehrenamtlich Mitwirkende beleidigt und die Teilnehmenden mit übelsten Beschimpfungen diffamiert, sodass viele Programmpunkte bereits am frühen Samstagnachmittag abgebrochen und Stände vorzeitig geräumt wurden. Zudem wurde der Zugang zum Schloss für Besucherinnen und Besucher von der Polizei vorübergehend geschlossen und der Busverkehr eingestellt. So hatte sich leider erneut die Notwendigkeit des im Vorfeld von der Stadt Neustadt und der Stiftung Hambacher Schloss verfassten Aufrufes der „Hambacher Intervention" zur Distanzierung von demokratiefeindlichen Gruppierungen bestätigt.

Wir dokumentieren im Anschluss die Laudatio der Evangelischen Kirchenpräsidentin Dorothee Wüst, die Dankesrede von Bundespräsident a. D. Joachim Gauck und ergänzend ein Interview mit dem amtierenden Bundespräsidenten Frank-Walter Steinmeier, das der SWR-Journalist Utz Kastenholz für seinen Film am 6. April 2022 in Berlin im Schloss Bellevue geführt hatte.

Abb. 2: Blick von oben auf die verschiedenen Angebote zum Demokratiefest 2022 auf dem Neustadter Marktplatz.

Intervention gegen das Vergessen und für Gerechtigkeit

Laudatio von Dorothee Wüst, Kirchenpräsidentin der Evangelischen Kirche der Pfalz am 29. Mai 2022

Sehr geehrte Damen und Herren, sehr geehrter Herr Minister Lewentz, sehr geehrter Herr Oberbürgermeister Weigel, sehr geehrte Frau Schadt, sehr geehrter Herr Bundespräsident Gauck,

Erklärung. Stellungnahme. Resolution. Es gibt viele Bezeichnungen für kurze Texte, die viel zu sagen haben. Die Bezeichnung „Intervention" findet sich eher selten. Mit der „Hambacher Intervention" wird sich das vielleicht ändern. Gut so. Weil „Intervention" ein gutes Wort ist. Wer interveniert, bleibt nicht stehen, verharrt nicht bei sich und seiner Position, sondern geht dazwischen, wagt sich in die Situation. Eine Intervention benennt und beklagt nicht einfach eine unheilvolle Entwicklung, sondern will sie durchbrechen und Weichen anders stellen. Sie ist auch nicht damit zufrieden, etwas gesagt zu haben, damit etwas gesagt ist, sondern baut auf Widerhall, auf Resonanz, auf Wirkung. Indem sie sich klar abgrenzt, aber doch im Raum des Diskurses bleibt. Und den braucht es. Unbedingt. In einer Demokratie. Das Hambacher Schloss ist ein wichtiger Erinnerungsort für Demokratie. Unter gänzlich anderen politischen Rahmenbedingungen als heute haben sich unsere Vorväter und tatsächlich auch Vormütter vor ziemlich genau 190 Jahren für nationale Einheit, für Freiheit und Grundrechte stark gemacht. Auch sie haben interveniert. Und die Herren Siebenpfeiffer und Wirth würden heute nicht schlecht staunen über ein Deutschland, das so viel freiheitlicher und demokratischer ist, als sie es sich jemals zu träumen wagten. Und dennoch würden auch sie schnell begreifen, wie wenig selbstverständlich das ist, wie zerbrechlich die Werte sind, auf denen unsere Gesellschaft erbaut ist, und wie notwendig es nach wie vor ist, aufmerksam und wachsam zu sein. Und unter Umständen zu intervenieren. Heute ehren wir einen Meister der Intervention. Den Theologen und Politiker, den Bürger und Bundespräsidenten, den Liebhaber der Freiheit und aufgeklärten Patrioten Joachim Gauck. Sie, lieber Herr Gauck, werden der erste Preisträger des Hambacher Freiheitspreises sein. Und es ist uns eine Ehre, dass Sie den Weg in die Pfalz auf sich genommen haben und bereit sind, diesen Preis entgegenzunehmen. Wir hätten kaum einen würdigeren Kandidaten finden können. Weil Ihre Person, Ihre Lebensleistung eben so untrennbar mit Begriffen wie Freiheit und Demokratie verbunden ist. Allein Ihre Zeit als Bundespräsident zeugt von einem zutiefst demokratisch gesinnten Menschen, für den Wörter wie Freiheit, Verantwortung, Toleranz keine leeren Begriffe sind. Den Reden aus jenen Jahren ist Ihre Leidenschaft für gelingende Gemeinschaft abzuspüren, mit denen Sie die Herzen der Menschen erreichen. Und auch dadurch zeichnet sich für mich die Kunst Ihrer Intervention aus. Sie hat viel mit Menschenliebe zu tun. Die keinen Hass und keine Intoleranz erträgt, weil das Gemeinschaft zerstört. Die sich an den Schwachen orientiert, weil die eine starke Stimme brauchen. Die Freiheit nie absolut setzt, sondern um die Verantwortung weiß, die dazu gehört. Eine Liebe also, die nicht schwärmerisch ist, sondern mit Bodenhaftung, Realitätssinn, Vernunftorientierung einhergeht. Eine durch Leben und Erfahrung gewachsene und gereifte Liebe. Und zu Ihren Lebenserfahrungen, die Sie mit zu dem Menschen gemacht haben, der Sie sind, gehören eindeutig Ihre frühen Jahre in einem Unrechtsregime, das sich demokratisch nannte, aber alle Werte einer Demokratie mit Füßen trat. Sie haben bereits als Kind am eigenen Leib erfahren müssen, wie es ist, in einer Atmosphäre der Angst und Unfreiheit zu leben und zu überleben. Wie es ist, wenn ein Staat skrupellos in das Leben von Menschen eingreift, Existenzen zerstört und Chancen nimmt. Wie schwer Intervention ist, wenn schon ein politischer Witz als staatsfeindlicher Akt gelten kann. Dennoch haben Sie interveniert. Auf Ihre Weise. Zum Beispiel dadurch, dass Sie sich in einem dezidiert religionsfeindlichen Land für ein Theologiestudium entschieden haben. Zunächst, weil Sie hier zu Recht die Freiheit des Geistes und der Gedanken witterten. In der Beschäftigung mit dem christlichen Glauben tut sich eine Welt auf, in der innere Freiheit liegt. Zugespitzt in Martin Luthers berühmten Wort von der „Freiheit eines Christenmenschen": Ein Christenmensch ist ein freier Herr über alle Dinge und niemandem untertan. Ein Christenmensch ist ein dienstbarer Knecht aller Dinge und jedermann untertan." Klare Intervention gegen weltlichen und geistlichen Machtmissbrauch. Und doch gleichzeitig klare Intervention für Verantwortung in und für diese unvollkommene Welt. Damit wird die durch Glauben gewonnene innere Freiheit zum Ermutigungsraum, der vor Resignation bewahrt und beherzt gestalten lässt. Wie Sie es getan haben. Als Pfarrer, in der Jugendarbeit, beim Kirchentag und als Prediger in jenem prägenden Jahr 1989. „Wir sind das Volk." In diesen wenigen Worten, die Geschichte geschrieben haben, steckt das notwendige Umdenken und Umlenken von der menschenverachtenden Staatsmacht zum selbstbewussten und angstfreien Bürgersinn, der nicht nur etwas zu sagen hat, sondern das Sagen haben soll. Demokratie eben. Die sich an der Gegenwart bewährt und Zukunft im Blick hat, aber gleichzeitig um ihre Vergangenheit weiß, um aus ihr zu lernen. Dass die Behörde mit dem sperrigen Titel – Der Bundesbeauftragte für die Unterlagen des Staatssicherheitsdienstes der ehemaligen Deutschen Demokratischen Republik – bald unter Ihrem Namen als „Gauck-Behörde" bekannt war, spricht für sich und für Ihr Engagement in Sachen Wahrheit. Zehn Jahre lang brachten Sie für Hunderttausende Licht ins Dunkel ihrer Vergangenheit. Jede einzelne Akteneinsicht eine Intervention gegen das Vergessen und für Gerechtigkeit. Getragen von der festen Überzeugung, dass ein Volk keine Ruhe findet, wenn es die Vergangenheit ruhen lässt und nicht bereit ist, sich ihr aufrichtig zu stel-

len. Gerade in den letzten Jahren erleben wir nun wieder zunehmend Polarisierung, Radikalisierung, Entsolidarisierung, Schwarz-Weiß-Denken, Geschichtsklitterung. Der Ton wird rauer und empörter, die Wahrheitspächter plärren lauter als die Wahrheitswächter, Vernunft ist auf dem Rückzug. Nahezu prophetisch habe ich Ihre Worte in Erinnerung, die Sie uns als Evangelische Kirche der Pfalz zu unserem Unionsjubiläum im Jahr 2018 mit auf den Weg gegeben haben. Angesichts der rechtsextremistischen Ausschreitungen in Chemnitz sprachen Sie von notwendiger Abgrenzung gegenüber den vom Hass Verblendeten und vom gleichzeitig erforderlichen Mut, über die Gräben der Gesellschaft hinweg immer wieder geduldig das Gespräch zu suchen mit denen, die noch gesprächsfähig sind. Eine Haltung, die sich für mich wie ein roter Faden durch viele Ihrer Äußerungen all Ihrer Jahre und Tätigkeiten zieht: Ein klares „Nein", wo es gilt, Menschen zu schützen, und dennoch ein unermüdliches „Ja" zum Streit um die Wahrheit. Auch wenn das manchmal unbequem und mühsam ist. Aber das ist Demokratie, die sich selbst und ihre Werte ernst nimmt. Und die braucht Menschen, die Demokratie und ihre Werte ernst nehmen. Die mit klugem Mut, aufrichtiger Empathie und einem Gespür für das rechte Wort zur rechten Zeit intervenieren, wo es nötig ist, und Brücken bauen, wo es möglich ist. So wie Sie. Sehr geehrter Herr Gauck, irgendwo in Ihrer Wohnung oder Ihrem Büro wird ein großer Schrank stehen, in dem Sie all die Preise, Ehrungen und Auszeichnungen verwahren, die Ihnen im

Lauf Ihres Lebens zuerkannt worden sind. Nach diesem Wochenende wird dort auch der Hambacher Freiheitspreis seinen Platz finden. Gefertigt aus regionalem Natursandstein bildet er das Schloss, aber noch mehr den Weg dorthin ab. Ein steiler und steiniger und auch brüchiger Weg, auf dem ein zartes Pflänzchen grünt. Demokratie ist kein leichtes Geschäft. Aber schon in der Bibel hat Jesus Christus gegen Unheil und Ungeister seiner Zeit und aller Zeit interveniert mit der Macht eines Senfkorns. Das zum starken Baum werden kann.

Freiheit ist nicht umsonst zu haben.

Rede von Bundespräsident a. D. Joachim Gauck anlässlich der Verleihung des ersten Hambacher Freiheitspreises am 29. Mai 2022

Sehr geehrter Herr Minister des Inneren und für Sport des Landes Rheinland-Pfalz, sehr geehrter Herr Oberbürgermeister, sehr geehrte Frau Kirchenpräsidentin, sehr geehrte Abgeordnete des Deutschen Bundestages und des rheinland-pfälzischen Landtages, sehr geehrter Herr Ministerpräsident a. D. Beck, geehrte Neustädter und Neustädterinnen, meine sehr geehrten Damen und Herren,

zu Beginn möchte ich sehr herzlich Danke sagen. Zunächst Ihnen, Herr Staatsminister und Stiftungsratsvorsitzender Lewentz, und an Sie, Herr Oberbürgermeister Weigel sowie an die gesamte Jury, die mir diesen

Wenn Menschen glauben und vertrauen, Haltung zeigen und Liebe üben. Oder um es mit Ihren Worten zu sagen: „Wir sind nicht nur Verstand, sondern wir haben eine Seele und ein Gemüt. Und alle Kräfte zusammen gestalten diese Welt." Und damit komme ich zum Schluss, bevor man zu Recht interveniert, weil ich diesen Platz zu lange besetzt halte. Dieser Platz gehört nun Ihnen, lieber Herr Gauck, um hochverdient diesen Preis entgegenzunehmen.

Ich danke Ihnen für Ihre Aufmerksamkeit.

Preis zugesprochen hat. Ich freue mich, den Preis hier auf dem Hambacher Schloss, an dem Ort entgegenzunehmen, an dem die Deutschen im 19. Jahrhundert so intensiv begannen, um ihre Nation zu ringen, um die Republik und damit um die Demokratie. Ich fühle mich geehrt, dass Sie, liebe Dorothee Wüst, so freundliche und ergreifende Worte zur Übergabe dieses Preises gefunden haben. Sehr herzlich möchte ich auch der Schubert-Schule zum „Johann-Philipp-Abresch-Preis" gratulieren. Dass für die Jüngsten unter uns gesellschaftlicher Zusammenhalt, kulturelle und politische Teilhabe, Mitwirken an der Demokratie nicht nur abstrakte, sondern gelebte Wirklichkeit sind, halte ich für außerordentlich wichtig und ich begrüße die Initiative um den Regionalpreis. Unsere Demokratie braucht auch heute und in Zukunft Bannerträger der Demokratie wie Johann Philipp Abresch, die sich im besonderen Maße um den gesellschaftlichen Zusammenhalt verdient machen. Herzlichen Glückwünsch also, liebe Schülerinnen und Schüler sowie Lehrer! Drei Tage lang wurde hier auf dem Hambacher Schloss gefeiert, was unsere Art zu leben prägt und trotzdem im Alltag allzu oft als Selbstverständlichkeit hingenommen wird: Unsere Demokratie. Das Fest mit seinem Programm, gestaltet von Vereinen, Institutionen, Künstlerinnen und Künstlern spiegelt die starke Bereitschaft unserer Gesellschaft zum Engagement, zur ehrenamtlichen Tätigkeit – und ganz generell auch ein großes politisches Interesse wider. Im freiheitlichen, weltoffenen und solidarischen Geist des Hambacher Festes haben Sie in Neustadt ein Fest gefeiert, das alle Bürgerinnen und Bürger dazu eingeladen hat, mitzumachen, mitzuwandern und mitzudiskutieren. Damit haben Sie, liebe Bürgerinnen und Bürger aus Neustadt und alle Gäste dieses Festes unter dem Motto „Mut zur Freiheit" zu einem Freiheitsbegriff gefeiert, der untrennbar mit individueller Verantwortung und gesellschaftlicher Solidarität verbunden ist. Mutig waren die Neustädter als sie im Mai 1832 mit mehreren zehntausend Teilnehmern gegen ihre bayerischen Obrigkeiten aufbegehrten und ihren Kampf für Demokratie und Freiheit als Fest tarnten. Als Hambacher Fest ging es in die Geschichte ein. Zu Recht sind die Neustädter stolz, dass ihr Fest und ihr Hambacher Schloss heute als Wiege der deutschen Demokratie gelten. Zudem auch als Geburtsort von Schwarz-Rot-Gold in der heutigen Farbanordnung. Diese ehrwürdige Tradition birgt auch eine Verantwortung. Und so bin ich dankbar, dass mit der Hambacher Intervention, der Vereinnahmung unserer Demokratiegeschichte von rechts

Einhalt geboten wurde. Wir lassen uns unsere Symbole der deutschen Demokratiebewegung nicht von den Feinden der Demokratie kapern, meine Damen und Herren! Vor fast genau 190 Jahren strahlte vom Hambacher Fest der Einsatz für Presse- und Meinungsfreiheit, für Demokratie, für die Einheit Deutschlands und ein verbrüdertes Europa in das ganze Land aus. Das Hambacher Fest dient uns nicht nur als historische Erinnerung, sondern macht uns bewusst, dass wir uns heute mehr denn je für diese Werte stark machen müssen. Auch heute brauchen wir Mut, Haltung und Engagement. Mehr denn je ist unsere Gesellschaft herausgefordert, die Demokratie gegen ihre Feinde zu schützen – im Inneren wie im Äußeren. Wird uns doch zurzeit schmerzhaft vor Augen geführt, dass die Demokratie keine Selbstverständlichkeit ist. Seit nunmehr 95 Tagen führt Russland einen brutalen Okkupationskrieg gegen einen friedlichen, demokratischen Staat Europas. Die allermeisten haben Kriegsgräuel mitten in Europa im 21. Jahrhundert für ein Thema der Vergangenheit gehalten. Doch ein gewissenloser Diktator hat der Ukraine diesen Krieg aufgezwungen und zielt damit auch auf alle freien, demokratischen Gesellschaften, die ihr Schicksal selbst gestalten wollen. Putins Krieg gilt letztlich der gesamten freien Welt, der liberalen Demokratie und der Selbstbestimmung der Völker. Viele Menschen spüren, dass nicht einfach ein fremdes Land angegriffen und unterjocht werden soll, sondern dass wir mitgemeint sind, wenn die Ukraine zum Untertanen gemacht werden soll. Niemand weiß, wie weit Putins Ambitionen bei der Wiedererrichtung eines großrussischen Imperiums reichen. Und darum geht es in diesem Krieg nicht „nur" um die Ukraine, es geht zugleich um unsere nationalen und europäischen Sicherheitsinteressen, ja eigentlich um die Wertebasis auf der die Europäische Union errichtet ist. Wirklichen Frieden in Europa kann es nur geben, wenn wir die Ukraine in diesem Krieg so unterstützen, dass ihre Freiheit und ihre Souveränität erhalten bleiben. Wenn es Putin gelingen würde, einem großen Land das Recht auf Selbstbestimmung und territoriale Integrität dauerhaft zu nehmen, dann wäre die Stabilität Europas einer beständigen Bedrohung, einer sehr ernsthaften Gefährdung ausgesetzt. Meine sehr geehrten Damen und Herren, ein Blick auf die letzten Jahrzehnte zeigt uns: Fast alle haben sich geirrt, – einige wollten sich wohl auch irren – als sie glaubten, Stabilität und Frieden hätten endgültig Vorrang gewonnen gegenüber imperialem Machtstreben. Russlands Krieg hat nun den Staaten Europas schmerzhaft bewusst gemacht: Unsere Demokratie ist doppelt bedroht: durch Feinde im Inneren, und sie ist auch von außen bedroht: durch Personen und Mächte, die aus Partnerschaft Gegnerschaft machen und schließlich sogar Feindschaft. Doch auch Putin hat sich geirrt: Anders als in der Vergangenheit begegnen die EU und die NATO seiner neoimperialen Expansion mit massiven Sanktionen und mit militärischer Unterstützung für die Ukraine. Uns Europäern ist bewusst geworden, wie viel wir zu verlieren haben. Wir sind daher zusammen-

Abb. 3: Bundespräsident a. D. Joachim Gauck bei seiner Rede anlässlich der Verleihung des Hambacher Friedenspreises 1832.

gerückt. Schweden und Finnland werden mit ihrem Beitritt die NATO stärken und senden damit ein wichtiges Signal der Einheit Europas und der Stärkung des transatlantischen Bündnisses: Wir lassen uns nicht einschüchtern, weder durch Drohungen noch durch den Angriffskrieg in unserer Nachbarschaft. Wir lernen heute neu, was schon damals die mutigen Menschen die u. a. aus Polen, Frankreich und Deutschland zum Hambacher Fest kamen, gewusst haben: wir müssen uns verbünden, wenn uns Freiheit und Demokratie am Herzen liegen. Schon sie wussten auch: Freiheit ist nicht umsonst zu haben. So sehen wir, damals wie heute, welche Kräfte aus dem Wunsch nach Freiheit erwachsen können. Denn die Menschen in der Ukraine kämpfen für das, was ihnen wirklich am Herzen liegt – für ein selbstbestimmtes Leben in Freiheit. Wenn wir also heute unter der Überschrift „Mut zur Freiheit" zusammengekommen sind, dann sollten uns diese tapferen Menschen Mut machen. Wir sehen in ihnen Möglichkeiten, über die auch wir verfügen, wenn auch wir verteidigen, was uns lieb und teuer ist. Sehr geehrte Damen und Herren, in vielen Ländern hat die Demokratie schon seit Jahren an Akzeptanz verloren und wir wissen nicht nur durch die Entwicklungen in Russland, dass zum Beispiel die Freiheit der Presse ein wichtiger Gradmesser dafür ist, wie es um die Demokratie in einem Land und die Freiheit in einer Gesellschaft bestellt ist. So wie 1832, als die Presse und Versammlungsfreiheit in den deutschen Ländern stark eingeschränkt war. Dies war einer der Gründe dafür, warum damals in Hambach ein Fest und nicht eine Kundgebung stattfand.

Sehr geehrte Damen und Herren, wenn wir uns nun hier und heute in unserem Land umschauen, so wird uns schmerzlich bewusst, dass uns nicht nur Destruktion und Gewalt von außen drohen. Die Zahl der Feinde der Demokratie hat zugenommen, alter und neuer Extremismus und ein Erstarken des populistischen Milieus erschrecken die Mehrheit der Bevölkerung. Erst letzte Woche hat das Bundeskriminalamt ein Rekordhoch bei der politisch motivierten Kriminalität festgestellt. Im Vergleich zum Vorjahr wurden 23 % mehr Gewalttaten verzeichnet. Fremdenfeindlichkeit, Rassismus, Antisemitismus und Verachtung für den westlichen freiheitlich-liberalen Lebensstil sind wie Gift in Teile der Gesellschaft eingedrungen und die Hemmschwelle dessen, was aggressiv geäußert wird, ist insgesamt gesunken. Deutschland hat sogar wieder Morde aus politischen Motiven zu beklagen. Es ist ganz klar: Hier muss sich der Rechtsstaat als handlungsfähig gegen alle erweisen, die unsere Demokratie mit Gewalt bedrohen. Es geht also auch im Inneren nicht ohne Entschlossenheit. Auch hier gilt es zu verteidigen, was uns am Herzen liegt. Warum aber sehen wir in fast allen liberalen Demokratien eine Entwicklung zu Distanz und Ablehnung der offenen Gesellschaft? Gründe für diese Entwicklungen dürfte es mehr als nur einen geben, aber ein äußerst wirkmächtiger scheint mir der umfassende und schnelle Wandel in der Welt zu sein. Diese verändert sich in einer Geschwindigkeit, die zuvor nicht vorstellbar war. Wir sehen uns gleich einer ganzen Reihe von umwälzenden Veränderungen globalen Ausmaßes gegenüber: Globalisierung, Digitalisierung und KI, überwältigende technologische Innovationen, Klimawandel, Migration und zuletzt die Pandemie. Derart epochale Umbrüche setzen zwangsläufig auch Ängste frei, weil sich sehr viele Menschen mit der Komplexität und Vielfalt der Probleme überfordert sehen, und bei manchen Menschen wandelt sich die Angst in Aggression. Und, um dies auch deutlich zu sagen: Einige haben durchaus den Willen, sich nicht in Wahnwelten zu begeben. Ein kleiner, aber besonders radikaler Teil, stellt sich gar aktiv gegen unsere freiheitlich-demokratische Ordnung. Die große Mehrheit der Bürgerinnen und Bürger allerdings widersetzt sich dem Angriff auf unsere Demokratie, in dem sie weder dem Hass noch den populistischen Verführern folgen. Und so sage ich, dass die Stabilität unserer Demokratie nicht ernsthaft in Frage steht. Frustration, Kritik und Wut in Deutschland haben zumindest bislang nicht zu einer mehrheitlichen Unterstützung radikaler Parteien geführt. Wir sollten uns bewusst machen: Diese, unsere Demokratie ist von sich aus stark. Sie muss allerdings ihre Wehrhaftigkeit und ihre Effektivität neu unter Beweis stellen. Nicht wenige Bürger sind enttäuscht von der liberal-demokratischen Ordnung, weil sie mehr von ihr erwartet haben, und weil sie ihr immer noch mehr zutrauen als das, was sie augenblicklich leistet. Aber trotzdem setzen sie ihre Hoffnungen nicht nur auf zivilgesellschaftliche Aktionen, Bewegungen und Proteste, sondern immer wieder auch auf Wahlen. Mögen Wahlen von manchen auch als unzureichende Partizipationsmöglichkeit kritisiert werden, so zeigt sich doch auch, dass sie zu aktivieren vermögen; sie nähren die Hoffnung auf bessere Ergebnisse für die jeweils präferierte Partei. Sie wecken die Hoffnung auf neue Koalitionen und damit neue politische Prioritäten. Sie wecken die Hoffnung auf beständige Erneuerung. Ich sehe zudem eine erstaunlich positive Entwicklung in Deutschland, die ich noch vor kurzer Zeit nicht zu prognostizieren gewagt hätte: Radikale Parteien haben bei den letzten Wahlen auf Bundes- und Landesebene schwach abgeschnitten, in der Landtagswahl in Schleswig-Holstein ist die AfD sogar unter der 5 %-Hürde geblieben. Mein Eindruck ist, dass unsere Gesellschaft in Krisen auch wachsen kann. Mag die Fragilität der Parteienlandschaft auch zugenommen und die Bindung an Parteien abgenommen haben, mag in der Öffentlichkeit und in den sozialen Netzen auch häufig Unvernunft und destruktives Gebaren zutage treten, so sehe ich doch insgesamt eine starke Bereitschaft zum Engagement, zur ehrenamtlichen Tätigkeit, generell auch ein großes politisches Interesse. Und nicht zuletzt sehe ich eine gestiegene Bereitschaft in weiten Teilen der Gesellschaft, nicht den Ängsten zu folgen, und sich weder hier zu Lande noch in den anderen Teilen Deutschlands von den inneren und äußeren Feinden der Demokratie vereinnahmen zu lassen, sondern mutig für die Freiheit in unserem Land, in Europa und in der Ukraine einzustehen. Und wir brauchen sie, die engagierten, aktiven Bürgerinnen und Bürger, die unserer Demokratie nicht nur im Vorbeigehen als Konsumenten begegnen, sondern die diese Demokratie mit ihren Möglichkeiten, in unser aller Sinne mitgestalten wollen. Bürgerinnen und Bürger, die selbst bereit sind Verantwortung zu übernehmen, egal ob in Vereinen, auf lokalpolitischer Ebene, in Nichtregierungsorganisationen, Parteien oder anderen Bündnissen und Bewegungen - sie alle stärken das Fundament unserer Demokratie. Wir als Bürger der Zivilgesellschaft stehen immer neben den Institutionen des Rechtstaates, wenn die Feinde der Demokratie bekämpft werden müssen. Und wir wollen uns diese Kultur der aktiven Zivilgesellschaft nicht nur erhalten, wir wollen sie ausbauen und fördern. Ich weiß, dass die großen globalen Herausforderungen und Russlands Krieg für uns Zumutungen mit sich bringen. Ich weiß, dass es nicht allen Teilen der Bevölkerung leichtfällt, sich dem Wandel und dem Fortschritt zu stellen und dabei die Risiken nicht zu fürchten. Ich weiß, dass die Folgen von Sanktionen, von Wohlstandsverlusten und Inflation nicht gleichmäßig auf alle Schultern verteilt sind und es zuerst die Schwächsten in unserer Gesellschaft trifft. Ich weiß um die Macht der Ängste. Ich weiß aber auch um die Kraft, die in den Menschen wächst, wenn sie als Bürger verantwortlich, mutig und solidarisch leben. Denn einmal verweisen wir auf die Erfolge, die aus unserer sozialen Marktwirtschaft erwachsen sind, einem System, das die von Armut betroffenen unterstützt und den Stärkeren Solidarität abverlangt. Und zum anderen kann nur in unserer Gesellschaft ein zutiefst menschliches Bedürfnis gelebt werden: Menschen können frei von Zwang eigenverantwortlich ihre Gesellschaft, ihr Miteinander gestalten. Und weil sie Freiheit letztlich definieren als Verantwortung nehmen sie wahr, dass wir nur in einer Ordnung der Bezogenheit aufeinander dauerhaft erfolgreich sein können. Sehen wir also unsere so oft hinterfragte Gesellschaft einmal aus dieser Perspektive an – und wir erblicken einen Raum der Möglichkeiten, in dem Zukunft nicht Furcht und Eskapismus auslöst, sondern realitätsbasierte Zuversicht, Selbstvertrauen und Mut. Und so möchte ich schließen: Dankbar nehme ich den Preis an, der mir und vielleicht auch Ihnen Anerkennung und Ansporn zugleich ist.

Das Hambacher Schloss – der Ort für Freiheit, Demokratie und Solidarität unter den Völkern

Interview mit Bundespräsident Frank-Walter Steinmeier am 6. April 2022 in Berlin, Schloss Bellevue

Das Interview führte Utz Kastenholz, SWR.

UK: Welche Bedeutung kommt den Orten der Demokratiegeschichte heute zu – gerade in Zeiten wie diesen?

FWS: Demokratie und Freiheit sind immer wieder bedroht – zu Zeiten von innen, zu anderen Zeiten, wie jetzt, eher von außen. Und deshalb sind authentische Orte der Demokratiegeschichte wie das Hambacher Schloss so wichtig, weil sie uns erinnern, mit welchen Mühen, mit welchen Opfern Demokratie und Freiheit erkämpft worden sind, und vielleicht auch zeigen, wie wertvoll es ist, wie wichtig es ist, dass wir diese Werte verteidigen. Insofern ist Demokratiegeschichte nie nur ein Blick zurück, sondern zugleich ein Blick nach vorn.

UK: Welchen Stellenwert hat für Sie das Hambacher Schloss unter den Orten der Demokratiegeschichte?

FWS: Neben der Paulskirche, neben Rastatt gehört das Hambacher Schloss ganz sicher zu den ganz herausragenden, zu den ganz wichtigen Orten der deutschen Demokratiegeschichte. Herausragend vielleicht auch deshalb, weil es eine Besonderheit im Vergleich zu vielen anderen Orten gibt: Natürlich wurde auf dem Hambacher Schloss gestritten für Freiheit und Demokratie in Deutschland. Aber es war eben zugleich der Ort der Völkerfreundschaft, der Solidarität unter den Völkern.

UK: Es gab den Versuch der Etablierung eines sogenannten Neuen Hambacher Fests. Dessen Teilnehmer sind systemkritisch, manche gar demokratiefeindlich. Sie berufen sich dabei auf die Akteure von Hambach 1832. Können sie das zu Recht?

FWS: Wir müssen die Beteiligten dort, die Verantwortlichen – die eine ganz engagierte Arbeit machen, wie ich weiß – wir müssen die auch in die Lage versetzen, sich gegen Übernahmen oder Vereinnahmungsversuche zur Wehr zu setzen. Dazu braucht man Personal. Dazu braucht man wahrscheinlich nicht nur einige wenige Museumspädagogen, die stundenweise zur Verfügung stehen, sondern es braucht eine Bildungsarbeit,

die gerade gegenüber Jugendlichen, gegenüber Schulklassen geleistet wird, die auch einen möglichst niedrigschwelligen Zugang – das hat auch was mit Eintrittsgeldern zu tun – in das Hambacher Schloss haben sollten. Diejenigen, die hier einem neuen Nationalismus das Wort reden, die die Demokratie und ihre Repräsentanten verächtlich machen, diejenigen, die den Krieg Russlands gegen die Ukraine auch noch gutheißen, die haben nichts mit dem Hambacher Schloss und nichts mit den Farben Schwarz-Rot-Gold zu tun.

UK: Auch wenn eine erste „feindliche Übernahme" des Hambacher Festes erst einmal gescheitert ist, droht der Ort nach wie vor zur Pilgerstätte für Querdenker und Rechtspopulisten zu werden. Offensichtlich versucht man, die Deutungshoheit über diesen Ort zu gewinnen. Muss man das aushalten, oder muss die Demokratie hier wehrhaft sein?

FWS: Ich glaube, die Demokratie kann einiges aushalten. Sie kann auch mit absonderlichen Meinungen umgehen. Das ist, glaube ich, nicht das Problem. Das Problem ist eher, dass Demokratinnen und Demokraten sich selbst auch engagieren müssen für diese Demokratie, das heißt, nicht zulassen, dass an solchen Orten wie in Hambach nur die anderen, diejenigen, die Demokratie verächtlich machen, präsent sind, sondern dass die Demokratinnen und Demokraten in größerer Anzahl und häufiger dort sind. Und dass Bildungsarbeit an diesem Ort tatsächlich mit langfristiger Wirkung gerade gegenüber den nachwachsenden Generationen möglich ist.

UK: Ein Motto der neuen Dauerausstellung auf dem Hambacher Schloss heißt „Farbe bekennen". Was kann das für den Einzelnen bedeuten, was bedeutet es für Sie?

FWS: Diejenigen, die Verantwortung tragen, müssen sich Kritik gefallen lassen. Aber es gehört eben auch dazu, dass Demokratinnen und Demokraten bereit sind, Verantwortung zu übernehmen. Und das ist gar nicht immer unbedingt nur der Gang in die hohe Politik. Sondern Verantwortung zu übernehmen, vor Ort, zu Hause, sich um mehr kümmern als nur sich selbst, da fängt Demokratie an, und das ist demokratisches Engagement, wie wir es brauchen (Abb. 4).

Abb. 4: Bundespräsident Frank-Walter Steinmeier, 2022.

Kommentar

Mit der Auslobung des neuen Hambacher Freiheitspreises 1832 hatten die Veranstalter im Mai 2022 im großen zweitägigen Neustadter Demokratiefest einen auch medial viel beachteten Höhepunkt gesetzt.

Und dass es dabei nicht in erster Linie um die Würdigung des Lebenswerkes des weithin geachteten Preisträgers, ehemaligen DDR-Pfarrers und Oppositionellen, ersten Behörde, parteiübergreifend geschätzten Bundespräsidenten ging, wurde schnell sowohl in der Laudatio der Evangelischen Kirchenpräsidentin Dorothee Wüst als auch in der Rede von Joachim Gauck selbst deutlich.

Wüst griff in ihrer Laudatio sozusagen als roten Faden den Aufruf der „Hambacher Intervention" auf und interpretierte Leben, Werk und Wirkung des Preisträgers als kontinuierliche Intervention für eine freiheitliche, aber auch wehrhafte und engagierte Demokratie. Diese basiere auf der Überzeugung, dass neben der klaren Abgrenzung gegenüber Hass, Gewalt und Rechtsextremismus auch die Bereitschaft notwendig sei,

„über die Gräben der Gesellschaft hinweg immer wieder geduldig das Gespräch mit denen zu suchen, die noch gesprächsfähig sind." Demokratie brauche Menschen, „die mit klugem Mut, aufrichtiger Empathie und einem Gespür für das rechte Wort zur rechten Zeit intervenieren, wo es nötig ist, und Brücken bauen, wo es möglich ist."

Diese Empathie bestätigte der ehemalige Bundespräsident auch in seiner Dankesrede, indem er sich nicht nur für den Preis bedankte, sondern zunächst einmal der Schulgemeinschaft der Neustadter Schubert-Schule zum gleichzeitig verliehenen Johann-Philipp-Abresch-Preis gratulierte. Zugleich würdigt er die Verantwortungsübernahme der Neustadter Kommunalpolitik und Zivilgesellschaft, die mit der Hambacher Intervention einer „Vereinnahmung unserer Demokratiegeschichte von rechts Einhalt geboten" habe. Das Hambacher Fest mache uns heute mehr denn je bewusst, dass wir „Mut, Haltung und Engagement" brauchten, um die Demokratie gegen ihre Feinde zu schützen. Angesichts des aktuellen Krieges in Europa ordnete er Putins Krieg gegen die Ukraine als letztlich gegen die liberale Demokratie und die Selbstbestimmung der Völker gerichtet ein. Dennoch setzte Gauck auf die Stärke der Demokratie und engagierte Menschen, die nicht mit Furcht, sondern mit „realitätsbasierter Zuversicht, Selbstvertrauen und Mut" in die Zukunft schauen.

Diese Perspektive bestätigt auch der amtierende Bundespräsident Frank-Walter Steinmeier, der ja schon bei seinem Antrittsbesuch in Rheinland-Pfalz besondere Orte der Demokratiegeschichte, darunter das Hambacher Schloss am 19. März 2018, aufgesucht hatte. Und auch mit seinem 2021 erschienenen und viel beachteten Buch „Wegbereiter der deutschen Demokratie. 30 mutige Frauen und Männer 1789–1918" hatte er nicht nur diesen „Heldinnen und Helden" der frühen Freiheits- und Demokratiebewegung ein Denkmal gesetzt, sondern auch zur Nutzung und zum Ausbau der Erinnerungsorte der Demokratiegeschichte aufgerufen. Wir setzen daher sein Interview mit dem SWR-Journalisten Utz Kastenholz ganz bewusst ans Ende unserer Auswahl von Reden und Texten rund um das Hambacher Fest.

---

1   Die Reden sind nicht publiziert, auch nicht in dem von Max Otte 2019 herausgegebenen Band Neues Hambacher Fest 2019, können aber auf YouTube unter dem Stichwort „Neues Hambacher Fest" (2018) in einem zusammenfassenden Video der Organisatoren und zusätzlich im Wortlaut abgerufen werden.

Aktuelle Aufnahme vom Hambacher Schloss, mit dem angebauten und 2011 eröffneten „Restaurant 1832“ im Vordergrund.

III.
Essay

Jürgen Wilke

Hambacher Reden:
Historische Vorläufer und rhetorische Tradition

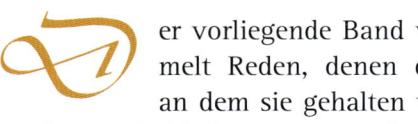er vorliegende Band versammelt Reden, denen der Ort, an dem sie gehalten wurden, und ein inhaltlicher Bezug zu dem historischen Ereignis gemeinsam ist, das dort am 27. und 28. Mai 1832 stattfand – das Hambacher Fest. Diese Reden sind – eingebettet in zusätzliche dokumentarische „Zwischenspiele" – chronologisch angeordnet und erstrecken sich über nahezu zwei Jahrhunderte. Kein Wunder, dass sie trotz der Gemeinsamkeit große Unterschiede nach Inhalt und Form aufweisen. Während es sich zu Beginn um originäre Reden handelt, die bei dem historischen Ereignis selbst gehalten wurden, sind die späteren eher Gedenkreden, die an dieses historische Ereignis erinnern oder anknüpfen und dies anlässlich von Jubiläen oder sonstigen Feierlichkeiten tun, bei denen prominente Gäste begrüßt oder symbolische Akte vollzogen wurden. Welche Vorgeschichte haben diese Reden und in welchen rhetorischen Traditionen stehen sie? Dies ist die Frage, der in diesem Nachwort nachgegangen werden soll.

Historische Vorläufer und Anlässe

So einzigartig das Hambacher Fest im deutschen Vormärz auch war, so wenig stand es außerhalb jeglicher historischen Tradition. Feste hatten seit Urzeiten in der Menschheitsgeschichte eine anthropologische und soziale Funktion, weil sie das Einerlei der Tage unterbrachen und das alltägliche Leben aus diesem heraushoben.[1] Ein Bedürfnis danach suchte sich auf verschiedenste Weise und Wegen zu verwirklichen. Doch hatte das Hambacher Fest nicht nur generell, sondern auch in seiner spezifischen Art Vorläufer, die den Veranstaltern und Zeitgenossen durchaus bekannt waren. Keine zwei Jahrzehnte war es damals her, seitdem man in den deutschen Landen die Befreiung von der französischen Fremdherrschaft gefeiert hatte. Dies geschah landesweit, als sich der Sieg in der Völkerschlacht von Leipzig 1814 erstmals jährte. Am 18. und 19. Oktober dieses Jahres fanden an zahllosen Orten öffentliche Jubelfeiern statt.[2] Karl Hoffmann (1770–1829), der im antinapoleonischen Kampf aktiv gewesen war und (als Nachfolger des Tugendbundes) den Deutschen Bund gründete, hat sie im Jahr darauf in einem gedruckten „Dank- und Ehrentempel" (Abb. 1) von mehr als 1.100 Seiten dokumentiert, versehen mit einem Vorwort von Ernst Moritz Arndt (1769–1860). Dieser, ebenfalls einer der geistigen Väter der Befreiungskriege, hatte auch zur Feier dieses Jubiläums aufgerufen.

Hoffmann versammelte in seinem Buch Berichte aus mehr als 300 Orten in verschiedenen Teilen Deutschlands („von den Alpen bis zur Ostsee"[3]), die schilder-

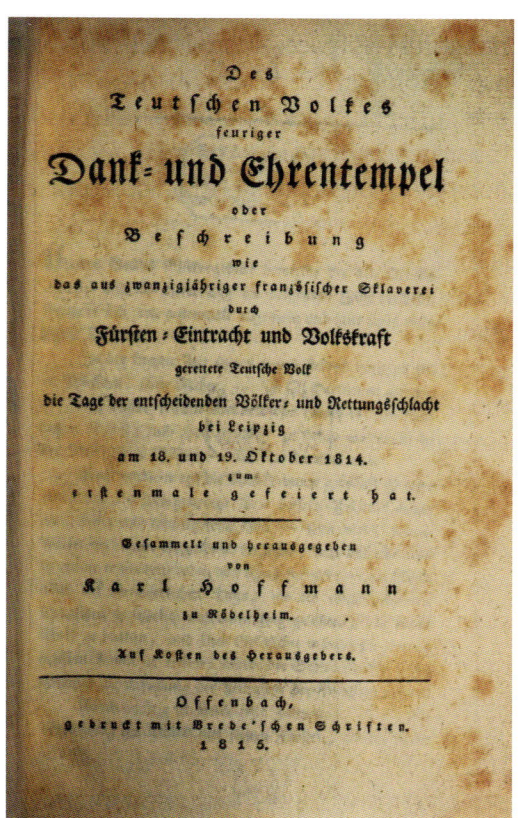

Abb. 1: Titelblatt von Karl Hoffmanns Dokumentation zu den Jubelfeiern der Völkerschlacht von Leipzig 1814.

ten, wie man dort die Jubelfeier begangen hatte. Mehr oder weniger war das überall gleich: Alt und Jung, Männer und Frauen zogen unter Glockengeläut, Geschützfeuer und Musikbegleitung in Scharen zu öffentlichen Plätzen, Gottesdienste wurden gefeiert und das Te Deum gesungen. Auf einem nahe gelegen Berg oder Hügel wurden Freudenfeuer entzündet und Feuerwerke abgebrannt, patriotische Lieder gesungen oder Gedichte rezitiert. Das Ganze endete häufig mit gesellschaftlichen Vergnügungen wie Festmahlen und Tanzveranstaltungen. Im of-

fiziellen Teil traten Pfarrer mit Predigten auf, hier und da wurden auch politische Reden gehalten. Sie sind in Hoffmanns Sammlung zum Teil wiedergegeben. Ihre Rhetorik war meist affirmativ und sehr ähnlich: emotional gesteigerte und religiös überhöhte Lobpreisungen des göttlichen Weltenherrschers, den Fürsten gegenüber Bekundungen der Dankbarkeit und der Ehrerbietung. Hinzu kamen Mahnungen zu brüderlicher Eintracht. Segenswünsche wurden auch an die alliierten Mächte gesandt, gegen die frühere Besatzungsmacht gerichtet waren hingegen antifranzösische Töne. Noch wurde primär die Befreiung vom äußeren Feind empfunden, nur unterschwellig schwang die Befürchtung mit, „daß Sie [die Fürsten] nicht länger Ihren Völkern Rechte versagen, die ihnen zugesichert wurden, als man ihrer bedurfte"[4].

Auch im rheinpfälzischen Landstrich beging man 1814 die Wiederkehr des Jahrestages der Leipziger Völkerschlacht. Hier handelte es sich noch ganz um eine militärisch-politische Jubelfeier. Eigene Augenzeugenberichte dazu stammten aus Neustadt an der Haardt und aus Zweibrücken. Im ersteren Fall war ausdrücklich vom Schloss zu Hambach die Rede, dessen Ruinen „einem erleuchteten Feentempel"[5] geglichen hätten. Ein Major der Mittelrheinischen Landwehr vermeldete sogar, dass die „teutschgesinnten Einwohner"[6] und der Bürgermeister des Dorfs Hambach eine Unmenge Holz auf den Berg schafften und dieses in den Fensternischen des Schlosses in Brand setzten.

Das Jubiläum der Völkerschlacht sollte auch fortan gefeiert werden, doch sahen die Obrigkeiten dies mit Missfallen, ja einige Bundesstaaten reagierten mit Verboten. Im Jahr 1817 jedoch wurde es zum Anlass einer Veranstaltung, die als erstes Fanal der politischen Opposition damals in die deutsche Geschichte eingehen sollte. Am 18. und 19. Oktober kamen auf der Wartburg bei Eisenach in Thüringen mehrere hundert Studenten zusammen, um den Sieg über Napoleon zu feiern, zusammen mit der 500-jährigen Wiederkehr der Reformation.[7] Im Großherzogtum Sachsen-Weimar herrschte zu diesem Zeitpunkt noch Pressefreiheit. Die Initiative zu der Veranstaltung ging von der am 12. Juni 1815 in Jena gegründeten vereinigten Burschenschaft aus. Vom Wartburgfest sollte ein Signal zum Kampf für Freiheit und nationale Einheit im Deutschen Bund ausgehen. Auch hier hielten Studenten flammende Reden. Eine Rede des Jenenser Philosophen Johann Jakob Fries (1773–1843) wurde vorgelesen. Das größte Aufsehen aber erregte am Abend des 18. Oktober eine Bücherverbrennung auf dem Wartenberg (Abb. 2). Schriften, die den Absolutismus guthießen und die nationale Bewegung bekämpften, wurden dem Feuer übergeben, außerdem noch drei verhasste Dingsymbole der bestehenden Ordnung: ein hessischer Militärzopf, ein preußischer Ulanenschnürleib und ein österreichischer Korporalstock. Das Wartburgfest

Abb. 2: Bild von der Bücherverbrennung auf dem Wartburgfest 1817, veröffentlicht in der Bilder-Chronik „Historisch-Biographisches Universum" aus dem Jahr 1841.

löste insbesondere bei den Herrschern in Preußen und Österreich Erschrecken aus und zog amtliche Maßnahmen zur Verfolgung der „Rädelsführer" nach sich. Und daraus resultierten Schritte, die 1819 zu den Karlsbader Beschlüssen führten und eine jahrzehntelange Repression im Deutschen Bund herbeiführten.[8]

Das Wartburgfest 1817 kann man als Vorläufer des Hambacher Festes 1832 ansehen. Karl Heinrich Brüggemann (1810–1887) hat es in seiner Rede am 27. Mai 1832 ausdrücklich als „Vorspiel unsers Maifestes" gewürdigt. Andere folgten ihm später. Heinrich Heine (1797–1856) hingegen sah das Wartburgfest im Rückblick recht kritisch und hat es im Vergleich zum Hambacher Fest herabgesetzt, ja verspottet. Und dies nicht nur wegen der in der Tat fragwürdigen Bücherverbrennung, sondern auch wegen der altdeutschen Denkart und Staffage, die es prägten:

„Und dennoch beurkundete das Fest von Hambach einen großen Fortschritt, zumal, wenn man es mit jenem anderen Feste vergleicht, das einst ebenfalls zur Verherrlichung gemeinsamer Volksinteressen auf der Wartburg stattfand. Nur in Äußerungen, in Zufälligkeiten sind sich die beiden Bergfeiern sehr ähnlich; keineswegs ihrem tieferen Wesen nach. Der Geist, der sich auf Hambach aussprach, ist grundverschieden von dem Geiste oder vielmehr von dem Gespenste, das auf der Wartburg seinen Spuk trieb. Dort, auf Hambach, jubelte die moderne Zeit ihre Sonnenaufgangslieder, und mit der ganzen Menschheit ward Brüderschaft getrunken; hier aber, auf der Wartburg, krächzte die Vergangenheit ihren obskuren Rabengesang, und bei Fackellicht wurden Dummheiten gesagt und getan, die des blödsinnigsten Mittelalters würdig waren! Auf Hambach hielt der französische Liberalismus seine trunkensten Bergpredigten, und sprach man auch viel Unvernünftiges, so ward doch die Vernunft selber anerkannt, als höchste Autorität, die da bindet und löset und den Gesetzen ihre Gesetze vorschreibt; auf der Wartburg hingegen herrschte jener beschränkte Teutomanismus, der viel von Liebe und Glaube greinte, dessen Liebe aber nichts anders war als Haß des Fremden und dessen Glaube nur in der Unvernunft bestand und der in seiner Unwissenheit nichts Besseres zu erfinden wußte, als Bücher zu verbrennen!"[9]

Man kann Heines Lobpreis des Hambacher Festes beipflichten, ohne dem abwertenden Urteil über das Wartburgfest zustimmen zu müssen. Das haben auch die Hambacher selbst nicht getan, wie Brüggemanns zitierte Bemerkung zeigt. Heine übersah geflissentlich, wieviel Vorläuferschaft schon im Freiheits- und Einheitspathos beim Wartburgfest steckte. Und sein Urteil ist auch deshalb ungerecht, weil er verkennt, was die nach dem Wartburgfest Verfolgten wegen ihrer Beteiligung daran zu erleiden hatten. Darin ähnelten sich beide Ereignisse, denn auch die Protagonisten des Hambacher Festes wurden alsbald vor Gericht gestellt und des Hochverrats angeklagt. Allerdings waren – und insofern hatte Heine auch recht – die Anlässe beider Feste ganz andere. Nicht mehr die inzwischen historisch gewordene Leipziger Völkerschlacht stand den Initiatoren 1832 vor Augen, sondern man wählte den Zeitpunkt direkt nach einem für den 26. Mai dieses Jahres von konservativer Seite angekündigten Fest zum bayerischen Verfassungstag. Philipp Jakob Siebenpfeiffer (1789–1845) funktionierte diesen Plan um, von Neustadter Bürgern unterstützt. Wie er in seiner Einladung schrieb, sollte das eigene Fest ein „Fest der Hoffnung" sein, nicht mehr „dem Errungenen, sondern dem zu Erringenden"[10] gewidmet. Ermutigt hatte dazu auch, dass die gemäßigten Liberalen bei den Wahlen zum bayerischen Landtag 1830 die Mehrheit errungen hatten (ohne dass jedoch ihr Kandidat Johann Adam Seuffert zum Präsidenten ernannt worden wäre).

Im Vorfeld des Hambacher Festes waren bereits zur Jahreswende 1831/32 festliche Bankette zu Ehren der lokalen Landtagsabgeordneten veranstaltet worden, noch am 6. Mai 1832 nach seiner triumphalen Rückkehr für den Oppositionsführer Friedrich Schüler (1791–1873).[11] Schon dies waren politische Aktionen, bei denen – noch nicht öffentlich – Reden gehalten wurden. Johann Georg August Wirth (1798–1848) berichtete darüber in seiner „Deutschen Tribüne". Nach dem Bekanntwerden der Pläne für das Hambacher Fest erließ die Regierung des bayerischen Rheinkreises ein Verbot, das ausdrücklich auch ein solches für Reden einschloss. Das war gesetzwidrig. Eine bürgerliche Protestaktion ertrotzte da-

raufhin am 8. Mai eine Rücknahme des Verbots. So konnte das Fest in Neustadt am Abend des 26. Mai 1832 beginnen, mit Glockengeläut, mehrstündigem Geschützfeuer und Freudenfeuern auf dem Haardtgebirge, ganz so wie schon bei der Völkerschlachtfeier.[12]

Kommunikationsmodell und Bestandteile der Rede

Indem der vorliegende Band Reden versammelt, haben wir es mit einer menschlichen Ausdrucksform zu tun, für die bestimmte Merkmale charakteristisch sind. Linguisten würden sie eine Textsorte nennen. Ihre Merkmale und das ihnen zugrunde liegende kommunikationstheo-

Abb. 3: Aristoteles Porträt in moderner Büste, römische Kopie nach dem griechischen Bronze-Original von Lysippos, um 330 v. Chr.

retische Modell sind zuerst in der Antike entwickelt worden. Die Rede ist also eine Kommunikationsform von langer abendländischer Tradition. Als ihr Geburtsort gilt das Athen des 5. vorchristlichen Jahrhunderts. Hier erlebte die Rhetorik, wie der altgriechische Begriff lautet, ihre erste Blüte. Das betraf sowohl die Theorie als auch die Praxis im gesellschaftlichen Leben. Die wichtigste Lehre der Rhetorik verfasste der Philosoph Aristoteles (384–322 v. Chr.) (Abb. 3). Im antiken Rom trat man das Erbe der griechischen Rhetorik an. Der berühmteste römische Rhetor war Cicero (106–43 v. Chr.).

Aristoteles entwarf für die Rede ein simples, aus drei Elementen bestehendes Kommunikationsmodell. „Dreierlei", so schrieb er, „braucht man nämlich für eine Rede, einen Redner, einen Gegenstand und eine Zuhörerschaft, und dieser letzte", so fügte er hinzu, „der Zuhörer ist richtunggebend."[13] Das klingt ausgesprochen modern. Denn im Grunde formuliert der griechische Philosoph bereits ein Prinzip, das heute als „Rückkopplung" oder „feedback" bezeichnet wird und eine systemtheoretische Betrachtung impliziert. Der Redner muss – Aristoteles zufolge – sich an seinem Publikum orientieren, um verstanden zu werden und eine Wirkung zu erzielen. Mit dem zitierten Modell hat später noch die Publizistik- und Kommunikationswissenschaft gearbeitet. Nur musste sie für die Neuzeit ein weiteres Element, das „Medium", hinzufügen, d. h. die Techniken für die massenhafte Verbreitung (Presse, Rundfunk, Fernsehen, social media usw.).

Die grundlegende Begriffsbestimmung des Aristoteles lässt sich unschwer auf die Hambacher Reden beziehen. Als Redner traten im Laufe des Festes eine ganze Reihe von Personen auf, nicht nur auf dem Schlossberg, sondern auch in Neustadt im Tal. Insgesamt sollen es 20 bis 25 gewesen sein. Auf dem Schlossberg war eine Rednertribüne errichtet worden, gewissermaßen ein Substitut für die *Bema* auf dem *Pnyx* in Athen und die *Rostra* auf dem *Forum Romanum*, die Plattformen, auf denen die antiken Redner öffentlich aufgetreten waren. Im Vergleich dazu hinterlassen die Stehpulte, hinter denen heutige Redner ihren Platz haben, einen bescheidenen Eindruck.

Am Morgen des 27. Mai 1832 begab sich der Festzug in geordneter Formation von Neustadt zum Hambacher Schloss. Das gedruckte Programm hatte nur angekündigt, man hoffe, „daß von einem oder dem andern der Anwesenden das Fest mit einer passenden Rede eröffnet werde." Als erster ergriff der Arzt Dr. Johann Adam Philipp Hepp (1797–1867), ein Mitglied des Organisationskomitees, das Wort. Danach begann die Abfolge der hier in Auswahl abgedruckten Hauptreden. Sie stammten von den Journalisten Philipp Jakob Siebenpfeiffer und Johann Georg August Wirth. Diese waren im Primärberuf Redakteure und schrieben für Zeitungen und Zeitschriften („Der Bote aus Westen", „Rheinbayern, „Deutsche Tribüne"). Dass sie sich der mündlichen Rede bedienten und „die Redaktionsstube mit der Rednertribüne vertausch[en]" (Theodor Heuss), war mehr der Not gehorchend, weil ihre Presseartikel der Zensur unterlagen und wiederholt unterdrückt wurden. Die Mündlichkeit erlaubte, zumindest für den Augenblick, das freie Wort. In den Reden artikulierte sich die Kritik an den bestehenden politischen und gesellschaftlichen Verhältnissen und das Verlangen nach Freiheit und nationaler Einheit (Abb. 4). Während Wirth der letzteren Priorität einräumte, betonte Siebenpfeiffer die länderübergreifende europäische Solidarität.

Als dritter Redner trat der aus Straßburg entsandte Lucien Rey auf, der Französisch sprach und eine Sympathiebekundung

vortrug. Ihm folgten im Laufe des Tages vornehmlich weitere Journalisten (Rudolf Lohbauer, Daniel Pistor, Johann Heinrich Hochdörfer, Franz Stromeyer, Wilhelm Cornelius, Gottfried Widmann), zwei Studenten (Christian Scharpff, Karl Heinrich Brüggemann, der später auch Journalist werden sollte) sowie Gesinnungsgenossen aus Handwerk und Kaufmannschaft (Johann Philipp Becker, Friedrich Deidesheimer, Johann Fitz) und drei polnische Emigranten (Ksawery Oranski, Franz Grzymala und Bazyli Zatwarnicki). Sie alle variierten mehr oder weniger das Grundanliegen des Festes aus ihrer Sicht. Sonstige namhafte Vertreter liberaler Ideen ergriffen auf-

Abb. 4: „Das Hambacher Fest von 1832", eine imaginierte Zeichnung Ludwig Burgers von 1882.

fälliger Weise nicht das Wort. Lucien Rey und Nikolaus Hallauer als Advokaten und Hochdörfer als evangelischer Pfarrer dürften als einzige über eine gewisse rhetorische Praxis verfügt haben. Aber den Journalisten war das Reden in ihrem Schreiben nicht fremd. Wenn in Hambach sogleich von einem Pressefest gesprochen wurde, so hatte das mehrere Gründe: die Mitwirkung des wenige Monate zuvor zur Unterstützung von Journalisten gegründeten Press- und Vaterlandsvereins, das Auftreten zahlreicher Journalisten als Redner und die in den Reden mehrfach erhobene Forderung nach Pressefreiheit – ein zentrales Anliegen der Veranstalter.

Die späteren Hambacher Reden, die in diesem Band dokumentiert sind, waren von ganz anderer Art. Es handelt sich bei diesen mehr oder weniger um Gedenkreden, also um Reden, die der Erinnerung gewidmet sind, an historische Ereignisse oder an Persönlichkeiten der Vergangenheit. Diese Art von Reden hat ihre eigene Tradition.[14] Nachdem es amtlicherseits gelungen war, Pläne zum ersten Jahrestag des Hambacher Festes 1833 zu vereiteln, fand die erste Erinnerungsfeier nach der Märzrevolution 1848 statt, allerdings auf der Wolfsburg, weil das Schloss 1842 dem bayerischen Thronfolger zur Hochzeit geschenkt worden war (und seitdem den Namen Maxburg trug) (Abb. 5).

Weitere Erinnerungsfeiern folgten bei späteren Jahrestagen und Anlässen: 1872 beim 40. stand die Feier unter dem Eindruck der gerade vollzogenen Reichseinigung. Zum ersten Mal bestimmte die aktuelle Situation die Deutung des historischen Geschehens und begründete eine zumindest partiell durchaus zweifelhafte Inanspruchnahme.[15] Die Begeisterung über die errungene nationale Einheit ging mit Ausfällen gegen den französischen „Erbfeind" und antiklerikalen Tiraden einher. Für Bismarck und den bayerischen König Ludwig II. gab es gewissermaßen Huldigungsreden. 1882 zum 50. Jahrestag war mit Johann Phillipp Becker (1809–1886) ein „Veteran" zu Gast und 1922 zum 90. traten mehrere Reichstags- und Landtagsabgeordnete auf.

Zur Hundertjahrfeier 1932 organisierte der Arbeitskreis der pfälzischen Presse auf dem Hambacher Schloss einen großen Festakt mit mehreren Rednern. Dieser wurde sogar in dem damals noch

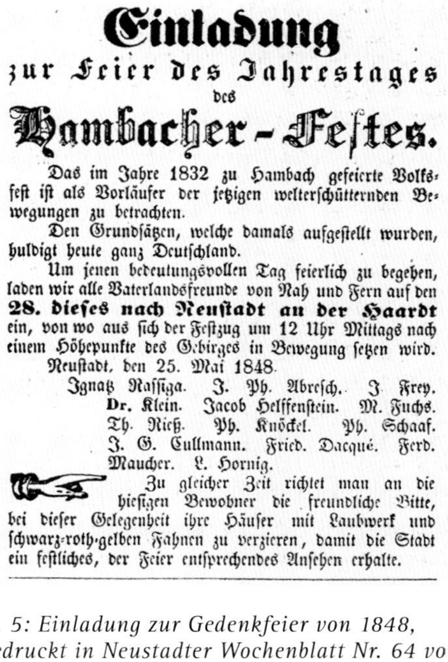

Einladung
zur Feier des Jahrestages des
Hambacher-Festes.

Das im Jahre 1832 zu Hambach gefeierte Volksfest ist als Vorläufer der jetzigen welterschütternden Bewegungen zu betrachten.

Den Grundsätzen, welche damals aufgestellt wurden, huldigt heute ganz Deutschland.

Um jenen bedeutungsvollen Tag feierlich zu begehen, laden wir alle Vaterlandsfreunde von Nah und Fern auf den **28. dieses nach Neustadt an der Haardt** ein, von wo aus sich der Festzug um 12 Uhr Mittags nach einem Höhepunkte des Gebirges in Bewegung setzen wird.

Neustadt, den 25. Mai 1848.

Ignatz Nassiga. J. Ph. Abresch. J. Frey. **Dr.** Klein. Jacob Helffenstein. M. Fuchs. Th. Rieß. Ph. Knöckel. Ph. Schaaf. J. G. Cullmann. Fried. Dacqué. Ferd. Maucher. L. Hornig.

Zu gleicher Zeit richtet man an die hiesigen Bewohner die freundliche Bitte, bei dieser Gelegenheit ihre Häuser mit Laubwerk und schwarz-roth-gelben Fahnen zu verzieren, damit die Stadt ein festliches, der Feier entsprechendes Ansehen erhalte.

Abb. 5: Einladung zur Gedenkfeier von 1848, abgedruckt in Neustadter Wochenblatt Nr. 64 vom 27. Mai 1848.

jungen Medium Radio übertragen, wenn auch nur regional von der Bayerischen Funkstunde.[16] Unter den Rednern befanden sich – beide selbst begnadete Redner – der Reichstagsabgeordnete (und spätere Bundespräsident) Theodor Heuss (1884–1963) und der Berliner Professor der Zeitungswissenschaft Emil Dovifat (1890–1969). Heuss hatte Nationalökonomie und Geschichte studiert, was man der Expertise seiner Hambacher Rede auch anmerkt.[17] Er diagnostizierte als erster, dass man, „im Zeichen von Hambach eine Geschichte tagespolitischer Energien und des Wandels der historischen Legende nacherzählen [könne]. Es hat Zeiten gegeben, da die Feiernden nur den nationaldeutschen Elan spüren wollten, andere, da sich alle Erinnerung um den Katalog bürgerlicher Freiheiten sammelte, andere, die den Unterton sozialrevolutionärer Strömungen als das Neue und Zukunftsrechtliche jener Begegnung empfanden." Heuss, dessen Vortrag schon vorweg von der Norddeutschen Rundfunk AG (NORAG) gesendet worden war, hielt sich selbst mit einer politischen Instrumentalisierung des Hambacher Festes zurück.[18] Und nicht nur dies: Er ließ inzwischen auch eine historische Distanz erkennen und sprach im Rückblick auf die seinerzeit gehaltenen Reden und gesungenen Lieder ehrlicherweise von einer „fremden Welt". Emil Dovifat, gewissermaßen sein Korreferent, hob in seiner Rede „zunftgemäß" auf den Kampf um Pressefreiheit ab. Er rief zu deren Verteidigung auf, mit Worten, die, gesprochen sozusagen am Vorabend der nationalsozialistischen

„Machtergreifung", eine ungeheure Brisanz besaßen. Die politischen Intentionen der Machthaber nach 1933 mussten einer positiven Würdigung des Hambacher Festes fortan entgegenstehen. Erst die Rückkehr zur Demokratie nach dem Zweiten Weltkrieg führte zur Wiederbelebung des Gedenkens an das Hambacher Fest.

Überwiegend kamen bei den hier dokumentierten späteren Reden hochrangige Politiker der Bundesrepublik Deutschland zu Wort: Präsidenten, Bundeskanzler, Minister, überdies sogar ein amerikanischer Präsident sowie verschiedene Vertreter der Zivilgesellschaft. Sie konnten aus großem zeitlichem Abstand und einer völlig veränderten politischen Situation auf 1832 zurückblicken. Parteiübergreifend wurde das Hambacher Fest als wichtiger Bestandteil der demokratischen Erinnerungskultur in der Bundesrepublik entdeckt und gewürdigt. Gedenkreden im engeren Sinne gab es nur wenige und wenn, dann zur kalendarischen Wiederkehr, z. B. diejenige des Bundespräsidenten Richard von Weizsäcker (1920–2015) zum 175-jährigen Jubiläum und die des Heidelberger Geschichtsprofessors Wilhelm Kreutz zehn Jahre später. Die anderen Redner gingen auf den lokalen historischen Hintergrund oft nur am Rande ein und nutzten den Ort eher für eine symbolische Aktualisierung. Das gilt insbesondere hinsichtlich der Betonung des europäischen Aspekts, der vorher nie in diesem Maße herausgestellt worden war. Je nach „tagespolitischer Energie" (Theodor Heuss) behandelten die Redner und

Rednerinnen noch andere Gegenstände: in den 1980er Jahren wirtschaftliche Probleme, nach 1990 die deutsche Wiedervereinigung, nach der Jahrtausendwende die Frage der Einwanderung und der gesellschaftlichen Integration.

Außer dem Redner und dem Redegegenstand muss – dem Kommunikationsmodell des Aristoteles zufolge – bei jeder Rede eine Zielgruppe vorhanden sein. Diese bildeten im Mai 1832 die vielen, oft aus der Pfalz und weit darüber hinaus herbeigeeilten Teilnehmer des Hambacher Fests. Sie werden insgesamt auf ca. 30.000 geschätzt, eine für die damalige Zeit riesige Zahl (und ein Vielfaches im Vergleich zu den 450 Teilnehmern beim Wartburgfest). Infolgedessen muss man von einer Massenkundgebung sprechen. Sie war öffentlich, jeder, der wollte, konnte dabei mitmachen. Lediglich beim Mittagsmahl konnten nur 1.000 Menschen verköstigt werden. Überwiegend waren Männer zugegen, aber nicht nur, denn auch Frauen beteiligten sich. Ausdrücklich hatte sich Siebenpfeiffers Einladung auch an sie gerichtet.

Der gesamte Teilnehmerkreis war sozial sehr heterogen. Da waren nicht nur Intellektuelle – darunter beispielsweise Ludwig Börne (1786–1837)[19] –, sondern auch Handwerker, Bauern, Gastwirte, Kaufleute, Deputationen der Burschenschaften mehrerer Universitäten und sogar Dienstboten. Überwiegend waren sie Deutsche, daneben auch Angehörige anderer Nationalitäten, primär Franzosen und Polen im Exil. Im Großen und Ganzen dürften

die Redner ein ihnen gewogenes Publikum vor sich gehabt haben, sodass es weniger auf Überzeugung ankam als auf Bestärkung. Gleichwohl waren politisch alle keineswegs gleichgesinnt, die Vorstellungen gingen durchaus auseinander. Neben gemäßigten reformerischen gab es auch radikale sozialrevolutionäre Kräfte. Man war bemüht, diese Unterschiede als Nuancen abzutun, um die Einheit der kollektiven Aktion nicht zu gefährden. Allerdings sorgte Wirths Rede durch Angriffe auf Frankreich und auf die Leitung des Pressvereins für Misstöne. Ihren Abdruck in der Festbeschreibung begleitete der an der Publikation beteiligte Redaktionsausschuss mit einer Fußnote, in dem er sich dafür entschuldigte und sein Bedauern bekundete.

Die Zahl und Zusammensetzung der Zuhörerschaft waren imponierend, mussten den Veranstaltern aber Probleme bereiten. Nicht nur wegen der Unterbringung und der Versorgung. Es dürfte nur schwerlich möglich gewesen sein, dass alle Gäste die gehaltenen Reden auch akustisch mitbekommen konnten. Dies funktionierte nur, soweit die Lautstärke der Stimmen der Redner reichte. Technische Verstärker gab es noch nicht. Das hatte wohl zur Folge, dass sich die Festgesellschaft aufteilte. Offenbar wurden die Reden im Laufe des Tages deshalb auch wiederholt. Sie mussten zudem für die verschiedenen Teile des heterogenen Publikums, also auch für einfache Leute, verständlich und überzeugend sein. Mehrmals wurden ferner Toasts ausgesprochen und Solidaritätsadressen an die, die von auswärts eingetroffen waren, mitgeteilt oder vorgelesen. So muss es sich um ein ziemliches „rhetorisches Marathon" gehandelt haben. Zwischendurch gab es Pausen, also Zeit für persönliche Gespräche und menschliche Interaktion. Dabei war das Hambacher Fest nicht nur ein Ereignis verbaler Kommunikation. Es schloss auch nonverbale Symbolik ein, ja hatte einen fast multimedialen Charakter, weil Freiheitsbäume errichtet, zwischendurch Lieder gesungen, schwarz-rot-goldene Fahnen geschwenkt sowie entsprechende farbige Schärpen und Kokarden getragen wurden.

Bei den später in Hambach gehaltenen und hier abgedruckten Reden sah das mit den Zielgruppen notwendigerweise ganz anders aus. Die Zahl der Zuhörer war weder so groß noch sozial so heterogen wie 1832. Zumeist handelte es sich um ausgesuchte und geladene Gäste, also ein jeweils begrenztes Präsenzpublikum. Maßgeblich für die personelle Auswahl dürften die jeweiligen Veranstalter und ihre Absichten gewesen sein. Es herrschte wohl eine gewisse „Exklusivität". Gelegentlich spielte der Bildungsgedanke eine Rolle. So waren bei der Rede des US-Präsidenten Ronald Reagan (1911–2004) 1985 offenbar auch Schüler mit dabei. Gelöbnisfeiern hatten aufgrund ihres Zwecks ihre eigene spezifisch soldatische Zielgruppe. Gelegentlich nur wurde – wie 1832 (und 1932) – im Freien gesprochen, sonst eher im Festsaal der 1982 wiederhergestellten Schlossruine. Dies gab den Reden sofort einen anderen Charakter.

Rhetorische Gattungslehre und Wirkungsmittel der Rede

Aristoteles hat in seiner „Rhetorik" außer einer Definition auch eine Gattungstypologie der Rede entwickelt. Diese leitete er wiederum aus bestimmten Funktionen ab, die aus der Verfasstheit des politischen Systems und der Gesellschaftsordnung in Athen resultierten. Drei Arten von Reden unterschied er: die Ratsrede, die Gerichtsrede und die Festrede. Diese lassen sich in mehrfacher Hinsicht voneinander abgrenzen, und zwar durch ihre Ziele und ihren Zeitbezug:
„Der Zuhörer muss betrachten und beurteilen, beurteilen entweder Geschehenes oder Kommendes. Wer das Kommende beurteilt, gleicht dem Manne in der Volksversammlung, wer das Geschehene beurteilt, dem Richter, mit einem Schaustück [...] befasst sich die Betrachtung. [...] Ein Rat will teils zureden, teils abraten. Sei es nämlich, dass man persönlich jemanden berät oder in allgemeiner Versammlung spricht: eines von beiden tut man immer. Die Gerichtsrede zerfällt in Anklage und Verteidigung; denn eines hiervon müssen die Parteien betreiben. Die Festrede kennt Lob und Tadel. [...] Zur Ratsrede gehört die Zukunft, weil jeder, der zu- oder abrät, vom Kommenden spricht, zur Gerichtsrede die Vergangenheit, weil es in Anklage und Verteidigung um Geschehenes handelt, zur Festrede in erster Linie die Gegenwart, weil Lob und Tadel etwas Vorliegendes meinen; oft freilich rührt man auch erinnernd an Vergangenes oder ahnend an Kommendes.

Jede Gattung hat ein anderes Ziel, und so gibt es drei Ziele für die drei Gattungen. Für die Ratsrede gilt das Nützliche und das Schädliche. Wozu man nämlich rät, das empfiehlt man als das Bessere, wovon man abrät, davor warnt man als dem Geringeren, während man die anderen Maßstäbe höchstens nebenbei heranzieht, nämlich Recht und Unrecht, schön und hässlich. Für die Gerichtsrede gilt Recht und Unrecht, während sie die anderen Gesichtspunkte nur zur Hilfe nimmt. Wer endlich lobt und tadelt, der richtet sich nach dem Schönen und Häßlichen, während auch er die übrigen Maßstäbe nur zusätzlich verwendet."[20]

Diese abstrakten Charakterisierungen des Philosophen lassen sich im Prinzip auch auf die Hambacher Reden beziehen. Geht man vom dort veranstalteten Ereignis aus, so wären Festreden zu erwarten gewesen. Dorthin passten Lob und Tadel, der Gegenwartsbezug, während es auf ästhetische Qualitäten weniger ankam. Viel einschlägiger scheint aber die Ratsrede zu sein. Schon wegen ihres Orts in der Volksversammlung, auch wenn die athenische nicht mit derjenigen auf dem Hambacher Schloss vergleichbar ist (obschon Siebenpfeiffer sie selbst als solche bezeichnete). Die hier gehaltenen originären Reden befassten sich, indem sie vergangene politische Vorgänge aufgriffen und Forderungen erhoben, mit Geschehenem oder Kommendem. Auf letzteres bezog sich auch das Raten und Abraten und in beidem geht es um das Nützliche und Schädliche. Wie Aristoteles selbst schon einräumte, galten die Maßstäbe

zur Abgrenzung der drei Redegattungen aber nicht absolut. So wird man vielleicht sagen können, dass es sich bei den originären Hambacher Reden primär um Ratsreden (besser: Volksreden) handelte, mit einer gewissen Nähe zur Festrede. Notwendigerweise sind die Maßstäbe der Gerichtsrede am wenigsten einschlägig.[21] Die späteren Hambacher Reden besaßen hingegen mehr den Charakter von Festreden, nicht ohne ihrerseits Anleihen bei der Ratsrede zu machen.

Noch in anderer Hinsicht kann man die Hambacher Reden unter Aspekten der klassischen Rhetorik betrachten. Aristoteles unterschied drei Überzeugungsmittel: den Charakter des Redners, die Affekte des Publikums und das Argument. Beim ersten hob er vor allem die Glaubwürdigkeit hervor. Emotionen weisen auf die Bedeutung der Stimmung hin, in der eine Rede gehalten und aufgenommen wird (z. B. Furcht, Zorn, Sanftmut, Zuneigung, Mitleid, Entrüstung, Neid). Sie sind für den psychologisch denkenden Philosophen nach Lebensaltern verschieden. Schließlich ist die Überzeugungskraft der Rede vom Argument abhängig, bei dem zwei Arten unterschieden werden: Das Beispiel exemplifiziert induktiv einen Sachverhalt, beim „Enthymem" werden Behauptungen aus Prämissen abgeleitet und mit Schlussfolgerungen versehen. So zu verfahren, setzt eine Elaboriertheit voraus, die nicht jeder Rede eigen ist. Über das bisher Gesagte hinaus lehrte die antike Rhetorik den Aufbau von Reden, die Wortwahl und die Verwendung von Stilmitteln sowie von Regeln für den mündlichen Vortrag. Der Redner konnte auf ein ausgeklügeltes System rhetorischer Figuren zurückgreifen.

Wie davon bei den Hambacher Reden Gebrauch gemacht wurde, lässt sich vollends nicht mehr feststellen. Denn wir kennen nur deren nachträglich gedruckte Fassungen und können uns nicht in die Situation, in der sie gehalten wurden, zurückversetzen. Allenfalls wären Rückschlüsse anhand von Augenzeugenberichten möglich. In der Stimmung mischten sich gewiss Wut und Zorn über die Herrscher und ihre Helfershelfer mit Freude und Begeisterung, mit so viel Gleichgesinnten zusammen zu sein. Nur recht allgemein spricht die Festbeschreibung bei der Rede des Polen Grzymala von „großem Eindruck auf die Versammlung".[22] Bei Hochdörfers Rede wird diese Beobachtung noch übertroffen von der Zwischennotiz: „Nachdem dieses donnernde Hoch, aus der beengten Brust von Tausenden gedrungen, in den Lüften verhallt war, fuhr der Redner fort." Der Einsatz rhetorischer Überzeugungsmittel lässt sich immerhin an den in der Festbeschreibung abgedruckten Reden ablesen. Siebenpfeiffer begann seine Rede beispielsweise mit einer ausdrücklichen Selbstcharakterisierung als Redner und hob den Anspruch auf Glaubwürdigkeit hervor. Bei ihm fallen zudem die vielen auf Verstärkung zielenden Wiederholungsfiguren (Anaphern, Asyndetons) auf. Überdies nutzte er wiederholt Gegensatzpaare (Antithesen) und Metaphern. Derartige Mittel finden sich auch in Wirths Rede, wenn auch weniger stark ausgeprägt.

Die hier abgedruckten späteren Hambacher Reden unterscheiden sich deutlich von den originären. Während bei den letzteren der aufwühlende politische Kontext der Festveranstaltung spürbar ist, weisen die neueren zumeist einen recht sachlichen, „abgekühlten" Ton auf. In ihnen artikulierte sich kein konfrontativer Protest wie 1832. Nicht dass es an Appellen völlig fehlte, aber so gut wie immer blieb der Duktus moderat. Eine „mittlere" Stillage war vorherrschend. Diese Reden dürften weitgehend vorher schriftlich ausformuliert gewesen sein. Angesichts des Status, den die Mehrzahl der Redner hatte, sind ihre Reden, wie es heute vielfach üblich ist, vermutlich in den Sekretariaten oder von dafür zuständigem Personal vorformuliert worden. Der Eigenanteil der Redner selbst lässt sich dann nur schwer abschätzen, und er war im Einzelnen womöglich auch unterschiedlich groß. Verschiedene Praktiken kommen hier vor, von der vorherigen Festlegung von Stichworten über Entwürfe[23] bis zur nachträglich vorgenommenen Redaktion. Vielfach üblich ist heute, die Redemanuskripte (mit einer Sperrfrist) für Journalisten vorweg herauszugeben. So war das beispielsweise bei der Hambacher Rede von Bundespräsident Richard von Weizsäcker am 26. Mai 2007 der Fall. Außer der Sperrfrist (12.00 Uhr) war auf den Manuskripten der Vermerk notiert: „Änderungen vorbehalten.- Es gilt das gesprochene Wort!". Abweichungen vom Redetext kommen also vor und dürfen nicht überhört werden. Eine solche Abweichung ist auch am Ende von Reagans Hambacher Rede dokumentiert.

Rhetorische Tradition in Deutschland

Obzwar auch in Deutschland die klassische Rhetorik bekannt war und durch Lehrbücher tradiert wurde, entstand hier keine florierende Redekunst. Dies ist eine Überzeugung, die sich als Gemeinplatz (sozusagen als rhetorischer Topos) durch die deutsche Geschichte zieht, von Christian Friedrich Daniel Schubart und Johann Gottfried Herder im 18. Jahrhundert, über Friedrich Nietzsche im 19. Jahrhundert bis zum Rhetorikprofessor Walter Jens im 20. Jahrhundert.[24] Erklärt wird dies in der Regel durch die politischen Umstände. Zu dieser gängigen Überzeugung gehört nämlich die Prämisse, dass die Redekunst nur in demokratischen und republikanischen Herrschaftsordnungen zur Blüte gelangt. Wo aber Absolutismus oder Despotismus regieren, könne es keine Redekunst geben, die diesen Namen verdiene. Als Adam Müller 1812 den Verfall der Beredsamkeit in Deutschland beklagte, griff er zu den britischen Parlamentsdebatten als Gegenbild. Damit Vergleichbares gebe es in den deutschen Landen nicht, wo eher eine literarische Rhetorik zuhause sei.[25] Deshalb auch, ohne Bezugnahme auf das Hambacher Fest aber doch darauf anwendbar ist, wenn Walter Jens resümierte, es sei, „kein Zufall wahrlich, daß Rhetorik von Bedeutung hierzulande meist Rhetorik von Rebellen war[...]"[26]

Reden hatte es in Deutschland seit dem Mittelalter gleichwohl in zwei Formen gegeben: nämlich als Predigt und als Vorlesung. Gesellschaftliche Anlässe boten Gelegenheiten für Begrüßungs-, Schul- und Grabreden. Die klassische Rhetorik überlebte im kirchlichen Raum, wo die Homiletik gleichsam ihre Nachfolge antrat. Durch die Reformation trat die Predigt, sozusagen die Rede von der Kanzel, im Rahmen der Glaubensverkündung noch stärker in den Vordergrund des Gottesdienstes als in der katholischen Kirche, wo sie gleichwohl auch wortmächtig gepflegt wurde.

Der andere Platz, wo die Rhetorik fortbestand, war der akademische Unterricht. Sie war selbst dessen Gegenstand und wurde gelehrt.[27] Seit dem Mittelalter avancierte die Vorlesung (auch „Kolleg" genannt) zur klassischen Form der Vermittlung wissenschaftlichen Wissens und Denkens. Sie hatte ihren Platz im institutionellen Rahmen der Universitäten, wo lange Zeit aber nur Lehrbücher vorgetragen wurden. Später trat die Vorlesung auch in die Öffentlichkeit, und zwar paradoxerweise als Privatvorlesung, mit der man zusätzliche Einkünfte zu erzielen hoffte.[28] Solche Vorlesungen wurden zu Beginn des 19. Jahrhunderts – von Zensoren beäugt – zu Einrichtungen des literarisch-gesellschaftlichen Lebens. Seit 1799 hielt der Philosoph Johann Gottlieb Fichte (1762–1815) in Berlin in privatem Kreis Vorlesungen. Berühmt sind seine „Reden an die deutsche Nation", die er vom 13. Dezember 1807 bis 20. März 1808 im Berliner Akademiegebäude einem illustren Publikum zu Gehör brachte (Abb. 6).[29] Die Brüder August Wilhelm (1767–1845) und Friedrich Schlegel (1772–1829), Präzeptoren der deutschen Romantik, hielten öffentliche Vorlesungen in Wien, der erstere 1808 („Vorlesungen über drama-

Abb. 6: Wandgemälde des Künstlers Arthur Kampf (1864–1950) von Fichtes „Reden an die deutsche Nation", um 1913/14.

tische Kunst und Litteratur"), der zweite im Frühjahr 1812 („Geschichte der alten und neuen Litteratur"). Kurz darauf folgte im gleichen Jahr Adam Heinrich Müller (1779–1829), ein schillernder Charakter und für Walter Jens der Prototyp einer „reaktionären Beredsamkeit"[30], mit seinen zwölf Reden, in denen er vom Verfall eben dieser Beredsamkeit in Deutschland handelte. Mit dem Ausdruck „Beredsamkeit" meinte er die Redepraxis. Was die Universität anging, da verband Wilhelm von Humboldt sein Reformprogramm im frühen 19. Jahrhundert mit der Erwartung, dass die herkömmliche Vorlesung sich zu einem „freien mündlichen Vortrag" entwickle.[31] Woran es in Deutschland mit seiner Predigt- und Vorlesungspraxis fehlte und was das Land entbehrte, das war jedoch – sieht man von bloßen Begrüßungs- und Huldigungsreden ab – eine politische Rhetorik. Auch wenn Friedrich Daniel Ernst Schleiermachers (1768–1834) Predigten und Fichtes Reden

1807/08 patriotische Einlassungen und Appelle enthielten, die unter der französischen Besatzung als politisch verstanden wurden.

Im Zuge der Verfassungsgesetzgebung in den Jahren nach den Befreiungskriegen 1813/14 waren auch in einigen der Bundesstaaten landständische Vertretungen (mit allenfalls semiparlamentarischem Charakter) eingeführt worden. Defizite bestanden sowohl hinsichtlich der gesellschaftlichen Repräsentanz als auch der Wahl- und Mitwirkungsmöglichkeiten. Immerhin erwuchsen damit institutionelle Voraussetzungen auch für eine politische Rhetorik. Diese blieb jedoch, soweit es sie überhaupt gab, auf den Innenbereich der systemischen Organisation beschränkt. Da in einigen Ländern die Öffentlichkeit bei landständischen Verhandlungen zugelassen war, verfügte ein Beschluss der Bundesversammlung vom 28. Juni 1832 („Sechs Artikel"), in Ergänzung zu den Karlsbader Beschlüssen und in verklausuliertem Juristendeutsch, dass „die Grenzen der freien Aeußerung, weder bei den Verhandlungen selbst, noch bei der Bekanntmachung durch den Druck, auf eine die Ruhe des einzelnen Bundesstaates, oder des gesammten Deutschlands gefährdende Weise überschritten werden darf[...]"[32] Damit war die Freiheit der Parlamentsrede und deren öffentliche Bekanntmachung, um die auch in England lange gekämpft worden war, praktisch unterbunden.[33] Die mündlichen Verhandlungen fanden allenfalls in den Protokollen der landständischen Versammlungen ihren Niederschlag.[34] Schon am 10. Juli 1832 folgten per Bundesbeschluss „Zehn Artikel", die die in Karlsbad gefassten Zensur- und Überwachungsbeschlüsse ausweiteten und verschärften. Vereine, Volksversammlungen und Volksfeste mussten genehmigt und konnten verboten werden. Öffentliche Reden politischen Inhalts und Unterschriftensammlungen waren ebenfalls untersagt. Verboten war jetzt auch das öffentliche Tragen von Abzeichen, Kokarden und dergleichen, auch das nicht autorisierte Aufstecken von Fahnen und Flaggen, Freiheitsbäumen und „anderen Aufruhrzeichen" (Art. 4).[35] Das alles war natürlich eine Reaktion auf das Hambacher Fest. Statt der erhofften Fortschritte verdüsterten sich die politischen Verhältnisse weiter.

Diese Einschränkungen wurden erst durch die Märzrevolution 1848 und die Abschaffung der Zensur beseitigt. Jetzt brach eine neue Zeit auch der politischen Rhetorik an, die im Frankfurter Paulskirchenparlament ihren Platz hatte. Dort traten in 230 Sitzungen zweitausendmal Redner auf.[36] In der Geschäftsordnung der Nationalversammlung war sogar vorgeschrieben, dass kein Vortrag abgelesen werden durfte – eine Regel, die auch 1919 für den Reichstag und 1951 für den Bundestag erneuert wurde. 1848 mangelte es jedoch noch an praktischer Erfahrung in parlamentarischer Rhetorik. Ohnehin war die Existenz der Nationalversammlung nicht von langer Dauer, da es den Regierungen gelang, die revolutionäre Bewegung zu stoppen und die Entwicklung zurückzudrehen. Zwar kehrte das Karlsbader Zensursystem nicht wieder, aber Reglementierungen blieben. Das änderte sich erst wieder im Kaiserreich, als 1874 erstmals einheitlich in Deutschland die Pressefreiheit eingeführt wurde. Mit dem Reichstag gab es ein zentrales Parlament, allerdings mit immer noch recht begrenzten Kompetenzen. Das schränkte die Möglichkeiten der politischen Rhetorik ein. Dennoch ergriffen bei entsprechenden Anlässen Abgeordnete das Wort, die große Redner waren, der Historiker Heinrich von Treitschke (1834–1896) etwa oder der Mainzer Bischof Wilhelm Emanuel von Ketteler (1811–1877). Zu diesen gehörte auch Bismarck, der Reichskanzler, eigentlich kein Freund der parlamentarischen Debatte. Zwar schuf die Republik 1919 Rahmenbedingungen, wie sie, der Theorie zufolge, eine Blüte der Redekunst hätte nach sich ziehen können. Aber die fehlende Tradition und die extreme Zerrissenheit der Republik erschwerten ein solches Erblühen. Doch gab es auch in der Weimarer Republik einige große Reden und Redner.[37] Statt zu einer Blüte aber kam es schließlich zu einer Pervertierung der Rhetorik im nationalsozialistischen Deutschland.

Die Mehrzahl der in diesem Band dokumentierten Reden sind in der Bundesrepublik Deutschland entstanden, in dem nach 1945 geschaffenen, verfassungsmäßig fundierten demokratischen Rechtsstaat, in dem wir heute leben. Zu den garantierten Grundrechten gehören auch die Meinungs-, Rede- und Pressefreiheit. Und das politische System baut auf der Überzeugung auf, dass Pluralismus dem allgemeinen Besten dient. Wer Reden halten will, kann dies ungehindert tun, soweit er sich an die gesetzlichen Grenzen hält, die auch hierbei zu achten sind. Reden wurden jetzt nicht nur ein Mittel des demokratischen Meinungskampfs im Parlament, sondern sie wurden auch in der Gesellschaft zu Instrumenten der öffentlichen Meinungsbildung, so wie sich die Initiatoren des Hambacher Fests das schon vorgestellt und gewünscht hatten. Es gehört jedenfalls zum Narrativ der Gedenkreden, die Bundesrepublik in eine Traditionslinie zum Hambacher Fest zu stellen und in diesem Staat die Erfüllung der damaligen Ideale zu sehen.

Vom mündlichen Wort zum Druck: Die Publikationsgeschichte der Rede

Reden sind ursprünglich Formen der mündlichen Kommunikation. Sie setzen die Anwesenheit von Redner und Zuhörerschaft voraus und erzielen ihre Wirkung, ja ihre Macht aus den jeweiligen situativen Randbedingungen sowie den Eigenschaften der beteiligten Personen und der übermittelten Botschaft. Aber gesprochene Reden können, seitdem es die Schrift gibt, auch aufgezeichnet werden. Dies kann schon geschehen, bevor der Redner zu sprechen anhebt. In diesem Fall wird ein ausformuliertes Manuskript mündlich vorgetragen. Die klassische Redelehre sah dafür Gedächtnisübungen vor. Im Unterschied davon spricht man von „freier Rede", wenn ein Redner ohne eine Vorlage, allenfalls anhand von Gliederungspunkten oder Stichworten, seine Ausführungen macht. Dabei können unvorhergesehene Einfälle – sozusagen aus dem Stegreif – zum Tragen kommen, die einer Niederschrift abgehen. Mit ihrer Speicherung werden die Reden unabhängig von der jeweiligen Situation und können an nicht anwesende Empfänger weitergegeben werden, sei es an zeitgenössische an anderen Orten, sei es an erst später lebende. Dieser Vorgang der Verschriftlichung erst lässt Tradition entstehen. Dem Verlust an Authentizität mit dem Wegfall von stimmlichen, mimischen und gestischen Elementen steht ein Gewinn an Reichweite gegenüber.

Aufgezeichnete Reden sind schon von den großen griechischen Rednern Lysias (445–389 v. Chr.), Isokrates (436–338 v. Chr.) und Demosthenes (384–322 v. Chr.) überliefert, ebenso aus Rom von Cicero (106–43 v. Chr.). Nach Gutenbergs Erfindung konnten Reden auch gedruckt werden. Dafür mussten sie vorher ausformu-

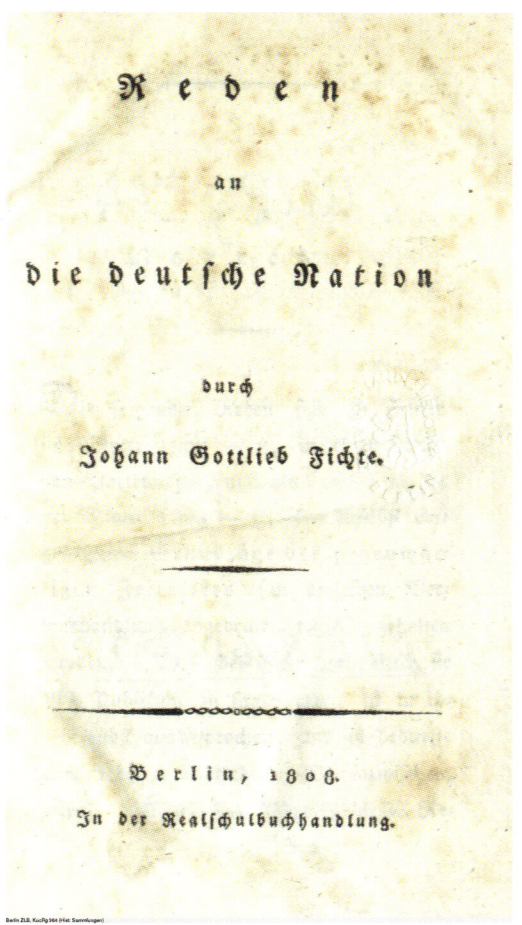

Berlin ZLB, Kartfg.944 (Hist. Sammlungen)

Abb. 7: Titelblatt der Erstausgabe 1808 von Fichtes „Reden an die deutsche Nation".

liert sein. Im frühen 19. Jahrhundert war das längst üblich, vor allem für Reden, die eine größere Komplexität besaßen. Das gilt etwa für Fichtes „Reden an die deutsche Nation" 1807/08, die noch im selben Jahr im Druck erschienen (Abb. 7). Erst der Zyklus machte den Umfang eines Buches aus. Einzelne Reden wurden mitunter zunächst gesondert in Zeitschriften veröffentlicht. So erschien die erste der zwölf von Adam Müller 1812 in Wien gehaltenen Reden über die Beredsamkeit

zwei Jahre später in den „Friedensblättern". Die Gesamtausgabe folgte 1816.[38] Einen Aktualitätsdruck gab es hier offenbar nicht. Mitunter wurden Reden erst aus dem Nachlass oder in Gesammelten Werken publiziert.

Bei anlassbedingten politischen Reden war das anders. So waren die auf dem Wartburgfest gehaltenen Reden zum Teil bereits vorher gedruckt und eingeschickt worden. Sie wurden dort verteilt und in den anschließenden Festbeschreibungen weiterverbreitet.[39] Darüber hinaus verschaffte die Berichterstattung in den Zeitungen diesem Ereignis und den gehaltenen Reden Resonanz über den Kreis der Anwesenden vor Ort hinaus. 1817/18 herrschte im Deutschen Bund vielerorts noch praktisch Pressefreiheit. Das war 1832 nicht mehr der Fall. Aber es gelang den Initiatoren des Hambacher Festes, die Reden rasch drucken zu lassen, und zwar im Rahmen der Festbeschreibung, die Johann Georg August Wirth „unter Mitarbeit eines Redaktionsausschusses", wie es im Untertitel hieß, in zwei Teilen herausbrachte. Die zweimal 24 Kreuzer, die die beiden Bändchen kosteten, sollten „zur Gründung eines Fonds für deutsche politische National-Journalistik" verwendet werden. In der Festbeschreibung fehlten die Reden von Rudolf Lohbauer, Johann Heinrich Hochdörfer, Daniel Pistor und Wilhelm Cornelius. Sie wurden offenbar als zu radikal empfunden. Die von Hochdörfer war dann am 2. Juni 1832 in dem von ihm herausgegebenen „Bürgerfreund. Volksblatt für deutsche Nationalität" zu lesen. Man kann die gegen sie vorgebrachten Einwände wegen der Anklagen über militärische und wirtschaftliche Ausbeutung nachvollziehen. Diese erhitzten die Gemüter und provozierten Ausrufe wie „Zu den Waffen!" Die gedruckten Reden dienten 1833 schließlich als Beweisstücke gegen die im Landauer Assisenprozess wegen Hochverrats Angeklagten, wo sie vorgelesen wurden. Auch die Berichterstattung in der Presse hat für eine gewisse Weiterverbreitung des beim Hambacher Fest Gesagten gesorgt. Wegen der durch die Karlsbader Beschlüsse 1819 wieder eingeführten Vorzensur war dies aber nicht in dem Maße möglich wie nach dem Wartburgfest 1817.

Dass Deutschland ein Land ist, in dem es lange Zeit an der Redekunst gebrach, das zeigt sich auch daran, dass es hierzulande nur vergleichsweise wenige Sammlungen von historischen Reden gibt. Das fällt auf im Vergleich zu vielen Anthologien anderer literarischer Formen. Repräsentative Sammlungen stammen erst aus den 1920er bis 1940er Jahren. Sie bestätigen das Vorherrschen literarischer und den Mangel an (oder die Ausblendung von) politischer Rhetorik.[40] Predigtsammlungen haben ihre eigene Geschichte. Ende des 19. Jahrhunderts dokumentierte allerdings bereits ein Band die Redekunst im ersten deutschen Parlament 1848 (Abb. 8).[41]

Abb. 8: Lithografie von E. G. May zur Nationalversammlung in der Frankfurter Paulskirche 1848.

Es dauerte bis in die 1970er Jahre, bis auch Debatten aus dem Reichstag, vor und nach 1918, als historische Quellen publiziert wurden.[42] Beim Bundestag der Bundesrepublik Deutschland ging es da schneller, ja die dort gehaltenen Reden werden heute aktuell und periodisch in der Wochenzeitung „Das Parlament" zugänglich gemacht. Dabei handelt es sich um stenografische Protokolle der Plenarsitzungen des Bundestages. Sie sind heute im Internet abrufbar (https://www.bundestag.de/protokolle). Eine breit angelegte, vom Mittelalter bis in die 1960er Jahre reichende Auswahl von 74 deutschen Reden legte der Germanist Walter Hinderer 1973 in zwei Bänden in Reclams Universalbibliothek vor.[43] In keiner der hier erwähnten Anthologien sind aber die Hambacher Reden von 1832 enthalten, übrigens auch nicht die 1817 auf dem Wartburgfest gehaltenen. Sie müssen also als weitgehend vergessen gelten, ein Schicksal, das sie wegen ihrer Flüchtigkeit und ihrer Gebundenheit an den Augenblick mit vielen anderen Reden teilen, die nicht gedruckt wurden. Eine Ausnahme bildet da unter den neueren Hambacher Reden die des Bundespräsidenten Richard von Weizsäcker zum 175-jährigen Jubiläum. Sie wurde zu dessen Feier am 26. Mai 2007 in der „Frankfurter Allgemeinen Zeitung" veröffentlicht und ist zumindest unter den hier abgedruckten ein Beispiel für die Pflege der Erinnerungskultur in der deutschen Tagespresse.

---

1   Vgl. Schultz (Hrsg.) 1988.
2   Vgl. Düding 1988, S. 67–88.
3   Hoffmann 1815.
4   Ebd., S. 810.
5   Ebd.
6   Ebd., S. 782.
7   Vgl. Hoffmeister 1818. Siehe auch: Hoffmeister 1818; Kieser 1818; Asmus 1995; Fesser o. J.; Bauer/Gerber/Spehr (Hrsg.) 2020.
8   Vgl. Wilke 2019.
9   Heine 2017, S. 70f.
10   Wirth 1832, S. 5.
11   Vgl. Willms 1988, S. 288. Siehe auch: Foerster 1988 (1), S. 132–146.
12   Aus der reichen Literatur zur gesamten Thematik seien hier nur genannt: Herzberg 1908/82; Foerster 1988 (2); Gerlich 1984.
13   Aristoteles 1959, S. 41f.
14   Vgl. Borchardt 1925; Pohl 1942.
15   Vgl. Schiffmann 2006, S. 345f.
16   Vgl. Schumacher 1997, S. 610f.
17   Heuss 1966, S. 62–65. Die Grundgedanken dieser Rede finden sich schon 20 Jahre früher in einem Artikel, den Heuss als junger Journalist für die „Neckar Zeitung" schrieb. Vgl. ebd.
18   Vgl. Schiffmann 2006, S. 358ff.
19   Heinrich Heine berichtete, Ludwig Börne habe ihm erzählt, dass man ihm beim Hambacher Fest seine Uhr gestohlen habe. Er schien dies durchaus als Zeichen der Normalität zu werten: *„Es ist durchaus nötig, daß wir, ebenso gut wie unsre Feinde, auch Spitzbuben unter uns haben. Ich hätte gern den Patrioten entdeckt, der mir zu Hambach meine Uhr gemaust; ich würde ihm, wenn wir zur Regierung kommen, sogleich die Polizei übertragen und die Diplomatie. Ich kriege ihn aber heraus, den Dieb. Ich werde nämlich im ‚Hamburger Korres-*

pondenten' annoncieren, daß ich dem ehrlichen Finder meiner Uhr die Summe von hundert Louisdor auszahle. Die Uhr ist es wert, schon als Kuriosität: es ist nämlich die erste Uhr, welche die deutsche Freiheit gestohlen hat. Ja, auch wir, Germaniens Söhne, wir erwachen aus unserer schläfrigen Ehrlichkeit [...] Tyrannen zittert, wir stehlen auch!" Heine 2017, S. 68.

20 Aristoteles 1959, S. 41f.

21 Im Nachgang zum Hambacher Fest bot sich der Anlass auch für Gerichtsreden. Bei dem Prozess vor dem Assisengericht in Landau 1833 hielt Johann Georg August Wirth eine mehrstündige Rede zu seiner Verteidigung, angeblich vor mehr als tausend Zuhörern. Andere Angeklagte taten dies ebenfalls. Vgl. Hoffmann 1833.

22 Wirth 1832, S. 63.

23 Die Rede von Theodor Heuss am 28. Mai 1932 ist z. B. als „Entwurf" archiviert, mit „handschriftlichen Ergänzungen und Berichtigungen". Schon die 13. von Johann Gottlieb Fichtes 1807/08 gehaltenen „Reden an die deutsche Nation" wurde, weil das Original bei der Zensurbehörde verloren gegangen war, nur als – wenn auch ausführliche – „Inhaltsanzeige" veröffentlicht.

24 Vgl. Jens 1983, S. 24–53.

25 Wilke (Hrsg.) 1983, S. 80–84.

26 Vgl. Jens 1983, S. 30.

27 Vgl. Stötzer 1962.

28 Vgl. Schelsky 1963, S. 29f.

29 Vgl. ebd., S. 50f.

30 Jens 1983, S. 79–87.

31 Zit. nach: Jens 1983, S. 95.

32 Huber 1978, S. 123f.

33 Vgl. Wilke 2011, S. 61–76.

34 Dort findet man denn auch bemerkenswerte Reden, z. B. diejenige, die Carl Theodor Welcker, einer der liberalen Wortführer, am 5. Juli 1832 in der Zweiten Badischen Kammer zur Verteidigung des neuen, die Pressefreiheit dort wieder ermöglichenden Pressegesetzes hielt. Vgl. Wilke 2019, S. 151–155.

35 Huber 1978, S. 134f.

36 Vgl. Göttert 2015, S. 391–397. Siehe auch: Mollat (Hrsg.) 1895.

37 Vgl. Mergel 1973, S. 857–898.

38 Vgl. Wilke 1983, S. 196.

39 Vgl. Kieser 1818; Hoffmeister 1818; Carové 1817.

40 Vgl. Goldschmit-Jentner 1925. Siehe auch: Borchardt 1925; Kippenberg/Von der Leyen 1942/56.

41 Mollat (Hrsg.) 1895.

42 Kuhn (Hrsg.) 1970; Juncker (Hrsg.) 1971.

43 Hinderer (Hrsg.) 1973.

Anhang

Literaturverzeichnis

Ungedruckte Quellen

LA Speyer

Brand, Hugo: Hambach 1832 – 1952. Sonderdruck „Burschenschaftliche Blätter" 1952, S. 1–7. Best. Karton „Hambacher Fest", Zeitungsausschnittsammlung.

Das Verbot des Manifests auf dem Hambacher Schloß. Speyer 1832.

Der Bürger-Freund. Ein Volksblatt für deutsche Nationalität und Völker-Freiheit vom 2. Juni 1832 (Nr. 9). Best. J 1; Oberlandesgericht Zweibrücken; Akten/Sachakte 100; Druckschriften und Briefe aus der Zeit des Hambacher Festes.

Heuss, Theodor: Maschinengeschriebener Brief an „Herrn Pfarrer Hugo Brand" vom 20. November 1952. Best. Karton „Hambacher Fest", Zeitungsausschnittsammlung.

Siebenpfeiffer, Johann Philipp: Der Deutschen Mai. Flugblatt. Neustadt a. d. H. 1832.

StA Landau

Auf zur sozialistischen Kundgebung auf dem Hambacher Schloß! In: Pfälzische Post vom 27. Mai 1922, O.S. Stadtarchiv Landau, Sammlung Kohl, XXXIV/8.

Das Hambacher Fest 1922. In: Pfälzische Bürger-Zeitung und General-Anzeiger für Neustadt, Landau und die Vorderpfalz Nr. 121/50 vom 26. Mai 1922. Stadtarchiv Landau, Sammlung Kohl, XXXIV/8.

Eine Frauenansprache auf dem Hambacher Fest. In: Neue Badische Landeszeitung Mannheim vom 31. Mai 1922, Beilage Nr. 20. Stadtarchiv Landau, Sammlung Kohl, XXXIV/8.

Entwurf der Gedenkrede zu dem Hambacher Fest. 28. Mai 1932. Von Theodor Heuss. Maschinenschrift mit handschriftlichen Ergänzungen und Berichtigungen. Stadtarchiv Landau, Sammlung Kohl, XXXIV.

StA Neustadt

Staatszeitung. Staatsanzeiger für Rheinland-Pfalz. Ausgaben: 22/8 (1957); 18 (1982); Sonderausgabe Juni 1982.

Sonstiges

Bundeskanzler-Willy-Brandt-Stiftung 2016. Quelle: Archiv der sozialen Demokratie, Willy-Brandt-Archiv, A 3 Publizistische Äußerungen Willy Brandts 1933–1992, 880.

Lammert, Norbert: Unveröffentlichtes Rede-Manuskript zum 200-jährigen Jubiläum des Bezirkstag Pfalz am 16. September 2016 auf dem Hambacher Schloss. Privat: Norbert Lammert.

Schmid, Carlo: Hambacher Fest. Unveröffentlichtes Original-Manuskript von Carlo Schmid. Archiv der sozialen Demokratie der Friedrich-Ebert-Stiftung.

Venedey, Jakob: Reise und Rasttage in Deutschland. Ein Büchlein der Liebe. Erster und zweiter Theil. Hd. Ms. Mannheim/Straßburg, August/Oktober 1832. In: Bundesarchiv Berlin, Nachlass Jakob Venedey, N 2316/78, Bl. 1–250.

Zeitungsartikel

Alternatives „Hambacher Volksfest". In: Die Rheinpfalz vom 17. Mai 1982. O.S.

Amann, Melanie: „Neues Hambacher Fest": Wie sich das AfD-Milieu die deutsche Geschichte zurechtbiegt. In: Der Spiegel vom 23. April 2018.

Bekanntmachung des außerordentlichen Hofkommissärs, Fürst von Wrede – Die öffentliche Ruhe und Ordnung betreffend. In: Amts- und Intelligentsblatt des königlich bayerischen Rhein-Kreises Nr. 43 vom 30. Juni 1832, S. 405–409.

Briefe an die Redaktion – Hambacher Fest und Neustadter Bevölkerung. In: Pfälzische Bürgerzeitung - Generalanzeiger für Neustadt a. d. Haardt u. die Vorderpfalz vom 28. Mai 1932, S. 4.

Das Festprogramm Mai/Juni 1932. In: Die Pfalz am Rhein. Festausgabe: 150 Jahre Hambacher Fest 55/3 (1982), S. 169–171.

„Das Hambacher Fest im Zeichen von Polizei-Verordnungen. So widerlegen sie sich selbst". In: NSZ Rheinfront Nr. 122 vom 28. Mai 1932, S. 1f.

Das ZDF würdigt Hambach-Jubiläum. In: Staats-Zeitung Nr. 19, S. 2.

Die Festrede [von Eduard Witter]. In: Pfälzischer Kurier die Heimatzeitung der Vorderpfalz, Neustadt a.d.Haardt. vom 30. Mai 1872. 125/Erstes Blatt. URL: https://digipress.digitale-sammlungen.de/view/bsb10937212_00778_u001/1 [letzter Zugriff: 22.09.2022].

Die „Gäste" vom Hambacher Fest. In: NSZ Rheinfront Nr. 125 vom 1. Juni 1932. O.S.

Die rote Fahne weht auf dem Hambacher Schloss. In: Pfälzische Post vom 30. Juli 1909. O.S.

Die Rheinpfalz: „Freiheit ist nicht umsonst zu haben." In: Die Rheinpfalz vom 30. Mai 2022.

Die Verfassungsfeier am Hambacher Schloß. In: Pfälzische Bürgerzeitung vom 10. August 1925. O.S.

Die Verfassungsfeier auf dem Hambacher Schloß. In: Pfälzische Post vom 10. August 1925. O.S.

Egner, Heinrich: Zenetti und der Beginn eines Konflikts. In: Landshuter Zeitung Nr. 295 vom 21. Dezember 2002.

Ehr, Anne-Susann von: Wo die Architekten der Einheit sitzen. Die FDP feiert die Wiedervereinigung und sich selbst auf dem Hambacher Schloß. In: Die Rheinpfalz vom 2. Oktober 2000.

Erklärung des Königlichen Gesammtstaatsministeriums. In: Amts- und Intelligenzblatt des Königlich Bayerischen Rhein-Kreises Nr. 37 vom 6. Juni 1832. URL: https://www.bavarikon.de/object/bav:BSB-MDZ-00000BSB10346335?cq=Benz,%20A.&tp=1 [letzter Zugriff: 05.09.2022].

Für die Gefangenen von Avignon. Massenkundgebungen in Berlin und im Reiche. In: Vossische Zeitung, Abendausgabe vom 13. Juni 1921. O.S.

Hambach 1832–1932. Das Fest des ersterbenden Systems. In: NSZ Rheinfront Nr. 122 vom 28. Mai 1932, S. 9.

Hambacher Schloss: Malu Dreyer fordert den Nachwuchs zum Wählen auf. In: Die Rheinpfalz vom 15. September 2018.

150 Jahre Erinnerungsfeiern zum Hambacher Fest. In: Die Pfalz am Rhein 55/3 (1982), S. 275–278.

150 Jahre Hambacher Fest. Ein Rückblick auf das diesjährige Jubiläum. In: Die Pfalz am Rhein 55/5 (1982), S. 403–415.

Jakob, Simone: Protest gegen „Neues Hambacher Fest. In: Mannheimer Morgen vom 7. Oktober 2020.

Katsch, Günter: Was sagt wem das Hambacher Fest. CDU und SPD im Streit um das historische Erbe. In: Leipziger Volkszeitung vom 1. Oktober 1982. O.S.

Kratsch, Werner: Nachruf auf Hugo Brand. In: Bubenreuther Zeitung (1985), S. 95–100.

Löbbert, Raoul: Der Nazi von Christ und Welt. In: Christ & Welt vom 30. August 2012.

Pacher, Markus: Klares Bekenntnis zur Historie. In: Wochenblatt vom 11. Mai 2021. URL: https://www.wochenblatt-reporter.de/neustadtweinstrasse/c-lokales/klares-bekenntnis-zur-historie_a286554. [letzter Zugriff: 13.07.2022].

Sonnwendfeier auf der Maxburg. In: Der Eisenhammer - Kampfblatt der Nationalsozialistischen Deutschen Arbeiterpartei. Gau Pfalz. Nr. 50 vom 28. Juni 1930, S. 4.

SPD Pfalz mit Hambach-Rückblick. In: Die Rheinpfalz vom 17. Mai 1982. O.S.

Speyer: Bernhard Vogel wird 85. In: Die Rheinpfalz vom 17. Dezember 2017.

Tags-Neuigkeiten, während den Verhandlungen in der politischen Untersuchung vor dem Assisengerichte in Landau. Nr. 9 vom 2. August 1833. URL: https://books.google.de/books?id=BWVSAAAAcAAJ&lpg=PP9&dq=johann%20hochd%C3%B6rfer&hl=de&pg=PP37#v=onepage&q&f=false [letzter Zugriff: 28.08.2022].

Verfügungen der königlichen Kreisregierung und sonstige Bekanntmachungen der königlichen Justiz- und Verwaltungsstellen vom 8. Mai 1832. In: Amts- und Intelligentsblatt des Königlich Bayerischen Rhein-Kreises Nr. 28 vom 9. Mai 1832. URL: https://digipress.digitale-sammlungen.de/view/bsb10346335_00335_u001/1 [letzter Zugriff: 28.10.2022].

Wie die Hundertjahrfeier des Hambacher Festes verlaufen ist. Etwa 25000 Menschen waren in Hambach. In: Pfälzischer Kurier Nr. 123 vom 30. Mai 1932. O.S.

Gedruckte Quellen und Literatur

Aktionsbündnis gegen Gewalt, Rechtsextremismus und Fremdenfeindlichkeit (Hrsg.): Dr. Erardo Cristoforo Rautenberg: Schwarz – Rot – Gold. Das Symbol für die nationale Identität der Deutschen! Potsdam 2008.

Angelow, Jürgen: Der Deutsche Bund. (Geschichte kompakt). Darmstadt 2003.

Aristoteles: Rhetorik. In: Paul Gohlke (Hrsg.): Die Lehrschriften. Aristoteles. Herausgegeben und übertragen und in ihrer Entstehung erläutert von Dr. Paul Gohlke, Bd. III/I. Paderborn 1959.

Asmus, Helmut: Das Wartburgfest. Studentische Reformbewegungen 1770–1819. Magdeburg 1995.

Barberio, Richard P.: Presidents and Political Scandal. Managing Scandal in the Modern Era. (The Evolving American Presidency). Cham 2020.

Barfield, Thomas: Afghanistan. A Cultural and Political History. (Princeton Studies in Muslim Politics). New Jersey/Woodstock-Oxfordshire 2010.

Barmann, Johannes/Gerlich, Alois/Petry, Ludwig (Hrsg.): Hambacher Gespräche 1962. (Geschichtliche Landeskunde 1). Wiesbaden 1964.

Barrès, Maurice: Le Génie du Rhin. Plon 1921.

Bauch, Herbert/Walz, Michael: Von der Maas bis an die Memel. 150 Jahre Hambacher Fest im Spiegel rechtsradikaler Publizistik. In: Tribüne 21/84 (1982), S. 130–141.

Bauer, Joachim/Gerber, Stefan/Spehr, Christopher (Hrsg.): Das Wartburgfest von 1817 als europäisches Ereignis. Stuttgart 2020.

Baumann, Kurt (Hrsg.) (1): Das Hambacher Fest, 27. Mai 1832. Männer und Ideen. Speyer 1957.

Baumann, Kurt (2): Hambacher Erinnerungsfeiern. Das Hambacher Fest und die politische Tradition der Pfalz. In: Pfälzer Heimat 8/2 (1957), S. 52–56.

Baus, Martin/Glück, Charlotte (Hrsg.): Recht, Gesetz, Freiheit. (Veröffentlichungen der Landesarchivverwaltung Rheinland-Pfalz 121). Koblenz 2015.

Baus, Martin/Marx, Reiner (Hrsg.): Freudenklang hat unser Ohr vernommen. Lieder vom Hambacher Fest 1832. (Schriften der Siebenpfeiffer-Stiftung 16). Homburg 2017.

Becker, Albert (1): Das erste Hambachgedenkfest 1848. In: Die Pfalz am Rhein 15 (1932), S. 288.

Becker, Albert (2): Deutschlands Wiedergeburt. Stimmen der Zeit und Bilder aus der Heimat des Hambacher Festes, 1832–1932. (Beiträge zur Heimatkunde der Pfalz 13). Saarbrücken 1932.

Becker, Bernhard: Siebenpfeiffer, Philipp Jakob. In: Helmut Reinalter/Claus Oberhauser (Hrsg.):

Biographisches Lexikon zur Geschichte der demokratischen und liberalen Bewegungen in Mitteleuropa. (Schriftenreihe der Internationalen Forschungsstelle >>Demokratische Bewegungen in Mitteleuropa 1770–1850<< 48). Frankfurt a. M. [u.a.] 2015, S. 403.

Becker, Hans-Jürgen: Die bayerische Rheinpfalz und das rheinische Recht. In: Elmar Wadle (Hrsg.): Philipp Jakob Siebenpfeiffer und seine Zeit im Blickfeld der Rechtsgeschichte. (Schriften der Siebenpfeiffer-Stiftung e. V. 1). Sigmaringen 1991, S. 19–32.

Berkessel, Hans/Matheus, Michael/Sprenger, Kai-Michael (Hrsg.): Die Mainzer Republik und ihre Bedeutung für die parlamentarische Demokratie in Deutschland. (Mainzer Beiträge zur Demokratiegeschichte 1). Oppenheim 2019.

Bernhard, Emil/Braun, Bernhard (Hrsg.): Unsere Heimat während der Bayernzeit. Bd. 1: Von der Besitzergreifung der Pfalz im Jahre 1816 bis zum Vorabend der Deutschen Revolution 1848/49. Ruppertsweiler 2004.

Berzel, Gerhard: Hambacher Erinnerungen. Bildband in 2 Teilen: Das Fest von 1832 und der Ort Hambach. Neustadt a. d. W. 1981.

Beutin, Heidi/Beutin, Wolfgang/Malterer, Holger/Mülder, Friedrich (Hrsg.): 125 Jahre Sozialistengesetz. Beiträge der öffentlichen wissenschaftlichen Konferenz vom 28.–30. November 2003 in Kiel. (Bremer Beiträge zur Literatur- und Ideengeschichte 45). Frankfurt a. M. 2004.

Bezirksverband Pfalz (Hrsg.): Das Hambacher Fest 1832/2007. Materialsammlung für den Unterricht mit ausgearbeiteten Modulen. Kaiserslautern 2007.

Bleek, Wilhelm: Vormärz. Deutschlands Aufbruch in die Moderne. Szenen aus der deutschen Geschichte 1815–1848. München 2019.

Borchardt, Rudolf: Deutsche Denkreden. Besorgt von Rudolf Borchardt. München 1925.

Brandt, Peter: Freiheit und Einheit. (Beiträge zu den deutschen Freiheits- und Einheitsbestrebungen während des langen 19. Jahrhunderts 1). Buskow 2017.

Braun, Bernd: Von Johann Georg August Wirth zu Joseph Wirth – Vom Umgang der Deutschen mit ihren demokratischen Vorbildern. In: Jahrbuch der Hambach-Gesellschaft 19 (2011/12), S. 31–46.

Bresselau von Bressensdorf, Agnes: Frieden durch Kommunikation. Das System Genscher und die Entspannungspolitik im Zweiten Kalten Krieg 1979-1982/83. Berlin 2015.

Bock, Helmut: Vom Ursprung demokratischer Freiheit und Einheit. Zum 150. Jahrestag des Hambacher Festes. (Schriftenreihe für den Referenten / Urania, Gesellschaft zur Verbreitung Wissenschaftlicher Kenntnisse 5). Berlin 1982.

Borutta, Manuel: Antikatholizismus. Deutschland und Italien im Zeitalter der europäischen Kulturkämpfe. (Bürgertum Neue Folge, Studien zur Zivilgesellschaft 7). Göttingen 2010.

Brandt, Willy: Bekenntnis zur Freiheit. Rede von Willy Brandt am 16. Mai 1982 in Neustadt an der Weinstraße aus Anlass der 150. Wiederkehr des Hambacher Festes, annotiert von Professor Dr. Klaus Schönhoven. In: Bundeskanzler-Willy-Brandt-Stiftung (Hrsg.): Fritz Stern. Freiheit und Exil – Heinrich Heines Welt und die Unsere. Willy Brandt Lecture 2015 am 11. Juni 2015 an der Humboldt-Universität zu Berlin. (Schriftenreihe der Bundeskanzler-Willy-Brandt-Stiftung 31). Nuthetal 2015, S. 30–40.

Briegleb, Klaus (Hrsg.): Heinrich Heine: Sämtliche Schriften. Bd. 4. München 1971.

Bublis-Godau, Birgit: „Das Fest gab den Deutschen eine Fahne, ... die Fahne der Freiheit, die Fahne Deutschlands. ... Das Fest sprach den Namen Republik aus und nannte die Zukunft Deutschlands und Europas." Der Demokrat Jakob Venedey (1805–1871), seine Sicht auf das Hambacher Fest und sein Kampf für Freiheit, Einheit, die Menschenrechte und die Völkergemeinschaft auf dem alten Kontinent. Koblenz 2018.

Bücker, Joseph/Schlimbach, Helmut: Die Wende in Bonn. Deutsche Politik auf dem Prüfstand. (Motive – Texte – Materialien 22). Heidelberg 1983.

Bühler, Johannes (1): Das Hambacher Fest. Deutsche Sehnsucht vor hundert Jahren. Ludwigshafen 1932.

Bühler, Johannes (2): Zur Hundertjahrfeier des Hambacher Festes. In: Pfälzisches Museum/ Pfälzische Heimatkunde 49/3/6 (1932), S. 131–133.

Bundeskanzler-Willy-Brandt-Stiftung (Hrsg.): Fritz Stern. Freiheit und Exil – Heinrich Heines Welt und die Unsere. Willy Brandt Lecture 2015 am 11. Juni 2015 an der Humboldt-Universität zu Berlin. (Schriftenreihe der Bundeskanzler-Willy-Brandt-Stiftung 31). Nuthetal 2015.

Clemens, Gabriele (Hrsg.): Zensur im Vormärz, Pressefreiheit und Informationskontrolle in Europa. (Schriften der Siebenpfeiffer-Stiftung 9). Ostfildern 2013.

Clemens, Gabriele: Geschichte des Risorgimento. Italiens Weg in die Moderne (1770–1870). (Italien in der Moderne 27). Köln 2021.

Das Festprogramm. Veranstaltungen im Mai 1982 zum Hambacher Fest. In: Die Pfalz am Rhein 55/3 (1982), S. 169–171.

Der Präsident des Landtags Rheinland-Pfalz (Hrsg.): Symbol für Freiheit, Einheit und Demokratie. Die Hambacher Fahne im Landtag Rheinland-Pfalz. Mainz 2011.

Der Präsident des Landtags Rheinland-Pfalz (Hrsg.): 180 Jahre Hambacher Fest. Gemeinsame Feierstunde von Landtag und Landesregierung Rheinland-Pfalz am 25. Mai 2012 auf dem Hambacher Schloss. (Schriftenreihe des Landtags Rheinland-Pfalz 57). Trier 2013.

Der Präsident des Landtags von Rheinland-Pfalz (Hrsg.): Veranstaltungen zum 220. Jahrestag der Ausrufung der Mainzer Republik am 18. März 2013. (Schriftenreihe des Landtags Rheinland-Pfalz 59). Mainz 2014.

Derenser, Fritz: Der Landrat der Pfalz im Vormärz. Ein Beitrag zur Geschichte der Entwicklung der deutschen Selbstverwaltung. Diss. Universität Mainz 1954.

Devreese, Daisy: „Ein seltener Mann". Johann Philipp Becker und die Internationale Arbeiter-Association. In: Hans-Werner Hahn (Hrsg.): Johann Philipp Becker. Radikaldemokrat – Revolutionsgeneral – Pionier der Arbeiterbewegung. (Schriften der Siebenpfeiffer-Stiftung 5). Stuttgart 1999, S. 113–128.

Die 40jährige Gedenkfeier des Hambacher Festes. In: Pfälzisches Museum/Pfälzische Heimatkunde 49/3/6 (1932), S. 169–170.

Die Pfalz am Rhein. 1832–1957. 125 Jahre. Eine Festschrift. Bd. 30, Nr. 5. Neustadt a. d. H. 1957.

Diehl, Wolfgang: HAMBACH 1832. Kein konstruierter Mythos – aber ein großes Ereignis der deutschen Geistesgeschichte. In: Jahrbuch der Hambach-Gesellschaft 22 (2015), S. 29–51.

Dlubek, Rolf: Johann Philipp Becker. Vom radikalen Demokraten zum Mitstreiter von Marx und Engels in der I. Internationale (1848–1864/65). 2 Bde. Berlin 1964.

Dlubek, Rolf (1): Johann Philipp Becker im Vormärz. Sein Wirken in der Schweiz 1838–1847. In: Hans-Werner Hahn (Hrsg.): Johann Philipp Becker. Radikaldemokrat – Revolutionsgeneral – Pionier der Arbeiterbewegung. (Schriften der Siebenpfeiffer-Stiftung 5). Stuttgart 1999, S. 61–90.

Dlubek, Rolf (2): Johann Philipp Beckers Revolutionserfahrungen und seine Entwicklung zum Sozialisten 1848/49–1860. In: Hans-Werner Hahn (Hrsg.): Johann Philipp Becker. Radikaldemokrat – Revolutionsgeneral – Pionier der Arbeiterbewegung. (Schriften der Siebenpfeiffer-Stiftung 5). Stuttgart 1999, S. 91–112.

Dominick, Raymond: Wilhelm Liebknecht and the Founding of the German Social Democratic Party. Chapel Hill 1982.

Dovifat, Emil (1): Dreimal „Hambacher Fest". In: Die Pfalz am Rhein 30/6 (1957), S. 134.

Dovifat, Emil (2): Über die Freiheit der Presse. Ein gültiges Thema 1957 – wie 1932 und 1832. In: Die Pfalz am Rhein 30/6 (1957), S. 134–135.

Driessen, Christoph: Geschichte Belgiens. Die gespaltene Nation. Regensburg ²2020.

Düding, Dieter: Das deutsche Nationalfest von 1814. Matrix der deutschen Nationalfeste im 19. Jahrhundert. In: Ders./Peter Friedemann/Paul Münch (Hrsg.): Öffentliche Festkultur. Politische Feste in Deutschland von der Aufklärung bis zum Ersten Weltkrieg. Hamburg 1988, S. 67–88.

Durchardt, Heinz: Stein, Karl Freiherr vom und zum. In: NDB 25 (2013), S. 152–154.

Europäisches Parlament, Informationsbüro in Deutschland (Hrsg.): Bürgerhandbuch. 8. Wahlperiode 2014–2019. Gilly ²2016.

Faulenbach, Bernd: Das sozialdemokratische Jahrzehnt. Von der Reformeuphorie zur Neuen Übersichtlichkeit. Die SPD 1969–1982. (Die deutsche Sozialdemokratie nach 1945 3). Bonn 2011.

Faulenbach, Bernd: Willy Brandt. München 2013.

Fenske, Hans: Politischer und sozialer Protest in Süddeutschland nach 1830. In: Helmut Reinalter (Hrsg.): Demokratische und soziale Bewegungen zur Zeit der Restauration und im Vormärz in Mitteleuropa. Frankfurt a. M. 1986, S. 143–201.

Fenske, Hans: Rheinbayern 1816–1822. Die schwierige Provinz am Rhein. In: Joachim Kermann/Gerhard Nestler/Dieter Schiffmann (Hrsg.): Freiheit, Einheit und Europa. Das Hambacher Fest von 1832. Ursachen, Ziele, Wirkungen. Ludwigshafen a. R. 2006, S. 47–84.

Fenske, Hans: Das Hambacher Fest im Wandel der Wertung. In: Historischer Verein der Pfalz (Hrsg.): Mitteilungen des Historischen Vereins der Pfalz. o.O. 2009, S. 243–299.

Fesser, Gerd: „....ein Haufen verwilderter Professoren und verführter Studenten". Das Wartburgfest der deutschen Studentenschaft 1817. Jena/Quedlinburg o. J.

Fiedler, Juliane: Konstruktion und Fiktion der Nation. Literatur aus Deutschland, Österreich und der Schweiz in der zweiten Hälfte des 19. Jahrhunderts. Wiesbaden 2018.

Filmer, Werner: Oskar Lafontaine. Düsseldorf 1996.

Flemming, Thomas: Gustav W. Heinemann. Ein deutscher Citoyen. Biographie. Essen 2014.

Foerster, Cornelia (1): „Hoch lebe die Verfassung? Die pfälzischen Abgeordnetenfeste im Vormärz (1819–1846). In: Dieter Düding/Peter Friedemann/Paul Münch (Hrsg.): Öffentliche Festkultur. Reinbek 1988, S. 132–146.

Foerster, Cornelia (2): Das Hambacher Fest 1832. Volksfest und Nationalfest einer oppositionellen Massenbewegung. In: Dieter Düding/Peter Friedemann/Paul Münch (Hrsg.): Öffentliche Festkultur: Politische Feste in Deutschland von der Aufklärung bis zum 1. Weltkrieg. Reinbek 1988, S. 113–131.

Foerster, Cornelia: Der Neustädter Pressverein als Organisator des Hambacher Festes. In: Historischer Verein der Pfalz (Hrsg.): Hambacher Vorträge 1982. Neustadt a. d. W. 1983, S. 113–136.

Foerster, Cornelia/Kermann, Joachim: Hambacher Fest 1832–1982. Freiheit und Einheit, Deutschland und Europa. Eine Ausstellung des Landes Rheinland-Pfalz zum 150jährigen Jubiläum des Hambacher Festes, Schloß Neustadt an der Weinstraße. Katalog zur Dauerausstellung. Neustadt a. d. W. ⁵1990.

Foerster, Cornelia: Der Preß- und Vaterlandsverein von 1832/33. Sozialstruktur und Organisationsformen der bürgerlichen Bewegung in der Zeit des Hambacher Festes. Trier 1982.

Foerster, Cornelia: Preßverein und oppositionelle Presse im Kaiserslauterer Umkreis. Zum Anteil Kaiserslauterns an der Hambacher Volksbewegung. In: Jahrbuch zur Geschichte von Stadt und Landkreis Kaiserslautern 18/19 (1980/81), S. 395–407.

Frank, Mario: Gauck – eine Biographie. Berlin 2013.

Friedrich, Markus: Die Jesuiten. Aufstieg – Niedergang – Neubeginn. Mit 33 Abbildungen und 3 Karten. München/Berlin 2016.

Frisch, Lutz: Deutschlands Wiedergeburt: Neustadter Bürger und das Hambacher Fest 1832. (Schriftenreihe der Bezirksgruppe Neustadt im Historischen Verein der Pfalz 16). Neustadt a. d. W. 2012.

Frisch, Lutz/Schiffmann, Dieter: Das Hambacher Fest 1832. Regensburg 2016.

Fröhlich, Jürgen: Hambach und die Folgen – Zur Rezeption des Hambacher Festes in der deutschen Historiographie. In: Axel Herrmann/Arnd Kluge (Hrsg.): Johann Georg August Wirth (1798–1848). Ein Revolutionär aus Hof. Seine Person, seine Zeit, seine Wirkungen. Hof 1999, S. 139–158.

Gallo, Theophil: Die Verhandlungen des außerordentlichen Assisengerichts zu Landau in der Pfalz im Jahre 1833. Verlauf, Grundlagen, Hintergründe. (Schriften der Siebenpfeiffer-Stiftung 3). Sigmaringen 1996.

Gassert, Philipp: Bewegte Gesellschaft. Deutsche Protestgeschichte seit 1945. Stuttgart 2018.

Gauck, Joachim: Die Stasi-Akten. Das unheimliche Erbe der DDR. Reinbek bei Hamburg 1991.

Gauck, Joachim: Winter im Sommer – Frühling im Herbst. Erinnerungen. München 2009.

Gauck, Joachim: Freiheit. Ein Plädoyer. München 2012.

Gembries, Helmut: Verwaltung und Politik in der besetzten Pfalz zur Zeit der Weimarer Republik. (Beiträge zur pfälzischen Geschichte 4). Kaiserslautern 1992.

Genscher, Hans-Dietrich: Erinnerungen. Berlin 1995.

Genscher, Hans-Dietrich (mit Karel Vodicka): Zündfunke aus Prag. Wie 1989 der Mut zur Freiheit die Geschichte veränderte. München 2014.

Gerlich, Alois (Hrsg.): Hambach 1832. Anstöße und Folgen. (Geschichtliche Landeskunde 24). Wiesbaden 1984.

Göttert, Karl H.: Mythos Redemacht. Eine andere Geschichte der Rhetorik. Frankfurt a. M. 2015.

Goldschmit-Jentner, Rudolf K. (Hrsg.): Das Buch der deutschen Reden. Dokumente deutscher Redekunst. Stuttgart 1925.

Grab, Walter: Revolutionäre Strömungen im Vormärz und das Hambacher Fest. In: Jahrbuch der Hambach-Gesellschaft 1 (1988), S. 9–25.

Gräber, Gerhard/Spindler, Matthias: Revolverrepublik am Rhein. Die Pfalz und ihre Separatisten. Bd. 1: November 1918 – November 1923. Landau/Pfalz 1992.

Grewenig, Meinrad M. (Hrsg.): Das Hambacher Schloss. Ein Fest für die Freiheit. Ostfildern-Ruit 1998.

Gruber, Walter: Demokratische Tradition. In: Institut für Staatsbürgerliche Bildung in Rheinland-Pfalz (Hrsg.): Hambacher Fest: 1832–1957. Eine Schrift zur 125jährigen Wiederkehr der „ersten politischen Volksversammlung der neueren deutschen Geschichte". Mainz 1957, S. 119–136.

Haan, Heiner: Hauptstaat – Nebenstaat. Briefe und Akten zum Anschluß der Pfalz an Bayern 1815/17. (Veröffentlichungen der Landesarchivverwaltung Rheinland-Pfalz 29). Koblenz 1977.

Haasis, Hellmut: Volksfest, sozialer Protest und Verschwörung. 150 Jahre Hambacher Fest. Heidelberg 1981.

Habermehl, Paul: Das Hambacher Fest 1832. Neustadt a. d. W. 1982.

Hahn, Hans-Werner (Hrsg.): Johann Philipp Becker. Radikaldemokrat – Revolutionsgeneral – Pionier der Arbeiterbewegung. Stuttgart 1999.

Hahn, Hans-Werner: Fest und Politisierung zwischen den Freiheitskriegen und der Revolution von 1848/49. In: Michael Mauer (Hrsg.): Festkulturen im Vergleich. Inszenierungen des Religiösen und Politischen. Köln 2010, S. 177–194.

Hambach-Gesellschaft für Historische Forschung und Politische Bildung (Hrsg.): 175 Jahre Hambacher Fest. 1832–2007. Neustadt a. d. W. 2006.

„Hambacher Aufruf". In: Bundeszentrale für politische Bildung (Hrsg.): Das Hambacher Fest 1832. Bonn 1982, S. 4.

Hauschild, Jan-Christoph: Georg Büchner. Biografie. Stuttgart/Weimar 1993.

Hechel, Reinhard: Die „Blutigen Ereignisse"! Das Pfingstfest von 1833 auf dem Hambacher Schloßberg im Dorf Hambach und in Neustadt an der Haardt. 175 Jahre „2. Jahrestag" des Hambacher Festes vom 27. Mai 1832. Neustadt a. d. W. 2008.

Heine, Heinrich: Diesseits und jenseits des Rheins. In: Manfred Windfuhr (Hrsg.): Heinrich Heine. Historisch-kritische Gesamtausgabe der Werke. Bd. 3/1: Romanzero, Gedichte 1853 und 1854, Lyrischer Nachlass. Text. Hamburg 1992, S. 276.

Heine, Heinrich: Ludwig Börne. Eine Denkschrift. Berlin 2017.

Heinemann, Gustav: Präsidiale Reden. Frankfurt a. M. 1975.

Hertel, Gerhard: Der Weg zur „Wende" – Die Bundesrepublik in der Ära Schmidt. Bd. 1: 1974–1980. Regensburg 1988.

Hertfelder, Thomas u. a. (Hrsg.): Erinnern an Demokratie in Deutschland. Demokratiegeschichte in Museen und Erinnerungsstätten der Bundesrepublik. Göttingen 2016.

Herzberg, Wilhelm: Das Hambacher Fest. Geschichte der revolutionären Bestrebungen in Rheinbayern um das Jahr 1832. Ludwigshafen 1908. Neu hrsg. von Heinrich Werner. Köln 1982.

Heumann, Hans-Dieter: Hans-Dietrich Genscher. Die Biografie. Paderborn 2012.

Heuss, Theodor (1): Das Hambacher Fest. Zusammengestellt aus Reden und Artikeln zum 100-jährigen Gedenktag im Jahre 1932. In: Institut für Staatsbürgerliche Bildung in Rheinland-Pfalz (Hrsg.): Hambacher Fest: 1832–1957. Eine Schrift zur 125jährigen Wiederkehr der „ersten politischen Volksversammlung der neueren deutschen Geschichte". Mainz 1957, S.13–24.

Heuss, Theodor (2): Das Hambacher Fest. Eine Erinnerung an den 27. Mai 1832. In: Die Pfalz am Rhein 30/5 (1957), S. 70–71.

Heuss, Theodor: Das Hambacher Fest 1832. In: Ders. (Hrsg.): Profile. Nachzeichnungen aus der Geschichte. (rororo Taschenbuch 843). Hamburg 1966.

Hexemer, Hans-Peter (Hrsg.): 180 Jahre Hambacher Fest. Gemeinsame Feierstunde von Landtag und Landesregierung Rheinland-Pfalz am 25. Mai 2012 auf dem Hambacher Schloss. (Schriftenreihe des Landtags Rheinland-Pfalz 57). Mainz 2013.

Himmler, Karl-Heinz: Weder Mut noch Wille zum Kampf. Das Hambacher Fest in zeitnaher Bewertung. In: Heimat-Jahrbuch des Landkreises Bad Dürkheim 25 (2007), S. 83–87.

Hirscher, Gerhard: Carlo Schmid und die Gründung der Bundesrepublik. Eine politische Biographie. Bochum 1986.

Hirschfeld, Gerhard/Krumeich, Gerd: Deutschland im Ersten Weltkrieg. Frankfurt a. M. 2013.

Hobsbawm, Eric: Europäische Revolutionen 1789–1848. Aus dem Englischen von Boris Goldenberg. (Das lange 19. Jahrhundert/Eric J. Hobsbawm 1). Darmstadt 2017.

Hoffmann, Karl (Hrsg.): Des Teutschen Volkes feuriger Dank- und Ehrentempel oder Beschreibung wie das aus zwanzigjähriger französischer Sklaverei durch Fürsten-Eintracht und Volkskraft gerettete Teutsche Volk die Tage der entscheidenden Völker- und Rettungsschlacht bei Leipzig am 18. und 19. Oktober 1814 zum erstenmale gefeiert hat. Offenbach 1815.

Hoffmeister, Karl: Beschreibung des Festes auf der Wartburg. Ein Sendschreiben an die Gutgesinnten. Deutschland [d.i. Essen] 1818.

Hofmann, Gunter: Richard von Weizsäcker. Ein deutsches Leben. München 2010.

Huber, Ernst R.: Dokumente zur deutschen Verfassungsgeschichte. Bd. 1: Deutsche Verfassungsdokumente 1803–1850. Stuttgart/Berlin/Köln [u.a.] ³1978.

Hüls, Elisabeth: Johann Georg August Wirth 1798–1848. Ein politisches Leben im Vormärz. Düsseldorf 2004.

Hüls, Elisabeth: Zwei mutige Streiter für die Freiheit. Johann Georg August Wirth und Philipp Jakob Siebenpfeiffer. In: Joachim Kermann/Gerhard Nestler/Dieter Schiffmann (Hrsg.): Freiheit, Einheit und Europa. Das Hambacher Fest von 1832. Ursachen, Ziele, Wirkungen. Ludwigshafen a. Rh. 2006, S. 85–134.

Institut für Staatsbürgerliche Bildung in Rheinland-Pfalz (Hrsg.): Hambacher Fest 1832–1957. Eine Schrift zur 125jährigen Wiederkehr der „ersten politischen Volksversammlung der neueren deutschen Geschichte". Mainz 1957.

Jens, Walter: Von deutscher Rede. Erweiterte Neuausgabe. München 1983.

Juncker, Detlef (Hrsg.): Deutsche Parlamentsdebatten. Bd. 2: 1919–1933. Frankfurt a. M./Hamburg 1971.

Jungmann, Uta: Die blutigen Ereignisse am Hambacher Jahrestag 1833: Ein Beispiel für den Widerstreit von Obrigkeit und Bürgertum im Vormärz. In: Jahrbuch der Hambach-Gesellschaft 5 (1995), S. 123–146.

Keim, Anton M./Mathy, Helmut (Hrsg.): Hambach 1832–1982. Ereignis, Grundwerte, Perspektiven. Ein politisches Lese- und Bilderbuch zur Geschichte von Freiheit und Demokratie. Mainz 1982.

Kerler, Hugo: Die Bauarbeiten auf dem Hambacher Schloss. In: Die Pfalz am Rhein 30/6 (1957), S. 100–103.

Kermann, Joachim: Karten zum Hambacher Fest 1832. Zusammenhänge und Auswirkungen in der Pfalz und in Deutschland. In: Willi Alter (Hrsg.): Pfalzatlas 3 [Textband]. Speyer 1988, S. 1694–1750.

Kermann, Joachim/Foerster, Cornelia (Bearb.): Karten zum Hambacher Fest 1832. II: Zusammenhänge und Auswirkungen in Deutschland. In: Willi Alter (Hrsg.): Pfalzatlas 2 [Kartenband]. Speyer 1994.

Kermann, Joachim: Quellen zur Geschichte der deutschen Freiheits- und Einheitsbewegung unter besonderer Berücksichtigung des Hambacher Festes. In: Aufklärung, Vormärz, Revolution. Jahrbuch der Internationalen Forschungsstelle Demokratische Bewegungen in Mitteleuropa von 1770–1850 an der Universität Innsbruck 13/15 (1997), S. 70–98.

Kermann, Joachim: Johann Philipp Becker und das Hambacher Fest. In: Hans-Werner Hahn (Hrsg.): Johann Philipp Becker. Radikaldemokrat – Revolutionsgeneral – Pionier der Arbeiterbewegung. (Schriften der Siebenpfeiffer-Stiftung 5). Stuttgart 1999, S. 43–60.

Kermann, Joachim: Pfälzisch-polnische Beziehungen vom Hambacher Fest bis zur Revolution von 1849. In: Mitteilungen des historischen Vereins der Pfalz 98 (2000), S. 207–286.

Kermann, Joachim: Die deutsche Polenbegeisterung zur Zeit des Hambacher Festes. In: Jahrbuch der Hambach-Gesellschaft 14 (2006), S. 127–147.

Kermann, Joachim/Nestler, Gerhard/Schiffmann, Dieter (Hrsg.): Freiheit, Einheit und Europa. Das Hambacher Fest von 1832. Ursachen, Ziele, Wirkungen. Ludwigshafen a. Rh. 2006.

Kippenberg, Anton/Leyen, Friedrich von der (Hrsg.): Das Buch deutscher Reden und Rufe. Erstmals herausgegeben von Anton Kippenberg und Friedrich von der Leyen. Leipzig 1942. Neue, erweiterte Ausgabe von Friedrich von der Leyen. Wiesbaden 1956.

Kißener, Michael: Das Hambacher Fest 1832; ein Ort der Demokratie? Ein bayerischer Erinnerungsort? In: Zeitschrift für bayerische Landesgeschichte 81/1 (2018), S. 121–128.

Knopp, Guido: Meine Geschichte. München 2017.

Koch, Peter: Willy Brandt. Eine politische Biographie. (Bastei-Lübbe-Taschenbuch 61164). Bergisch Gladbach ²1992.

König, Thomas: Entscheidungen im Politiknetzwerk. Wiesbaden 1992.

Köster, Fredy: Die Rede von Johann Georg August Wirth auf dem Hambacher Fest. In: Geschichte in Wissenschaft und Unterricht 33/5 (1982), S. 297–315.

Kopeinig, Margaretha: Martin Schulz – vom Buchhändler zum Mann für Europa. Die Biografie. Mit einem Vorwort von Jean-Claude Juncker. Wien 2016.

Kuhnig, Armin: Karl Schapper. Ein Vater der europäischen Arbeiterbewegung. * 1812 Weinbach (Oberlahnkreis) + 1870 London. Camberg ²1980.

Krause, Arnulf: Der Kampf um Freiheit. Die Napoleonischen Befreiungskriege in Deutschland. Stuttgart 2013.

Krausnick, Michail: Johann August Wirth. Vorkämpfer für Einigkeit, Recht und Freiheit. Weinheim 1997.

Kreutz, Jörg: Die Verfassungsfeier des Reichsbanners Schwarz-Rot-Gold auf dem Hambacher Schloss am 8. und 9. August 1925. In: Jahrbuch der Hambach-Gesellschaft 24 (2017), S. 57–77.

Kreutz, Wilhelm/Scherer, Karl: Die Pfalz unter französischer Besetzung (1918/19–1930). (Beiträge zur pfälzischen Geschichte 15). Kaiserslautern 1999.

Kreutz, Wilhelm: Das Hambacher Fest – deutscher Erinnerungsort und europäisches Kulturerbe: Eine Entgegnung. In: Jahrbuch der Hambach-Gesellschaft 22 (2015), S. 17–27.

Kreutz, Wilhelm: Hambach 1832. Deutsches Freiheitsfest und Vorbote des europäischen Völkerfrühlings. In: Landeszentrale für politische Bildung Rheinland-Pfalz (Hrsg.): Hambach 1832. Deutsches Freiheitsfest und Vorbote des europäischen Völkerfrühlings. Mainz ⁴2016.

Kreutz, Wilhelm: Deutsche im politischen Exil nach dem Hambacher Fest und der Revolution von 1848/49. (Schriften der Siebenpfeiffer-Stiftung 11). Ostfildern 2020.

Kuhn, Axel (Hrsg.): Deutsche Parlamentsdebatten. Bd. 1: 1871–1918. Frankfurt a. M./ Hamburg 1970.

Kuhn, Ekkehard: Erinnerungen eines Patrioten: Motive und Stationen. Norderstedt 2018.

Kultusministerium Rheinland-Pfalz (Hrsg.): Hambacher Fest. 1832–1982. Freiheit und Einheit. Deutschland und Europa. Eine Ausstellung des Landes Rheinland-Pfalz zum 150jährigen Jubiläum des Hambacher Festes, Hambacher

Schloss Neustadt an der Weinstraße, 18. Mai – 19. September 1982. (Veröffentlichungen des Landes Rheinland-Pfalz). Neustadt a. d. W. 1982.

Kumsteller, Bernhard/Haacke, Ulrich/Schneider, Benno (Hrsg.): Geschichtsbuch für die deutsche Jugend. Bd. 4: Klasse 4. Leipzig ³1940.

Kurze Chronik der Erinnerungsfeiern des Hambacher Festes. In: Die Pfalz am Rhein 30/5 (1957), S. 90.

Lachenicht, Susanne: Das Hambacher Fest (1832): Ein nationales Ereignis in transnationaler Perspektive. In: Joachim Eibach (Hrsg.): Europäische Wahrnehmungen 1650–1850. (The formation of Europe 3). Hannover 2008.

Lais, Klaus-Jürgen: Der Jahrestag. Das Pfingstfest von 1833 in Neustadt. In: Willi Rothley/Manfred Geis (Hrsg.): Schon pflanzen sie frech die Freiheitsbäume. 150 Jahre Hambacher Fest. Neustadt a. d. W. 1982, S. 201–207.

Lammert, Norbert: Zukunft braucht Erinnerung. In: Kulturpolitische Mitteilungen Nr. 126 (III/2009), S. 37–41.

Lammert, Norbert: Wie viel Erinnerung braucht Demokratie? Berlin 2017.

Landeszentrale für politische Bildung Rheinland-Pfalz (Hrsg.): 27. Mai 1832. Eine politisch-historische Reportage. Mainz 1992.

Landkreis Bad Dürkheim (Hrsg.): Karl Heinz: Das Hambacher Schloss. Geschichte, Bauperioden, Hambacher Feste. Neustadt a. d. W. 1982.

Landtag Rheinland-Pfalz (Hrsg.): Festakt des Landtags Rheinland-Pfalz aus Anlaß der 150. Wiederkehr des Hambacher Festes am 35. Jahrestag der Annahme der Landesverfassung. 18. Mai 1982. O.A. 1982.

Lefebure, Victor: The Riddle of the Rhine. Chemical Strategy in Peace and War. London 1921.

Legner, Johann: Joachim Gauck – Träume vom Paradies – Biografie. Gütersloh 2014.

Lengsfeld, Vera: Mein Weg zur Freiheit. Von nun an ging's bergauf. München 2002.

Lengsfeld, Vera: Neustart! Was sich in Politik und Gesellschaft ändern muss. Umdenken lohnt. Freiheit und Fairness statt Gleichheit und Gerechtigkeit. München 2006.

Lill, Rudolf (Hrsg.): Der Kulturkampf. (Beiträge zur Katholizismusforschung, Reihe A: Quellentexte zur Geschichte des Katholizismus 10). Paderborn 1997.

Lindemann, Helmut (Hrsg.): Gustav W. Heinemann: Reden und Schriften. Bd. 3: Es gibt schwierige Vaterländer. Frankfurt a. M. 1977.

Lindemann, Helmut: Gustav Heinmann. Ein Leben für die Demokratie. München 1978/86.

Lorenz, Einhart: Willy Brandt. Deutscher – Europäer – Weltbürger. Stuttgart 2012.

Lüdicke, Lars: Deutsche Demokratiegeschichte. Eine Aufgabe der Erinnerungsarbeit. Berlin 2020.

Lütjen, Torben/Geiges, Lars: Frank-Walter Steinmeier. Die Biografie. Freiburg 2009.

Martin, Anne: Bernhard Vogel. Ministerpräsident von Rheinland-Pfalz 2. Dezember 1976 – 2. Dezember 1988. In: Hannes Ziegler (Hrsg.): Politiker in Rheinland-Pfalz. Unsere Ministerpräsidenten. Im Anhang: Die Minister des Landes Rheinland-Pfalz 1946–2002. Annweiler 2003, S. 71–86.

Mathy, Helmut: „Die freie Genossin des freien Bürgers". Das Hamacher Fest und die politische Rolle der Frau im 19. Jahrhundert. In: Alois Gerlich (Hrsg.): Hambach 1832. Anstöße und Folgen. (Geschichtliche Landeskunde 24). Wiesbaden 1984, S. 238–252.

Mathy, Helmut: 150 Jahre Hambacher Fest. Nach-Betrachtungen, Perspektiven, Anstösse. In: Otto Böcher (Hrsg.): Stadt – Land – Universität. Aus den Werken des Mainzer Historikers Helmut Mathy. (Beiträge zur Geschichte der Johannes-Gutenberg-Universität Mainz, Neue Folge 11). Stuttgart 2012, S. 187–197.

Maurer, Michael: Festkulturen im Vergleich. Köln 2010, S. 177–194.

Mayring, Eva Alexandra: Bayern nach der französischen Julirevolution. Unruhen, Opposition und antirevolutionäre Regierungspolitik 1830–33. München 1990.

Mechtersheimer, Alfred: Das Hambacher Fest und die Friedensbewegung. In: Die Pfalz am Rhein 55/3 (1982), S. 157–158.

Meininger, Herbert: Das Hambacher Fest 1957. In: Die Pfalz am Rhein 30/3 (1957), S. 23–24.

Mergel, Thomas: Parlamentarische Kultur in der Weimarer Republik. Politische Kommunikation, symbolische Politik und Öffentlichkeit im Reichstag. – Beispielhafte Reden von Theodor Heuss, Gustav Stresemann, Joseph Wirth, Heinrich Mann u.a. In: Walter Hinderer (Hrsg.): Deutsche Reden. Bd. 2: Von Ludwig Feuerbach bis Werner Heisenberg. Stuttgart 1973, S. 857–898.

Möller, Lenelotte/Rummel, Walter/Schlechter, Armin (Hrsg.): „auf ewige Zeiten zugehören". Die Entstehung der bayerischen Pfalz 1816. Heidelberg/Neustadt a. d. W./Basel 2016.

Mollat, Georg (Hrsg.): Reden und Redner des ersten deutschen Parlaments. Osterwieck/Harz 1895.

Müller, Fritz: Publizistik und Öffentlichkeit in der Pfalz zur Zeit des Hambacher Festes. In: Historischer Verein der Pfalz (Hrsg.): Hambacher Vorträge 1982. Neustadt a. d. W. 1983, S. 85–112.

Müller-Enbergs, Helmut/Wielgohs, Jan: Lengsfeld, Vera. In: Wer war wer in der DDR. 5. Ausgabe, Bd. 1. Berlin 2010.

Nestler, Gerhard/Ziegler, Hannes (Hrsg.): Die Pfalz unterm Hakenkreuz. Eine deutsche Provinz während der nationalsozialistischen Terrorherrschaft. Landau 1993.

Nestler, Gerhard: Zwischen Revolution und Demokratie. Studien zur Geschichte der Pfalz vom späten Mittelalter bis Mitte des 20. Jahrhunderts. (Stiftung zur Förderung der Pfälzischen Geschichtsforschung, Reihe B, Abhandlungen zur Geschichte der Pfalz 13). Neustadt a. d. W. 2012.

90jährige Gedenkfeier an das Hambacher Fest. Festfolge. Neustadt a. d. H. 1922.

Nordblom, Pia/Rummel, Walter/Schuttpelz, Barbara (Hrsg.): Josef Bürckel: Nationalsozialistische Herrschaft und Gefolgschaft in der Pfalz. (Beiträge zur Pfälzischen Geschichte 30). Kaiserslautern ²2020.

Otte, Max: Neues Hambacher Fest 2019. Festschrift. Köln 2019.

Parak, Michael/Riffel, Dennis/Wunnicke, Ruth: Demokratiegeschichte als Beitrag zur Demokratiestärkung. Berlin 2018.

Paul, Roland: 1816–1851. Stationen der pfälzischen Geschichte in der ersten Hälfte des 19. Jahrhunderts und die Tätigkeit des Landraths der Pfalz von 1816 bis 1851. In: Ulrich Burkhart [u.a.] (Hrsg.): „das Wohl dieses Landes zu verbessern". 200 Jahre Bezirkstag Pfalz. Das „Parlament der Pfälzer" im Spiegel der pfälzischen Geschichte (Beiträge zum Bezirksverband 2). Kaiserslautern 2016, S. 11–83.

Pohl, Gerhardt: Unsterblichkeit. Deutsche Denkreden aus zwei Jahrhunderten. Besorgt und eingeleitet von Gerhart Pohl. Berlin 1942.

Presse-Ausschuß des Reichsbanner Schwarz-Rot-Gold, Ortsgruppe Neustadt an der Haardt (Hrsg.): Festschrift zur Verfassungs-Feier auf dem Hambacher Schloss am 8. und 9. August 1925. Neustadt a. d. H. 1925.

Pressestelle der Staatskanzlei Rheinland-Pfalz (Hrsg.): US-Präsident Ronald Reagan in Hambach. 6. Mai 1985. Ansprachen Ministerpräsident Dr. Bernhard Vogel, Bundeskanzler Dr. Helmut Kohl, US-Präsident Ronald Reagan. Speyer 1985.

Raberg, Frank: Carlo Schmid (1896–1979). In: Landeskundliches Faltblatt 9/2006 – Menschen aus dem Land.

Reif, Heinz: Die Junker. In: Etienne François/Hagen Schulze (Hrsg.): Deutsche Erinnerungsorte. Bd. 1. München 2003, S. 520–536.

Reinalter, Helmut/Oberhauser, Claus (Hrsg.): Biographisches Lexikon zur Geschichte der demokratischen und liberalen Bewegungen in Mitteleuropa. (Schriftenreihe der Internationalen Forschungsstelle >>Demokratische Bewegungen in Mitteleuropa 1770–1850<< 48). Frankfurt a. M. [u.a.] 2015.

Ries, Klaus: Europa im Vormärz. Eine transnationale Spurensuche. (Schriften der Siebenpfeiffer-Stiftung 10). Ostfildern 2016.

Ritter, Gerhard: Das Hambacher Fest von 1832 aus der Sicht der Parteien in beiden deutschen Staaten anläßlich seiner 150jährigen Wiederkehr. In: Gottfried Zieger (Hrsg.): Recht, Wirtschaft, Politik im geteilten Deutschland. Köln 1983, S. 23–44.

Rödder, Andreas: Die Bundesrepublik Deutschland 1969 – 1990. (Oldenbourg-Grundriss der Geschichte 19a). München 2004.

Rößler, Hellmuth: Arndt, Ernst Moritz. In: NDB 1 (1953), S. 358–360.

Rosemann, Heinz Rudolf: Erwin von Steinbach. In: NDB 4 (1959), S. 636–637.

Rothley, Willi/Geis, Manfred (Hrsg.): Schon pflanzen sie frech die Freiheitsbäume. 150 Jahre Hambacher Fest. Neustadt a. d. W. 1982.

Rothley, Willi/Geis, Manfred (Hrsg.): Ein Fest für den Frieden. 153 Jahre Hambacher Fest. Unsere Botschaft an Reagan. Sonntag, 5. Mai 1985. Neustadt an der Weinstraße. Eine Dokumentation. Neustadt a. d. W. 1986.

Rudolph, Thomas/Kloss, Oliver/Müller, Rainer/Wonneberger, Christoph (Hrsg.): Weg in den Aufstand. Chronik zu Opposition und Widerstand in der DDR vom August 1987 bis zum Dezember 1989. Bd. 1. Leipzig 2014.

Rummel, Walter: Freiheitsbewegungen und Bürokratie. Das Nachwirken von Französischer Revolution und französischer Herrschaft in der staatlichen Entwicklung Deutschlands. In:

Hans Berkessel/Kai-Michael Sprenger/Michael Matheus (Hrsg.): Die Mainzer Republik und ihre Bedeutung für die parlamentarische Demokratie in Deutschland. (Mainzer Beiträge zur Demokratiegeschichte 1). Oppenheim 2019, S. 140–160.

Saarländischer Rundfunk (Hrsg.): „Ein Deutschland gilt es zu bauen…". 150 Jahre Hambacher Fest 1832–1982. Saarbrücken 1982.

Sahrmann, Adam: Beiträge zur Geschichte des Hambacher Festes. Landau 1930.

Schatz, Klaus: Kirchengeschichte in vier Bänden. Bd. 2: Kirchengeschichte der Neuzeit. Düsseldorf 2008.

Schelsky, Helmut: Einsamkeit und Freiheit. Idee und Gestalt der deutschen Universität und ihrer Reformen. Hamburg 1963.

Scherer, Karl: Zum Verhältnis Pfalz-Bayern in den Jahren 1816–1848. In: Hans Fenske (Hrsg.): Die Pfalz und Bayern 1816–1956. Speyer 1998, S. 9–40.

Schiffmann, Dieter: Das Hambacher Fest – Ein deutscher Erinnerungsort. Die Nachgeschichte des Hambacher Festes im Spannungsfeld von kollektivem Gedächtnis und Geschichtspolitik. In: Joachim Kermann/Gerhard Nestler/Dieter Schiffmann (Hrsg.): Freiheit, Einheit und Europa. Das Hambacher Fest von 1832. Ursachen, Ziele, Wirkungen. Ludwigshafen a. Rh. 2006, S. 333–386.

Schlechter, Armin (Hrsg.): Kämpfer für Freiheit und Demokratie Johann Georg August Wirth. (Stiftung zur Förderung der Pfälzischen Geschichtsforschung 12). Neustadt a. d. W. 2010.

Schlegel, Wolfgang (1): Das Hambacher Fest – Deutsches Nationalfest. In: Mitteilungen des Historischen Vereins der Pfalz 80 (1982), S. 85–130.

Schlegel, Wolfgang (2): Das Hambacher Fest – Deutsches Nationalfest? Untersuchungen zur Problematik eines deutschen National-Feiertages anlässlich der 150-Jahr-Feier des Hambacher Festes. In: Mitteilungen des Historischen Vereins der Pfalz 80 (1982), S. 85–100.

Schmidt, Wolfgang: Willy Brandts Ost- und Deutschlandpolitik. In: Bernd Rother (Hrsg.): Willy Brandts Außenpolitik. Wiesbaden 2014, S. 161–257.

Schneider, Erich: Johann Philipp Becker. In: Kurt Baumann (Hrsg.): Das Hambacher Fest, 27. Mai 1832. Männer und Ideen. Speyer 1957, S. 203–237.

Schneider, Erich: Der fünfzigste Jahrestag des Hambacher Festes 1882 und das Verbot der Jubiläumsfeier im Spiegel der Kaiserslauterer Presse. In: Jahrbuch zur Geschichte von Stadt und Landkreis Kaiserslautern 18/19 (1980/81), S. 565–596.

Schneider, Erich (1): Aspekte der Hambach-Rezeption in der Weimarer Republik. In: Lebendiges Rheinland-Pfalz 19/2 (1982), S. 43–45.

Schneider, Erich (2): Die Feier zum 40. Jahrestag des Hambacher Festes 1872. Ein Jubiläum im Schatten der Reichsgründung. In: Jahrbuch des Instituts für Deutsche Geschichte der Universität Tel-Aviv 11 (1982), S. 203–236.

Schneider, Erich (3): Hambach-Reminiszenzen aus fünf Jahrzehnten. In: Mitteilungen des Historischen Vereins der Pfalz 80 (1982), S. 131–198.

Schneider, Erich (4): Sozialdemokratie und Hambacher Fest. In: Willi Rothley/Manfred Geis (Hrsg.): Schon pflanzen sie frech die Freiheitsbäume. 150 Jahre Hambacher Fest. Neustadt a. d. W. 1982, S. 297–374.

Schneider, Erich: Die Hambacher Festjubiläen 1872 und 1882 und das Hambach-Bild der politischen Parteien nach der Reichsgründung. In: Alois Gerlich (Hrsg.): Hambach 1832. Anstösse und Folgen. (Geschichtliche Landeskunde 24). Wiesbaden 1984, S. 100–130.

Schneider, Erich: Die Pfingstreise der Linken in die Rheinpfalz im Jahre 1848. In: Jahrbuch der Hambach-Gesellschaft 1 (1988), S. 151–174.

Schneider, Erich: Hambach-Gedenken vor dem Ersten Weltkrieg. In: Jahrbuch der Hambach-Gesellschaft 14 (2006), S. 187–204.

Schröder, Wolfgang: Wilhelm Liebknecht. Soldat der Revolution, Parteiführer, Parlamentarier. Berlin 2013.

Schultz, Uwe (Hrsg.): Das Fest. Eine Kulturgeschichte von der Antike bis zur Gegenwart. München 1988.

Schumacher, Renate: Radio als Medium und Faktor des aktuellen Geschehens. In: Joachim-Felix Leonhard (Hrsg.): Programmgeschichte des Hörfunks in der Weimarer Republik. München 1997, S. 423–621.

Schunk, Erich: Vom nationalen Konstitutionalismus zum konstitutionellen Nationalismus. Der Einfluß der „Franzosenzeit" auf den pfälzischen Liberalismus zur Zeit des Hambacher Festes. In: Zeitschrift für bayerische Landesgeschichte 51 (1988), S. 447–470.

Schunk, Erich/Nestler, Gerhard: Der Wandel der Hambach-Erinnerung in der Bundesrepublik Deutschland. In: Jahrbuch der Hambach-Gesellschaft 14 (2006), S. 241–264.

Schwarz, Nils: Der Separatismus in der Pfalz nach dem 1. Weltkrieg. (Diplomarbeit, Otto-Friedrich-Universität Bamberg). Bamberg 2009.

Steininger, Rolf: Von Kanzlern und Präsidenten. Deutsch-amerikanische Beziehungen von Adenauer und Eisenhower bis Merkel und Trump. Reinbek 2019.

Steinmeier, Frank-Walter/Habermas, Jürgen: European Prospects / Europäische Perspektiven. Essen 2008.

Steinmeier, Frank-Walter: Es lebe unsere Demokratie! Der 9. November 1918 und die deutsche Freiheitsgeschichte. München 2018.

Steinmeier, Frank-Walter: Wegbereiter der deutschen Demokratie. 30 mutige Frauen und Männer 1789 – 1918. München 2021.

Steinmetz, Willibald: Europa im 19. Jahrhundert. (Neue Fischer Weltgeschichte 6). Frankfurt a. M. 2019.

Stiftung Hambacher Schloss (Hrsg.): Hinauf, hinauf zum Schloss! Das Hambacher Fest 1832. Begleitbuch zur Ausstellung im Hambacher Schloss. Neustadt a. d. W. 2008.

Stille, Alexander: Citizen Berlusconi. München 2006.

Stötzer, Ursula: Deutsche Redekunst im 17. und 18. Jahrhundert. Halle 1962.

Straube, Ernst: Festschrift zum 75jährigen Bestehen der Naturweinkellerei Eduard Witter. Weingutbesitzer. Neustadt an der Haardt (Rheinpfalz). Neustadt a. d. H. 1925.

Struck, Bernhard/Gantet, Claire: Revolution, Krieg und Verflechtung 1789–1815. (Deutsch-Französische Geschichte 5). Darmstadt 2008.

Süss, Edgar: Die Pfälzer im „Schwarzen Buch". Ein personengeschichtlicher Beitrag zur Geschichte des Hambacher Festes, des frühen pfälzischen und deutschen Liberalismus. Heidelberg 1956.

Süß, Gustav Adolf: Das Hambacher Fest. Handreichung der Landeszentrale für politische Bildung Rheinland-Pfalz. Mainz 1985.

Süss, Martin: Rheinhessen unter französischer Besatzung. Vom Waffenstillstand im November 1918 bis zum Ende der Separatistenunruhen im Februar 1924. (Geschichtliche Landeskunde 31). Wiesbaden 1988.

Széchényi, Barbara: Rechtliche Grundlagen bayerischer Zensur im 19. Jahrhundert. Frankfurt a. M. 2003.

Taddey, Gerhard: Carlo Schmid - Mitgestalter der Nachkriegsentwicklung im deutschen Südwesten. Symposium anläßlich seines 100. Geburtstags am 7. Dezember 1996 in Mannheim. (Veröffentlichungen der Kommission für Geschichtliche Landeskunde in Baden-Württemberg 138). Stuttgart 1997.

Thoma, Eugen: Katha Thoma. Eine Heldin der Pfalz. Frankfurt a. M. 1930/31.

Traub, Sarah: „Die Pressen, welche das Volk sich baut, werdet ihr nie zum Schweigen bringen". Der Kampf um die Pressefreiheit 1815-1848 in der Pfalz. (Magisterarbeit, Johannes Gutenberg-Universität Mainz). Mainz 2014.

Treitschke, Heinrich von: Deutsche Geschichte im neunzehnten Jahrhundert. Bd. 4: Bis zum Tode König Friedrich Wilhelms III. Leipzig 1889.

Treml, Manfred: Bayerns Pressepolitik zwischen Verfassungstreue und Bundespflicht (1815-1837). Ein Beitrag zum bayrischen Souveränitätsverständnis und Konstitutionalismus im Vormärz. Berlin 1977.

Valentin, Veit: Das Hambacher Nationalfest. Berlin 1932. Nachdruck der Büchergilde Gutenberg. Frankfurt a. M. 1982.

Vásárhelyi, Mária: Angriff auf die Pressefreiheit. Die Medienpolitik der Fidesz-Regierung. In: Osteuropa 61/12: Quo vadis, Hungaria? Kritik der ungarischen Vernunft (2011), S. 157–166.

Vogt, Martin: Theodor Heuss und die politische Erfahrung des Hambacher Festes. In: Jahrbuch der Hambach-Gesellschaft 1 (1988), S. 191–202.

Vogt, Roland: Hambacher Fest und grüner Protest. In: Die Pfalz am Rhein 55/3 (1982), S. 153–155.

Volz, Günther: Theodor Heuss und Hambach-Jubiläen von 1932 und 1957. In: Jahrbuch der Hambach-Gesellschaft 14 (2006), S. 229–240.

Wadle, Elmar: Philipp Jakob Siebenpfeiffer (1798-1845) – Ein Streiter für Freiheit, Recht und Vaterland. In: Jahrbuch der Hambach Gesellschaft 14 (2006).175 Jahre Hambacher Fest 1832–2007. Neustadt a. d. W. 2006, S. 82–94.

Walle, Heinrich: Moltke, Helmuth Graf. In: NDB 18 (1997), S. 13–17.

Weber, Eberhard: Die Mainzer Zentraluntersuchungskommission. (Studien und Quellen zur Geschichte des deutschen Verfassungsrechts 8, Reihe A). Karlsruhe 1970.

Weber, Petra: Carlo Schmid 1896–1979. Eine Biographie. München 1996.

Weizsäcker, Richard von: Vier Zeiten. Erinnerungen. Berlin 1997.

Weizsäcker, Richard von/Schmidt, Helmut (Hrsg.): Die Deutschen und ihre Nachbarn. 12 Bde. München 2008/09.

Weizsäcker, Richard von: Der Weg zur Einheit. München 2009.

Weizsäcker, Richard von: „Lernen Sie, miteinander zu leben, nicht gegeneinander". Reden zur Demokratie. Mit einem Vorwort von Wolfgang Schäubler und einem historischen Essay von Edgar Wolfrum. Freiburg 2020.

Wendel, Hermann: Das Hambacher Fest. Zu seinem Hundertsten Jahrestag. Beilage zum „Vorwärts". Berlin 1932.

Westrich, Klaus-Peter: Die Hambacher Erinnerungsfeiern. In: Historischer Verein der Pfalz (Hrsg). Hambacher Vorträge 1982. Neustadt a. d. W. 1983, S. 163–176.

Wiechmann, Gerhard: Das Lützow'sche Freikorps 1813/14. In: Militärgeschichte 1 (2002), S. 1–8.

Wilke, Jürgen (Hrsg.): Müller, Adam: Zwölf Reden über die Beredsamkeit und deren Verfall in Deutschland. Stuttgart 1983.

Wilke, Jürgen: Nachwort. In: Ders. (Hrsg.): Müller, Adam: Zwölf Reden über die Beredsamkeit und deren Verfall in Deutschland. Stuttgart 1983, S. 193–122.

Wilke, Jürgen: Auf langem Weg zur Öffentlichkeit. Von der Parlamentsdebatte zur Mediendebatte. In: Ders.: Gesammelte Studien. Bd. 2: Von der frühen Zeitung zur Medialisierung. Bremen 2011.

Wilke, Jürgen: 200 Jahre Karlsbader Beschlüsse. Zustandekommen, Inhalte, Folgen. Bremen 2019.

Willms, Johannes: Politische Walpurgisnacht. Das Hambacher Fest von 1832. In: Uwe Schultz (Hrsg.): Das Fest. Eine Kulturgeschichte von der Antike bis zur Gegenwart. München 1988, S. 284–294.

Winkler, Heinrich August: Der lange Weg nach Westen. Deutsche Geschichte Bd. 2: Vom „Dritten Reich" bis zur Wiedervereinigung. München ²2020.

Wipfler, Esther: Katha Thoma. Eine engagierte Antiseparatistin. In: Stadt Speyer/Frauenbeauftragte Friederike Ebli (Hrsg.): Frauen in Speyer. Leben und Wirken in zwei Jahrtausenden. Ein Beitrag von Speyerer Frauen zum Jubiläumsjahr. Speyer 1990, S. 308–317.

Witter, Eduard: Festrede beim Erinnerungs- und Dankes-Feste auf der Maxburg (Hambacher Schloss) am 27. Mai 1872. Neustadt a. d. H. 1872.

Wolgast, Eike: Wartburgfest 1817 und Hambacher Fest 1832: Programmatik und Rhetorik. In: Wartburg-Jahrbuch 10 (2001), S. 98–118.

Würz, Markus: „Das Hambacher Fest, wenn es gut genützt wird, kann ein Fest des Guten werden". Die Jubiläumsfeiern des Hambacher Festes und die Deutungsmacht über historische Ereignisse. In: Blätter für deutsche Landesgeschichte 141/142 (2005/06), S. 663–685.

Zehendner, Anne-Kathrin: Frauen im Vormärz und in der Revolution 1848/49. In: Blätter für deutsche Landesgeschichte 141/142 (2005/06), S. 687–700.

Ziegler, Hannes: Patrioten auf dem Hambacher Schloss. Das Hambacher Fest. In: Joachim Kermann/Gerhard Nestler/Dieter Schiffmann (Hrsg.): Freiheit, Einheit und Europa. Das Hambacher Fest von 1832. Ursachen, Ziele, Wirkungen. Ludwigshafen a. Rh. 2006, S. 211–240.

Abbildungsnachweis

Trotz sorgfältiger und intensiver Recherche war es nicht in allen Fällen möglich, die Urheberrechte zu ermitteln. Wir danken für jeden Hinweis, sollten Fehler, Mängel enthalten sowie Rechtsansprüche Dritter unberücksichtigt geblieben sein.

AG Orte der Demokratiegeschichte: S. 75, 77
akg-images: S. 284 (AKG8009857), 288 (AKG73493), 296 (AK3822)
Archiv und Museum – Stadt Landau: S. 33, 56–57, 112
Bayerische Staatsbibliothek: S. 21 (Mapp. XI, 229 i), 283 (gemeinfrei), 299 (gemeinfrei)
Bezirksverband Pfalz: S. 12, 215
Bezirksverband Pfalz/Foto: Klaus Venus: S. 248
BM RLP/Foto: Peter Bajer: S. 10
Bubenreuther Zeitung Jg. 1985, S. 95: S. 150
Bundesarchiv/B 145 Bild-P103897: S. 163
Bundesarchiv Bild 146-19-91-039-11: S. 227
Bundesarchiv/B 145 Bild-00111675: S. 176
Das-Erste-Mediathek, Tagesschau vom 01.10.1989: S. 225
Deutscher Bundestag/Foto: Stella von Saldern: S. 239
Deutsches Historisches Museum, Berlin/Inv.-Nr.: PK 96/192: S. 50
Die Pfalz am Rhein 5/55 (1982), S. 415: S. 175 (unten)
Die Pfalz am Rhein 15/10 (1932), S. 299: S. 127
Docu Center Ramstein: S. 175 (oben)
Docu Center Ramstein/2010_0008_03: S. 195
Germanisches Nationalmuseum Nürnberg/Inv.-Nr.: HB25192: S. 24
Historisches Museum der Pfalz Speyer: S. 17
Historisches Museum Frankfurt/Foto: Horst Ziegenfusz (CC-BY-SA): S. 300
IGL Rheinland-Pfalz e.V./Foto: Sarah Traub: S. 74
KAS: S. 177 (Foto: Marco Urban), 249
Keim/Mathy (Hrsg.) 1982, S. 400: S. 148
Landesarchiv Speyer: S. 23, 26, 98
Landesbibliothekszentrum/Pfälzische Landesbibliothek: S. 23, 42, 85
Landtag Rheinland-Pfalz/Foto: Klaus Benz: S. 238
LpB RLP: S. 13
Metropolregion Rhein-Neckar GmbH/Foto: Sarah Hähnle, Foto: Arthur Bauer: S. 259–260
Museum bei der Kaiserpfalz Ingelheim am Rhein/Inv.-Nr.: 1/2006: S. 19
picture alliance/56257489: S. 196
picture alliance/dpa/Foto: Oliver Dietze: S. 198
picture alliance/dpa/ZB/Ralf Hirschberger: S. 226

Presse- und Informationsamt der Bundesregierung: S. 217
Presse- und Informationsamt der Bundesregierung/Foto: Steffen Kugler: S. 278
Privat, Wilhelm Kreutz: S. 173
Rothley/Geis (Hrsg.) 1986, S. 16, 38: S. 197
Sammlung Siebenpfeiffer-Stiftung/Homburg Saarpfalz: S. 84
Rolf Schädler: S. 280–281
Schweizerisches Sozialarchiv/Sign.: F Pa-0001-007: S. 104
Société d'Histoire et d'Archéologie de Riquewihr: S. 18
Sonderbeilage BpB 1982, S. 4: S. 70 oben
SOUSA: S. 273
Stadt Neustadt: S. 11
Stadtarchiv Neustadt: S. 28, 32, 47–48, 54, 59–61, 65, 68, 70 unten, 113, 115–116, 126, 136–137, 161–162, 174, 289
Stadtmuseum Villa Böhm – Neustadt a. d. W.: S. 14–15, 34, 82–83 (Inv.-Nr. 238)
Stiftung Hambacher Schloss: S. 20 (Foto: Günzel-Rademacher), 36 (Foto: Sarah Traub), 78 (Foto: Charlotte Dietz), 157 (Foto: Dr. Harald Schmitt), 258 (Foto: Stefan Müller), 318–319 (Foto: Stephan Baumann)
TKS GmbHH: S. 267–268
Sarah Traub: S. 37
Wikimedia Commons, Israel National Library, Schwadron collection, Fritz Hofmann & Co. [CC BY 3.0], https://upload.wikimedia.org/wikipedia/commons/archive/2/2f/20120413081328%21Wilhelm_Herzberg.jpg: S. 53
Wikimedia Commons, Jastrow 2006 [Public domain], https://upload.wikimedia.org/wikipedia/commons/a/ae/Aristotle_Altemps_Inv8575.jpg: S. 286
Wikimedia Commons, Unbekannt [Public domain], https://commons.wikimedia.org/wiki/File:Emil_Dovifat.jpg?uselang=de/gemeinfrei: S. 138
Wikimedia Commons, Unbekannt [Public domain], https://commons.wikimedia.org/wiki/File:President_Reagan_1985.jpg: S. 199